# PESSOA COM DEFICIÊNCIA

## em Situação de Curatela e Sistema de Justiça

Patrícia Cerqueira Kertzman Szporer

# PESSOA COM DEFICIÊNCIA

## em Situação de Curatela e Sistema de Justiça

2024

EDITORA *Jus*PODIVM

www.editorajuspodivm.com.br

EDITORA *Jus*PODIVM
www.editorajuspodivm.com.br

Rua Canuto Saraiva, 131 – Mooca – CEP: 03113-010 – São Paulo – São Paulo
Tel: (11) 3582.5757
• Contato: https://www.editorajuspodivm.com.br/central-de-relacionamento



**Diagramação:** Futura *(rogerio@futuraeditoracao.com)*

**Capa:** Ana Caquetti

**Imagem de Capa:** by Freepik

S998p Szporer, Patrícia Cerqueira Kertzman
Pessoa com Deficiência em Situação de Curatela e Sistema de Justiça / Patrícia Cerqueira Kertzman Szporer – São Paulo: Editora Juspodivm, 2024.

304 p.

ISBN: 978-85-442-5309-0

1. Constitucional. 2. Direitos humanos e fundamentais. Interesses difusos e coletivos. 4. Pessoa com Deficiência. 5. Acesso à Justiça. 6. Sistema de Justiça.

CDD 346.81

BIBLIOTECÁRIA RESPONSÁVEL

Ana Carolina Ribeiro Mois – CRB7 – RJ 007348/0



**1.ª ed.,** *2.ª tir.:* out./2024; *3.ª tir.:* nov./2024; *4.ª tir.:* jun./2025; *5.ª tir.:* jul./2025.

Dizem que sou louco por pensar assim
Se eu sou muito louco por eu ser feliz?
Mas louco é quem me diz
E não é feliz, não é feliz

Se eles são bonitos, sou Alain Delon
Se eles são famosos, sou Napoleão
Mas louco é quem me diz
E não é feliz, não é feliz

Eu juro que é melhor
Não ser o normal
Se eu posso pensar que Deus sou eu

Se eles têm três carros, eu posso voar
Se eles rezam muito, eu já estou no céu
Mas louco é quem me diz
E não é feliz, não é feliz

Eu juro que é melhor
Não ser o normal
Se eu posso pensar que Deus sou eu

Sim, sou muito louco, não vou me curar
Já não sou o único que encontrou a paz
Mas louco é quem me diz
E não é feliz, eu sou feliz

(Balada do louco. Composição: Arnaldo Baptista/Rita Lee)

# DEDICATÓRIA

A Sol, uma mulher incrível, alegre, inteligente, que amava intensamente a vida e a família. Ler e estar com os filhos eram, notoriamente, seus grandes prazeres.

Como a maioria das mulheres de sua geração, cursou o magistério, mas não exerceu de logo a profissão de professora, porque casou-se cedo com aquele que seria o grande amor de sua vida, com quem teve quatro filhos.

Gostava da casa sempre arrumada. Nos finais de semana, parecia que sempre haveria festa, porque Sol colocava flores nos jarros, enfeitava tudo, sendo impossível esquecer aquele cheirinho gostoso que havia em todos os ambientes. Bolos, doces, aperitivos para familiares e amigos (a família estava sempre cercada de muitos amigos) nunca faltavam.

Sol era como uma rainha naquele seu castelo particular.

Ela também cuidava dos negócios e tinha um papel decisivo na vida política do marido.

Viveu tragédias, como a perda do único filho homem em um trágico acidente na adolescência, e a dolorosa separação anos depois.

Sol não se entregou. Corajosamente, ingressou na faculdade de pedagogia aos 42 anos de idade, em que foi uma aluna aplicada, realizada com os estudos e os novos colegas.

Prestou concurso público e logo cresceu na carreira. Sua competência, simpatia e decência eram sempre exaltadas por todos quantos conviviam com ela.

Aos 60 anos, Sol concluiu o mestrado em políticas públicas, com um trabalho de pesquisa recomendado à publicação. Foi outro grande momento em que vi Sol extremamente feliz.

Sol amava estar com os netos, a quem apelidava de forma carinhosa. Aliás, Sol costumava chamar as pessoas de um modo muito próprio, e o mais interessante era que as pessoas gostavam, e alguns apelidos passavam a ser o codinome oficial.

Até que um dia começou a sofrer quedas, seu corpo se desequilibrava inesperadamente, sofria edemas, chegando a ser internada algumas vezes. Após dois longos anos consultando médicos e fazendo exames, Sol foi diagnosticada com uma doença degenerativa.

Desde então, começou a ter dificuldade para andar ou, como dizem cientificamente, para deambular. Da bengala para a cadeira de rodas foi muito rápido. A incontinência urinária levou ao uso de fraldas, as mãos enrijeceram, como a maioria de seus músculos. Sol não conseguia mais engolir, ou melhor, deglutir, e chegava a engasgar com a própria saliva; não conseguia falar, não conseguia sequer sorrir.

Durante muitos anos, Sol não foi mais aquela mulher que sorria. O seu olhar era triste.

Lembro-me de um dia em que seu genro perguntou: *tudo bem, mãe?* (Sol era tão amada que esse genro a chamava de "mãe"). Ao que Sol respondeu: *como pode estar tudo bem, se estou aprisionada em meu próprio corpo?* Isso aconteceu em um período em que Sol ainda conseguia balbuciar algumas palavras, mas eu nunca esqueci e eduquei-me a não perguntar às pessoas se estava tudo bem. Aprendi com Sol a perguntar "como se sentem?", "como têm passado?".

Já não era possível a Sol conversar, externar suas ideias e opiniões, como fizera outrora com tanta sabedoria. Sol sofria em uma cama, ou numa cadeira de rodas, sem poder cuidar de sua própria higiene (logo ela que era tão vaidosa, andava sempre com o cabelo arrumado, unhas feitas, pele cuidada), quanto mais falar-se em viajar (um de seus programas preferidos), sair para jantar, passear com família, amigos, nem mesmo ir à igreja.

Foram quase 10 anos de sofrimento, de um definhar crescente, com cuidadoras, internações, complicações, *home care,* oxigenoterapia, até o momento da gastrostomia. Ali, Sol perdeu um dos últimos prazeres que ainda lhe restavam.

Foram anos muito difíceis. Apesar de todo progresso no movimento de inclusão de pessoas com deficiência, dos espaços acessíveis (embora, poucos, mas existiam), das vagas especiais, ainda era muito difícil encontrar profissionais experientes para dar o apoio a Sol e à família naquele momento. Era difícil até mesmo encontrar cuidadoras que reunissem o preparo técnico à humanização necessária para lidar com alguém em uma situação de vulnerabilidade extrema.

Era tudo muito sofrido.

Sol era mais do que um prontuário, um diagnóstico, um caso para estudo da ciência. Sol era uma mulher, cidadã, mãe, irmã, filha, avó, profissional, amiga, mas nem ela, nem os entes queridos a seu redor sabiam lidar com aquele momento, nem encontraram programas de apoios necessários para as novas demandas para uma vida digna.

Por trabalhar em uma unidade judicial em que tramitam ações de curatela, Sol me fez olhar para os processos de uma outra forma. Sol despertou em mim maior atenção com as pessoas por trás das páginas. Sol me fez compreender a questão das barreiras ambientais e sociais que afetam pessoas naquela situação de vulnerabilidade intensa, de modo a perceber que cada ser em si possui uma realidade própria, diferente um do outro, a ponto de cada um ter uma medida de si mesmo. Era preciso, então, conhecer as suas circunstâncias.

Por Sol, reconheci que precisava modificar minha metodologia de trabalho e notei que o sistema de justiça em que estava inserida também estava desafinado com a dignidade da pessoa humana que eu gostava de proclamar a todos os pulmões. Por Sol, eu fiz esta pesquisa, com seus objetivos, parâmetros, problematização.

A Sol, e a todas as pessoas (e seus familiares) que se encontram em situação de vulnerabilidade acrescida pelo comprometimento da capacidade de autodeterminar-se, a ponto de depender de alguém para (sobre)viver, dedico cada minuto de leitura, dedico os milhares de processos analisados, a investigação quanto ao funcionamento desse sistema de justiça, as horas de estudo.

Eu devia esta pesquisa a Sol e aos jurisdicionados que chegam a mim nos processos de curatela, numa tentativa de dar-lhes face e voz, para que tantos quantos possam ler o que apresento aqui possam, de alguma forma, ser sensibilizados.

Por Sol, e para Sol, dedico esta tese, talvez como um pedido de perdão pelo que eu não soube ou não pude fazer. Quisera eu voltar no tempo e começar tudo de novo *(começaria tudo outra vez, se preciso fosse, meu amor)*, diferente, agora apropriada dos argumentos e sugestões que deixo aqui.

A saudade de Sol é muito grande. *A saudade é o que faz as coisas pararem no tempo*, dizia Mario Quintana. Ao longo desses três anos, dedicar-me a esta tese, de alguma forma, trouxe Sol de volta. Sol era minha mãe.

# AGRADECIMENTOS

Disse Cora Coralina que *o que vale na vida não é o ponto de partida e sim a caminhada. Caminhando e semeando, no fim, terás o que colher*. Esta tese é fruto de um longo período de leituras, pesquisas, análises, medos, receios, noites sem dormir, a alegria das descobertas, a tristeza do texto perdido, o tempo que não volta, o prazo que se esgota, e só foi possível chegar até a colheita porque encontrei pessoas valorosas que caminharam comigo, semeando em mim até mais do que eu pude semear.

Quisera eu poder agradecer nominalmente a todas elas e agonizo só de imaginar que, certamente, esquecerei alguém que jamais poderia ter esquecido, por isso rogo a Deus, destinatário da minha gratidão primeira, que não permita que isso aconteça mas, se for de Sua vontade que assim seja, eu possa receber compaixão.

Expresso minha gratidão ao meu orientador Paulo Gustavo Gonet Branco, que, generosamente, me admitiu como orientanda e me provocou à reflexão numa perspectiva humanitária, muito maior do que aquele ponto de partida tímido que havia na ideia inicial sobre o que escrever. Devo a ele o fortalecimento do meu compromisso com os direitos fundamentais e, sobretudo, com o que vem a ser vida humana digna.

Eu não teria tido as ideias que tive se a professora Luciana Silva Garcia não descortinasse o universo da pesquisa empírica para mim. Agradeço por todas as suas recomendações que atendi sem pestanejar, e reconheço que foram absolutamente necessárias. O que porventura não saiu a contento foi por falha minha, conquanto não por falta de esforço.

Agradeço aos membros da Banca, Juan Antonio Seda, Reynaldo Soares da Fonseca, Ney de Barros Bello Filho, Atalá Correia e Fernanda de Carvalho Lage, a leitura atenta, as críticas e sugestões sempre respeitosas, que tornaram a colheita melhor.

Por dever de gratidão e justiça, preciso destacar que Reynaldo Soares da Fonseca me ensinou mais do que a mergulhar no mundo acadêmico. Ele me fez compreender que *a vida de uma pessoa tem valor quando ela atribui valor à vida das outras*, como dizia uma frase de Simone de Beauvoir, que ganhou corpo no estilo de ser do Ministro Reynaldo.

Fernanda Lage, literalmente, embarcou comigo nessa viagem, levando-me a Juan Antonio Seda que viria a influenciar fortemente meus estudos.

Meus agradecimentos ao Ministro Luís Felipe Salomão, pelos ensinamentos e incentivo à pesquisa sobre o sistema de justiça, no Centro de Pesquisas Judiciais, da Associação dos Magistrados Brasileiros.

Sou muito grata, também, ao então Corregedor-Geral da Justiça da Bahia, meu amigo, José Edivaldo Rocha Rotondano, e à equipe da CGJ, sem quem não teria sido realizada a pesquisa com a adesão majoritária dos tribunais estaduais do país. Minha gratidão e afeto.

Ao Tribunal de Justiça do Estado da Bahia, que me autorizou acesso aos dados dos quase três mil processos analisados.

A Jade Sibalde e Nathalia Vince, que nunca me abandonaram durante a pesquisa, cuidaram dos gráficos e dessa tão rica base de dados, com a paciência de incluir todas as análises, cruzamentos, comparações que minha inquietude produzia.

À minha querida equipe, desde os Juízes Auxiliares, Patrícia Didier e Geancarlos Almeida, a Paulo Vinicius Santana Rodrigues, Rosa Meire, servidores do cartório integrado de sucessões e os estagiários que me deram suporte para cumprir as metas de trabalho e não deixar que o jurisdicionado sofresse a mínima redução de qualidade, enquanto cumulava as funções de magistrada e doutoranda.

Aos professores do IDP que me abraçaram e nunca me deixaram ficar em uma zona de conforto, e a todos os funcionários que, juntos, fazem desta instituição de ensino uma das mais respeitadas do Brasil.

Aos defensores públicos, promotores de justiça, advogados que trabalham comigo e a cada pessoa que me permite entrar em sua intimidade numa ação de curatela, sou grata pelo que me desafiam enquanto magistrada e me ensinam, enquanto ser, confrontando-me, diariamente, com a finitude da vida e a vulnerabilidade do homem.

Este trabalho é fruto de uma trajetória de muitos anos de atuação e pesquisa com pessoas em situação de vulnerabilidade extrema. Nesse percurso, encontrei o Comitê de Pessoas com Deficiência no Âmbito Judicial e o Departamento de Pesquisas Judiciais, ambos do Conselho Nacional de Justiça, a cujos membros registro meus agradecimentos.

A Maurício Requião, Miguel Calmon, Christiano Chaves de Farias (*in memoriam)*, Nelson Rosenvald, João Paulo Bachur, agradeço pelo inesperado auxílio.

A todos os demais amigos que sempre estiveram comigo na semeadura, incentivando e tolerando as ausências, agradeço a alegria da colheita.

A Amauri Munguba, por me ouvir há tantos anos em nossas sessões de terapia e, pacientemente, acompanhou toda a dor e a delícia desta jornada.

A Rodrigo, por me fazer sorrir; a Beatriz, por me fazer feliz.

A Ana, Alex, Leonardo, Freida, Jacob, meus familiares, enfim, que, por amor, não me pedem nada em troca, nem exigem nenhuma prova, até mesmo nas minhas ausências quando o doutorado me privava do nosso convívio.

A Mauricio, meu melhor amigo e companheiro, sou grata por ele existir, por ele ser ele, por ter sempre um sorriso no rosto, mesmo quando eu falava sobre a tese pela milésima vez. A ele, por tantos motivos que dariam um livro inteiro, agradeço o amor que sinto, pois tudo o mais é prescindível.

Enfim, *amar o perdido deixa confundido este coração. Nada pode o olvido contra o sem sentido apelo do não. As coisas tangíveis tornam-se insensíveis à palma da mão. Mas as coisas findas, muito mais que lindas, essas ficarão* (Memória). Recorro a Drummond para dizer que ficarão num cantinho reservado da memória as lembranças de cada pessoa que semeou flores nesta tese finda. A todos vocês, meus sinceros agradecimentos em forma de retumbante aplauso!

# APRESENTAÇÃO

Pessoas com transtornos psíquicos vivem cercadas por estigmas negativos. Ao longo da história, foram elas tratadas como loucos de todo o gênero, furiosos ou mansos. A incompreensão abre espaço para a generalização e para o preconceito. Episódios rotulam pessoas por toda a vida.

A regularidade estatística define e normatiza a sanidade e, assim, a simples diferença passa a ser associada a sintoma em diagnósticos imprecisos e apressados. A loucura seria, como lembra a literatura, uma ilha perdida num oceano de razão[1]. Entretanto, uma racionalidade fria e instrumental, incapaz de amor ao próximo, é quem, no mais das vezes, nos conduz a resultados insanos.

Os considerados loucos, a sociedade tradicionalmente os trata com isolamento. Quando muito, destina-lhes alguma objetificação-benfazeja. Para alterar essa realidade, "inclusão" passa a ser palavra de ordem. Abandonam-se políticas que prestigiavam a institucionalização de doentes, a internação compulsória torna-se restrita e regulada e, mais recentemente, exige-se que a sociedade empreenda esforços para acolher, em adaptação razoável, as pessoas deficientes. Trata-se de adaptar a sociedade, para ser inclusiva, e não de exigir que deficientes isoladamente superem suas barreiras individuais.

No campo normativo, há dois marcos relevantes nesta busca por inclusão. No plano internacional, o Brasil tornou-se signatário da Convenção sobre os Direitos das Pessoas com Deficiência e de seu Protocolo Facultativo, assinados em Nova Iorque, em 30 de março de 2007. No plano nacional, promulgou-se a Lei Brasileira de Inclusão da Pessoa com Deficiência (n. 13.146, de 6 de julho de 2015). Esses diplomas, em síntese, cuidam das deficiências, de natureza física, mental, intelectual ou sensorial, e indicam que certas pessoas enfrentam barreiras, no longo prazo, para sua participação plena e efetiva na sociedade em igualdade de condições com as demais pessoas. Por isso, estas normas exigem que pessoas deficientes sejam respeitadas em suas escolhas e que, além disso, sejam acolhidas no meio social.

Muitos são os autores nacionais e estrangeiros que buscam refletir sobre os desdobramentos práticos dessas regras. Faltava, entretanto, trabalho que

---

1. Machado de Assis. O Alienista.

jogasse luz sobre dados concretos, sobretudo naquilo que diz respeito à praxe judicial. Como o judiciário atua diante de pessoas com deficiência mental? A quem se impõe curatela?

Patrícia Cerqueira buscou responder estas e inúmeras outras questões correlatas e, vale destacar, desincumbiu-se com louvor da tarefa a que se propôs. Para tanto, aliou sua ampla experiência como magistrada e sua sensibilidade solidária. Com isso, pôde brindar a comunidade jurídica com a presente obra.

O leitor não irá encontrar nessas páginas mais do mesmo. Ao contrário, o que aqui se vê é um panorama sobre as transformações legislativas que marcam o tema em estudo. Para muito além disso, há especial cuidado com a análise do processo de curatela e uma elucidativa pormenorização do que se pode vivenciar em qualquer Fórum brasileiro. Surge, então, vividamente um perfil de quem é a pessoa que se sujeita a curatela em nossa realidade atual. A partir disso, também é possível traçar perfis de quem são os autores das ações de curatela, qual o papel dos atores envolvidos no processo (magistrados, ministério público e defensoria pública) e da própria família dos curatelados. O rico manancial de dados sugere, ao fim, aprimoramentos diversos e ajustes na regulamentação do tema.

A obra é, portanto, de leitura obrigatória para advogados, juízes e promotores, bem como para todos aqueles que trazem no peito o anseio por uma sociedade mais fraterna e justa.

**Atalá Correia**

Doutor e Mestre em Direito Civil pela Faculdade de Direito do Largo São Francisco da Universidade de São Paulo. É professor do Instituto Brasileiro de Ensino, Desenvolvimento e Pesquisa (IDP). É Juiz de Direito no Tribunal de Justiça do Distrito Federal e Territórios.

# PREFÁCIO

Em um livro que entrega o que promete, isto é, desassossega quem se disponha a lê-lo, Fernando Pessoa descreveu de uma maneira que muito me impactou a apatia cívica coletiva de um povo:

> "As coisas do estado e da cidade não têm mão sobre nós. Nada nos importa que os ministros e os áulicos façam falsa gerência das coisas da nação. Tudo isso se passa lá fora, como a lama nos dias de chuva. Nada temos com isso, que tenha que ver ao mesmo tempo conosco.
>
> Semelhantemente não nos interessam as grandes convulsões, como a guerra e as crises dos países. Enquanto não entram por nossa casa, nada nos importa a que portas batam. Isto, que parece que se apoia num grande desprezo pelos outros, realmente tem apenas por base o nosso apreço céptico por nós próprios." (PESSOA, Fernando. **Livro do Desassossego: composto por Bernado Soares, ajudante de guarda-livros na cidade de Lisboa**. São Paulo: Companhia das Letras, 2006, p. 438).

Dito de outra forma, não se interessar, não se importar ou se isolar na suficiência dos próprios quintais e jardins, em detrimento da praça, de atender a porta não importa quem e a que horas bata ou do que se passa lá fora, é um luxo que uma mulher ou um homem, de pronto, renuncia, quando se coloca a estudar o direito em sua multiplicidade de conflitos, leis e livros, a mobilizar a própria vida em favor de tornar-se um agente de Justiça. Não é pouco, mas é uma escolha.

Patrícia Cerqueira, magistrada baiana e doutora em Direito, tem construído sua atuação profissional a serviço das pessoas vulneráveis. Sua Obra premiada resulta de um trabalho de pesquisa do doutorado, sob a orientação magnífica do Prof. Paulo Gonet, atual Procurador Geral da República. Tive a honra de compor sua Banca de Defesa e fiquei encantado com o resultado apresentado.

Igualdade e fraternidade, respeitando as diferenças, é um dos grandes desafios da nossa sociedade atual. Entre os grupos historicamente marginalizados, as pessoas com deficiência sempre foram tratadas como cidadãos de segunda classe, reproduzindo o tratamento histórico de segregação e isolamento, inclusive dentro do sistema de justiça, que frequentemente reforça essa visão social ainda distorcida. Nossa compreensão das deficiências ainda está longe de alcançar seu pleno desenvolvimento, mas tem tido ganhos significativos nas últimas décadas, o que torna trabalhos sobre este tema tão importantes. Este trabalho procura reafirmar que a deficiência, ainda que comprometa a capacidade de autodeterminação de um indivíduo, não priva a pessoa de seu papel enquanto sujeito de direitos.

Ao abrir a pesquisa, encontramos o primeiro capítulo dedicado à contextualização do estado da arte da matéria, rememorando a construção histórica do que hoje entendemos como deficiência. As raízes da segregação são antigas, remontando ao enquadramento clássico da loucura como motivo de isolamento e à percepção dos diferentes como espécies estranhas à humanidade e ao direito. Por séculos, o preconceito com a loucura persistiu, com abusos generalizados que não envolviam tratamento, apenas a negação do direito à existência. O avanço no entendimento da dignidade humana influenciou a narrativa sobre as incapacidades, demonstrando a necessidade de rever a resposta normativa, desde a Constituição Cidadã de 1988 até a Lei Brasileira de Inclusão da Pessoa com Deficiência, seguindo a tendência global estabelecida pela Convenção sobre os Direitos da Pessoa com Deficiência.

Partindo do campo abstrato, o texto nos transporta até alcançar o palco concreto do processo, o local em que teoria e realidade fática se contrapõem, cenário bem conhecido pela autora em suas décadas de magistratura. Há uma análise detalhada sobre o processo judicial em si, como ele tem evoluído e sido impactado pelas atuais mudanças no entendimento da incapacidade. Estará ele alinhado com a inclusão que as novas leis buscam promover? Percebemos que não. Essa percepção conduz à próxima indagação da autora: afinal, quem são as pessoas em situação de curatela e quais são suas características biopsicossociais?

O segundo capítulo é o terreno dos dados empíricos. Usando como ponto de partida a unidade judicial de que é titular, a autora realiza uma pesquisa empírica na qual analisa cada processo presente em seu acervo e classificado como curatela, ao longo de seis anos, em um universo de quase três mil feitos e mais de dois mil sujeitos categorizados, que permite traçar os contornos do indivíduo nas ações de curatela, gênero, idade, causa da deficiência de autodeterminação, e situá-lo socialmente. Os dados apresentados aqui ajudam a demonstrar a originalidade da pesquisa empreendida, que exorbitou os limites da teoria, para mergulhar na realidade particular de milhares de pessoas nas ações judiciais próprias.

Na sequência dos dados, o terceiro capítulo utiliza as informações coletadas para compreender o sistema de justiça como um todo, analisando como os processos de curatela avançam e como a Defensoria Pública, o Ministério Público, a advocacia e o próprio Judiciário se comportam. Além de uma cuidadosa pesquisa com os Tribunais estaduais, que reuniu respostas de 18 dos 27 Tribunais de Justiça brasileiros, a autora acessou importante estudo empreendido pelo Conselho Nacional de Justiça, em uma base de dados que reuniu quase 400.000 processos.

Ao examinar a própria instituição da qual faz parte, Patrícia procurou, ainda, compreender as decisões administrativas e criticá-las, argumentando de forma a alinhar a técnica judicial, as necessidades dos jurisdicionados e as limitações dos tribunais, passando, ainda, pela atuação do Conselho Nacional de Justiça, sua produção normativa sobre o tema, ações afirmativas e iniciativas institucionais, sem olvidar de destacar boas práticas dos Tribunais. Ao percorrer as páginas, percebemos que há, de fato, um longo caminho a percorrer para afastar o entendimento atual da leitura arcaica da incapacidade como algo limitado.

O quarto capítulo representa o cerne da tese. Aqui, teoria e prática são confrontadas para se chegar aos desafios e possibilidades do sistema de justiça. Desde a análise dos sujeitos, a compreensão do papel da família, à luz dos padrões normativos vigentes, a pesquisadora apresenta os desafios e possibilidades do sistema de justiça, apontando: *i* – liderança da advocacia, estrutura deficiente das defensorias públicas; *ii* – deficiências so sistema de processo eletrônico. O futuro que ainda não chegou; *iii* – elevado número de processos extintos sem resolução do mérito; *iv* – ausência de juízos privativos especializados para ações de curatela; *v* – avaliação pericial da deficiência predominantemente baseada em laudo médico, baixa referência ao CIF com ampla referência ainda ao CID, ausência de especialistas nas audiências e escassez de equipes multidisciplinares; *vi* – sentenças padronizadas, portanto com pouca personalização e referência, ainda, à incapacidade absoluta; *vii* – inexistência de acompanhamento posterior ao processo; *viii* – falta de capacitação dos atores do sistema de justiça (o esquecido artigo 13.2 da CDPD); e *ix* – necessidade de normatização e de políticas do Conselho Nacional de Justiça voltadas para as ações de curatela . Apresenta, aqui, sugestões para os Tribunais, para o Poder Legislativo e para o Executivo, com vistas a assegurar a dignidade da pessoa em situação de curatela, detalhando uma Política Nacional do Cuidado voltada para pessoas em situação de dependência.

A estruturação elaborada nos capítulos anteriores nos auxilia a compreender a linha de raciocínio da autora, tornando claro que medidas como a presença de equipes multidisciplinares para realizar a avaliação pericial da deficiência, uma maior personalização das sentenças, o acompanhamento pós-processual e a capacitação dos atores do sistema de justiça são fundamentais para lidar efetivamente com casos tão singulares. Ao mergulharmos nas páginas deste capítulo, somos instigados a refletir sobre como tais abordagens podem transformar não apenas o processo judicial em si, mas também as vidas daqueles que estão no centro dessas questões complexas. É uma jornada que nos desafia a repensar conceitos arraigados e nos inspira a buscar soluções mais justas e humanas no contexto da justiça.

Com efeito, é privilégio de todos ter esta Obra para pensar a Constituição, a Cidadania e a Fraternidade, sob a perspectiva da vulnerabilidade. Em discurso feito à Escola da Magistratura Federal da 1ª Região, dedicado a realizar apontamentos para a democratização do Judiciário, em 2001, o jurista e psicanalista Agostinho Marques já destacava o vínculo indissociável entre o conceituar cidadania e o praticar cidadania. Isso porque, para o professor, assim como ora ocorre com fraternidade, o conceito de cidadania não pode ser estudado em uma perspectiva apenas abstrata, deve ser "também referido à cidadania enquanto experiência; um conceito de cidadão dialeticamente articulador à experiência histórica da cidadania enquanto exercício, porque cidadania é uma coisa que se exercita ou não se tem, plenamente". Por minha vez, digo eu: assim também se passa com a fraternidade em suas acepções política e principalmente jurídica, pois ela somente significa empiricamente alguma coisa se posta em prática. Oportunidades não faltam.

Logo, ainda no pensamento de Agostinho Marques, desta vez em estudo de 1994 dedicado a tratar de liberdade, igualdade e fraternidade, a dimensão do outro é constitutiva e fundante, isto é, eu é um outro, à medida em que a identidade vem de fora. Assim, segundo Marques Neto:

> E é justamente na impossibilidade da realização desse mandamento de amor pautado na semelhança do amor que tenho por mim mesmo (amor este, aliás, cuja efetividade é antes de tudo uma questão, para não dizer — uma ilusão constitutiva), que se pode chegar à possibilidade do amor ao outro na sua alteridade, isto é, na radicalidade de sua singularidade. Tal amor não está isento do ódio nele pressuposto, de modo que admitir um é admitir também o outro. Isto supõe que, para além das semelhanças mas sem negá-las, o sujeito ame o outro na sua diferença.
>
> Tal amor pressupõe então, necessariamente, Lei, castração, não-totalidade. E o desejo de 'dois não fazer um, mas fazer dois', no bonito dizer de M. D. MAGNO. Nesse contexto, talvez dê para falar de fraternidade"

Em suma, uma vez mais agradecendo o tempo, a disponibilidade e a generosidade da escritora Patrícia para com a comunidade jurídica, desejo a cada um dos leitores desta premiada Obra que realize suas escolhas, vivam os compromissos que tenham decidido assumir e permitam-se uma abertura ao outro, que é um irmão.

Boa leitura!

**REYNALDO SOARES DA FONSECA**

Ministro do Superior Tribunal de Justiça. Professor da Universidade Federal do Maranhão, em colaboração técnica na Universidade de Brasília (graduação e mestrado). Professor da UNINOVE (doutorado). Membro da Academia Maranhense de Letras. Pós-doutor em Democracia e Direitos Humanos pela Universidade de Coimbra – Portugal. Doutor em Direito Constitucional pela FADISP e Mestre em Direito pela PUC-SP. Especialista em Direito Constitucional (UFMA/UFSC) e em Direito Penal e Processo Penal (UNB). Graduação em Direito na Universidade Federal do Maranhão- UFMA.

# LISTA DE TABELAS, GRÁFICOS E FIGURAS

# SUMÁRIO

# INTRODUÇÃO

Ainda há muito a fazer. Essa é a primeira impressão ao acompanhar, quase que diariamente, a realidade de pessoas com deficiência intelectual em processos de curatela, em contraposição aos direitos e garantias fundamentais previstos no texto constitucional e aos respeitáveis avanços da legislação brasileira no âmbito dos direitos desses seres especialmente vulneráveis.[1]

No Brasil, a Constituição da República de 1988, desde seu preâmbulo, instituiu o Estado Democrático de Direito, destinado a assegurar o exercício dos direitos sociais e individuais, a liberdade, a segurança, o bem-estar, o desenvolvimento, a igualdade e a justiça como valores supremos de uma sociedade fraterna, pluralista e sem preconceitos, fundada na harmonia social.

O texto constitucional destaca a cidadania e a dignidade da pessoa humana entre os fundamentos da República Federativa do Brasil, que tem como objetivos fundamentais a construção de uma sociedade livre, justa e solidária, a erradicação da pobreza e a redução das desigualdades sociais, além da promoção do bem de todos, sem preconceitos de qualquer natureza ou quaisquer outras formas de discriminação, e consagra a prevalência dos direitos humanos como um dos seus princípios fundamentais.

O apreço do constituinte originário aos direitos humanos evidencia-se logo no início da Carta Política, consoante clara lição de Mendes:

> A Constituição brasileira de 1988 atribuiu significado ímpar aos direitos individuais. Já a colocação do catálogo dos direitos fundamentais no início do texto constitucional denota a intenção do constituinte de lhes emprestar significado especial. A amplitude conferida ao texto, que se

---

1. O conceito de vulnerabilidade e o que assumi chamar de vulnerabilidade qualificada ou acrescida serão melhor tratados no primeiro capítulo, mas é importante esclarecer, de saída, que a expressão "especialmente vulneráveis" foi empregada para distinguir a vulnerabilidade das pessoas em situação de curatela daquela vulnerabilidade no sentido ontológico, que é comum a todo ser humano. A vulnerabilidade especial ou agravada é "aquela contingencial de determinadas situações de ordem pessoal, social, cultural ou econômica, na qual a pessoa se encontra inserida", conforme leciona Vitor Almeida. (ALMEIDA, Vitor. **A capacidade civil das pessoas com deficiência e os perfis da curatela.** Belo Horizonte: Fórum, 2019, p. 118).

> desdobra em setenta e sete incisos e dois parágrafos (art. 5º), reforça a impressão sobre a posição de destaque que o constituinte quis outorgar a esses direitos. A ideia de que os direitos individuais devem ter eficácia imediata ressalta a vinculação direta dos órgãos estatais a esses direitos e o seu dever de guardar-lhes estrita observância.[2]

O legislador constituinte destinou, portanto, um título próprio aos direitos e garantias fundamentais, consagrando, de saída, a igualdade de todos perante a lei, a inviolabilidade do direito à vida, à liberdade, à igualdade, à segurança e à propriedade, elencando rico e diversificado rol de direitos, e deixando evidente seu desígnio essencial, de "estruturar o Estado sobre o pilar ético-jurídico-político do respeito e da promoção dos direitos fundamentais".[3]

Para Branco,[4] a consagração de direitos fundamentais tem posição de definitivo realce na sociedade, diante da inversão da tradicional relação entre o Estado e o indivíduo, com o reconhecimento de que "o indivíduo tem, primeiro, direitos e, depois, deveres perante o Estado, e que este tem, em relação ao indivíduo, primeiro, deveres e, depois, direitos",[5] vinculando, diretamente, os órgãos estatais e impondo-lhes o dever de respeitá-los.

Nessa perspectiva, a Constituição assegura a todos os brasileiros e aos estrangeiros residentes no país os chamados direitos fundamentais, estabelecendo, primeiro, deveres para o Estado com relação aos indivíduos, e direitos para os indivíduos em relação ao Estado e, só depois, viriam os direitos do

---

2. MENDES, Gilmar Ferreira. Os direitos fundamentais e seus múltiplos significados na ordem constitucional. **Revista Jurídica Virtual**. n. 14, jul. 2000, p. 1. Disponível em: http://www.gilmarmendes.com.br/wp-content/uploads/2018/09/OS-DIREITOS-FUNDAMENTAIS-E-SEUS-M%C3%9ALTIPLOS-SIGNIFICADOS-NA-ORDEM-CONSTITUCIONAL.pdf. Acesso em: 26 abr. 2023. De observar-se que, agora, o art. 5º da CF conta com 79 incisos e quatro parágrafos, mas, à época da referência, eram 77 incisos e dois parágrafos conforme texto originário da CF.
3. BRANCO, Paulo Gustavo Gonet. Aspectos de teoria geral dos direitos fundamentais. *In*: **Hermenêutica constitucional e direitos fundamentais**. 2. parte. 1. ed. 2. tir. Brasília: Brasília Jurídica/Instituto Brasiliense de Direito Público, 2002, p. 2. [Material da 2ª aula da Disciplina Direito Constitucional, ministrada no Curso de Especialização TeleVirtual em Direito Público. UNISUL – REDE LFG]. Disponível em: http://ww3.lfg.com.br/material/pos/DPUB_DConst_Aula2_2008_05_16_LeituraObrigatoria.pdf. Acesso em: 26 abr. 2023.
4. Ibidem. p. 4.
5. O professor Gilmar Mendes, na obra acima citada, p.1, destaca que os direitos fundamentais são, a um só tempo, direitos subjetivos e elementos fundamentais da ordem constitucional objetiva e, enquanto direitos subjetivos, os direitos fundamentais outorgam a seus titulares a possibilidade de impor os seus interesses em face dos órgãos obrigados, o que foi bem caracterizado por Gonet com uma inversão da tradicional relação entre o indivíduo e o Estado.

Estado em relação aos indivíduos e, por conseguinte, os deveres das pessoas em relação ao Estado.

Nessa toada, a supremacia constitucional – em especial da cláusula da dignidade da pessoa humana – impõe que o ordenamento jurídico como um todo se volte para a efetiva tutela da pessoa humana, na medida em que sua proteção e promoção são os objetivos máximos da ordem jurídica ou, nas palavras do professor Gilmar Ferreira Mendes,[6] "ainda que não se reconheça em todos os casos uma pretensão subjetiva contra o Estado, tem-se, inequivocamente, a identificação de um dever deste de tomar todas as providências necessárias para a realização ou concretização dos direitos fundamentais".

O descompasso entre as promessas da Constituição da República – com a primazia reconhecida aos direitos fundamentais – e a situação de milhares de pessoas com deficiência (isoladas em casa, ou em instituições de longa permanência, restritas ao leito, carentes de políticas públicas de apoio às famílias e cuidados específicos, muitas delas idosas já sem movimentos ou a menor compreensão da realidade), somado a um sistema de justiça pouco estruturado para atendê-las, reproduz um quadro defeituoso que há muito vem sendo debatido, em busca de soluções efetivas para satisfazer os reclamos de dignidade dessas pessoas.

A despeito do prodígio social e do avanço constituinte na direção dos direitos humanos, a Constituição de 1988 convivia com o Diploma Civil de 1916, que se referia à pessoa com deficiência, em especial deficiência mental, como "loucos de todo gênero",[7] o que por si só já contrastava com a visão humanística que se inaugurava, cujo ideal de convivência fraterna, justa e solidária não condizia com a política segregacionista de pessoa estigmatizada[8] só por ter doença ou transtorno mental, o que não foi corrigido pelo Código Civil de 2002.[9]

6. Ibidem, p. 6.

7. Diante dessa expressão da superada legislação brasileira, Rosenvald considerou que era bem mais simples "excretar os 'diferentes' para os confins da cidadania do que construir um diálogo em uma esfera democrática". (ROSENVALD, Nelson. **A necessária revisão da teoria das incapacidades**. Disponível em: https://ibdfam.org.br/assets/upload/anais/279.pdf. Acesso em: 09 set. 2021)

8. Para ilustrar, nesse primeiro momento, a ideia de estigma, Goffman referia-se ao fato de uma pessoa apresentar um atributo que a torna diferente de outras que se encontram numa categoria em que pudesse ser incluída, sendo, até, de uma espécie menos desejável – num caso extremo, uma pessoa completamente má, perigosa ou fraca, que não era considerada uma criatura comum e total, para ser reduzida a uma pessoa estragada e diminuída. (GOFFMAN, Erving. **Estigma:** notas sobre a manipulação da identidade deteriorada. Trad. Márcia Bandeira de Mello Leite Nunes. 4. ed. reimpr. Rio de Janeiro: LCT, 2021, p. 12).

9. Vitor Almeida ilustrou bem o momento, quando afirmou que, "não obstante todo esse movimento, a pessoa com deficiência continuou excluída, relegada à igualdade formal, e

Naquela quadra da história, a sociedade brasileira ainda convivia com a existência do Colônia,[10] na cidade de Barbacena, onde pelo menos 60 mil pessoas morreram após terem cabeças raspadas, roupas arrancadas, perderem o nome e sofrerem todo tipo de tratamento indigno e desumano, como exposição de seus corpos nus, eletrocussão, beber urina ou esgoto, dormir sobre capim, quando não eram violados e espancados. Após a morte, os cadáveres chegavam a ser vendidos, numa verdadeira objetificação do ser, dando provas de que "o compromisso com a igualdade formal perante a lei não desfaz e nem realmente corrige desigualdades".[11]

A mudança começou a ocorrer com a Convenção sobre os Direitos da Pessoa com Deficiência (CDPD) e seu Protocolo facultativo, assinada em Nova York no ano de 2007, cujo principal objetivo era promover a inclusão da pessoa com deficiência. Ratificada pelo Congresso Nacional por meio do Decreto Legislativo n. 186, de 09 de julho de 2008, e promulgada pelo Decreto n. 6.949, de 25 de agosto de 2009, a CDPD foi a primeira Convenção sobre direitos humanos aprovada na forma do art. 5º, § 3º, da Constituição Federal, portanto com quórum de Emenda Constitucional.

Com o propósito de "promover, proteger e assegurar o exercício pleno e equitativo de todos os direitos humanos e liberdades fundamentais por todas as pessoas com deficiência e promover o respeito pela sua dignidade inerente" (Artigo 1), a chamada Convenção de Nova York carregou consigo o mérito de propiciar, ao menos formalmente, a retirada da pessoa com deficiência daquela situação de pessoa condenada ao isolamento em que se encontrava até o início do século XXI, relegada a condições de segregação social ou, nas palavras de Goffman, "situação do indivíduo que está inabilitado para a aceitação social plena".[12]

Entre seus princípios gerais, a CDPD elencou o respeito pela dignidade, a autonomia individual, a liberdade de fazer as próprias escolhas; a independência das pessoas; a não discriminação; a plena e efetiva participação e inclusão na sociedade; o respeito pela diferença e pela aceitação das pessoas com

---

somente após o EPD tornou-se objeto de preocupações dos civilistas na busca pela real e concreta tutela de sua dignidade". (ALMEIDA, Vitor. **A capacidade civil das pessoas com deficiência e os perfis da curatela.** Belo Horizonte: Fórum, 2019, p. 115)

10. ARBEX, Daniela. **Holocausto brasileiro**. Prefácio de Eliane Brum. 1. ed. Rio de Janeiro: Intrínseca, 2019, p. 14.
11. SANT´ANNA, Ramiro Nóbrega. **A judicialização como instrumento de acesso à saúde: propostas de enfrentamento da injustiça na saúde pública**. 2017. Tese (doutorado) – UniCeub, Brasília, 2017, p. 18. Disponível em: https://repositorio.uniceub.br/jspui/handle/235/12414. Acesso em: 10 set. 2022.
12. GOFFMAN, Erving. **Estigma:** notas sobre a manipulação da identidade deteriorada. Trad. Márcia Bandeira de Mello Leite Nunes. 4. ed. reimpr. Rio de Janeiro: LCT, 2021, p. 7.

deficiência como parte da diversidade humana e da humanidade; a igualdade de oportunidades; a acessibilidade; a igualdade entre homem e mulher; e o respeito pelo desenvolvimento das capacidades das crianças com deficiência e pelo direito das crianças com deficiência de preservar sua identidade (Artigo 3), assegurando, dentre outros, o direito à vida, ao acesso à justiça, liberdade e segurança, prevenção contra tortura e tratamentos ou penas cruéis, desumanos ou degradantes, prevenção contra violência, exploração e abuso, proteção à integridade da pessoa, respeito à privacidade, saúde, habilitação e reabilitação, participação na vida pública e política.

Alguns desses direitos já eram previstos na CF/88,[13] mas, agora, a convenção internacional consagrou fossem assegurados às pessoas com deficiência, prevendo alguns direitos específicos a esse grupo, que foram chamados por Almeida[14] de "direitos humanos tardios", vinculados à promoção e proteção de sujeitos historicamente invisibilizados e vulneráveis.

A CDPD acaba por ser um exemplo perfeito de direitos fundamentais previstos fora do catálogo da Constituição Federal, uma vez que calçados no princípio da dignidade humana ou por ele inspirados, como explica o professor Paulo Gonet Branco, que merece a transcrição pela profundidade da ponderação:

> De toda forma, embora haja direitos formalmente consagrados como fundamentais que não apresentam ligação direta com o princípio da dignidade humana, é esse o princípio que inspira os típicos direitos fundamentais, atendendo à exigência de respeito à vida, à integridade física e íntima de cada ser humano e à segurança. É o princípio da dignidade humana que justifica o postulado da isonomia e que demanda fórmulas de limitação do poder, prevenindo o arbítrio e a injustiça.[15]

13. BRANCO, Paulo Gustavo Gonet. Aspectos de teoria geral dos direitos fundamentais. *In*: **Hermenêutica constitucional e direitos fundamentais**. 2. parte. 1. ed. 2. tir. Brasília: Brasília Jurídica/Instituto Brasiliense de Direito Público, 2002, p. 7. [Material da 2ª aula da Disciplina Direito Constitucional, ministrada no Curso de Especialização TeleVirtual em Direito Público. UNISUL – REDE LFG]. Disponível em: http://ww3.lfg.com.br/material/pos/DPUB_DConst_Aula2_2008_05_16_LeituraObrigatoria.pdf. Acesso em: 26 abr. 2023. Gonet destaca que "pode ocorrer que alguns chamados novos direitos sejam apenas os antigos adaptados às novas exigências do momento", assim como aconteceu com a CDPD em muitos de seus dispositivos.

14. ALMEIDA, Vitor. **A capacidade civil das pessoas com deficiência e os perfis da curatela.** Belo Horizonte: Fórum, 2019, p. 99.

15. BRANCO, Paulo Gustavo Gonet. Aspectos de teoria geral dos direitos fundamentais. *In*: **Hermenêutica constitucional e direitos fundamentais**. 2. parte. 1. ed. 2. tir. Brasília: Brasília Jurídica/Instituto Brasiliense de Direito Público, 2002, p. 9. [Material da 2ª aula da Disciplina Direito Constitucional, ministrada no Curso de Especialização TeleVirtual

Em respeito ao valor da dignidade humana, naquele momento as pessoas com deficiência passaram a ser compreendidas como sujeitos de direitos, saindo, ao menos formalmente, da situação de condenação incontornável ao isolamento e à segregação, para o reconhecimento do *status* de pessoas humanas que merecerem viver em sua plenitude, autonomamente e com igualdade na sociedade.

Embora a CDPD tenha ingressado no ordenamento brasileiro em 2009, só depois de muito debate e da mobilização da sociedade civil estimulada pela Convenção, a Lei n. 13.146/2015 – Lei Brasileira da Inclusão LBI (ou Estatuto da Pessoa com Deficiência – EPD) foi instituída, para "promover, em condições de igualdade, o exercício dos direitos e das liberdades fundamentais por pessoa com deficiência, visando sua inclusão social e cidadania" (art. 1º).

A LBI propiciou profunda mudança no tratamento das incapacidades civis, alterando o conceito de incapacidade que vinha sendo empregado desde o Código Civil de 1916, e foi repetido na lei civil de 2002, ao ponto de a capacidade passar a ser considerada como um direito fundamental de todas as pessoas, inclusive da pessoa com deficiência.[16]

Com quase uma década de atraso em relação à Convenção da ONU, o legislador brasileiro fez surgir esse importante marco legal no trato das deficiências, que impactou o terreno das incapacidades civis, promulgando uma legislação destinada a "assegurar e a promover, em condições de igualdade, o exercício dos direitos e das liberdades fundamentais por pessoa com deficiência, visando à sua inclusão social e cidadania".

Nesse contexto, o direito privado trouxe para o centro da discussão a ideia de dignidade humana, pela qual todos nascem iguais e, em que pese algum déficit físico ou mental, são titulares dos mesmos direitos e deveres.[17]

O tema da deficiência passava, então, a ser inserido e tratado dentro do paradigma da inclusão social e dos direitos humanos, a partir da consagração de direitos e garantias específicos, como direito à igualdade de oportunidades com as demais pessoas, proteção contra toda forma de negligência, discriminação, exploração, violência, tortura, crueldade, opressão e tratamento desumano ou

---

em Direito Público. UNISUL – REDE LFG]. Disponível em: http://ww3.lfg.com.br/material/pos/DPUB_DConst_Aula2_2008_05_16_LeituraObrigatoria.pdf. Acesso em: 26 abr. 2023.

16. Aqui, não se está a afirmar que a LBI eliminou a teoria das incapacidades, conforme será mais bem tratado em outro capítulo. Apenas estou dizendo que a LBI ajustou a teoria das incapacidades à Constituição Federal e à CDPD, nas palavras de Rosenvald, em: **Curatela**. Escritos gentilmente cedidos pelo autor.

17. FARIAS, Cristiano Chaves de; CUNHA, Rogério Sanches; PINTO, Ronaldo Batista. **Estatuto da pessoa com deficiência comentado artigo por artigo**. 3. ed. rev. ampl. atual. Salvador: Juspodivm, 2018, p. 21.

degradante, com destaque como especialmente vulneráveis para a criança, o adolescente, a mulher e a pessoa idosa, com deficiência.

A Lei n.13.146/2015, conhecida como Lei Brasileira de Inclusão (LBI) ou Estatuto da Pessoa com Deficiência (EPD), ainda preservou a autonomia da pessoa com deficiência para casar-se e constituir união estável; exercer direitos sexuais e reprodutivos; exercer o direito de decidir sobre o número de filhos e de ter acesso a informações adequadas sobre reprodução e planejamento familiar; conservar sua fertilidade, sendo vedada a esterilização compulsória; exercer o direito à família e à convivência familiar e comunitária; exercer o direito à guarda, à tutela, à curatela e à adoção, como adotante ou adotando, em igualdade de oportunidades com as demais pessoas.

Foi assegurado o atendimento prioritário em todas as instituições e serviços de atendimento ao público, disponibilização de recursos tecnológicos e humanos que garantam atendimento em igualdade de condições com as demais pessoas; tramitação processual e procedimentos judiciais e administrativos em que for parte ou interessada, em todos os atos e diligências.

Esse plexo de garantias produziu um estado de euforia na doutrina decorrente do avanço legislativo – agora, a pessoa com deficiência passava a ser vista como gente de carne e osso, como se os dispositivos legais pudessem, por si só, a um só tempo, apagar ou corrigir o passado de verdadeira opressão de seres humanos – em decorrência de deformidades físicas, transtornos mentais, alcoolismo, vícios que conduziam à não aceitação do sujeito como igual dentro de um corpo social – e ainda promover uma intensa mudança no quotidiano da sociedade.

Embora tardia, a Lei n.13.146/2015 tinha o reconhecido mérito de transformar aquelas pessoas outrora relegadas a uma situação de "não ser" em prioritários sujeitos de direitos fundamentais.

A partir dali, experimentava-se toda uma mudança na doutrina das incapacidades, mas um novo debate também se abriu, porque o contemporâneo Código de Processo Civil, apesar das modificações ao procedimento, trouxe aspectos incongruentes com a LBI, a exemplo da preservação da nomenclatura "interdição" para a ação destinada à curatela de pessoas com comprometimento da capacidade de autodeterminação.

Para o bem ou para o mal, importantes avanços puderam ser notados: por mais desajeitados que parecessem a um primeiro olhar, continham a bandeira da emancipação da pessoa com deficiência e de importantes conquistas no contexto de sua personificação. A nova disciplina vinha quitar uma dívida histórica ou, ao menos, criar condições para tanto.

A Lei Brasileira de Inclusão trouxe mudanças profundas no direito privado e continua sendo muito debatida doutrinária e jurisprudencialmente, visto que não se tratou de mera alteração de procedimentos, havendo irradiado seus efeitos por todo o sistema jurídico, inaugurando, assim, uma nova e promissora fase no trato das pessoas com deficiência.

Em face dessa grande modificação de paradigma, tem-se buscado delimitar o papel do Poder Judiciário, bem como a adequação do comportamento dos demais atores do sistema de Justiça.

A doutrina passou a produzir artigos, manuais e estudos riquíssimos acerca do assunto, encontrando-se na produção de então análises históricas, conceituais e verdadeiros manuais sobre cada dispositivo legal e as conquistas para a emancipação daqueles que, outrora, eram chamados "loucos de todo gênero" e, agora, passam a titulares de autonomias e garantias, num esforço de efetivação de uma vida digna e justa, no seio de uma sociedade fraterna.

Entretanto, a observação atenta de aspectos biopsicossociais de parcela da população nessas condições, e do funcionamento do sistema de justiça no tocante às ações de curatela, deixa entrever que o intento ainda não foi plenamente alcançado.

Naquele mesmo ano de 2015, assumi a titularidade da 1ª Vara de Sucessões, órfãos e interditos de Salvador, unidade que tem entre suas competências processar e julgar ações de interdição[18] e, como num passe de mágica, com a nova normatização, poderia, ou ao menos, deveria, dispensar aos tantos sujeitos dos processos de curatela um tratamento humanizado e digno, sem a decretação do que se chamava de "morte civil", haja vista que, agora, a capacidade da pessoa seria preservada, ainda que relativa.

Agora, também, por previsão da lei processual, poderia ter um especialista para acompanhar as audiências de entrevista, e uma equipe multidisciplinar para realizar as avaliações periciais da deficiência. Porém, a prática demonstrava que não era bem assim.

Aqui surge de plano um paradoxo: como "interditar" um sujeito? Será que ainda seria possível falar em "interdição" de pessoa? Será que essa expressão está condizente com o *status* de pessoa, ou seria ainda resquício da objetificação do ser humano?

---

18. Embora o Código de Processo Civil mantenha a palavra "interdição" para denominar a ação pela qual se discute a (in)capacidade permanente ou momentânea da pessoa expressar sua própria vontade, a técnica, ou atecnia do legislador, recebe críticas porque a expressão traz consigo toda uma carga de ideia de limitação do sujeito a ela submetido, quando a lógica pela qual passa a se orientar a curatela é de promoção da autonomia do curatelado (REQUIÃO, Maurício. **Estatuto da pessoa com deficiência, incapacidades e interdição**. 2. ed. Florianópolis: Tirant Lo Blanch, 2018, p. 194).

Além disso, não obstante os avanços normativos e a euforia da doutrina, percebi que aqueles adultos com deficiência cognitiva das ações de "interdição" ainda compareciam às audiências de entrevista (e não mais de interrogatório) com certo medo, "arredios, tratados pelos próprios familiares como se fossem "alienados", infantilizados, muitas vezes conduzidos pela mão como criança, conquanto fossem pessoas adultas, como se ainda estivessem naquele lugar reservado aos indesejados sociais de Goffman, num perceptível processo de infantilização[19] que já não se adequava à emancipação normativa, nem aos proclamos de evolução encontrados nos melhores comentários ao novo sistema.

Isso tudo me inquietava muito, por produzir a sensação de que "ainda éramos os mesmos e vivíamos como nossos pais", ou seja, ainda caminhávamos como se as boas novas não tivessem acontecido.

A jurisprudência também sentia esse descompasso. Em decisão de 2021 da Terceira Turma do Superior Tribunal de Justiça (STJ), o ministro Marco Aurélio Bellizze de Oliveira destacou a necessidade de adequação dos processos de curatela no país, eliminando referências à incapacidade absoluta.[20] Ora, esse julgado do Superior Tribunal de Justiça sinalizava que, em 2019, ainda era possível encontrar sentenças que decretavam a incapacidade absoluta de alguém, e não de forma excepcional.

Contemplando o sistema de justiça, notei também que, a despeito do novo cenário de inclusão e do sofisticado rol de prioridades consagradas na LBI, raros eram os processos que vinham com o destaque da tramitação prioritária, logo maioria dos casos disputavam atenção no mesmo patamar que as inúmeras ações de inventário e alvarás, cujo apelo patrimonial sobressaía. Diga-se mais, após os primeiros sete anos de vigência do Estatuto, jamais houve um especialista para acompanhar a entrevista de pessoas em situação de curatela como previsto no Código de Processo Civil vigente.

Ainda no terreno da avaliação pericial, outra situação digna de nota era que, em muitas ações, a própria Curadoria Especial, que tem o relevante papel de atuar em defesa da pessoa vulnerável em situação de curatela, e de defendê-la judicialmente quando não constituísse advogado, insistia em que a avaliação pericial fosse realizada por médicos, como se ainda estivesse sob o pálio da

---

19. Segundo Requião, por força da debilidade física, ou mental, o sujeito é submetido a um controle excessivo por parte dos que estão em seu convívio, o que o coloca em posição de subalternidade e passividade (o que o autor denomina de paternalismo, infantilização e, consequente, perda da autonomia. (REQUIÃO, Maurício. **Estatuto da pessoa com deficiência, incapacidades e interdição**. 2. ed. Florianópolis: Tirant Lo Blanch, 2018, p. 151)
20. Disponível em: https://www.stj.jus.br/sites/portalp/Paginas/Comunicacao/Noticias/02072021--Apos-Estatuto-da-Pessoa-com-Deficiencia--incapacidade-absoluta-so-se-aplica-a-menores-de-16-anos.aspx. Acesso em: 8 abr. 2023.

curatela científica, calcada na avaliação da medicina, que era reservada àquela época superada dos "loucos de todo o gênero".

Ao longo dos anos, a crescente presença de pessoas idosas com deficiência intelectual, muitas vezes decorrente de Alzheimer, de sequelas de Acidente Vascular Cerebral ou apenas da idade avançada, em estágio de completa falta de comunicação e ausência de interação, me fez questionar se interessava àquelas pessoas a liberdade sexual, ou a capacidade reprodutiva, uma vez que a biologia já lhes suprimira essas competências, assim como não lhes interessava a preservação do direito de votar, pois, em muitos casos, o voto já não lhes era obrigatório devido à idade. Era preciso mais. Mas o quê?

Nesse contexto, pareceu-me que a doutrina e os atores do sistema de justiça estariam a apropriar-se da identidade daquelas pessoas sob a pretensão de garantir-lhes direitos sem, ao menos, conhecer os verdadeiros aspectos existenciais daquele sujeito com os quais dialogavam, ou pareciam dialogar.

Essa sensação de apropriação da identidade do outro, sem ao menos conhecer sua face, seus anseios e dores, gerou um incômodo sentimento de que era preciso fazer algo para que o Judiciário pudesse olhar para aqueles sujeitos, dialogar com eles, a fim de melhor atendê-los. Para tanto, seria preciso identificar o perfil, conhecer aspectos pessoais, familiares, sociais, para, enfim, poder falar-se em inclusão.

Por outro lado, mas na mesma moeda, incomodavam algumas posturas das instituições do sistema de justiça ainda em descompasso com a moderna legislação, podendo-se mencionar, para exemplificar, a permanência da indicação de audiência de interrogatório no sistema de processo eletrônico, quando a lei já falava em audiência de entrevista;[21] a resistência à avaliação pericial multidisciplinar (ou por profissional de outra área que não a medicina, a exemplo da psicologia, da assistência social e da terapia ocupacional, que poderiam olhar a pessoa dentro de sua complexidade), num evidente retrocesso à fase da deficiência médica ou científica, que era associada à loucura; ausência de estrutura mínima para atender o sujeito com deficiência com a prioridade devida, até porque ainda não havia juízos privativos que pudessem assegurar prioridade na tramitação dos processos, tratamento humanizado e especializado.

Certo é que, transcorridos mais de sete anos de vigência do Estatuto, ainda não se conhecem os verdadeiros contornos e nuances da vida real dessas pes-

21. Durante o período da pesquisa e da escrita, o CNJ incluiu a audiência de entrevista no rol de audiências possíveis do processo judicial eletrônico, em resposta a uma solicitação do Comitê de Pessoas com Deficiência no âmbito judicial, instituído pela Portaria n. 222, de 23 de junho de 2022, presidido, à época, pelo Ministro Reynaldo Soares da Fonseca e coordenado pelo Conselheiro Sidney Madruga.

soas cuja dificuldade de manifestar vontade e de autodeterminar-se as coloca em situação de vulnerabilidade acrescida,[22] de modo a exigir a presença de um agente colaborador e cuidador para auxiliar na prática de atos negociais, consubstanciado na figura do curador, sem, contudo, retirar-lhes os direitos políticos, a capacidade de casar-se, constituir união estável, exercer os direitos sexuais e reprodutivos, conservar sua fertilidade, dentre outros previstos no diploma legal. Aqui, assumi que, para bem dimensionar medidas que respeitassem a dignidade da pessoa em situação de curatela, ou políticas públicas de inclusão, é preciso, num primeiro momento, conhecer dados biopsicossociais desses cidadãos, para, em segundo momento, analisar como o sistema de justiça está desempenhando seu papel.

Conhecer elementos existenciais ou biopsicossociais pressupõe saber informações básicas como idade, gênero, causa que limita a capacidade de autodeterminação, o contexto socioeconômico, o que motiva a família e pessoas próximas a requererem a "interdição" e os impactos da deficiência em sua vida.

A realidade das pessoas com vulnerabilidade qualificada pela curatela aparece como um desafio gigantesco aos profissionais do Direito, na medida em que foram instados pela nova fase do tratamento legal, constitucional e convencional a abandonar os institutos e as compreensões ultrapassados em prol das novas normativas e dos novos imperativos valorativos.

Não se restringiram as mudanças apenas a uma rejeição à orientação normativa anterior, ocorreu o direcionamento a uma urgente necessidade de rearticulação de toda a sistemática cível até então erigida e operacionalizada processualmente.

A doutrina nos fornece o substrato teórico e ricos debates acadêmicos dos mais conceituados expertos, mas faltam reflexões práticas, nascidas do contato entre os diversos atores da demanda processual, elementos que tragam de fato a pessoa com deficiência para a centralidade da discussão.

Essa escassez de dados empíricos é, muitas vezes, atribuída não ao desinteresse da comunidade científica em pesquisá-los, mas, sobretudo, à dificuldade de acesso aos processos judiciais em tramitação, nos quais essas pessoas em situação de curatela são encontradas, e em que estão delineados seus perfis, dados pessoais, idade, condições familiares e tudo o mais que gravita nesse

22. A situação de vulnerabilidade acrescida é aquela que coloca a pessoa em condição de maior suscetibilidade a sofrer intervenções por parte de seus cuidadores, da equipe médica ou do Estado, devido ao comprometimento da sua capacidade de autodeterminação. (MACHADO, Isis Laynne de Oliveira; ALBUQUERQUE, Aline. Papel do Estado quanto à vulnerabilidade e proteção de adultos com deficiência intelectual. **Cadernos Ibero-Americanos de Direito Sanitário**, v. 8, n. 1, p. 65-79, jan./mar. 2019. Disponível em: https://www.cadernos.prodisa.fiocruz.br/index.php/cadernos/article/view/510/572. Acesso em: 20 set. 2021, p. 66).

complexo sistema, uma vez que são protegidos institucionalmente pela estrutura judiciária, a qual, por si mesma, constitui-se como representação de uma dificuldade informacional aos pesquisadores nos espaços de poder extremamente ritualizados e hierarquizados.

A ideia é, pois, considerar essa pessoa com vulnerabilidade acrescida devido ao comprometimento da capacidade de exprimir vontade para além da lei e dos manuais jurídicos, e penetrar em sua realidade existencial, na forma como ela é identificada nas ferramentas de modernização do processo eletrônico, conhecer de onde vem, como vive, como é cuidada, enfim, olhar para a pessoa humana a partir de aspectos da sua própria existência e avaliar se as instituições do sistema de justiça acompanharam os avanços normativos no sentido da garantia do seus direitos fundamentais à dignidade, à vida, ao tratamento prioritário, à não discriminação, ao acesso à justiça e tantos outros corolários do primeiro.

Assim, almejando uma melhor captação das mudanças e dos questionamentos advindos da novel legislação, o **tema** desta tese é a tutela jurídica das pessoas em situação de curatela e o sistema de justiça, com a proposta de debater as características biopsicossociais dessas pessoas e de avaliar como o sistema de justiça se amoldou, se é que se amoldou, ao novo regramento normativo.

**Este estudo pretende discutir** as questões afetas aos indivíduos em condição de vulnerabilidade qualificada pela curatela com **base em pesquisa empírica**, sendo que o cumprimento da tarefa ora assumida será desenvolvido mediante a adoção como **matriz "epistemológica"** da investigação dos dados extraídos das ações de curatela ajuizadas entre os anos de 2016 e 2021 perante o Juízo da 1ª Vara de Sucessões, Órfãos, Interditos e Ausentes de Salvador.

Esta **pesquisa empírica**, naturalmente com a preponderância da investigação do "mundo do ser" ante iniciativas de prescrever como o "mundo deve ser", será realizada por uma tarefa de tradução da realidade em conceitos, de maneira a tornar os dados captados na investigação em variáveis capazes de serem medidas e, posteriormente, avaliadas.

Além de que, busca-se a apresentação de evidências a serem fundamentadas em dados retirados do mundo concreto, em atenção especial ao fenômeno, afastando-se tendências especulativas, para dotar o trabalho realizado de maior grau de cientificidade e de apuração.

Este trabalho procura enfrentar o problema da compatibilização da proteção jurídica dos interesses dessas pessoas, dentro dos imperativos do Estado Democrático de Direito e dos avanços dos modernos entendimentos do paradigma social em ascensão, e havendo tal possibilidade de compatibilização, discutir como se dariam os controles, quais seriam os seus limites e quais seriam os riscos.

**A presente pesquisa almeja** compreender, criticar e aprimorar o trato da questão, pois reputa-se que o paradigma social permite a existência de lacunas na proteção de direitos fundamentais – desses indivíduos – a exemplo da dignidade humana, do acesso à justiça, da prioridade de tratamento e da capacidade plena – em razão da primazia dada a uma espécie de presunção inafastável de autonomia abstrata, independentemente do caso a respeito do qual se demanda e se desenvolve a atuação judicial.

Lançado, assim, o **contexto geral da pesquisa**, defini o **problema central** da tese: identificar e analisar as características das pessoas com deficiência em situação de curatela e como funcionam as instituições do sistema de justiça, para aferir se, e em que medida, as mudanças decorrentes da CDPD e da LBI, em garantia à dignidade, ao acesso à justiça, ao tratamento prioritário e à não discriminação, estão sendo realizadas na prática.

Nessa investigação, parti das seguintes **perguntas**: a) quais são as características da pessoa com deficiência intelectual nos processos de curatela que tramitaram perante o Juízo da 1ª Vara de Sucessões, Órfãos e Interditos[23] de Salvador entre os anos de 2016 até 2021?; b) como as instituições do sistema de justiça se adaptaram às inovações trazidas pela Lei n.13.146/2015?

O **objetivo geral** da pesquisa é **conhecer dados existenciais da pessoa com deficiência intelectual em situação de curatela, a fim de aferir se, e em que medida, a dignidade humana, o acesso à justiça, a prioridade de tratamento, a não discriminação, assegurados pela Constituição Federal, pela Convenção Internacional dos Direitos da Pessoa com Deficiência, pela Lei n. 13.146/2015 (Lei Brasileira de Inclusão – LBI) estão sendo experimentados por esses sujeitos, e verificar se as instituições do sistema de justiça se adaptaram às mudanças trazidas pelo novo padrão normativo para assegurá-los.** Evita-se, aqui, a retórica mais ou menos entusiasmada acerca dos novos tempos, baseada apenas no dever-ser que representa o avanço normativo, para, a partir de dados empíricos, aferir as mudanças imprimidas dentro desse recorte.

Trata-se, portanto, de abandonar a dicotomia entre ter mais ou menos inclusão e passar a construir um debate que tenha como ponto de partida características reais da pessoa em situação de curatela, para melhor atender às suas necessidades pessoais e, num segundo momento, identificar, a partir dos processos judiciais, e do funcionamento do Judiciário brasileiro nesse particular, se as instituições do sistema de justiça estão conectadas e alinhadas às novas diretrizes emancipatórias dessa população.

23. Preservei a denominação contida na Lei de Organização Judiciária do Estado da Bahia, Lei n. 10.845/2007, que ainda faz referência a "Interditos". A correção dessas imperfeições terminológicas pode ser uma das sugestões finais da tese.

Analisar a realidade de pessoas com deficiência em situação de curatela a partir da pesquisa empírica vem preencher uma lacuna no tratamento dado ao tema,[24] que muito tem sido aprofundado teórica e conceitualmente, sem, contudo, produzir dados objetivos extraídos de processos judiciais atinentes a pessoas com deficiência que, de alguma forma, comprometem sua capacidade. Aqui reside o caráter inovador da tese – promover a discussão com base na empiria, na observação do retrato extraído dos processos judiciais, para chegar-se aos contornos existenciais acerca do sujeito com vulnerabilidade acrescida ao ponto de ser submetido a uma ação de curatela e, também com base na observação processual, analisar o desempenho do sistema de justiça com o qual interage e se comunica.

Assumi que, ao enfrentar tal problema, a pesquisa promove estudo de grande **utilidade institucional e social,** pois pretende lançar luzes sobre uma questão real da vida de milhares de brasileiros cuja deficiência lhes coloca em condição de vulnerabilidade acrescida e, a partir da atuação dos atores e instituições do sistema de justiça e do mapeamento dos contornos existenciais dos sujeitos com deficiência nos processos de curatela, poder conhecer os pontos positivos que o novo sistema jurídico produziu e propor melhorias capazes de superar os pontos críticos na promoção da dignidade dessas pessoas.

Vale ressaltar que a contribuição da pesquisa se direciona, ainda, ao resgate da credibilidade do sistema de justiça, a partir de um maior conhecimento das necessidades de uma clientela vulnerável específica, e da possibilidade de diagnóstico verossímil para futuros ajustes.

Para tanto, assumi **duas hipóteses**: a primeira, que o avanço normativo não foi suficiente para promover mudanças efetivas na garantia da dignidade da pessoa com deficiência em situação de curatela; a segunda, que as instituições do sistema de justiça ainda não se adaptaram, ou pouco se adaptaram, aos avanços trazidos pela Lei Brasileira de Inclusão, no sentido de garantir o acesso à justiça, a prioridade de tratamento e o pleno exercício de sua autonomia e capacidade.

Nesse diapasão, a pesquisa promoverá contextualizações específicas voltadas à compreensão da realidade das pessoas com deficiência nos processos de curatela, na cidade de Salvador no período de 2016 até o ano de 2021, e a como se comportou o sistema de justiça nesse período, quais sejam: *i*) aná-

---

24. Prefaciando importante obra coletiva sobre "Direito, Vulnerabilidades e Pessoa com deficiência", a professora Joyceane Bezerra de Menezes chama atenção para a necessidade de estudos empíricos, e destaca que "a virada copernicana" produzida pelos instrumentos do EPD no campo jurídico formal não chegou à realidade prática dos tribunais – a tese vem pesquisar essa realidade a partir da observação dos processos judiciais e do funcionamento das instituições do sistema de justiça.

lise do modelo jurídico brasileiro e das mudanças imprimidas na legislação civil no trato das incapacidades, a partir da Lei n.13.146/2015, que instituiu a Lei Brasileira de Inclusão da Pessoa com Deficiência, com destaque para as contribuições trazidas para assegurar dignidade à pessoa com vulnerabilidade qualificada; *ii*) análise dos dados existenciais dos sujeitos em situação de curatela nos processos que tramitaram perante o Juízo da 1ª Vara de Sucessões, Órfãos, Interditos e Ausentes de Salvador entre 2016 e 2021; *iii*) análise da atuação das instituições do sistema de justiça no bojo dos processos, a fim de compará-la com aspectos centrais da proposta normativa; *iv*) debate institucional e acadêmico sobre os resultados; *v)* proposta de estratégias ou medidas para efetiva garantia da dignidade da pessoa com deficiência em situação de curatela.

Os custos de não investigar o referido tema com a **metodologia proposta** refletiriam em um trabalho sem verificação do perfil das demandas, seus desenvolvimentos e seus resultados, de modo a dificultar em muito o afastamento de causalidades sem base fática e de correlações espúrias, como também a conclusão, qualquer que seja, se a hipótese será ou não confirmada.

O diferencial marcante da visão adotada é ir além do tema formulado propondo um método que, ao invés de buscar soluções para hipotéticos problemas, identifica os problemas para buscar soluções adequadas à natureza e à especificidade deles.

O trabalho, assim, justifica-se e caracteriza-se como **inovador** ao pretender preencher a lacuna científica permitindo a realização de um diagnóstico institucional amplo, o qual terá como efeito a elaboração de estratégias processuais, modernização de ferramentas e categorias do processo eletrônico, o aumento da qualidade decisória, o potencial de promover a unicidade de decisões, bem como, especialmente, a garantia de direitos da maneira mais ampla e efetiva à população pesquisada.

Ou seja, aqui se propõe, a partir das ferramentas da empiria, a tarefa de imaginar soluções, partindo-se de um diagnóstico correto das possíveis injustiças que remanescem, apesar de todo desenvolvimento e evolução legislativos, em matéria de direitos humanos, por meio da sistematização dos resultados obtidos: respondendo as questões orientadoras e a conclusão de confirmação ou refutação da hipótese levantada.

Será perseguido, por meio de dados quantitativos e qualitativos, que o questionamento correto não é se o Direito irá conferir autonomia irrestrita a esse grupo de pessoas ou irá oprimi-las em sua dignidade por meio da perspectiva meramente tutelar, mas sim qual atuação específica é necessária para salvaguardar em seus direitos o indivíduo, considerando-o autônomo, e, ao mesmo tempo, conhecê-lo em suas necessidades e prioridades de atendimento e cuidado.

Na adoção dessa abordagem reside a **originalidade** da presente pesquisa.

O marco legal da tese está na Constituição Federal, na Convenção de Nova York (Convenção dos Direitos da Pessoa com Deficiência, doravante denominada CDPD), na Lei n. 13.146, de 2015 (EPD ou LBI), no Código Civil (CC) e no Código de Processo Civil (CPC).

O marco teórico de partida, inicial e mais precisamente para fins de um resgate histórico, é a obra História da Loucura, de Michel Foucault, devido à sua influência no debate do tema.

Outro autor cujas ideias muito influenciaram a análise foi o Erving Goffman, com grande contribuição para a compreensão do estigma lançado sobre as pessoas com deficiência no passado próximo, bem como Reynaldo Soares da Fonseca, que fala sobre o princípio constitucional da fraternidade, para estabelecer um diálogo com a sociedade fraterna prevista na Constituição e essa minoria, que não é uma minoria numérica, mas social.

Nelson Rosenvald muito inspirou esse estudo, porque ele traz densidade e profundidade teóricas, com paixão pulsante em suas palavras e um profundo respeito pela concretude da pessoa humana em sua magnitude. Certamente, veio de Rosenvald encantamento e coragem para desbravar tema tão instigante.

Doutrinadores brasileiros ampararam o aprofundamento da reflexão sobre o tema após o advento da Convenção de Nova York e a entrada em vigor da LBI, com seus reflexos no direito privado, merecendo citar Maurício Requião, que já vem aprofundando estudos e pesquisas no âmbito das deficiências e incapacidades no direito brasileiro, com vários artigos publicados, além do livro – "Estatuto da Pessoa com Deficiência, Incapacidades e Interdição", que se consagrou como leitura obrigatória a quem se lança no estudo desse tema.

Ao lado de Requião, Vitor Almeida, Cristiano Chaves de Farias, Rogério Sanches Cunha e Ronaldo Batista Pinto, responsáveis pelo lançamento de um dos primeiros livros comentando o Estatuto da Pessoa com Deficiência, que captaram as mudanças paradigmáticas em curso com as modificações legislativas.

Na doutrina argentina, encontrei a experiência e a grande produção acadêmica de Juan Antonio Seda, antropólogo, advogado, professor da Universidade de Buenos Aires, voltado para a área da *discapacidad.*

Seria impossível que um estudo sério sobre o tema não visitasse os ensinamentos dos Professores Paulo Gustavo Gonet Branco e Gilmar Ferreira Mendes no âmbito dos direitos fundamentais.

Todavia, o debate jurídico não fornecia todo o alicerce para a pesquisa, de modo que o sustentáculo para a tese foi identificado em estudos da bioética e da sociologia, mais precisamente nas teses de Jonathan Herring e Martha Albertson Fineman, a respeito da vulnerabilidade de adultos e as implicações jurídicas.

Ao falar sobre a representação de pessoas com deficiência, Fineman destaca como a sociedade denomina os vulneráveis enquanto sujeitos para os quais o Estado exercerá, por vezes, um papel de proteção paternalista, por uma ideia de dever subjetivo de cuidado.[25] Em dada medida, é uma proteção necessária que, ao mesmo tempo que resguarda, também gera embate de forças com outros grupos minoritários. Reconhecer as diferenças provenientes de uma deficiência sem, ao mesmo tempo, diminuir o outro é um grande desafio.

Para Fineman,[26] ao reconhecer que existem vulnerabilidades, o Estado assume um compromisso indireto de privilegiar as diferenças ao invés de rechaçá-las, de entender que igualdade não é um princípio vazio e deve ser acompanhado de políticas efetivas.

A autora defende a necessidade de romper com a lógica de igualdade pura e simples, ignorando as diferenças nascidas de uma redução de autonomia, o que vem ao encontro de algumas inquietações surgidas ao longo da condução das ações de curatela: Todos devem ser tratados com os mesmos parâmetros de igualdade? A perda de autonomia por vulnerabilidade deve ser tratada como proteção ou violação?

---

25. "Of course, in response to social movements and political pressure, American law does recognize that distortions and disruptions can exist even in systems deemed to be based on market and merit alone. The distortions recognized in our system are organized around discrimination historically found to be impermissible if based on certain individual or group characteristics. Because identities have been the focus of major civil rights struggles in American society, characteristics such as gender, race, and religion define which groups are those primarily protected by our equality laws. Note that it is not discrimination in general that is prohibited, only discrimination based on those designated distinguishing characteristics. A person can be fired from employment on a whim, for any reason whatsoever, or be denied housing or access to goods and services so long as it is not the result of discrimination based on something like race or gender". (FINEMAN, Martha Albertson. The vulnerable subject and the responsive state. **Emory Law Journal**, v. 60, n. 2, p. 251-275, 2010, p. 252. Disponível em: https://scholarlycommons.law.emory.edu/cgi/viewcontent.cgi?article=1333&context=elj. Acesso em: 08 set. 2021.)

26. "Vulnerability analysis is na attempt to articulate a more self-conscious and aware egalitarian political culture; one that more robustly adheres to the all-American promise of equality of opportunity and equal access to the American dream. It is those aspirations for substantive equality for the vulnerable subject that should form the ultimate ideals against which the state and its societal institutions and their actions are judged". (FINEMAN, Martha Albertson. The vulnerable subject and the responsive state. **Emory Law Journal**, v. 60, n. 2, p. 251-275, 2010, p. 275. Disponível em: https://scholarlycommons.law.emory.edu/cgi/viewcontent.cgi?article=1333&context=elj. Acesso em: 08 set. 2021)

Para Herring, ao se falar em vulnerabilidade, há clara referência a uma situação mutável; vulnerabilidade dependerá do contexto e dos parâmetros, podendo ser adquirida ou superada no decorrer do tempo.[27] A sociedade busca mascarar alguns graus de dependência e supervalorizar outros, entretanto todos são vulneráveis em alguma medida. Portanto, falar de pessoas com deficiência não pode ser resumido a atender vulneráveis, deve ser compreendido como um amplo processo de enxergar o outro. O Estado e seus atores precisam se destituir de paradigmas equivocados e assumir um papel de transformação real.

Assim, o autor oferece algumas reflexões sobre como as críticas à nova sistemática podem ser superadas com a inserção de uma nova perspectiva reformulada para focar nos relacionamentos entre os indivíduos que orbitam nos litígios e não necessariamente nos direitos individuais que possam ser plenamente exercidos.

A transformação das políticas públicas é essencial para impedir centralidade de poder e marginalização de grupos sociais com características dissonantes. É preciso considerar que mesmo no espectro dos vulneráveis pode haver pautas diversas.

Ao instituir a LBI, o Estado brasileiro deu um grande passo na forma de olhar para as diferenças, que, agora, precisa de nova evolução. Tal evolução apenas será possível pela escuta participativa, pela análise da efetividade das leis e por um olhar processual que ultrapasse a mera réplica de discursos fechados. Em que pese a realidade brasileira ter particularidade em relação à americana estudada pelos autores, o fundamento no qual suas teses se assentam é o mesmo: concretizar a dignidade da pessoa humana.

---

27. "Vulnerability is an inherent part of being human (Beckett 2006). Admittedly, this is not how generally people understand themselves. We emphasize our capacity, independence and autonomy. But we puff ourselves up with such talk. In reality, we are all vulnerable because we are all profoundly dependent on others for our physical and psychological well-being (Gergen 2009). Our society has built up a wide range of structures and forms of assistance which disguise our vulnerability. That does mean that some people's vulnerability is mitigated to a greater extent than others, but does not undermine the universal vulnerability everyone has. I would argue that our vulnerability emerges from three primary features of our nature. First, our embodied nature creates vulnerability. Experience teaches us that our bodies are vulnerable to sickness, illness and accidents (Matambanadzo 2012). Our health is frail. Our bodies are 'profoundly leaky' (Shildrick 1997). They are constantly changing with new material being added to them and old material being discarded. Inside our bodies are dependent on a wide range of non-human material to survive, and outside it is constantly interacting with the environment (Chau and Herring 2007). All of this means our bodies are mutable, porous and vulnerable". (BEDFORD, Daniel; HERRING, Jonathan. **Embracing vulnerability**: the challenges and implications for law. Routledge, 2020, p. 65)

## DESENVOLVIMENTO DA PESQUISA

A pesquisa se desdobra em **quatro partes**. As contextualizações propostas ditam a organização dos capítulos e conduzem, no derradeiro deles, ao debate entre a empiria e a proposta normativa.

No **primeiro capítulo**, apresentarei os principais conceitos que serão considerados na tese. Inicialmente, o conceito de "pessoa com deficiência em situação de curatela", que é o recorte feito na pesquisa: não vou considerar todas as pessoas com deficiência, mas, especificamente, aquelas a quem o legislador brasileiro considera relativamente incapazes, porque não podem exprimir vontade, em decorrência de causa transitória ou permanente.

Outro conceito que será trabalhado é o de "vulnerabilidade" e, mais precisamente, a vulnerabilidade acrescida ou qualificada, assim compreendida a situação de maior vulnerabilidade, no caso, devido ao comprometimento volitivo, que deixa a pessoa humana ainda mais suscetível a riscos.

Além do plano conceitual, pretendo revisar o arcabouço normativo referente à pessoa com deficiência em situação curatela, desde os direitos fundamentais consagrados a partir do texto constitucional, até a legislação mais específica, passando pela CDPD, pela LBI e seus reflexos na lei material civil (Código Civil) e na lei processual civil (Código de Processo Civil).

Aqui, também falarei sobre o instituto jurídico escolhido, qual seja, o da curatela – consagrado como instrumento de cuidado e promoção de autonomia para o sujeito –, identificando os avanços decorrentes da legislação vigente, a partir da CDPD, da LBI e das mudanças no CPC e no Código Civil. A importância de indicar nesse momento o instituto, o procedimento, as garantias, salvaguardas de autonomia e os direitos fundamentais assegurados às pessoas com deficiência, consiste no elemento central da tese, porque com eles serão confrontados os resultados da pesquisa, em que olhamos para a realidade e a prática do sistema de justiça.

A importância dessa abordagem está relacionada à necessidade de bem delimitar o ambiente de pesquisa e apresentar os recortes feitos no estudo.

No **segundo capítulo**, apresentarei detalhadamente a proposta metodológica aplicada, expondo as nuances e abordando o local de estudo, com apresentação gráfica dos números gerais da unidade judicial, de forma a apontar o contexto dos processos.

Aqui, serão avaliados dados dos sujeitos em situação de maior vulnerabilidade, nos processos que tramitaram perante o Juízo da 1ª Vara de Sucessões, Órfãos, Interditos e Ausentes de Salvador entre 2016 e 2021, mediante autorização do Tribunal de Justiça do Estado da Bahia, com respaldo em precedente do Conselho Nacional de Justiça (Processo n. 0005282-19.2018.2.00.0000).

A partir do sistema EXAUDI, utilizado pelo Tribunal de Justiça do Estado da Bahia para gestão processual, foram catalogadas informações sobre idade e gênero da pessoa analisada, a causa da deficiência cognitiva ou da dificuldade de expressar vontade apontadas nos processos, por considerar que esses dados são necessários para conhecer a perspectiva de dignidade dessas pessoas; quem está no polo ativo da ação (relação de parentesco/vínculo) – parente, amigo, diretor de instituição; quem patrocina a causa: advogado, Defensoria Pública, Ministério Público; se o processo conta com assistência judiciária gratuita, e se tem destaque de tramitação prioritária, por considerar que esses dados dialogam com a garantia de acesso à justiça e a prioridade de tratamento.

No **terceiro capítulo**, conduzirei a atenção para a análise da atuação das instituições do sistema de justiça no bojo dos processos para comparar com aspectos centrais da proposta normativa, tanto no âmbito da dignidade quanto na não discriminação e no acesso à justiça com prioridade de tratamento.

Aqui, o esforço será concentrado no sentido de observar como atuaram advogados(as), Defensores Públicos, o Ministério Público, o Poder Judiciário, os(as) auxiliares do Juízo (peritos, servidores e eventuais sujeitos processuais), procurando estabelecer uma comparação entre essa atuação e a proposta normativa, para avaliar se a atividade desses profissionais está alinhada com os padrões de inclusão e priorização da pessoa com deficiência.

Essa análise será feita a partir de aspectos do processo eletrônico, a saber: CLASSE e DESCRIÇÃO CLASSE CNJ, identificações afetas aos processos objeto da pesquisa, peças processuais produzidas pelos atores processuais.

Analisarei, também, o funcionamento do sistema de justiça brasileiro, a partir de dados coletados perante os Tribunais e de pesquisa de decisões encontradas nos diários de justiça eletrônico.

Em seguida, no **capítulo quarto**, proporei o debate institucional e acadêmico- científico sobre os resultados, no sentido de destacar pontos positivos e pontos críticos encontrados. Será o capítulo referente ao confronto da hipótese de trabalho com os dados e as informações advindos da pesquisa empírica e no qual serão apresentadas as evidências confirmatórias ou refutativas da tese ora elaborada, ao passo que se enunciarão as consequências desse resultado em termos de sugestões de alterações legislativas, de políticas judiciárias e de crítica doutrinária, com vistas a incrementar o processo de sofisticação da jurisprudência nacional sobre a matéria.

Nesse capítulo, será feita, portanto, a comparação dos resultados com o recorte teórico e normativo considerado no primeiro capítulo, numa pretensão de comparar o ser e o dever-ser.

Conhecendo a pretensão de personificação da pessoa – inclusão e emancipação da pessoa com deficiência – aqui especificamente considerada a pessoa em condição de supervulnerabilidade decorrente da limitação cognitiva e volitiva que a coloca em situação de curatela, nesse capítulo serão destacados os pontos mais relevantes que indicarão avanço ou retrocesso do sistema de justiça, das instituições, e até mesmo dos atores do sistema de justiça, na condução dos processos de curatela.

Ainda a partir dos dados, serão apontadas as principais contribuições efetivas para a inclusão dos sujeitos com deficiência intelectual em situação de vulnerabilidade acrescida, bem como os desafios ainda não superados.

Depois de ter analisado o contexto teórico e o panorama jurídico no trato do tema, e após o levantamento de todos os elementos considerados ao longo dos capítulos anteriores, esse capítulo tentará apontar gargalos, imprecisões, incongruências, dificuldades que foram identificadas na pesquisa, para propor sugestões de medidas que venham a ajudar a combatê-los, ou solucioná-los e, ainda, eventualmente, políticas públicas que se adequem às características dos sujeitos em situação de curatela no país.

Ao final, na **conclusão**, farei o relatório final da tese, com um resumo da pesquisa e dos caminhos percorridos, para destacar as principais conclusões obtidas com o trabalho.

Sigamos em frente! Convido o leitor a mergulhar comigo nesse oceano dos direitos humanos, na esperança de que, em algum lugar, alguma pessoa em situação de vulnerabilidade acrescida pela curatela, que já não consegue autodeterminar-se ou exprimir vontade, possa ser vista, compreendida, amparada e incluída!

CAPÍTULO 1

# A TUTELA JURÍDICA DAS PESSOAS COM DEFICIÊNCIA EM SITUAÇÃO DE CURATELA

*Eu nunca soube dessas coisas antes. É como se, caso eu fique inteligente o suficiente, eu fosse entender todas as palavras na minha mente, e soubesse desses garotos em pé na estrada do beco, e do meu tio Herman e dos meus pais. Mas o que ele quer dizer é que então vou me sentir mal sobre tudo e posso ficar doente da cabeça.*

(Daniel Keyes, Flores para Algernon)

O texto acima foi extraído de um romance muito conhecido da literatura norte-americana, em que o personagem, Charlie Gordon, um rapaz com baixo Q.I., queria tornar-se muito inteligente. Em um relato comovente, o autor apresenta uma pessoa sensível, suas tragédias pessoais, seus sentimentos, e os avanços intelectuais e emocionais de uma personagem jamais esquecida por todos que tenham tido acesso ao livro, com evidente deficiência intelectual.

Essa narrativa ensina que pensar o direito da pessoa com deficiência pressupõe o diálogo com saberes que extrapolam o limite do conhecimento jurídico, para extrair consequências jurídicas daquilo que não se esgota na cientificidade do Direito. Afinal, o desafio aqui é, num primeiro momento, identificar a pessoa que atrai o olhar desta pesquisa e suas peculiaridades, para, em um segundo momento, compreender como o sistema de justiça e seu arcabouço normativo tutelam uma personalidade tão complexa.

**À vista disso, neste capítulo, inicialmente, trarei o conceito de "pessoa com deficiência em situação de curatela", partindo da ideia de pessoa com deficiência em sentido amplo, para, em seguida, focar naquela que, por causa permanente ou transitória, não puder exprimir vontade,**[1] objeto

1. Código Civil, Lei n. 10.406, de 10 de janeiro de 2002, alterada pela Lei n. 13.146/2015, artigo 4º, III, prevê que são relativamente incapazes a certos atos ou à maneira de os exercer, aqueles que, por causa transitória ou permanente, não puderem exprimir sua vontade.

principal deste estudo, e suas peculiaridades. Assim, esse sujeito será abordado a partir de suas características, de sua capacidade de exercer direitos e de contrair obrigações, comunicar-se, viver, ser livre, expressar-se, mas também a partir de sua vulnerabilidade e do desenho normativo traçado para protegê-lo e, ao mesmo tempo, garantir a promoção de sua autonomia e o exercício de direitos fundamentais.

O capítulo se inicia, portanto, pelo conceito de "pessoa com deficiência", passando por noções de "vulnerabilidade", "loucura" e "capacidade", até sua análise à luz do princípio constitucional da fraternidade.

O segundo passo é o estudo do arcabouço jurídico voltado para a pessoa com deficiência em situação de curatela, a começar por uma breve noção de direitos fundamentais com amparo na Constituição Federal de 1988, para, em seguida, analisar a legislação brasileira desde a Convenção dos Direitos das Pessoas com Deficiência, que doravante tratarei como CDPD, cuja tramitação no Congresso Nacional conforme procedimento de emenda constitucional assegurou a categoria de direito fundamental às suas previsões, e seus reflexos na legislação brasileira, desde a edição da Lei n. 13.146, de 06 de julho de 2015 – Lei Brasileira de Inclusão da Pessoa com Deficiência (LBI) –, até as alterações imprimidas ao Código Civil (CC) e ao Código de Processo Civil (CPC), com atenção ao instituto da curatela, previsto na legislação brasileira como recurso de apoio à pessoa com deficiência que tem comprometimento da capacidade de autodeterminação e de expressão.

Essa reflexão inicial é importante, pois a partir desses referenciais teóricos é que a pesquisa buscará respostas para a problematização proposta, qual seja, conhecer a pessoa com deficiência em situação de curatela e analisar o funcionamento das instituições do sistema de justiça para perquirir se, e em que medida, os direitos e garantias fundamentais da pessoa com deficiência em situação de curatela estão sendo efetivados na prática.

## 1.1 CONCEITO DE PESSOA COM DEFICIÊNCIA EM SITUAÇÃO DE CURATELA: UMA SITUAÇÃO DE VULNERABILIDADE ACRESCIDA E SUPERVULNERABILIDADE

Nos tempos recentes, notícias sobre artistas, pessoas famosas e públicas acometidas por algum tipo de deficiência têm se tornado rotineiras, como os casos do ator Bruce Willis[2] e a atriz Ludmila Dayer.[3] Ele, diagnosticado

2. SAMPAIO, Sofia. Bruce Willis parece não reconhecer a mãe e apresenta comportamento agressivo, diz familiar. CNN Brasil, 1 de março de 2023. Disponível em https://www.cnnbrasil.com.br/entretenimento/bruce-willis-parece-nao-reconhecer-a-mae-e-apresenta-comportamento-agressivo-diz-familiar/. Acesso em: 02 mar. 2023.

3. A doença me transformou. **Veja**, 19 de outubro de 2022, p. 73. Depoimento dado a Sofia Cerqueira.

anteriormente com afasia, um distúrbio na fala que o incapacitaria de seguir atuando, estaria com demência frontotemporal, agressivo e sem reconhecer a mãe; ela, com esclerose múltipla, relatava em revista de grande circulação nacional: "do nada, sentia tontura, meus pés e mãos se punham dormentes, e vinha um apagão".

Willis e Dayer são artistas famosos, com sucesso em suas carreiras, em diferentes fases da vida, de diferentes gêneros e idades, que apresentam causas distintas para deficiências também distintas.

Essa ilustração ajuda a perceber que o conceito de pessoa com deficiência é um conceito em evolução, conforme já preconizava a CDPD. Afinal a ideia de deficiência compreende limitações físicas, sensoriais, mentais e intelectuais. Diariamente, o convívio social permite contato com pessoas que apresentam algum grau de limitação, que pode ser transitória ou permanente.

A Organização Mundial de Saúde (OMS), no Relatório Mundial Sobre a Deficiência divulgado em 2011, constatou essa realidade, ao afirmar que a **deficiência** faz parte da condição humana, e todos, em algum momento de suas vidas, poderão ter alguma deficiência ou conviver com um familiar nessa condição:

> A deficiência faz parte da condição humana. Quase todas as pessoas terão uma deficiência temporária ou permanente em algum momento de suas vidas, e aqueles que sobreviverem ao envelhecimento enfrentarão dificuldades cada vez maiores com a funcionalidade de seus corpos. A maioria das grandes famílias possui um familiar deficiente, e muitas pessoas não deficientes assumem a responsabilidade de prover suporte e cuidar de parentes e amigos com deficiências (1-3).[4]

Segundo o Censo do IBGE[5] 2010, 23,9% da população brasileira, aproximadamente 45 milhões de pessoas, mencionaram apresentar algum tipo de deficiência, aqui considerados todos os tipos e graus, de acordo com o desempenho de atividades rotineiras: alguma dificuldade, grande dificuldade ou incapacidade para caminhar, para subir escadas, para ouvir, ou que apresente deficiência mental/intelectual.

Considerando que as pessoas com deficiência constituem, aproximadamente, 15% da população do planeta, segundo levantamento da Organização

---

4. WORLD HEALTH ORGANIZATION; THE WORLD BANK. **Relatório mundial sobre a deficiência**. Tradução Lexicus Serviços Linguisticos. São Paulo: SEDPcD, 2012, p. 3. Disponível em: https://apps.who.int/iris/bitstream/handle/10665/44575/9788564047020por.pdf. Acesso em: 02 mar. 2023.
5. BRASIL. Instituto Brasileiro de Geografia e Estatística (IBGE). **Censo Demográfico de 2010**. Rio de Janeiro: IBGE, 2012.

Mundial de Saúde publicado há mais de uma década, sob o título "Informe Mundial sobre a deficiência", Seda afirma:

> Este conjunto de las personas com discapacidad abarca com gran variabilidade de situaciones, ya sea com quanto a tipos de deficiencias (físicas, sensoriales, mentales e intelectuales, según la Convención sobre los Derechos de las Personas com Discapacidad), como también com relación com el grado, las particularidades y, sobre todo, el entorno. [6]

Nessa toada, quando se fala em **pessoa com deficiência**, abrange-se todo tipo de limitação, de maior ou de menor grau, ao exercício pleno de alguma atividade, desde tarefas rotineiras a funções do corpo, ou até mesmo atividades mais específicas, laborais ou sensoriais.

Por sua vez, as deficiências podem impactar, em diferentes intensidades, a vida e a expressão da vontade do sujeito. O que compartilham entre si é a capacidade de gerar uma maior vulnerabilidade à pessoa por causa da deficiência.

Para Rosenvald,[7] "pessoas com deficiência formam a maior minoria do nosso país", e a situação de pobreza em que se encontra a maior parte da população "converte pessoas com deficiência em seres humanos especialmente vulneráveis".

Por se tratar de uma coletividade tão ampla e diversificada, aqui me concentrarei na pessoa cuja deficiência a impede, transitória ou definitivamente, de exprimir vontade, e o motivo dessa escolha é porque elas se encontram em uma situação de maior vulnerabilidade e é em relação a elas que serão analisadas as inovações normativas e o funcionamento do sistema de justiça.

A deficiência começa a dialogar, portanto, com o conceito de **vulnerabilidade**, que, embora antigo, exsurge como uma categoria jurídica em construção, capaz de produzir e de modular os efeitos e as consequências jurídicas intentadas pelos novos valores preponderantes no Direito.

No sentido etimológico-conceitual, o termo **vulnerabilidade** vem do latim, *vulnus,* que significa *ferida* e permite afirmar que o vulnerável é aquele suscetível de ser ferido. Portanto, a ideia de vulnerabilidade está associada a uma ideia de fragilidade e de maior exposição de alguém a riscos, perigo, doenças ou até mesmo a agressões.

A vulnerabilidade está longe de ser uma definição estanque e acabada, não sendo possível atribuir-lhe um tratamento único dentro da estrutura nor-

---

6. SEDA, Juan Antonio. Familia y apoyos para la persona con discapacidad. **Revista Jurídica de Buenos Aires**, Año 45, n. 101, p. 149-164, 2020-II, p. 149-150.
7. ROSENVALD, Nelson. **Curatela**. Escritos gentilmente disponibilizados pelo autor.

mativa. Nem toda vulnerabilidade será considerada juridicamente relevante por não gerar um desequilíbrio de forças que altere significativamente a dinâmica social, dificultando a efetivação de valores como liberdade, igualdade e dignidade da pessoa humana. A vulnerabilidade individual, demonstrada nas relações subjetivas, torna-se relevante a partir do momento que gera um dever de cuidado para terceiros e para o próprio Estado.

Todo indivíduo é vulnerável em algum aspecto de sua vida, contudo a vulnerabilidade de alguns sujeitos é maximizada por um conjunto de fatores biopsicossociais, como é o caso das pessoas com algum grau de deficiência.

Dentro da dinâmica ocidental moderna, a ideia de autonomia e autossuficiência foi amplamente difundida como o "padrão", o sujeito tido como modelo era encarado como capaz de gerir sua vida sem interferência dos demais, independente e completo. Desafiando essa lógica, Jonathan Herring[8] trouxe a ideia de vulnerabilidade como elemento inerente a todos, embora alguns indivíduos não tomem consciência de sua própria condição.

Adotando a premissa de Herring, a vulnerabilidade geral nasceria do fato de todos terem o bem-estar físico e psicológico dependente dos demais, muito embora, estruturalmente, a sociedade atual esteja erigida em mecanismos que visam disfarçar e ocultar esse aspecto vulnerável. A relação com o outro gera desequilíbrio de forças que permite exteriorizar a vulnerabilidade individual inerente a todos.

Na interpretação de Herring, embora a vulnerabilidade seja condição de todos os seres humanos, determinados grupos possuem uma maior suscetibilidade a riscos ou, por outro lado, uma menor capacidade de perceber o perigo para defender-se e preservar-se, razão pela qual estariam em uma situação de **vulnerabilidade acrescida**, ou uma espécie de **vulnerabilidade qualificada**, a exemplo dos adultos com deficiência intelectual.

Para Requião,[9] "o sentido de vulnerabilidade enquanto condição de todo ser humano, não implica na necessidade de nenhuma proteção especial, diferenciada, ao sujeito, posto que aplicável a todos". Diversamente, quando se tratar de pessoas ou grupo de pessoas com capacidade diminuída para consentir ou abster-se de consentir, ou ainda em relação às quais o consentimento e a autonomia se mostram insuficientes, já não se estará no espectro da vulnerabilidade inerente ao ser humano, mas diante de sujeitos vulnerados

---

8. HERRING, Jonathan. **Vulnerable adults and the law**. Oxford: Oxford University Press, 2016.
9. REQUIÃO, Maurício. **Estatuto da pessoa com deficiência, incapacidades e interdição**. 2. ed. Florianópolis: Tirant Lo Blanch, 2018, p. 136.

em situação de maior dificuldade, desamparo e estresse difícil de ser labutada diante de uma realidade de maiores contingências.

A vulnerabilidade ganharia relevância a ponto de impactar no que se entende por capacidade e autonomia toda vez que for fruto da soma de outras vulnerabilidades, como condições biológicas ou psicológicas que fragilizem o sujeito mais do que aos demais. A maximização dessa vulnerabilidade é chamada **de vulnerabilidade acrescida**. A pessoa com deficiência será um sujeito com **vulnerabilidade acrescida pela curatela** todas as vezes que precisar da figura de um terceiro para exprimir suas vontades, para auxiliar em suas atividades, ainda que seja apenas no campo patrimonial. Aqui se encontram as pessoas com deficiência em situação de curatela.

A **situação de curatela** é aquela prevista no Código Civil para os sujeitos que, por causa transitória ou permanente, não puderem exprimir sua vontade, para os ébrios habituais e os viciados em tóxicos e os pródigos (art.1.767, I, III e V, da Lei n. 10.406, de 10 de janeiro de 2002), então considerados relativamente incapazes[10] a certos atos ou à maneira de os exercer, nos termos do art. 4º do CC.

No entendimento de Isis Laynne de Oliveira Machado e Aline Albuquerque,[11] pessoas com vulnerabilidade acrescida estão mais suscetíveis a sofrerem intervenções por parte de seus cuidadores, da equipe médica ou do Estado, limitando sua autonomia, razão pela qual a situação de vulnerabilidade agravada constitui uma das justificativas para adoção de medidas de proteção, na tentativa de minimizar os riscos a que estão expostas.

Nem toda deficiência deve ser encarada como causadora de uma vulnerabilidade acrescida, mas apenas aquelas que comprovadamente mudam a vida do indivíduo, a ponto de impossibilitar que participe da dinâmica da

---

10. CC, Art. 4º. São incapazes, relativamente a certos atos ou à maneira de os exercer: (Redação dada pela Lei n. 13.146, de 2015) (Vigência)
    I- os maiores de dezesseis e menores de dezoito anos;
    II - os ébrios habituais e os viciados em tóxico; (Redação dada pela Lei n. 13.146, de 2015) (Vigência)
    III - aqueles que, por causa transitória ou permanente, não puderem exprimir sua vontade;
    (Redação dada pela Lei n. 13.146, de 2015) (Vigência)
    IV - os pródigos.
11. MACHADO, Isis Laynne de Oliveira; ALBUQUERQUE, Aline. Papel do Estado quanto à vulnerabilidade e proteção de adultos com deficiência intelectual. **Cadernos Ibero-Americanos de Direito Sanitário**, v. 8, n. 1, p. 65-79, jan./mar. 2019, p. 66. Disponível em: https://www.cadernos.prodisa.fiocruz.br/index.php/cadernos/article/view/510/572. Acesso em: 20 set. 2021.

vida humana sem o auxílio de terceiros, a exemplo das pessoas que estão em processo de curatela.

Todos os seres humanos possuem necessidades básicas, como alimentação, higiene, comunicação, interação e convívio social. Assim, todas as vezes que a deficiência afetar a execução das atividades básicas do indivíduo, privar-lhe de fazer escolhas e gestar sua vida, nessas situações a vulnerabilidade adquire a denominação de **vulnerabilidade acrescida**, uma espécie de **vulnerabilidade qualificada** por contingências próprias e específicas, podendo receber resposta do sistema de justiça por meio de instrumentos que venham, de alguma forma, compensar essa contingência.

A noção de vulnerabilidade acrescida, ou qualificada, com a qual se dialogará neste trabalho refere-se à particular situação de determinados indivíduos, inseridos em contextos biopsicossociais que conferem menos obstáculos à violação dos seus direitos, colocando-os em posição de maior susceptibilidade a riscos.

Em se tratando de pessoa com deficiência que comprometa suas funções cognitivas e/ou intelectuais, o estágio da vulnerabilidade ganha contornos ainda mais espessos, seja por conta de aspectos de sua saúde, da perspectiva social, por conta do estigma decorrente de sua condição e, até um passado recente, por ser colocado como cidadão de segunda classe, submetido à vontade de um outro.

Nesse cenário, as pessoas com deficiência que estão em situação de curatela correspondem a um público exposto a arranjos sociais e jurídicos que implicam maiores barreiras ao exercício de uma vida plena, digna e livre. Essas barreiras afetam desde a formulação das iniciativas normativas até a execução mais concreta das políticas definidas pelo Estado e pela sociedade.

A deficiência andou acompanhada de estereótipos e **estigmas**, banalizações que levaram o indivíduo a ser definido pela enfermidade – transitória ou permanente –, tendo sua existência relegada a segundo plano, como um sujeito de segunda ordem, para o qual não se reservam direitos iguais aos demais.

Nas palavras de Seda:

> Uno de los reclamos permanentes de las organizaciones representativas de las personas con discapacidad es que no se equipare mecanicamente esta condición a la patologia.[12]

---

12. SEDA, Juan Antonio. Familia y apoyos para la persona con discapacidad. **Revista Jurídica de Buenos Aires**, Año 45, n. 101, p. 149-164, 2020-II, p. 150.

Este é o primeiro desafio ao se pensar a pessoa com deficiência: vê-la como pessoa, indivíduo, e não como a patologia, a doença, a redução do movimento, ou o comprometimento de algum de seus sentidos, tal como disse, poeticamente, Ferreira Gullar, um dos maiores poetas brasileiros, que teve dois filhos com esquizofrenia, em entrevista publicada na Revista Veja, no ano de 2012:

> Com o tempo, a pessoa vai amadurecendo. **Doença é doença, não é a gente. Se estou gripado, a gripe não sou eu. A esquizofrenia é uma doença, mas eu não sou a esquizofrenia**. Posso evoluir, me tornar uma pessoa mais madura, debaixo de toda aquela confusão.[13] (grifo meu)

A despeito da árdua luta para que as pessoas com deficiência – em especial, a deficiência intelectual ou mental – não serem olhadas a partir do transtorno, da doença, enfermidade ou da patologia, a verdade é que, durante muitos anos, essas pessoas foram rotuladas como indivíduos de segunda categoria, carregando sobre si uma estigmatização que ainda não pode ser considerada extirpada de suas realidades.

Goffman[14] explicava o **estigma** como uma discrepância entre a identidade social virtual e a identidade social real, que leva um indivíduo a ser reclassificado em uma categoria diferente de uma categoria anterior, ambas socialmente previstas a partir de estereótipos criados para aquele determinado indivíduo. O estigma, portanto, é a "situação do indivíduo que está inabilitado para a aceitação social plena".[15]

A autoridade do argumento do sociólogo canadense merece transcrição:

> Enquanto o estranho está à nossa frente, podem surgir evidências de que ele tem um atributo que o torna diferente dos outros que se encontram

13. Disponível em: https://veja.abril.com.br/coluna/reveja/ferreira-gullar-a-veja-8220-quando--ser-de-esquerda-dava-cadeia-ninguem-era-8221/. Acesso em: 01 mar. 2023.
14. Goffman ensina que existem três tipos de estigma nitidamente diferentes e relaciona, em primeiro lugar, as abominações do corpo, incluindo aqui as várias deformidades físicas; em segundo lugar, as culpas de caráter individual, percebidas como vontade fraca, paixões tirânicas ou não naturais, crenças falsas e rígidas, desonestidade, que são inferidas a partir de relatos conhecidos de distúrbio mental, prisão, vício, alcoolismo, tentativas de suicídio, aqui englobando até o homossexualismo e o desemprego; num terceiro lugar viriam os estigmas tribais de raça, nação e religião – em todos esses exemplos o indivíduo, que poderia ter sido aceito e acolhido socialmente, acaba apresentando uma característica que pode chamar a atenção do grupo (dos tidos como normais por seguir um padrão socialmente estabelecido) e afastá-lo, sem que sejam levados em consideração outros atributos seus. (GOFFMAN, Erving. **Estigma**: notas sobre a manipulação da identidade deteriorada. Trad. Márcia Bandeira de Mello Leite Nunes. 4. ed. reimpr. Rio de Janeiro: LCT, 2021, p. 14)
15. GOFFMAN, Erving. **Estigma**: notas sobre a manipulação da identidade deteriorada. Trad. Márcia Bandeira de Mello Leite Nunes. 4. ed. reimpr. Rio de Janeiro: LCT, 2021, p. 7)

> numa categoria em que pudesse ser incluído, sendo, até, de uma espécie menos desejável – num caso extremo, uma pessoa completamente má, perigosa ou fraca. **Assim, deixamos de considerá-lo criatura comum e total, reduzindo-o a uma pessoa estragada e diminuída.** Tal característica é um **estigma, especialmente quando o seu efeito de descrédito é muito grande** – algumas vezes ele também é considerado um defeito, uma fraqueza, uma desvantagem – e constitui uma discrepância específica entre a identidade social virtual e a identidade social real. [16] (grifo meu)

Há, dessa forma, uma redução do doente à sua doença, desprezando-se outros fatores que o tornam um ser humano total, ou pessoa, como dizia Ferreira Gullar, num verdadeiro rompimento com a ideia de igualdade, e com a consequente não aceitação do sujeito como igual naquele contexto social.

Parafraseando Rosenvald, essa postura de exclusão é típica de toda sociedade, por deliberadamente selecionar aqueles que serão incluídos ou excluídos da coletividade.[17]

Dentro dessa dinâmica social, as pessoas com deficiência, não só intelectual, foram estigmatizadas e excluídas, por serem consideradas inaptas sociais, ao ponto de, em muitas ocasiões, terem sido retiradas da convivência em sociedade, como aconteceu com o hospital Colônia,[18] na cidade de Barbacena.

Compreendidos assim os conceitos de "pessoa com deficiência", "pessoa em situação de vulnerabilidade", "pessoa em situação de vulnerabilidade acrescida", em suas noções gerais, a pessoa que será objeto de estudo é aquela que aparece nos processos de curatela, ou seja, aquela a quem o direito destina o instituto da curatela em garantia de proteção e promoção de sua autonomia.

---

16. GOFFMAN, Erving. **Estigma**: notas sobre a manipulação da identidade deteriorada. Trad. Márcia Bandeira de Mello Leite Nunes. 4. ed. reimpr. Rio de Janeiro: LCT, 2021, p. 12.
17. ROSENVALD, Nelson. **Curatela.** Escritos gentilmente disponibilizados pelo autor.
18. ARBEX, Daniela. **Holocausto brasileiro**. Prefácio de Eliane Brum. 1. ed. Rio de Janeiro: Intrínseca, 2019. A jornalista Daniela Arbex traz nesse livro o relato de um capítulo obscuro da história brasileira, razão pela qual é considerado um marco do jornalismo investigativo nacional. O Centro Hospitalar Psiquiátrico de Barbacena, em Minas Gerais, conhecido popularmente como Colônia, foi fundado em 1903. A história narra que recebia diariamente centenas de pessoas, que chegavam de trem, chamado de "trem de doido", para serem internadas e viverem toda sorte de maus-tratos e violência. Muitas delas eram internadas a pretexto de terem doença mental, mas eram apenas homens e mulheres que haviam se tornado incômodos para a sociedade da época por serem homossexuais, prostitutas, mulheres engravidadas pelos patrões, moças que haviam sido desvirginadas antes do casamento, ébrios, melancólicos, mendigos. Estima-se que morreram mais de 60.000 pessoas no Colônia, de fome, frio, sem que ninguém questionasse, seus corpos foram vendidos para estudantes de medicina.

Para compreendê-la, será necessário estudar o próprio instituto da curatela e ter noções da teoria das incapacidades no ordenamento jurídico brasileiro.

De saída, é bom que se tenha bem clara a ideia de que nem toda pessoa com deficiência estará em situação de vulnerabilidade acrescida, essa característica é reservada aos que têm comprometimento de manifestação de vontade, assim como nem toda pessoa em vulnerabilidade acrescida será pessoa com deficiência, e o exemplo clássico que tanto Requião quanto Rosenvald trazem é o do indivíduo em estado comatoso que, embora temporária ou definitivamente sem condições de exprimir vontade, não seria considerado pessoa com deficiência caso não apresente nenhum limitação física, motora, sensorial, nem intelectual.

Embora concorde com a premissa, ousaria discordar dos renomados autores quanto ao exemplo, porque o estado comatoso já caracterizaria em si mesmo uma situação de deficiência, ainda que momentânea, consubstanciada na impossibilidade de falar (ainda que com cordas vocais perfeitas), de alimentar-se por si próprio, de locomover-se, e, portanto, num estágio elevadíssimo de deficiência. Todavia não é objetivo deste trabalho analisar o coma nem a deficiência em si, mas, sim, a incapacidade de expressar-se, para o que o exemplo é satisfatório.

Conquanto seja forte a ideia de que nem toda pessoa com impedimento à capacidade de exprimir vontade tenha alguma deficiência, ao longo dos oito anos atuando em ações de curatela (ainda classificadas como ações de interdição), foi possível observar que a maioria dos processos, senão todos, têm o impedimento à expressão da vontade atrelado a alguma deficiência. Por isso mesmo, a causa da limitação será um dos aspectos abordados nos capítulos seguintes, destinados à pesquisa empírica.

Por outro lado, toda pessoa em situação de curatela apresentará limitações à sua capacidade de exprimir vontade, já que a curatela é destinada a indivíduos nessa condição, então chamados de relativamente incapazes.

Essa ilustração auxilia o mergulho na compreensão do que se concebe como pessoa em situação de curatela e, aqui, inicia-se um passeio pela teoria da **capacidade civil**.[19]

---

19. O debate (ou duelo) entre sanidade, loucura e capacidade civil é antigo, porque, como diz Rodrigo da Cunha Pereira, "a loucura atravessa o tempo e o espaço. Como o inconsciente, ela é atemporal e aespacial". (PEREIRA, Rodrigo da Cunha. **Loucura e deficiência mental**: uma questão de capacidade. p. 1. Disponível em: https://www.mpam.mp.br/centros-de-apoio-sp-947110907/civel/artigos/ausentes-e-incapazes/3343-loucura-e-deficiencia-mental-uma-questao-de-capacidade. Acesso em: 05 set. 2021). O fundamento original e mais forte de restrição da capacidade de um indivíduo era a chamada loucura, que foi utilizada ao longo da história como uma denominação genérica, que abrangia desde pessoas com doenças

O instituto da curatela será analisado em tópicos próprios, mas, neste momento, é importante compreender a ideia da pessoa com limitação de expressão de vontade como relativamente incapaz.

Na legislação civil revogada, sob a fórmula da ausência ou redução de discernimento por causa de deficiência ou enfermidade mental, a pessoa era considerada absolutamente incapaz, e a interdição era a via de jurisdição voluntária apta à declaração da incapacidade pela via judicial. O indivíduo, uma vez "interditado", era completamente excluído da prática de atos da vida civil, sendo substituído pela figura do curador.

Superando aquele entendimento, o legislador brasileiro passou a conceber quem seria considerado relativamente incapaz na Parte Geral do Código Civil, Livro I (das pessoas), Título I (das pessoas naturais), Capítulo 1 (da personalidade e da capacidade), alterado pela Lei n.13.146, de 2015, como se verá adiante.

No art. 1º, o legislador consagra a capacidade plena. No art. 2º, trata da personalidade civil. No art. 3º, reserva a incapacidade absoluta aos menores de 16 anos, para, então, no art. 4º, relacionar entre os relativamente incapazes: *i*) os maiores de 16 e menores de 18 anos; *ii*) os ébrios habituais e viciados em tóxico; *iii*) aqueles que, por causa transitória ou permanente, não puderem exprimir vontade; *iv*) os pródigos.[20]

A partir da nova redação do art. 4 do CC, a capacidade civil aparece como um direito fundamental do ser humano, "corolário de sua dignidade e liberdade", e a curatela passa a ser "fundada em circunstâncias excepcionais, motivada, invariavelmente, na proteção da pessoa que padecer de transtornos mentais, jamais em punição pelo simples fato de se comportar de forma diferente", nas palavras de Rosenvald.[21]

---

mentais até indivíduos cujos comportamentos não se enquadravam nos padrões sociais vigentes. Vítimas de constante exclusão social, os loucos representavam um passivo social, numa sociedade especialmente intolerante com as vicissitudes e "fraquezas pessoais", para não deixar de utilizar uma expressão de Nelson Rosenvald, onde quem se conduzisse à margem do enredo traçado pelo legislador seria remetido ao espaço reservado às pessoas recusadas. (ROSENVALD, Nelson. **A necessária revisão da teoria das incapacidades**. Disponível em: https://ibdfam.org.br/assets/upload/anais/279.pdf. Acesso em: 09 set. 2021).

20. A partir dessa distinção, Rosenvald passa a considerar a personalidade como um dado prenormativo, sendo reconhecida pelo direito, enquanto a capacidade é concedida pelo ordenamento, variável em graus, sujeitando-se, portanto, ao que ele chamou de "humores do legislador" e ao estágio cultural da sociedade, podendo ir "do céu ao inferno" e passando pelo purgatório da incapacidade relativa. (ROSENVALD, Nelson. **Curatela**. Escritos gentilmente disponibilizados pelo autor)
21. ROSENVALD, Nelson. **Curatela.** Escritos gentilmente disponibilizados pelo autor.

Orlando Gomes[22] dizia que "a *personalidade* tem sua medida na *capacidade*", e distinguia capacidade de direito de capacidade de fato, para afirmar que a primeira era inerente a todos os seres humanos, porque pessoa, enquanto a segunda, nem todos a têm, devido a diversas causas restritivas. Daí a conclusão de que incapacidade seria uma categoria jurídica que pode se dar por múltiplas causas, algumas relacionadas a transtorno mental, deficiência intelectual, déficit cognitivo, ou qualquer outra que suprima a possibilidade de exprimir vontade.

Entretanto, após a Convenção do Direito das Pessoas com Deficiência e as mudanças imprimidas pela Lei n. 13.146/2015, essa noção da doutrina civilista clássica sobre capacidade como atributo da personalidade restou superada, porque a capacidade passou a ser vista como verdadeiro direito humano.[23]

O mesmo legislador civil foi quem pensou o instituto da curatela, quando previu, no art. 1.767, que estão sujeitos a curatela: "*i*) aqueles que, por causa transitória ou permanente, não puderem exprimir sua vontade; *ii*) (revogado pela Lei 13146/2015); *iii*) os ébrios habituais e os viciados em tóxico; *iv*) revogado; *v)* os pródigos".

Ademais, o legislador reservou à curatela as mesmas regras previstas para a tutela, instituto reservado aos filhos menores quando falecidos os pais, julgados ausentes ou destituídos do poder familiar.

A curatela pressupõe uma situação excepcional, com procedimento próprio previsto na lei processual civil, que será analisado em outro tópico, a fim de comparar o instituto antigo com o atual e, nos capítulos seguintes, observar como o instituo é aplicado na prática.

Nessa linha de intelecção, a **capacidade civil** será um **direito fundamental** da pessoa humana, decorrente de sua dignidade e liberdade, e a curatela será fundada em circunstâncias excepcionais, motivada pelo fato de a pessoa não poder exprimir vontades, ou por ser ébrio habitual, ou pródigo, jamais em punição pelo fato de ser diferente.

Não bastando os obstáculos de natureza social que acarretam uma posição de desvantagem das pessoas com deficiência no debate público ocasionada por mecanismos excludentes de participação institucionalizados, quando se fala em situação de curatela há ainda mais variáveis a serem observadas. Muitas vezes manejada sob os auspícios de proteção, a curatela estabelece uma mediação jurídica ambivalente, que precisa atender a necessidades declaradas, ao passo

---

22. GOMES, Orlando. **Introdução ao direito civil.** 10. ed. 2. tir. Rio de Janeiro, Forense, 1993, p. 171-172.
23. ROSENVALD, Nelson; NETTO, Felipe Braga. **Leis civis comentadas**. São Paulo: Juspodivm, 2022, p. 267.

que se orienta de modo a preservar as autonomias consagradas no ordenamento jurídico e em recente e importante fase de expansão.

Pensando dessa forma, ao conceber-se a deficiência, a vulnerabilidade e a incapacidade, também é preciso refletir sobre o limite da capacidade de um sujeito, para aferir quais situações devem ser alvo de intervenção estatal, sendo que nem toda vulnerabilidade individual autoriza a invasão do âmbito privado pelo Estado. Valer-se unicamente da ideia de consentimento não é suficiente, principalmente pela dificuldade em determinar quem poderia consentir.[24]

Assim, um recurso adotado pelo Direito para melhor identificar limites e o alcance da vulnerabilidade foi a capacidade. A problemática em torno da capacidade reside no entendimento de sua dependência da autonomia – quanto maior a autonomia individual, maior seria a capacidade. Ocorre que a autonomia terá um peso diferente para pessoas diferentes, gerando a dúvida de como dimensionar a importância a ser dada a cada decisão. O reconhecimento da capacidade permite liberdade ao indivíduo para tomar decisões que serão, a despeito da sua diversidade moral ou de valor, igualmente protegidas.

Cotidianamente, o direito brasileiro convive com avanços e retrocessos, com problemas de conceituação que afetam toda a interpretação jurídica. Torna-se salutar empreender o trabalho intelectual paulatino de separar categorias equivocadamente empregadas como sinônimos, a fim de se buscar uma tutela que não invada indevidamente o direito fundamental ao exercício da autonomia, tampouco negligencie as situações particulares de indivíduos que necessitam de ferramentas jurídicas voltadas ao seu cuidado e à complementação da expressão de suas vontades, obliterada por alguma condição permanente ou circunstancial, para preservação de uma vida digna.

Nesse sentido, a doutrina contemporânea evoluiu significativamente, modificando sua atuação para contemplar o indivíduo, saindo de reflexões abstratas sobre a capacidade e repensando a vulnerabilidade dentro do ordenamento nacional. A diferenciação dos termos "incapaz", "pessoa com deficiência", "pessoa submetida a curatela" e "pessoa em situação de curatela" torna-se requisito

---

24. Herring discute o direito à eutanásia, afirmando ser compatível com pessoas que possuem autonomia reconhecida pela capacidade e que sentem que possuem controle sobre sua vida, mas quando as mesmas categorias se voltam para um adolescente que sofre *bullying* ou uma pessoa transexual que sofre preconceito e depressão, as conclusões aparentemente livres de uma escolha pelo suicídio assistido revela uma reação fria e insensível de uma comunidade que entende ter a obrigação de prevenir o suicídio. Portanto, de maneira geral, é necessário a compreensão de que, nas atuações das instituições públicas e privadas e pessoas vulneráveis, traduzidas no relacionamento entre o cuidador e o cuidado, não há como se pensar na possibilidade de equilíbrio de interesses, mas na atribuição de responsabilidades de um com o outro dentro da relação. Ibidem, p. 15.

básico para a adequação da doutrina jurídica aos novos valores estampados nas legislações nacionais e internacionais cogentes.

Retornando a Herring, uma ética do cuidado torna-se indispensável para recolocar o ponto de partida da pesquisa jurídica e do avanço doutrinário na posição humana de ignorância, de vulnerabilidade e de interdependência.

É essencial olhar para o sujeito passivo da ação de curatela em si não como um elemento abstrato no processo, mas enquanto pessoa, conhecendo suas características, qual sua idade e gênero, como vive, quem pede para exercer a curatela, qual a sua relação com o requerente da ação, pois sujeitos diferentes necessitam de respostas legais diferentes. A tutela legal para um jovem de dezoito anos com retardo mental leve não será igual à de uma pessoa idosa de oitenta anos com Alzheimer, sem comunicar-se e com mobilidade reduzida.

A partir da observação diária de pessoas em situação de curatela, diga-se de pessoas com alguma causa, transitória ou permanente, que limita a capacidade de expressão de vontade, foi possível perceber, na prática, que alguns indivíduos apresentam quadros de vulnerabilidade em grau superlativo, ao que chamarei de ***supervulnerabilidade***, por considerar que estão em situação de total ausência de capacidade de autodeterminação, quase que totalmente disfuncionais, a demandar atenção ainda mais personalizada para fiel respeito à sua dignidade.

A **supervulnerabilidade** não se confunde com a **vulnerabilidade potencializada ou especial** atribuída à pessoa idosa, porque essa decorre do avanço da idade, da maior suscetibilidade a risco por conta do avanço etário, enquanto o que chamarei de *supervulnerabilidade* refere-se a uma situação de pessoa sem interação com o ambiente, sem capacidade de manifestar emoções, com absoluto comprometimento funcional, ainda que seja pessoa jovem.

Por outro lado, também não será possível atribuir supervulnerabilidade à pessoa idosa que apresente funções cognitivas preservadas e tenha alguma possibilidade de expressão de vontades.

Essa distinção será muito importante no momento de individualizar os efeitos da curatela.

Entendendo as diferenciações existentes entre os sujeitos com vulnerabilidade acrescida, observa-se que entre esses sujeitos há distinções inegáveis, inclusive quanto aos direitos que lhe interessam a proteção.

Considerando que não há campo na ciência jurídica em que a construção conceitual e a operacionalização especializada seja tão proeminente como no estudo do sistemas de capacidades, e que o instrumento da curatela entrelaça-se às recentes conquistas sociais referentes aos direitos das pessoas, é possível concluir que é essencial e urgente o aperfeiçoamento da técnica judiciária com bases sólidas e dados robustos para que a prestação jurisdicional se torne compatível com os valores da pessoa humana constitucionalmente assegurados, tanto na dimensão da sua autonomia quanto daquela que se refere à necessidade de cuidado.

A distinção entre vulnerabilidade, vulnerabilidade acrescida e supervulnerabilidade acaba se tornando essencial para demonstrar como a deficiência não se comporta de forma única, reforçando a imprescindibilidade de um projeto de individualizado de atuação judicial.

## 1.2 PENSAR A VULNERABILIDADE À LUZ DO PRINCÍPIO DA FRATERNIDADE

Desenvolver um estudo sobre vulnerabilidade, capacidade, deficiência e curatela implica trabalhar ordenamento jurídico e principiologia do Direito.

Desde a Grécia Antiga, Aristóteles já preceituava que o homem é um animal social. Dando uma roupagem moderna à máxima do filósofo grego, é possível afirmar que, enquanto ser dotado de racionalidade, o homem é gregário, destinado a viver em sociedades. Entretanto, a necessidade de se inserir em sociedade não impede que o homem seja dotado de impulsos questionáveis, nascidos de suas vontades.

As normas emergem em um mundo de vontades opostas. São mecanismos dentro dos ordenamentos jurídicos que permitem coesão social e preservação do Estado Nacional. Apesar de não ser a finalidade do Direito – o Estado é meio pelo qual se asseguram direitos mínimos aos nacionais de um território –, a forma de minorar desigualdades e assegurar valores entendidos como fundamentais, a exemplo da vida, liberdade e dignidade.

De uma perspectiva ampla, existem registros de direitos fundamentais desde o Período Axial (VII a II a.C.), momento no qual há um reconhecimento de uma igualdade formal entre todos os homens.[25] Na perspectiva estrita, no entanto, a proteção a princípios que desencadeiam direitos fundamentais apenas ganhou corpo após o século XVIII, na transição para a contemporaneidade, tendo como motivador as Revoluções Americana e Francesa. Com base no lema francês "Liberdade, Igualdade, Fraternidade", foram estruturados direitos ao redor do mundo.

Segundo Reynaldo Soares da Fonseca, as leis da atualidade são fruto de um novo olhar para o indivíduo, vindo tanto da moral cristã quanto da

---

25. COMPARATO, Fábio Konder. **A afirmação histórica dos direitos humanos**. 2. ed. São Paulo: Saraiva, 2002, p. 11.

evolução da moral social. Os valores de liberdade, igualdade e fraternidade consagraram-se como princípios, inauguraram uma ideia de não indiferença com o outro. Por mais que liberdade e igualdade costumem ser os princípios mais lembrados, a fraternidade tem seu destaque, compreendida como uma categoria jurídica relacional, apta a regular a vida social e estabilizar expectativas sociais.[26] A fraternidade proporciona um ponto de unidade entre liberdade e igualdade, uma inter-relação para resolver problemas insolúveis sob a ótica de apenas um dos princípios.

Nessa lógica, os direitos são retroalimentados, não existem isoladamente e os princípios que os norteiam não são de uma única ordem. Quando se trata de pessoa em situação de vulnerabilidade acrescida – ou vulnerabilidade qualificada pela necessidade de auxílio de um terceiro para fins de expressão da vontade do assessorado –, o princípio da fraternidade ganha contornos maximizados, tendo em vista que a fraternidade traz consigo um dever de cuidado, uma responsabilidade de amparo por parte das normas que redirecionaria o olhar legal para as diferentes realidades vivenciadas em um local, em sintonia com as palavras de Seda,[27] quando afirma que "frente a esta clase de razonamiento, el desafio que propone la mirada antropológica es la compreensión del mundo desde la perspectiva del outro".

Falar sobre integrar a pessoa em situação de vulnerabilidade perpassa, necessariamente, por integrá-la como sujeito de direito, entender que condições biológicas não lhe destituem da dignidade própria da espécie humana. Nesse sentido, o princípio constitucional da fraternidade vem ao encontro da nova doutrina sobre pessoas com deficiência, preceituando um amparo coletivo em lugar do local secundário que lhes foi reservado ao longo da história.

Como bem sintetiza Almeida,[28] "a concessão de direitos exige que o outro reconheça no destinatário da proteção especial um ser dotado de igual valor e competência, como parceiro na vida de interação", o que concretiza a ideia de fraternidade e de compromisso coletivo.

A Constituição Federal é a lente pela qual o universo normativo brasileiro deve ser enxergado. Seu preâmbulo, a despeito da ausência de normatividade, tem conteúdo político muito forte, e nele a sociedade fraterna é consagrada como objetivo das normas constitucionais.

---

26. FONSECA, Reynaldo Soares da. **O princípio constitucional da fraternidade**: seu resgate no sistema de justiça. Belo Horizonte: D´Plácido, 2019, p. 74.
27. SEDA, Juan Antonio. Familia y apoyos para la persona con discapacidad. **Revista Jurídica de Buenos Aires**, Año 45, n. 101, p. 149-164, 2020-II, p. 18.
28. ALMEIDA, Vitor. **A capacidade civil das pessoas com deficiência e os perfis da curatela.** Belo Horizonte: Fórum, 2019, p. 97.

Historicamente associada à religião, a fraternidade não deixa de ser um objetivo do Estado Democrático de Direito, baliza para a moral social e os vínculos subjetivos, como bem leciona Reynaldo Soares da Fonseca. Permitir que seres humanos adultos tenham direitos iguais e proteção maximizada em situações diversas é materializar a fraternidade, retirá-la do campo da abstração, dando-lhe uma leitura atualizada, condizente com os novos tempos, sem uma rotulação pré-estabelecida.

Incluir pessoas em vulnerabilidade acrescida significa efetivar a igualdade necessária, tratando as diferenças não como impeditivos, mas como ponto de atenção. Não é possível falar em Estado Democrático de Direito em um contexto no qual a segregação não seja fortemente rechaçada.

Mais do que teoria, a prática do direito e dos institutos jurídicos deve estar afinada com principiologia e os avanços internacionais no campo dos direitos humanos, especialmente destacados na Constituição Federal de 1988. Trazer para dentro do direito nacional a Convenção de Nova York e instituir o Estatuto da Pessoa com deficiência foram estágios de uma longa caminhada em busca da aceitação das diferenças no Brasil e do reconhecimento do impacto da vulnerabilidade acrescida no indivíduo, integrando-o na sociedade de forma plural.

## 1.3 ARCABOUÇO NORMATIVO DOS DIREITOS DA PESSOA COM DEFICIÊNCIA EM SITUAÇÃO DE CURATELA

*Enquanto você se esforça pra ser um sujeito normal*
*E fazer tudo igual*
*Eu do meu lado, aprendendo a ser louco*
*Um maluco total*
*Na loucura real*

(Maluco Beleza, Raul Seixas)

A temática dos direitos da pessoa com deficiência em situação de curatela comporta relevantes marcos normativos internacionais e nacionais ao longo dos séculos, passando pela Constituição Federal de 1988, pela Convenção Interamericana para a Eliminação de Todas as Formas de Discriminação contra as Pessoas com Deficiência (CIADDIS) – adotada pela Assembleia Geral da ONU –, a legislação que perpetrou mudanças na política antimanicomial, a própria Lei de Cotas (Lei 8.213/1991), que determinou que as empresas privadas precisam destinar um percentual de seus postos de trabalho a pessoas com deficiência (PCD), a Lei de Diretrizes e Bases (Lei n. 9.394), que estabelece as diretrizes e bases da educação nacional e dá preferência ao atendimento de PCD na rede de ensino regular, ou até mesmo a Lei n. 10.436/2002, que passa a considerar a Língua Brasileira de Sinais (Libras) como língua oficial do Brasil ao lado da língua portuguesa, todos eles somados a tantas normativas que discorrem sobre direitos de PCD.

Entretanto, considerando que boa parte dessa legislação não diz respeito diretamente ao objeto deste trabalho, serão consideradas, aqui, a Constituição de 1988, a Convenção Internacional dos Direitos da Pessoa com Deficiência (CDPD), a Lei n.13.146/2015 – Lei Brasileira de Inclusão (LBI) da Pessoas com Deficiência, o Código Civil – que sofreu alterações decorrentes da LBI –, e o Código de Processo Civil, no que concerne ao procedimento das ações de interdição.[29]

### 1.3.1 A Constituição Federal de 1988: da segregação ao reconhecimento de direitos humanos

Falar sobre a tutela jurídica de pessoas com deficiência mental ou intelectual não é novidade. Sabe-se hoje que existe referência à loucura desde as Leis das Doze Tábuas, instituto jurídico datado de 450 a.C. que compõe a base do Direito Romano. Na Tábua Quinta, item 8, diz-se que, "se alguém se torna louco ou pródigo e não tem tutor, que a sua pessoa e seus bens sejam confiados à curatela dos agnados e, se não há agnados, à dos gentis".[30]

O fundamento original e mais forte de restrição da capacidade de um indivíduo era a chamada loucura. Loucura foi utilizada ao longo da história como uma denominação genérica que abrangia desde pessoas com doenças mentais até indivíduos cujos comportamentos não se enquadravam nos padrões sociais vigentes. Vítima de constante exclusão social, os loucos representavam um passivo social, figuras marginalizadas e com voz cerceada, numa sociedade "especialmente intolerante com as vicissitudes e fraquezas pessoais",[31] onde quem se conduzisse à margem do enredo traçado pelo legislador seria remetido ao espaço destinado aos marginalizados.

Michael Foucault concebia a loucura como uma construção social.[32] Na visão do filósofo, existe a matéria da loucura, as condições genéticas que levam

29. Vale lembrar a crítica à expressão "interdição", preservada pelo legislador brasileiro no Código de Processo Civil de 2016, já que a ideia de interditar alguém é incompatível com a noção de pessoa humana, titular de direitos, assim como não guarda coerência com novo modelo de curatela social proposto pela CDPD e internalizado pelo sistema jurídico brasileiro.
30. MEIRA, Sílvio A.B. **A Lei das XII Tábuas**: fonte do direito público e privado. Rio de Janeiro, Forense, 1972, p. 170.
31. ROSENVALD, Nelson. **A necessária revisão da teoria das incapacidades**. Disponível em: https://ibdfam.org.br/assets/upload/anais/279.pdf. Acesso em: 09 set. 2021
32. FOUCAULT, Michel. **História da loucura.** Trad. José Teixeira Coelho Netto. São Paulo, Perspectiva, 1978.

aos transtornos tratados genericamente como loucura, entretanto a classificação como louco materialmente não se liga aos aspectos biológicos. O louco só passa a ser visto como tal quando há um referencial do que seria normalidade, dos comportamentos que devem ser aceitos pela coletividade.

Para Foucault, a loucura se estabelece, na Idade Média, como elemento "ligado ao homem, suas fraquezas, sonhos e ilusões".[33]

Durante a Idade Média, a lepra era a doença sem cura sob a qual repousava a chaga da exclusão. O leproso deixava de ser um integrante da sociedade e ganhava, juntamente com o diagnóstico, uma espécie de morte civil da época. Levados para as colônias de leprosos, enfermos por toda a Europa eram esquecidos em clínicas afastadas das cidades, a cura não era visualizada pela medicina e o afastamento se mostrava como a forma de contornar o contágio, de confinar o problema.

Foucault[34] nos ensina que a loucura não se reduzia à loucura, pois eram excluídos, apartados da sociedade os vagabundos, os debochados, os heréticos, os insensatos, os pródigos (que nem são ditos "loucos", apenas gastam suas fortunas desregradamente), a quem se reservava a interdição como se loucos fossem.

Com espectros tão diversos, a insegurança sobre a loucura se espalha pela Europa, ajudando a projetar uma confusão cada vez maior entre loucura e pobreza. O século XVI avança sem a instituição de tratamentos clínicos para enfermidades mentais, levando, já na entrada do século XVII, à ideia de Hospitais Gerais nas cidades.

Semelhantes às antigas colônias de leprosos, a função desses Hospitais Gerais seria propiciar ambientes de confinamento de parte marginalizada da sociedade, auxiliando na confusão constante da loucura com a pobreza. O confinamento proporcionava uma "limpeza" da cidade, demonstrando uma suposta caridade por parte da igreja e das classes dominantes, uma fachada de preocupação para mascarar mais ativamente a opressão.

---

33. Ibidem, p. 24. A loucura era vista como um desvio, e o louco era tratado como ser errante durante o século XV, indesejado pelas novas cidades e com direitos reduzidos, mas livre para levar sua existência não convencional. Ao louco era reservado, na literatura e nas artes, um papel de sábio, detentor de conhecimentos antigos, não entendidos por quem o cercava. Todavia tal representação permaneceu restrita ao mundo da arte. A realidade, o avanço do renascimento e a estruturação dos Estados absolutos modificou a aceitação social da loucura.
34. Na visão de Foucault, a loucura seria categorizada inicialmente em três tipos: a vã presunção, aquela na qual o indivíduo mantém uma relação imaginária com o mundo; a loucura do justo castigo, punição recebida por um coração abalado através das desordens do espírito; a paixão desesperada, nascida entre o amor e a loucura, situação na qual a loucura aparece mais vezes. (Ibidem, p. 37)

Assim como os leprosos, os loucos não eram considerados aptos a tratamentos, os hospitais não possuíam uma visão clínica sobre as doenças – tampouco se falava em visão multidisciplinar –, sendo depósitos humanos regulamentados. O combate à loucura também era um combate à ociosidade, servindo como mecanismo de controle ao invés de cura. Rivalizando com casas de correção, os Hospitais Gerais trabalhavam para uma correção social, afinal era "bem mais simples excretar os 'diferentes' para os confins da cidadania do que construir um diálogo em uma esfera democrática",[35] num evidente processo do que Goffman patenteou como estigmatização.

O entendimento da loucura como condição clínica associada a doenças mentais apenas começou a vigorar entre os séculos XVIII e XIX.[36] A loucura e o louco coexistiam com a humanidade ao longo de sua existência, mas a doença mental e a psiquiatria tiveram seu marco inaugural em Pinel, que trouxe para a medicina o tratamento do doente mental. Até o final do século XIX, sabe-se que a doença mental era compreendida como alteração biofísico-química do organismo, não tendo o incipiente corpo teórico da psiquiatria a capacidade de classificar as doenças mentais, teorizar sobre a demência precoce e outros aspectos da psicopatologia.

Com a modificação de entendimento que transforma a loucura em condição clínica, não mais mero comportamento desviante, os indivíduos com doença mental ganharam um novo estigma, sendo novamente apartados da sociedade, desta vez pelos muros de manicômios e não mais dos Hospitais Gerais. Nos muros de centros de tratamento arcaicos,[37] o estigma continuou, assim como o descaso, retiravam-se indivíduos dos olhos da sociedade para que seus membros pudessem ignorar a realidade do diferente e silenciar o clamor dos necessitados.

A estrutura manicomial foi importada e aplicada em larga escala no Brasil. Por mais que tenha sofrido críticas sobre sua arbitrariedade ao longo dos anos – a exemplo da obra – O Alienista, de Machado de Assis, os manicômios prosperaram no país, principalmente no século XX. Em seus muros, uma dita ciência desumanizadora era aplicada, sem respeitar princípios fundamentais como liberdade e dignidade da pessoa humana.

---

35. ROSENVALD, Nelson. **A necessária revisão da teoria das incapacidades**. Disponível em: https://ibdfam.org.br/assets/upload/anais/279.pdf. Acesso em: 09 set. 2021, p. 226.
36. FRANÇA, Greyce Kelly Cruz de Sousa; FRANÇA, Helysson Assunção. A estigmatização da loucura e a exclusão social. **Revista Interdisciplinar em Cultura e Sociedade**, São Luís, v. 2, n. 1, p. 65-81, jan./jun. 2016, p. 71.
37. CALDAS, A. de A.; NOBRE, J.C. de A. Saúde mental e reforma psiquiátrica brasileira: reflexões acerca da cidadania de portadores de transtornos mentais. **Cadernos UNIFOA**, Rio de Janeiro, ed. n. 20, p. 71-83, dez. 2012.

Lobotomia, terapias de eletrochoque, privação de sono e sedação constante são apenas alguns em um universo de exemplos de tratamentos testados em pacientes com doenças mentais. Os tratamentos priorizavam a contenção em oposição à saúde e à proteção dos pacientes, animalizando-os, coisificando--os, e fazendo pairar sobre eles um estigma cruel, a exemplo do que se viu no Brasil, no Hospital Colônia, da cidade de Barbacena.[38]

Apesar da tragicidade desse capítulo da história, porque não se trata aqui de outro bem que não a própria vida, a existência e a dignidade humanas, Rodrigo da Cunha Pereira resumiu com profunda sensibilidade o desafio do sistema jurídico frente a essa realidade:

> A história sempre colocou os loucos de um lado, em contraposição à razão. Esta fronteira entre o normal e o anormal deve ser questionada, mesmo porque, ela tem variado ao longo do tempo. A insensatez, a feitiçaria, a paixão desesperada... eram loucura. Loucura que não tinha remédio, apenas a misericórdia de Deus. O que se fez e se faz até hoje no campo jurídico é a demarcação dos limites da razão para que o Estado possa dizer quem pode e quem não pode praticar atos da vida civil. [39]

Nas décadas de 1980 e 1990, porém, há uma mudança de paradigma internacional e nacional: a luta antimanicomial ganha corpo e passa a exigir direitos para pessoas com doenças mentais, bem como tratamento digno e humano.

Antes disso, é preciso lembrar que, após o fim da Segunda Guerra Mundial, em reação às atrocidades do nazismo, intensificou-se a atenção do ordenamento jurídico aos direitos humanos, como resultado de um processo histórico de conquista de liberdades e garantias inerentes à condição humana.

No contexto local, a Constituição Federal de 1988 desponta nessa luta ao colocar o catálogo dos direitos fundamentais logo no início, denotando a intenção do constituinte de dar-lhes uma posição de destaque, o que fica ainda mais evidenciado pela amplitude do art. 5º.[40]

---

38. Daniela Arbex, na obra já citada, traz relatos de histórias sobre os loucos nos sanatórios de Barbacena que, nas geladas noites da cidade serrana, eram enviados para os pátios, com as vestimentas molhadas, e ali largados para morrer. Aponta que a subnutrição e as péssimas condições de higiene e de atendimento provocaram mortes em massa no hospital. (ARBEX, Daniela. **Holocausto brasileiro**. Prefácio de Eliane Brum. 1. ed. Rio de Janeiro: Intrínseca, 2019, p. 79 e 81).
39. PEREIRA, Rodrigo da Cunha. **Loucura e deficiência mental**: uma questão de capacidade. p. 4. Disponível em: https://www.mpam.mp.br/centros-de-apoio-sp-947110907/civel/artigos/ausentes-e-incapazes/3343-loucura-e-deficiencia-mental-uma-questao-de-capacidade. Acesso em: 05 set. 2021
40. MENDES, Gilmar Ferreira. Os direitos fundamentais e seus múltiplos significados na ordem constitucional. **Revista Jurídica Virtual**. n. 14, jul. 2000, p. 1. Disponível em: http://www.

A Constituição Federal de 1988 é, pois, o primeiro marco no reconhecimento de **direitos humanos** a todas as pessoas, inclusive às pessoas com deficiência, pela afirmação dos direitos fundamentais como núcleo da proteção da dignidade da pessoa humana.

Branco expressa bem essa importância, quando explica que a interpretação da Constituição não se dá de forma adequada sem o arrimo da teoria dos direitos fundamentais:

> A relevância da proclamação dos direitos fundamentais entre nós pode ser sentida pela leitura do Preâmbulo da atual Constituição. Ali se proclama que a Assembleia Constituinte teve como inspiração básica dos seus trabalhos o propósito de "instituir um Estado Democrático, destinado a assegurar o exercício dos direitos sociais e individuais, a liberdade, a segurança". Esse objetivo há de erigir-se como o pilar ético-jurídico-político da própria compreensão da Constituição. [41]

O Estado assume, portanto, o papel de garantidor dos direitos constitucionalmente previstos, sejam eles direitos individuais, sociais ou coletivos, então classificados, respectivamente, como direitos de primeira, segunda e terceira geração.[42]

---

gilmarmendes.com.br/wp-content/uploads/2018/09/OS-DIREITOS-FUNDAMENTAIS-E-SEUS-M%C3%9ALTIPLOS-SIGNIFICADOS-NA-ORDEM-CONSTITUCIONAL.pdf. Acesso em: 26 abr. 2023.

41. MENDES, Gilmar Ferreira; BRANCO, Paulo Gustavo Gonet. **Curso de direito Constitucional**. 7. ed. rev. atual. São Paulo: Saraiva, 2012, p. 203.

42. Numa leitura compartilhada tanto do "Curso de Direito Constitucional", acima mencionado, quanto do artigo sobre "Aspectos de teoria geral dos direitos fundamentais", observa-se que Branco segue a classificação em gerações de direitos fundamentais: a primeira abrange os direitos referidos nas Revoluções americana e francesa, chamados de ***primeira geração*** porque foram os primeiros a serem positivados, considerados indispensáveis a todos os homens, com nítido cunho individualista, pois o paradigma de titular desses direitos é o homem individualmente considerado, a abranger as liberdades individuais como a de consciência, de reunião, de culto, à inviolabilidade de domicílio. Naquele momento, o Estado não se ocupava de questões sociais, até que o crescimento demográfico e o agravamento das disparidades sociais fizeram surgir novas teorias socialistas, e o Estado teve que assumir um papel ativo na realização de justiça social. Surgem, então, direitos que não mais correspondem a uma pretensão de abstenção do Estado, mas que reivindicam prestações positivas dos poderes públicos, chamados *de **segunda geração,*** ou direitos sociais, aqui englobados direitos à assistência social, à saúde, à educação, ao trabalho, ao lazer etc. Até que os direitos de **terceira geração** peculiarizam-se pela titularidade difusa ou coletiva, uma vez que são concebidos para proteção de coletividade ou de grupos, aqui reunidos o direito à paz, ao desenvolvimento, à qualidade do meio ambiente, à conservação do patrimônio histórico e cultural.

É importante ter em mente que a visão dos direitos fundamentais em gerações, ou em dimensões, tem a ver apenas com a evolução histórica desses direitos no tempo, pela cronologia do seu reconhecimento, devido à índole evolutiva dos direitos humanos e à sua historicidade. Uma vez concebidos, os direitos fundamentais convivem em um contexto de unidade e indivisibilidade.

Ao contemplar a dignidade da pessoa humana, a igualdade, a liberdade, o acesso à justiça, a redução das desigualdades sociais e regionais, a prevalência dos direitos humanos, a defesa da paz, o constituinte submeteu toda a interpretação constitucional a esses princípios e objetivos fundamentais. Em seguida, assegurou a igualdade de todos perante a lei, e elencou direitos e deveres individuais difusos e coletivos a todos os brasileiros e aos estrangeiros residentes no Brasil, garantindo-lhes o direito à vida, à liberdade, à igualdade, à segurança, à propriedade, nos termos dos 79 incisos e quatro parágrafos do seu art. 5º.

Outra observação indispensável quando se trata de direitos fundamentais é que eles não se esgotam no catálogo previsto na Constituição Federal, ou seja, os direitos fundamentais podem surgir a partir de determinado contexto histórico e dos reclamos da sociedade ou dos povos em determinado momento histórico, assim como nem sempre estarão fulcrados no princípio da dignidade humana. Todavia, mesmo quando direitos humanos formalmente consagrados como fundamentais não apresentem ligação direta com o princípio da dignidade humana (podendo-se aqui exemplificar aqueles que estão no art. 5º, XXI, XXV, XXVIII e XXIX), "é esse princípio que inspira os típicos direitos fundamentais, atendendo à exigência de respeito à vida, à integridade física e íntima de cada ser humano e à segurança".[43]

A partir de um complexo processo reivindicatório, iniciou-se a superação daquela visão do indivíduo abstrato, desapegado da realidade, em busca da pessoa humana em sua concretude, da pessoa e suas circunstâncias, considerada a sua realidade social, na qual se identificam as assimetrias e vulnerabilidades no tecido social, o que foi decisivo para a ampliação dos direitos humanos.

Nesse contexto, Almeida[44] destaca a "imperiosa necessidade de reconhecimento dos direitos humanos dos vulneráveis, que emergiram entre o

43. BRANCO, Paulo Gustavo Gonet. Aspectos de teoria geral dos direitos fundamentais. *In*: **Hermenêutica constitucional e direitos fundamentais**. 2. parte. 1. ed. 2. tir. Brasília: Brasília Jurídica/Instituto Brasiliense de Direito Público, 2002, p. 9. [Material da 2ª aula da Disciplina Direito Constitucional, ministrada no Curso de Especialização TeleVirtual em Direito Público. UNISUL – REDE LFG]. Disponível em: http://ww3.lfg.com.br/material/pos/DPUB_DConst_Aula2_2008_05_16_LeituraObrigatoria.pdf. Acesso em: 26 abr. 2023

44. ALMEIDA, Vitor. **A capacidade civil das pessoas com deficiência e os perfis da curatela.** Belo Horizonte: Fórum, 2019, p. 99.

alvorejar do século passado e o alvorecer do século XXI", para afirmar que a proteção e a promoção de sujeitos historicamente vulneráveis e invisibilizados se vincularam a *direitos humanos tardios,* ou seja, ainda que a Constituição de 1988 tenha sido pródiga em assegurar direitos humanos e fundamentais, isso não significa que não havia obstáculos à sua efetivação.

Embora a CF/88 tenha sido pródiga ao consagrar direitos fundamentais, ainda foi necessária uma atuação enérgica do Estado e da sociedade civil para a efetiva concretização dos direitos humanos de grupos vulneráveis, aqui incluídas as pessoas com deficiência, as pessoas idosas, crianças, mulheres, transexuais, tanto que o país conheceu um momento dos "estatutos",[45] em que a legislação infraconstitucional passou a trazer normas regulamentadoras daqueles direitos a fim de assegurar o efetivo cumprimento dos preceitos constitucionais ao grupo específico a que se dirigia.

No caso das pessoas com deficiência e, mais adiante, daquelas em situação de impossibilidade de exprimir vontade, as previsões da CDPD, e seu caráter constitucional, foram preponderantes para a "concretização de um projeto de justiça social necessário para inclusão das pessoas com deficiência",[46] como se verá a seguir.

### 1.3.2 Da Convenção dos Direitos da Pessoa com Deficiência: o novo modelo social de deficiência

Dada a historicidade dos direitos fundamentais e o seu caráter evolutivo, já foi dito que os direitos fundamentais podem ir se avolumando, conforme as exigências específicas de cada momento histórico, de modo que podem surgir novos direitos fora do catálogo contido no texto constitucional.

No Brasil, o art. 5º, § 2º, da CF/88 estabelece: "os direitos e garantias expressos nesta Constituição não excluem outros decorrentes do regime e dos princípios por ela adotados, ou dos tratados internacionais em que a República Federativa do Brasil seja parte". Isso permite concluir que foi adotado um **sistema aberto** de direitos fundamentais e, portanto, a enumeração dos direitos fundamentais no Título II da Constituição não pode ser considerada taxativa.[47]

---

45. ALMEIDA, Vitor. **A capacidade civil das pessoas com deficiência e os perfis da curatela.** Belo Horizonte: Fórum, 2019, p. 121. Os estatutos são leis que surgem com escopos e objetivos diversos das legislações extravagantes. Eles miram não mais o sujeito abstrato e genérico, mas o cidadão comum, com suas demandas específicas em certas vulnerabilidades. São um tipo de diploma que deixa de ser *ratione materiae,* para ser *ratione personae.* (

46. ALMEIDA, Vitor. **A capacidade civil das pessoas com deficiência e os perfis da curatela.** Belo Horizonte: Fórum, 2019, p. 100.

47. MENDES, Gilmar Ferreira; BRANCO, Paulo Gustavo Gonet. **Curso de direito Constitucional**. 7. ed. rev. atual. São Paulo: Saraiva, 2012, p. 247-248. Ensina Branco que a funda-

Assim, à luz do dispositivo constitucional, pode-se cogitar de direitos fundamentais previstos fora do texto constitucional, ou até mesmo em tratados internacionais de que for parte a República Federativa do Brasil, como foi o caso da Convenção dos Direitos da Pessoa com Deficiência.

A Convenção Internacional sobre os Direitos das Pessoas com Deficiência (CDPD), também chamada Convenção de Nova York, e seu Protocolo Facultativo, foi promulgada no dia 25 de agosto de 2009, por meio do Decreto n. 6.949, do presidente da República, após ter sido aprovada pelo Congresso Nacional, por meio do Decreto Legislativo n. 186, de 9 de julho de 2008.

Internalizados pelo procedimento previsto no art. 5º, § 3º, da Constituição Federal, esses normativos internacionais gozam de *status* constitucional, integrando o bloco de constitucionalidade não apenas material, mas formalmente, conforme já confirmado pelo Supremo Tribunal Federal. Ela foi a primeira convenção de direitos humanos aprovada na forma desse parágrafo, após a inclusão do mencionado dispositivo pela Emenda Constitucional n. 45,[48] de 30 de dezembro de 2004.

Assim, a CDPD emergia no cenário nacional com força, hierarquia e eficácia constitucionais, submetendo a legislação infraconstitucional ao primado da **dignidade da pessoa humana e de direitos fundamentais** incorporados ao bloco de constitucionalidade.

A Convenção contém cinquenta artigos, que abordam direitos substantivos desde uma cláusula antidiscriminatória.

Já no preâmbulo da CDPD,[49] os Estados Partes reconheceram a diversidade das pessoas com deficiência e a necessidade de promover e proteger os direitos humanos de todas as elas, inclusive daquelas que requerem maior apoio, declarando-se convencidos de que uma convenção internacional geral e integral para promover e proteger os direitos e a dignidade das pessoas com

---

mentalidade dos direitos decorre da sua referência a posições jurídicas ligadas ao valor da dignidade humana e que, em razão da sua importância, não podem ser deixados à disponibilidade do legislador ordinário. O entendimento de que é possível, a partir das normas do próprio catálogo dos direitos fundamentais e dos princípios constitucionais elementares da Lei Maior, deduzir a existência de outros direitos fundamentais não seria novidade na tradição constitucional brasileira, pois a Carta de 1969 também proclamava, no § 36 do art. 153, que "a especificação dos direitos e garantias expressos nesta Constituição não exclui outros direitos e garantias decorrentes do regime e dos princípios que ela adota". Conclui que o propósito da norma é afirmar que a enumeração dos direitos não significa que outras posições jurídicas de defesa da dignidade da pessoa estejam excluídas da proteção do direito nacional.

48. A EC 45/2004 referiu-se à chamada Reforma do Judiciário.

49. BRASIL. **Decreto n. 6.949, de 25 de agosto de 2009**. Disponível em: https://www.planalto.gov.br/ccivil_03/_ato2007-2010/2009/decreto/d6949.htm. Acesso em: 01 mar. 2023.

deficiência prestaria significativa contribuição para corrigir as profundas desvantagens sociais das pessoas com deficiência e para promover sua participação na vida econômica, social e cultural, em igualdade de oportunidades, tanto nos países em desenvolvimento como nos desenvolvidos.

O propósito da Convenção, encontrado em seu Artigo 1, é "promover, proteger e assegurar o exercício pleno e equitativo de todos os direitos humanos e liberdades fundamentais por todas as pessoas com deficiência e promover o respeito pela sua dignidade inerente".

O tratado adere ao modelo social de deficiência desde o seu primeiro artigo, reconhecendo-a como um conceito em evolução e resultante da interação entre as pessoas com deficiência e as barreiras decorrentes de atitudes e do ambiente, as quais impedem sua plena e efetiva participação na sociedade em igualdade de oportunidades com as demais pessoas, nos termos seguintes:

> Artigo 1 – PROPÓSITO –
>
> (...)
>
> Pessoas com deficiência são aquelas que têm impedimentos de longo prazo de natureza física, mental, intelectual ou sensorial, os quais, em interação com diversas barreiras, podem obstruir sua participação plena e efetiva na sociedade em igualdades de condições com as demais pessoas.

Note-se que, resultante do movimento da sociedade civil, a Convenção é o primeiro tratado internacional que compreende o fato jurídico da deficiência como uma característica da pessoa humana em sua complexidade e concretude, associado a uma limitação, chamada barreira, que pode obstruir a participação plena do indivíduo na sociedade. Supera-se, portanto, aquele modelo oitocentista que limitava a deficiência a um conceito médico, concebia proteção como punição por ser diferente e, a pretexto de proteger a pessoa, protegia a sociedade, a partir do isolamento e da custódia do ser considerado problemático.

Assim, a partir da Convenção, a proteção não será mais da sociedade, mas do sujeito vulnerável dentro da sociedade, em evidente homenagem ao princípio da dignidade humana.

A CDPD tem o condão de redirecionar o debate sobre a pessoa com deficiência para o cenário social, tornando necessária uma estratégia social que promova o pleno desenvolvimento da pessoa.

Duas questões essenciais se enfatizam aqui: que a deficiência é um conceito em evolução; que a deficiência decorre das diversidades funcionais individuais das pessoas e das barreiras atitudinais do entorno,[50] na medida em que o ambiente também exerce influência sobre a restrição corporal ou psíquica, podendo o entorno agravar circunstâncias não diretamente relacionadas a características do sujeito.

No Artigo 2, destinado às definições, a CDPD trouxe um conceito de "discriminação por motivo de deficiência":

> Artigo 2
> Definições
> Para os propósitos da presente Convenção:
> "Comunicação" (...);
> "Língua" (...);
> "Discriminação por motivo de deficiência" significa qualquer diferenciação, exclusão ou restrição baseada em deficiência, com o propósito ou efeito de impedir ou impossibilitar o reconhecimento, o desfrute ou o exercício, em igualdade de oportunidades com as demais pessoas, de todos os direitos humanos e liberdades fundamentais nos âmbitos político, econômico, social, cultural, civil ou qualquer outro. Abrange todas as formas de discriminação, inclusive a recusa de adaptação razoável;
> "Adaptação razoável" (...)
> "Desenho universal" (...).

Após conceituar a expressão, a CDPD proibiu a discriminação por motivo de deficiência no Artigo 5, quando tratou de **igualdade** e não discriminação.[51] Por certo, pessoas com deficiência sofreram, ou sofrem, muito mais em razão do preconceito e da desaprovação social do que pela deficiência de que padecem, mas têm assegurado, com a Convenção, o seu direito à diferença.

A Convenção foi o primeiro passo para as pessoas com deficiência deixarem de ser vistas como objeto de caridade e tratamento médico, para

50. PALACIOS, Agustina. Enfoque y perspectiva de discapacidad y derechos humanos. *In*: FERNANDEZ, Silvia. **Situaciones de discapacidad y derechos humanos**. 1. ed. Buenos Aires: La Ley, 2020, p. 21.

51. MENDES, Gilmar Ferreira. Os direitos fundamentais e seus múltiplos significados na ordem constitucional. **Revista Jurídica Virtual**. n. 14, jul. 2000, p. 5. Disponível em: http://www.gilmarmendes.com.br/wp-content/uploads/2018/09/OS-DIREITOS-FUNDAMENTAIS-E-SEUS-M%C3%9ALTIPLOS-SIGNIFICADOS-NA-ORDEM-CONSTITUCIONAL.pdf. Acesso em: 26 abr. 2023. Gilmar Mendes lembra que "o princípio da isonomia pode ser visto tanto como exigência de tratamento igualitário (*Gleichbehandlunsgebot*) quanto como proibição de tratamento discriminatório. Assim, essa previsão da CDPD acaba sendo uma consagração do princípio da isonomia, que será absorvido, mais à frente, pela Lei n. 13.146 de 2015.

serem respeitadas como sujeitos de direitos, capazes de reivindicá-los e de autodeterminar-se com base em seu consentimento livre e informado.

A CDPD inaugurou um perspectiva de direitos humanos aos direitos das pessoas com deficiência, calçada no modelo social, enfatizando o **respeito à dignidade da pessoa humana e à autonomia individual; a não discriminação; a participação e inclusão plenas e efetivas na sociedade; a igualdade de oportunidades, a acessibilidade**, dentre outros princípios que deverão ser levados em conta tanto na sua interpretação quanto na sua aplicação, brilhando como um farol na condução das políticas públicas voltadas para as pessoas com deficiência, como bem enfatizou Agustina Palacios:

> El modelo social y la perspectiva de derechos humanos se encuentran reflejados em los principios recogidos por la Convención. Resultan de suma importancia a la hora de elaborar políticas, interpretar o aplicar sus cláusulas, como asimismo indagar en los derechos que el instrumento protege, y en las obligaciones que establece. [52]

Dentre os inúmeros fundamentos da CDPD, o que desponta, em primeiro lugar, é a proteção da pessoa com deficiência como desdobramento dos direitos humanos, em cujo núcleo central está a ideia de **dignidade humana**, "pela qual todos nascem iguais e, em que pese algum déficit físico ou mental, são titulares dos mesmos direitos e deveres".[53]

Dessa forma, "a convenção transcende o direito geral de igualdade e edifica uma *cláusula especial de igualdade,* pois enuncia, em termos específicos, a proibição de discriminação das pessoas com deficiência", nas precisas palavras de Rosenvald.[54]

Com efeito, em seu Artigo 12, o Decreto reafirma que as pessoas com deficiência têm o direito de ser reconhecidas em qualquer lugar como pessoas perante a lei, e que gozam de **capacidade legal** em igualdade de condições com as demais pessoas, numa evidente postura de personalização da pessoa, que vai contagiar o direito privado.

---

52. PALACIOS, Agustina. Ob. cit., p. 23.
53. FARIAS, Cristiano Chaves de; CUNHA, Rogério Sanches; PINTO, Ronaldo Batista. **Estatuto da pessoa com deficiência comentado artigo por artigo**. 3. ed. rev. ampl. atual. Salvador: Juspodivm, 2018, p. 21.
54. ROSENVALD, Nelson. **Curatela**. Escritos gentilmente disponibilizados pelo autor. Diz o professor que, diante de uma cláusula especial de igualdade, o que se verifica é o ônus argumentativo, portanto a consistência das razões para justificação de qualquer tratamento desigual e qualquer diferenciação terá caráter excepcionalíssimo.

Ainda no mesmo dispositivo, os Estados partes se comprometem a adotar medidas apropriadas para que as pessoas com deficiência tenham acesso ao apoio necessário no exercício de sua capacidade legal e a assegurar que todas as medidas relativas ao exercício da capacidade legal incluam salvaguardas apropriadas e efetivas para prevenir abusos, em conformidade com o direito internacional dos direitos humanos, dispondo que essas salvaguardas assegurarão que as medidas relativas ao exercício da capacidade legal respeitem os direitos, a vontade e as preferências da pessoa, sejam isentas de conflito de interesses e de influência indevida, sejam proporcionais e apropriadas às circunstâncias da pessoa, se apliquem pelo período mais curto possível e sejam submetidas à revisão regular por uma autoridade ou órgão judiciário competente, independente e imparcial. As salvaguardas serão proporcionais ao grau em que tais medidas afetarem os direitos e interesses da pessoa.

Nesse particular, resta evidente a incompatibilidade entre deficiência e incapacidade absoluta, de modo que a Convenção vem a impedir que a deficiência intelectual ou psicossocial conduza à incapacidade absoluta do sujeito. Nasce aqui a semente que vai modificar toda a doutrina das incapacidades no direito civil brasileiro, como se verá adiante.

A partir da Convenção, rompe-se com aquele passado em que a pessoa com deficiência, sobretudo a intelectual ou cognitiva, era considerada absolutamente incapaz. Agora, não. A pessoa com deficiência passa a desfrutar plenamente dos direitos civis. Já o incapaz é aquele com impossibilidade de expressar vontade e autodeterminar-se, com ou sem deficiência.

Além de assegurar antigos direitos fundamentais, outrora já consagrados pelo constituinte, a CDPD inaugura um novo direito fundamental à capacidade plena, reconhecendo a todas as pessoas com deficiência o direito de desfrutar plenamente dos direitos civis, respeitando-se suas vontades, preferências, enfim, sua singularidade.

A noção de proteção agora vem atrelada à ideia de promoção da autonomia da pessoa com deficiência, fazendo surgir o dever de o Estado adotar medidas ou instrumentos para compensar a vulnerabilidade particular da pessoa com deficiência.

Logo, é a esse sujeito com comprometimento da capacidade de autogovernar-se que serão direcionados instrumentos de proteção articulados em seu favor, tenha ele deficiência, ou não, só que agora guiados por um "modelo social de direitos humanos, cujo objetivo é reabilitar a sociedade para eliminar os muros da exclusão comunitária".[55]

55. Na cadência das palavras de Nelson Rosenvald, nos preciosos escritos gentilmente cedidos para a realização desta pesquisa.

Embora a CDPD tenha ganhado força e aplicabilidade no Brasil desde 2009, a matéria foi, de certa forma, preterida pelos doutrinadores brasileiros, o que evidenciava um desinteresse geral pelo tema, que era relegado à categoria de "direitos de alguns indivíduos".

**Àquela época vigoravam o Código Civil de 2002 e o Código de Processo Civil de 1973, com uma disciplina da capacidade da pessoa natural e do instituto da interdição ainda concebidos sob o manto daquela ideia de loucura, exclusão e segregação da pessoa com limitação da capacidade de exprimir vontade e, especificamente, da pessoa com deficiência.**

A pessoa com deficiência continuou relegada à igualdade formal e, somente após a Lei n. 13.146, de 2015, tornou-se objeto de preocupação na busca pela real e concreta tutela de sua dignidade.[56]

No ano de 2015, tramitaram quase que concomitantemente a Lei n. 13.146 – Lei Brasileira de Inclusão da Pessoa com Deficiência (LBI) – e o Código de Processo Civil, sendo que aquela foi sancionada no dia 06 de julho de 2015, com uma *vacatio legis* de 180 dias, logo entrou em vigor no mês de janeiro de 2016, enquanto a Lei n. 13.105, que estabeleceu o Código de Processo Civil, foi sancionada em 16 de março de 2015, entrando em vigor um ano após a publicação oficial.

Assim, quando o CPC entrou em vigor, ele já destoava da Lei 13.146, de 2015, devido ao que se costuma chamar de atropelo legislativo.

Por uma questão cronológica, a LBI será examinada primeiramente, para, em seguida, analisarmos as alterações imprimidas ao Código Civil e ao direito privado em geral, e, por fim, como foi alterado o Código de Processo Civil, especificamente quanto ao processo de "interdição".

### 1.3.3 A Lei Brasileira de Inclusão da Pessoa com Deficiência: o novo modelo social de deficiência no direito brasileiro – Lei n. 13.146, de 6 de julho de 2015

A mera incorporação ao bloco de constitucionalidade formal não teve sozinha o condão de implementar as mudanças e garantir as conquistas da Convenção de Nova York, no sentido do respeito à dignidade da pessoa com deficiência. Apenas em 2015, quase uma década após os protocolos da ONU, a Lei Brasileira de Inclusão da Pessoa com Deficiência é sancionada, concretizando, na esfera infraconstitucional, a Convenção internacional. Não há que

56. ALMEIDA, Vitor. **A capacidade civil das pessoas com deficiência e os perfis da curatela.** Belo Horizonte: Fórum, 2019, p. 115.

se falar de um instrumento normativo que cria direitos infraconstitucionais, mas de uma lei que regula, especifica e ordena o exercício e a manifestação de direitos fundamentais.

Fortemente influenciada pela CDPD, a LBI trouxe consigo a ideia de superação daquele modelo egoístico e excludente, que apartava os diferentes do contexto social, para tratar a pessoa com deficiência numa perspectiva de direitos humanos, dignidade, igualdade e fraternidade.

Note-se que já se passavam 10 anos desde a Convenção de Nova York, em que a CDPD foi aprovada, e 28 anos da Constituição de 1988, que pensava um Estado Democrático de Direito, calcado no reconhecimento de direitos fundamentais, com vistas à construção de uma sociedade livre, justa, solidária e fraterna, mas ainda convivia com a morte civil pela interdição de pessoas com deficiência mental ou intelectual, alcunhadas pejorativamente de "loucos de todo gênero".

A professora Heloisa Helena Barboza[57] atribui a demora na implementação da LBI, dentre outros, ao fato de as pessoas com deficiência serem invisibilizadas pela sociedade, ou seja, de sua presença ser conscientemente ignorada pela maioria das pessoas que atribuem ao Estado o dever de zelar por elas com exclusividade ou, quando muito, de serem "problema" restrito aos seus familiares. Prefaciando a obra de Vitor Almeida, a professora diz que, "ao olhar desatento, o EPD seria apenas mais uma lei especial, para um grupo minoritário".[58]

Em verdade, o legislador preocupou-se com a realização da personalidade e com a tutela da dignidade da pessoa humana, a fim de suavizar as vulnerabilidades existentes naquele grupo social e de assegurar direitos fundamentais de pessoas que, a rigor, sempre tiveram seus direitos violados, a despeito da vigente Constituição cidadã e da CDPD.

Rosenvald[59] pontua que a LBI organizou, numa única lei, temas que estavam dispersos em outras leis, decretos e portarias, destacando que a sua principal contribuição foi regulamentar a CDPD em âmbito nacional. Todavia, o civilista mineiro acentua que a comunidade jurídica foi alijada do debate acerca de seu conteúdo, não que se discutam as intenções do legislador, mas a técnica legislativa, de modo que caberá à doutrina, de forma responsável, delimitar a compatibilidade do seu texto com o ordenamento jurídico.

---

57. SALLES, Raquel Bellini, Aline Araújo Pasoss, Juliana Gomes Lage. **Direito, vulnerabilidade e pessoa com deficiência.** Rio de Janeiro: Processo, 2019, p. 53.
58. Heloisa Helena Barbosa, prefaciando o livro **"A capacidade civil das pessoas com deficiência e os perfis de curatela"**, de Vitor Almeida, Belo Horizonte: Fórum, 2019, p. 15.
59. ROSENVALD, Nelson. **Curatela**. Escritos gentilmente disponibilizados pelo autor.

Em seu art. 1º, o legislador deixou clara a finalidade de "assegurar e promover, em condições de **igualdade**, o exercício dos **direitos e das liberdades fundamentais** por pessoa com deficiência, visando à sua inclusão social e cidadania".

Ora, "em condições de igualdade" pressupõe o respeito às peculiaridades da pessoa com deficiência, devendo-se levar em consideração sua maior vulnerabilidade, de modo que a defesa dos seus direitos fundamentais poderá pressupor tratamento diferenciado em relação a outra pessoa que não apresente a mesma condição.

Nas palavras de Alexy,[60] "um ponto de partida para esse meio-termo é a fórmula clássica: 'O igual deve ser tratado igualmente, o desigual, desigualmente'", a autorizar tratamento desigual, a fim de compensar o fator gerador da desigualdade, no caso a deficiência, e permitir que as pessoas possam receber tratamento isonômico.

De saída, a lei aderiu ao conceito social de deficiência, em seu art. 2º, e ainda previu a avaliação biopsicossocial, realizada por equipe multiprofissional e interdisciplinar, que deverá considerar: *i)* os impedimentos nas funções e nas estruturas do corpo; *ii)* os fatores socioambientais, psicológicos e pessoais; *iii)* a limitação no desempenho das atividades; e *iv)* a restrição de participação, pensando, por tanto, a pessoa humana em sua complexidade.

Percebe-se que a ideia de deficiência na LBI, inspirada na Convenção de Nova York, se aparta daquele modelo médico que concebia a deficiência, em especial a deficiência mental ou intelectual, como uma condição patológica, cujas causas eram naturais, biológicas, individuais e, portanto, a pessoa deveria ser "reparada" pela intervenção da medicina para se tornar "normal".

Em linhas gerais, as modificações trazidas pelo Estatuto da Pessoa com Deficiência redesenham todo o cenário normativo do tema e influenciam a revisão da teoria das capacidades, não por altruísmo do legislador, mas por força da pressão instalada desde a Convenção internacional. A vulnerabilidade acrescida, ou qualificada pela curatela, quando juridicamente relevante, perde o poder de obliterar a vontade individual, ganhando limitações quanto à personalidade do sujeito, limitando-se ao aspecto patrimonial para proteção individual, sem excluir a participação da pessoa com deficiência nos atos civis.

---

60. Robert Alexy assevera que "o enunciado geral de igualdade, dirigido pelo legislador, não pode exigir que todos sejam tratados exatamente da mesma forma ou que todos possam ser iguais nos mesmos aspectos". Assim, admite-se seja conferida à pessoa com deficiência trato prioritário, isenções tributárias, assistência, acesso à justiça em condição preferencial ou diferenciada em relação a outros indivíduos. (ALEXY, Robert. **Teoria dos direitos fundamentais.** Trad. Virgílio Afonso da Silva da 5. ed. alemã. São Paulo: Malheiros, 2008, p. 397)

Nasce, então, a precisa noção de deficiência com curatela e deficiência sem curatela – reservando-se a primeira a casos em que a pessoa tem comprometimento da capacidade de autogovernar-se.

Reafirmando princípios já consagrados na CDPD, a LBI discorreu sobre o direito ao tratamento prioritário, os direitos fundamentais à vida, saúde, educação, igualdade, moradia, trabalho, o direito à assistência e à previdência sociais, à cultura, ao esporte, ao lazer e ao turismo, versando sobre acessibilidade, acesso à informação, à comunicação, à participação na vida pública e política, o acesso à justiça e toda uma variedade de garantias, inclusive na órbita penal.

Nessa perspectiva de personalização da pessoa inaugurada pela CDPD, consagravam-se direitos outrora indeferidos a um indivíduo tão somente por possuir alguma deficiência mental ou intelectual, como o direito de votar e ser votado, de não ser obrigado a se submeter a intervenção clínica ou cirúrgica, nem a tratamento ou internação forçados.

Já no capítulo relacionado à **igualdade** diante da lei, há expressas hipóteses de justificativas para o cabimento da medida de curatela, a qual constitui medida protetiva extraordinária, proporcional às necessidades e às circunstâncias de cada caso, devidamente justificada no interesse do curatelado e que terá o menor tempo possível.

A importância dos dispositivos para análise e compreensão dos institutos justifica a transcrição:

> CAPÍTULO II
>
> DO RECONHECIMENTO IGUAL PERANTE A LEI
>
> Art. 84. A pessoa com deficiência tem assegurado o direito ao exercício de sua capacidade legal em igualdade de condições com as demais pessoas.
>
> § 1º Quando necessário, a pessoa com deficiência será submetida à curatela, conforme a lei.
>
> § 2º É facultado à pessoa com deficiência a adoção de processo de **tomada de decisão apoiada.**
>
> § 3º A definição de curatela de pessoa com deficiência constitui medida protetiva extraordinária, proporcional às necessidades e às circunstâncias de cada caso, e durará o menor tempo possível.
>
> § 4º Os curadores são obrigados a prestar, anualmente, contas de sua administração ao juiz, apresentando o balanço do respectivo ano.
>
> Art. 85. A curatela afetará tão somente os atos relacionados aos **direitos de natureza patrimonial e negocial**.
>
> § 1º A definição da curatela não alcança o direito ao próprio corpo, à sexualidade, ao matrimônio, à privacidade, à educação, à saúde, ao trabalho e ao voto.

> § 2º A curatela constitui medida extraordinária, devendo constar da sentença as razões e motivações de sua definição, preservados os interesses do curatelado.
>
> § 3º No caso de pessoa em situação de institucionalização, ao nomear curador, o juiz deve dar preferência a pessoa que tenha vínculo de natureza familiar, afetiva ou comunitária com o curatelado.
>
> Art. 86. Para emissão de documentos oficiais, não será exigida a situação de curatela da pessoa com deficiência.
>
> Art. 87. Em casos de relevância e urgência e a fim de proteger os interesses da pessoa com deficiência em situação de curatela, será lícito ao juiz, ouvido o Ministério Público, de oficio ou a requerimento do interessado, nomear, desde logo, curador provisório, o qual estará sujeito, no que couber, às disposições do Código de Processo Civil . (grifos meus)

Além do peremptório reconhecimento da capacidade legal isonômica a este público, restam evidenciados, também no art. 84 do estatuto especial, o caráter excepcional do manejo do instrumento da curatela, a facultatividade do mecanismo da tomada de decisão apoiada, a garantia de não afetação da **autonomia existencial**, como corolário do princípio da dignidade da pessoa humana, exemplificada com rol do art. 85, que inclui o "direito ao próprio corpo, à sexualidade, ao matrimônio, à privacidade, à educação, à saúde, ao trabalho e ao voto", restringindo, dessa forma, como se confirma também no art. 85 do Estatuto supracitado, a interferência curatelar apenas aos atos relativos à autonomia negocial patrimonial com preservação máxima dos interesses do curatelado.[61]

E para concretizar essa segunda cisão, desta vez entre autonomia existencial e autonomia patrimonial, o legislador busca atingir a consequência nevrálgica que as situações que venham a ensejar a curatela podem acarretar, qual seja, a institucionalização, garantindo, assim, a preservação de vínculos pessoais, familiares, de afeto e sociais do curatelado.

Apenas serão afetados, portanto, os atos relacionados aos direitos de natureza patrimonial e negocial, não alcançando o direito ao próprio corpo, à sexualidade, ao matrimônio, à privacidade, à educação, à saúde, ao trabalho e ao voto, ou seja, aspectos existenciais não patrimoniais do indivíduo, em cotejo

61. Tamanho é o grau de preocupação do legislador, que se antecipa a hipóteses que podem vir a inviabilizar todos os direitos consagrados na lei e até então enunciados. Assim, desde já, nos art. 86 e 87, dispensa o reconhecimento da curatela da pessoa com deficiência para emissão de documentos oficiais – "não será exigida a situação de curatela da pessoa com deficiência e diante de situações de urgência e de relevância" –, e permite ao Juízo, ouvido o Ministério Público, de ofício ou a requerimento de quem seja interessado, nomear, imediatamente, curador provisório a este público-alvo. Curador este que estará sujeito, no que couber, às disposições do Código de Processo Civil.

com as **liberdades individuais** então consideradas direitos fundamentais de primeira geração.

Nessa toada, o Estatuto anunciou as salvaguardas legais, assim compreendidas as garantias que serão preservadas, a despeito da deficiência, elencadas em seu art. 6º, nos seguintes termos:

> Art. 6º A deficiência não afeta a plena capacidade civil da pessoa, inclusive para:
>
> I - casar-se e constituir união estável;
>
> II - exercer direitos sexuais e reprodutivos;
>
> III - exercer o direito de decidir sobre o número de filhos e de ter acesso a informações adequadas sobre reprodução e planejamento familiar;
>
> IV - conservar sua fertilidade, sendo vedada a esterilização compulsória;
>
> V - exercer o direito à família e à convivência familiar e comunitária; e
>
> VI - exercer o direito à guarda, à tutela, à curatela e à adoção, como adotante ou adotando, em igualdade de oportunidades com as demais pessoas.

Por força do dispositivo acima, ainda que presente alguma deficiência, todos os direitos enumerados estarão preservados, consagrando a proteção da autonomia da pessoa e a preservação de aspectos existenciais.

Para fins deste trabalho, destaque maior será dado à revolução que a LBI promoveu no sistema de (in)capacidades do direito civil brasileiro, uma vez que o estatuto alterou a legislação civil, modificou a redação de alguns artigos e revogou outros, afetando os arts. 3º, 4º, 228, 1.518, 1.548, 1.550, 1.767, 1.769, 1.771, 1.772, 1.775, 1.777, dentre outros. A LBI modificou a disciplina da curatela, criou novos mecanismos de assistência à pessoa com deficiência, em respeito à sua autonomia e capacidade, como foi o caso da tomada de decisão apoiada.

Até o advento da LBI, no ano de 2015, nos Códigos Civis de 1916 e de 2002, as pessoas com deficiência intelectual ou mental sequer eram reconhecidas como pessoas pelo legislador, que lhes reservava o tratamento "loucos de todo gênero".[62] Em 2002 – passado, portanto, um século do Código de Bevilaqua –, o CC aludia à enfermidade ou deficiência mental para graduar o discernimento e, em função dessa graduação, dividir os indivíduos entre absoluta ou relativamente incapazes, numa atitude evidentemente discriminatória e que

62. Discorrendo sobre temas como curatela e capacidades, Rosenvald afirma que, no Brasil, como a medicina do século XIX não era capaz de catalogar o rol de transtornos mentais, o art. 5, inciso II, do Código Civil de 1916 conglobou em uma só fórmula aqueles que seriam relegados ao limbo da curatela: "loucos de todo o gênero", expressão equivocada pela imprecisão e estigma. – escritos foram generosamente cedidos pelo autor.

dificultava a individuação dos processos de curatela, porque acabava produzindo decisões genéricas e generalizadas para as mais diversas situações, a despeito das especificidades de cada caso concreto.

A LBI, ao alterar a redação do art. 3º do CC de 2002, revogando seus incisos I, II e III, reservou a incapacidade absoluta aos menores de 16 anos, restringindo o grau máximo de incapacidade jurídica ao critério cronológico. Em seguida, alterou o art. 4º do CC de 2002, para considerar relativamente incapazes a certos atos ou à maneira de os exercer, os ébrios habituais e os viciados em tóxico, e aqueles que, por causa transitória ou permanente, não puderem exprimir sua vontade.

O direito privado rompe com o passado de desprezo às peculiaridades e fragilidades pessoais, que remetia ao espaço reservado aos marginalizados, pessoas que não eram compreendidas em suas diversidades e recebiam como punição o decreto de interdição.

No tocante à liberdade matrimonial, a LBI incluiu um § 2º ao art. 1.550 do CC de 2002, para admitir que a pessoa com deficiência mental ou intelectual em idade núbil possa contrair matrimônio, expressando sua vontade diretamente ou por meio de responsável ou curador.

Alterou, substancialmente, o Título IV do CC de 2002, destinado à tutela e curatela, para incluir a tomada de decisão apoiada, inovação decorrente diretamente da Lei n. 13.146, de 2015.

O novel estatuto, em seção única destinada ao **atendimento prioritário**, estabelece que "a pessoa com deficiência tem direito a receber atendimento prioritário", prevendo, em seu art. 9°, inciso VII, que deve ser garantido em caso de tramitação processual e procedimentos judiciais e administrativos em que for parte ou interessada, em todos os atos e diligências, a pessoa com deficiência, como corolário do direito fundamental de **acesso à justiça** (art. 9°, VII, LBI). Assim sendo, mesmo o procedimento de jurisdição voluntária da curatela deverá ter esse grau de prioridade processual a ser respeitado.[63]

Desde o advento da CDPD, o sistema de (in)capacidades e a curatela padeciam de evidente incongruência com as inovações oriundas da convenção internacional. Era imperativa a reconstrução da curatela como instrumento de

63. Um ponto de crítica levantando pelo professor Cristiano Chaves de Farias é que, ainda assim, o acesso à Justiça das pessoas com deficiência sob curatela permanece obstado em sua completude, já que, para um curatelado atuar, conforme interpretação do art. 71 do Código de Processo Civil de 2015, deverá ser representado ou assistido pelo curador, sob o risco de ver reconhecida a irregularidade da representação processual. (FARIAS, Cristiano Chaves de; CUNHA, Rogério Sanches; PINTO, Ronaldo Batista. **Estatuto da pessoa com deficiência comentado artigo por artigo**. 3. ed. rev. ampl. atual. Salvador: Juspodivm, 2018, p. 219).

apoio funcionalizado a promover a emancipação e melhor atender o interesse da pessoa com deficiência intelectual ou mental.

Em capítulo reservado às disposições transitórias, o legislador apontou os artigos do Código Civil, do Código de Processo Civil e de outras leis que seriam afetados, por revogação ou alteração, pelo novel diploma legal.

O projeto emancipatório que a modificação representa conferiu presunção de capacidade para as pessoas com deficiência, tendo sido importante no contexto de "repersonalização"[64] do Direito Civil, sobremaneira no que se refere à teoria das (in)capacidades e seus institutos jurídicos em relação aos quais se aprofundam de forma especial os novos valores, porque se busca representar normativamente não apenas uma reorientação da perspectiva patrimonial para a perspectiva existencial, mas também na esfera axiológica relacionada à autonomia existencial de um sujeito, a ser protegida de perspectivas existenciais de outras pessoas presentes nos círculos familiares e institucionais.

O que se pretende fixar até aqui é que as mudanças no âmbito do direito privado decorreram da constitucionalização do tema, que deu à capacidade da pessoa humana o *status* de um direito fundamental, com a recategorização da pessoa com deficiência intelectual ou mental produzida pela Lei Brasileira de Inclusão, que saiu da invisibilidade e do esquecimento para ocupar o palco central do teatro da vida, em condições de **igualdade**, respeito, **liberdade**, **dignidade**, **autonomia** e **prioridade** em relação aos demais atores do mesmo roteiro da existência humana.

Na lição de Rosenvald:[65]

> Em síntese, a Lei n. 13.146/15 **absolve seres humanos do "pecado capital" da incapacidade absoluta como "portadores" de grave deficiência ou enfermidade mental**, remetendo-os ao rol dos relativamente incapazes, sob o palio do impedimento de exprimir vontade. (...) **O Estatuto deseja prioritariamente promover a autonomia e, subsidiariamente protegê-la.** A proteção só se aplica à pessoa com deficiência quando estritamente necessária, sem que a impeça de caminhar com as

64. Dentro da perspectiva de personalização da pessoa com deficiência, Rosenvald pondera que o direito ao igual reconhecimento como pessoa diante da lei evidencia que **a capacidade jurídica é um atributo universal inerente a todas as pessoas em razão de sua condição humana** e deve ser preservada para as pessoas com deficiência em igualdade de condições com as demais, assegurando-lhes vários direitos fundamentais que outrora lhes eram indeferidos, como o direito ao matrimônio, ao exercício do voto, os direitos reprodutivos, a autoridade parental, ao consentimento, ao tratamento médico e o direito à liberdade. (ROSENVALD, Nelson; Netto, Felipe Braga. **Leis civis comentadas**. São Paulo: Juspodivm, 2022, p. 267). (grifo meu)
65. ROSENVALD, Nelson. **Curatela.** Escritos gentilmente disponibilizados pelo autor.

> "próprias pernas", eventualmente incidir em equívocos e, se for o caso, se responsabilizar. (grifos meus)

Fica evidente que, a partir da LBI, a regra é que a pessoa com deficiência intelectual ou mental seja plenamente capaz e que eventuais dificuldades sejam suplantadas, enquanto a pessoa tiver competência para explicitar a sua vontade, superando as barreiras, seja por meio de adequações razoáveis, intérpretes, ou de apoiadores, não terá cabimento suprimir-lhe a capacidade, ainda que preservada relativamente.

Trocando em miúdos, não significa que a pessoa com deficiência intelectual ou mental não possa vir a ter sua capacidade limitada para a prática de certos atos, até porque continua a poder ser submetida ao regime de curatela. O que se afasta é sua condição de incapaz absoluto e, mesmo que sofra alguma restrição para a prática de alguns atos sem auxílio de terceiros, essa incapacidade decorreria "da impossibilidade de exprimir vontade" e não da deficiência mental ou intelectual.

### 1.3.4 O novo instituto da curatela: da invisibilidade à personalização

> *A única diferença entre a loucura e a saúde mental é que a primeira é muito mais comum.*
>
> (Millôr Fernandes)

A Convenção de Nova York marcou uma verdadeira revolução na calibragem do olhar voltado à pessoa com deficiência em todo o mundo e, como já foi dito, impactou o **âmbito do direito público e do direito privado brasileiros, revolucionando o sistema de** (in)capacidades desde o advento da Lei Brasileira de Inclusão, que impactou, diretamente, o Código Civil brasileiro, espalhando-se até pelas normativas processuais.

Além do que trouxe o art. 84 da LBI sobre curatela, o Código Civil também foi alterado em todos os artigos destinados ao instituto, sendo acrescentada ao seu Título IV, destinado à tutela e à curatela, a figura da tomada de decisão apoiada, assim como foram feitas modificações aos arts. 1.767 a 1.783, referentes à curatela.

Antes de chegar à disciplina atual, farei uma brevíssima revisão histórica do instituto da curatela, que dialoga intimamente com a própria doutrina das (in)capacidades, com a finalidade de melhor ilustrar a evolução do tema e de correlacioná-lo ao que acontecia no cenário mundial no trato da pessoa com deficiência intelectual, da loucura e, por que não dizer, da própria existência humana.

#### *1.3.4.1 Revisão histórica*

Antes das premissas normativas da CDPD e da conseguinte Lei Brasileira de Inclusão (Lei n. 13.146/15), o Brasil aplicou em seu território as construções doutrinárias europeias. O diploma normativo mais importante foi, sem sombra de dúvidas, as chamadas Ordenações Filipinas, criadas em 1595 e ratificadas em 1603, no período histórico de união entre Portugal e Espanha conhecido como União Ibérica. Destinadas a ordenar a vida dos súditos de um reino absolutista e centralizador, as ordenações não traziam ideia de igualdade, respeito a garantias individuais e capacidade de autodeterminação.

O país que importou as Ordenações nada mais era do que uma colônia exploratória, escravocrata e submissa. Nesse contexto, a lei valorizava a figura do homem livre e com posses, buscando uma ordem social. O primeiro ponto interessante a se destacar nas Ordenações se refere à capacidade civil, alcançada apenas após os 25 anos de idade e passível de questionamentos por meio da curatela. No entanto, a curatela em nada deveria ser entendida como forma de proteção para pessoas de vulnerabilidade acrescida, ela destinava-se exclusivamente a proteger a sociedade civil dos loucos, mentecaptos e pródigos.[66] Longe de trazer qualquer entendimento clínico sobre a chamada loucura, as Ordenações traziam formas de retirar o diferente do contexto social, impedir-lhe de testar e de se autodeterminar.

O mais preocupante quando se pensa na aplicação das Ordenações é perceber que sua influência no tratamento da capacidade civil permaneceu até o primeiro Código Civil, de 1916. Por quase três séculos, a pessoa taxada de louca ou pródiga foi equiparada a animais selvagens,[67] inúmeras terminologias

---

66. Nas Ordenações Filipinas, Livro IV, TÍTULO CIII: Dos Curadores, que se dão aos Pródigos e Mentecapitos (4), é dito que: "*Porque além dos Curadores, que hão de ser dados aos menores de vinte cinco annos (5), se devem tambem dar Curadores(6) aos Desasisados e desmemoriados (7), e aos Prodigos(8),que mal gastarem suas fazendas, Mandamos que tanto que o Juiz dos Orfãos souber que em sua jurisdicção ha algum Sandeu, que por causa de sua sandice possa fazer mal(1), ou dano algum na pessoa, ou fazenda (2), o entregue a seu pai, se o tiver (3), e lhe mande de nossa parte, que dahi em diante ponha nelle boa guarda, assi na pessoa, como na fazenda; e se cumprir (4), o faça aprisoar (5), em maneira que não possa fazer mal a outrem*".

67. No art. 66, 3, TÍTULO III do Livro I, as Ordenações destacam que o poder de polícia poderia ser utilizado com "*cautella contra o perigo provenienle da divagação dos loucos, embriagados, de animaes ferozes, ou damnados, e daquelles, que, correndo, podem incommodar os babitantes, providencias para acautelar, e atalhar os incendios*". Há uma clara equiparação do que se entende por louco com os próprios animais, reforçando como esses indivíduos eram privados de seu direito mais básico: a dignidade humana.

foram utilizadas na tentativa de se desenvolver uma construção jurídica que positivasse a segregação de quem fugisse do suposto padrão de normalidade.

Em 1858, a Consolidação das Leis Civis, de Teixeira de Freitas, ingressou no Direito brasileiro para responder questões para as quais as Ordenações não eram mais satisfatórias. Apesar de se propor a tratar da modificação da maioridade civil, em nada o dispositivo trouxe inovações no que diz respeito à curatela, preservando o entendimento anterior.

Em 1916, já na República, foi promulgado o primeiro Código Civil Brasileiro, de autoria de Clóvis Beviláqua. Novamente, a curatela é aludida, sendo aplicada aos chamados "loucos de todo o gênero", aos surdos-mudos que não conseguissem exprimir vontade e aos pródigos. O curador passava a ser parte essencial em todos os atos da vida civil a fim de garantir sua validade.[68]

Ao trazer em seu texto a expressão "loucos de todo o gênero", o Código de 1916 deixou uma ampla margem para interpretação. Afinal, o que seria classificado como loucura? De lembrar-se que, entre os séculos XIX e XX, houve transformação no que se defendia como loucura. Dependendo da interpretação, qualquer comportamento desviante poderia ser traduzido como sinal de uma "moléstia" mental.

Cabe aqui destacar que a loucura era considerada uma questão de Estado. Por meio do Decreto n. 206-A, aprovado em de 15 de fevereiro de 1890, a Assistência Médica e Legal de Alienados foi criada, tendo por objetivo socorrer os chamados enfermos alienados, nacionais e estrangeiros, que precisassem de auxílio por parte do Poder Público. O dito socorro nada mais era do que a internação compulsória em hospícios, a limpeza social anteriormente feita na Europa e importada pelo Brasil, que englobava todas as pessoas que manifestassem alienação mental adquirida ou congênita. Vale destacar que todos os comportamentos considerados moralmente reprováveis também eram lidos como manifestação da loucura, sendo passíveis de repressão.

A criação da assistência médica para os tidos como alienados não foi um fenômeno isolado, mas o reflexo de campanhas surgidas desde 1830 no Rio de Janeiro contra a livre circulação de loucos, ébrios e animais ferozes, promovida pela Sociedade de Medicina do Rio de Janeiro.[69] O comportamento desviante era equiparado à ferocidade animal, tendo no controle sua única alternativa. Os ébrios eram direcionados para os Corpos de Guarda Municipais Permanentes, e os loucos pertencentes às classes menos favorecidas eram internados na

---

68. ALMEIDA, Vitor. **A capacidade civil das pessoas com deficiência e os perfis da curatela.** Belo Horizonte: Fórum, 2019, p. 66.

69. ENGEL, Magali Gouveia. **Os delírios da razão**: médico, loucos e hospícios. (Rio de Janeiro, 1830-1930). Rio de Janeiro: Fiocruz, 2001.

Santa Casa de Misericórdia. No caso de pessoas pertencentes a famílias com posses, o destino eram recintos privados nos quais o sujeito perdia qualquer capacidade volitiva. Cumpre ressaltar que não havia diagnósticos clínicos que realmente conseguissem embasar as internações e sua posterior permanência.

Com a entrada em vigor do Código Civil, ao invés de se restringir o rol de pessoas sujeitas a curatela, há uma ampliação para incluir surdos-mudos que não soubessem exprimir vontade. Entretanto, apesar de não abolir o termo "loucos de todo gênero", é perceptível como o conceito começa a chamar para si um debate sobre a capacidade.

Segundo a doutrina de Orlando Gomes, que dividia a capacidade em de direito e de fato,[70] em que a primeira é a de que todas as pessoas são titulares, inerente à condição humana, enquanto a capacidade de fato, também denominada capacidade de exercício ou de ação, é a aptidão para exercer os atos da vida civil por si – a incapacidade trazida para os "loucos de todo gênero", surdos-mudos e ébrios englobava todo o espectro da vida civil, dando ao curador plenos poderes sobre o curatelado.

No transcurso de quase um século, o direito privado reconhecia direitos praticamente absolutos ao curador para ordenar a vida civil da pessoa curatelada. Utilizando-se da roupagem da dignidade, os sujeitos em situação de curatela eram amplamente excluídos, entravam em uma classificação genérica que os despia de individualidade e incentivava uma interpretação determinista da incapacidade, ignorando a possibilidade de tratamentos e o dever do Estado de promover sua autonomia e inclusão, em busca daquela sociedade fraterna justa e solidária.

O paradigma médico ganhou corpo e se intensificou ao longo de todo século XX. A estigmatização, que tinha como origem o comportamento social destoante e encontrava reconhecimento social pelo diagnóstico médico, uniu-se às construções doutrinárias civilistas, acompanhando e aprofundando as ações sobre capacidade, haja vista que a regulação recaía não apenas sobre a finalidade classificatória, mas atingia todo o rol de relações que o sujeito reconhecido como incapaz travava em sociedade, ainda que algumas dessas não restassem sequer minimamente comprometidas em face do *status* de curatelado.

A vigilância constante preceituada pelo discurso médico disciplinar, e incorporada no direito, acarretou um binarismo estabelecido entre normalidade e anormalidade, traduzido no sistema jurídico entre capacidade e incapacidade civil ou imputabilidade ou inimputabilidade penal.[71]

---

70. GOMES, Orlando. **Introdução ao direito civil**. 3. ed. Rio de Janeiro: Forense, 1971, p. 149.

71. Ou nas lições de Foucault, "a possibilidade de invocar a loucura excluía, pois, a qualificação de um ato como crime: na alegação de o autor ter ficado louco, não era a gravidade de seu

O discurso da psiquiatria ramificou-se dentro do sistema de capacidades brasileiro durante a vigência da codificação de Bevilaqua e culminou na ascensão do julgamento médico como o definidor da capacidade, e deixando para o juízo jurídico um papel secundário de mero confirmador. O psiquiatra torna-se a verdadeira autoridade no processo de curatela, sobre quem repousa a possibilidade de decretar a morte civil de um cidadão.

O Código Civil do século XX apresenta influências do Código Criminal do Império de 1830, para o qual a loucura e a criminalidade[72] estavam sujeitas a controles sociais bastante análogos, quando não, idênticos.[73] Todavia, enquanto para as transgressões penais poderia haver gradação em razão do indivíduo, para a loucura o tratamento era o inverso: a existência da doença invalidava qualquer aspecto pessoal do sujeito, o diagnóstico passava a marcar toda sua vida.

O "homem alienado", o "louco de todo gênero", precisava ser destituído de sua humanidade, já que reconhecer sua capacidade de autodeterminação colocaria em questão o sistema de contenção. Antes de sofrer uma limitação física traduzida no internamento e no afastamento social compulsório, é essencial distinguir-lhe dos seus pares, dando uma falsa sensação de que não seriam todos os indivíduos passíveis de sofrerem tal destino, haveria uma justiça por trás da segregação.

Historicamente, no plano sociocultural, considerou-se adequado deferir a substituição da vontade à pessoa entendida como incapaz. A inaptidão para os atos da vida civil tornou-se expressa por meio de procedimentos jurídicos que atestavam a inaptidão do indivíduo para os atos da vida civil. Toda pes-

---

gesto que se modificava, nem a sua pena que devia ser atenuada: mas o próprio crime desaparecia. Impossível, pois, declarar alguém ao mesmo tempo culpado e louco; o diagnóstico de loucura uma vez declarado não podia ser integrado no juízo; ele interrompia o processo e retirava o poder da justiça sobre o autor do ato. Não apenas o exame do criminoso suspeito de demência, mas também os próprios efeitos desse exame deviam ser exteriores e anteriores à sentença". (FOUCAULT, Michel. **Vigiar e punir**: nascimento da prisão. Trad. Raquel Ramalhete. Petrópolis: Vozes, 1987, p. 21).

72. Em verdade, a ascensão da ciência psiquiátrica sobre o Direito nesse aspecto apenas passa a ser definidora pelo instrumento da "perícia", quando o Código Criminal da República de 1890 adotou a expressão "completa privação dos sentidos e da inteligência" para a irresponsabilidade penal, o que paradoxalmente já incutia, ainda que na seara penal, um gradualismo constantemente utilizado como tese para afastar a absolvição dos acusados considerados "alienados", que apenas em casos de "imbecilidade nativa" ou "enfraquecimento senil", segundo o professor Vitor Almeida, conseguiam obter a absolvição pela previsão legal referida. (ALMEIDA, Vitor. **A capacidade civil das pessoas com deficiência e os perfis da curatela.** Belo Horizonte: Fórum, 2019, p. 59-60.

73. CARRARA, Sérgio. **Crime e loucura**: o aparecimento do manicômio judiciário na passagem do século. Rio de Janeiro: EDUERJ. São Paulo: EDUSP, 1998, p. 81-82.

soa com deficiência cognitiva[74] era automaticamente posta nesta categoria jurídica de inapta.

O desenho oitocentista do Estado Liberal, que prosseguiu no século XX, conferiu ao Código Civil o papel de delimitador do âmbito de atuação dos sujeitos, em geral por meio de regulações das relações econômicas voltadas à autonomia patrimonial e contratual.[75] A incapacidade passava a ser formulada como a resposta adaptativa do meio àquelas pessoas consideradas estranhas ou inadaptáveis ao sistema, para as quais não deveria ser garantida segurança jurídica nas decisões.

Superado o entrave econômico com a representação curatelar, a preocupação social era substancialmente reduzida e, não por coincidência, medidas como o isolamento asilar eram *per si* uma interdição na esfera jurídica, dispensando prévia determinação judicial, dada sua desconsideração econômica se já efetuada a proteção patrimonial.

A evolução no tratamento clínico de diversas doenças, as discussões sobre direitos humanos após as duas guerras mundiais e a mudança social que permitiu uma maior inserção de pessoas com vulnerabilidade acrescida dentro do mercado de trabalho são alguns dos fatores que ajudaram na revisão do que se entendia por curatela no Brasil. Em face das transformações sociais vivenciadas no século XX e intensificadas com o aprofundamento da globalização, o direito brasileiro sentiu a necessidade de uma nova codificação cível, concatenada com as novas codificações nacionais e com os anseios sociais por liberdade, um instrumento normativo que trouxesse para as relações privadas a modernização preceituada pela Magna Carta de 1988.

Nas décadas de 1980 e 1990, o paradigma internacional e nacional mudou e, desde a luta antimanicomial, foram exigidos direitos para pessoas com doenças mentais, bem como tratamento digno e humano.

A Constituição Federal auxilia nessa luta, ao classificar como direitos fundamentais a vida, a liberdade e a igualdade. O caráter indisponível de tais

---

74. Vitor Almeida adverte, porém, que o termo "deficiência intelectual" é mais adequado que "deficiência mental", haja vista que se está diante de certo comprometimento do intelecto e não da mente humana de maneira global. Ademais, segundo o autor, evitam-se as confusões terminológicas entre "deficiências mentais" e "doenças mentais", o que restou respaldado pela Declaração de Montreal sobre Deficiência Intelectual aprovada pela Organização Mundial da Saúde e pela Organização Pan-Americana de Saúde em 2004. Todavia, na presente pesquisa, optou-se pelo termo "deficiência cognitiva" pela capacidade conceitual de abarcar as mais diversas situações ensejadoras de deficiências. (ALMEIDA, Vitor. **A capacidade civil das pessoas com deficiência e os perfis da curatela.** Belo Horizonte: Fórum, 2019, p. 55).

75. ALMEIDA, Vitor. **A capacidade civil das pessoas com deficiência e os perfis da curatela.** Belo Horizonte: Fórum, 2019, p. 49.

direitos torna imperativa sua incidência para todos os cidadãos, mas a ruptura da lógica de encarceramento em hospícios não conferiu proteção plena às pessoas com transtornos mentais: havia o risco da interdição, instituto que, como dito acima, tem origem antiga, que remonta ao direito romano.[76]

Abolindo a expressão "loucos de todo o gênero", o Código Civil de 2002 chega com evoluções, mas preservando o rótulo de incapacidade absoluta. Até a reforma empreendida pelo Estatuto da Pessoa com Deficiência, a Lei Civil continuou a tratar as doenças ou as deficiências mentais como gradientes definidores e presuntivos do tipo de incapacidade do sujeito, o que acarretava intervenções jurídicas com curatelas genéricas e descontextualizadas da realidade particular de cada pessoa com deficiência.

Mantendo a divisão imaginária entre classes de indivíduos e fazendo uma leitura da incapacidade como fenômeno único, o transcurso processual permitia o uso de protocolos jurídicos excessivamente padronizados, seja por ausência de interesse por parte dos órgãos de justiça, seja por preocupações com a igualdade em sentido formal. De modo geral, o Poder Judiciário se esquivava da individualização das análises, produzindo sentenças cuja forma era privilegiada em detrimento do conteúdo.

Assim, o instituto da "interdição", na codificação cível de 2002, estava, ainda, entrelaçado ao regime das incapacidades que marcava o ordenamento jurídico brasileiro. Conquanto tenha havido cuidado do Código de Miguel Reale na separação entre pessoas absoluta e relativamente incapazes - conforme o grau de afetação de autonomia que a situação tutelada gerasse –, evidenciando uma preocupação com a construção de um programa normativo mais sofisticado e atento às mudanças nos campos científicos, sobretudo biológicos e psiquiátricos, sociológicos e culturais a respeito do tema, esta divisão ainda era embrionária.

De 1916 para 2002, houve uma inegável sofisticação das ferramentas legais capazes de operacionalizar de maneira mais flexível a limitação da autonomia, possibilitando o seu manejo para além de um mero intervalo lúcido. Porém, o direcionamento das mudanças no alvorecer do século XXI ainda estava impregnado de valores patrimonialistas, tendo em vista que o cerne dos regimes de incapacidades continuava a discutir preponderantemente a administração de bens.

---

76. "Os muros dos hospícios foram substituídos pelas invisíveis amarras da interdição civil, o que não alterou a condição de cidadania do louco conforme almejado pelo movimento da reforma psiquiátrica. Tal transferência de responsabilidades configura, no nosso entendimento, uma face do fenômeno da judicialização da questão social". (BARISON, Mônica Santos; GONÇALVES, Rafael Soares. Judicialização da questão social e a banalização da interdição de pessoas com transtornos mentais. **Serviço Social e Sociedade**, n. 125, p. 41-63, jan./abr. 2016, p. 42).

Em verdade, analisando a relação entre a garantia da autodeterminação, a capacidade e a promoção da dignidade destes indivíduos sujeitos a medidas interventivas de natureza médica e jurídica, notabiliza-se o conceito de autonomia privada[77] nas suas duas dimensões fundamentais, quais sejam, a existencial e a patrimonial.

A **autonomia** privada em sua dimensão existencial se refere ao poder conferido à pessoa humana para execução do seu projeto de vida pela realização de escolhas e desenvolvimento de sua personalidade. Por meio dela, o indivíduo exerce seus aspectos axiológicos, morais, culturais e pessoais, sem que o conteúdo econômico seja exigência para o reconhecimento e a proteção jurídica das realizações individuais. No campo existencial, cada ser humano é guarnecido pelas noções de dignidade, sendo sua existência entendida como finda em si, não constituindo-se como instrumento para qualquer finalidade diversa.

De outra banda, a autonomia privada em sua dimensão patrimonial é externada na possibilidade de o sujeito celebrar negócios jurídicos cujo conteúdo econômico-financeiro prevaleça, referindo-se, em regra, às relações entre os humanos e as coisas, e às relações intersubjetivas existentes nos contratos.

A separação doutrinária da autonomia tem a vantagem de demandar do Direito posturas institucionais diferenciadas conforme o escopo do conflito posto, porém não evidencia o plexo de situações nas quais ambos os interesses, sejam existenciais, sejam patrimoniais, estejam em intercâmbio, como ocorre em determinados casos. Em tais contextos, visualizava-se a sorte de interferências na dimensão da autonomia privada existencial, sob o pretexto da proteção patrimonial.

Afinal, a determinação do destino e da finalidade dos bens de um indivíduo, em uma sociedade baseada na economia de consumo, inegavelmente gera efeitos em seus aspectos existenciais. A própria autonomia só se torna viável quando são assegurados elementos basilares da vida; a proteção patrimonial teria a função de reduzir as fragilidades da pessoa,[78] assegurando-lhe formas de subsistência.

---

77. Não se desconhece a comum diferenciação realizada pela doutrina entre os conceitos de autonomia, que pode indicar referências a uma expressão de um conceito filosófico (autonomia da vontade), ao exercício das ações que não forem ilícitas (autonomia jurídica individual) ou à indicação da liberdade negocial (autonomia privada). Para o interesse da pesquisa realizada, este último desdobramento conceitual é o utilizado por atender adequadamente às especificidades dos intentos científicos do presente trabalho.
78. Segundo Herring, inclusive, pode-se depreender disso a dimensão dúbia do cuidado, o qual pode representar uma fonte de valor para a vida e de significado para a existência, mas também pode ser fonte de desvantagem social em decorrência do isolamento e da depen-

A bem da verdade, o comum é que, a despeito de se buscar proteger o patrimônio do sujeito como mais uma medida integrada na preservação da dignidade da pessoa humana em um contexto amplo, há um aprofundamento do nível protetivo relativo aos bens economicamente operacionalizáveis no mercado, em nítido prejuízo de outros bens que, apesar de, muitas vezes, não serem traduzíveis do ponto de vista financeiro, são igualmente indispensáveis para que sejam concretizados outros direitos existenciais.

Esse enviesamento protetivo denunciado, não raras vezes, ocorre em prol da salvaguarda de interesses de terceiros e não do (in)capaz.[79] Tal comportamento normativo traz para os dias atuais o tratamento arcaico anteriormente dado às questões mentais, no qual a sociedade era "protegida" do indivíduo. As deficiências não podem ser encaradas como no século passado, o direito precisa distanciar-se do modelo médico para a curatela e trazer o modelo social para a centralidade.

As finalidades do novo modelo desenvolvido, que é fonte de tensionamento com as previsões originais do atual Código Civil, são promover a inclusão social da pessoa com deficiência e fazer respeitar a autonomia existencial dos indivíduos destinatários da atuação judicial.

Este novo modelo veio para atender a pleitos antigos de movimentos sociais contra a estrutura manicomial e o caráter asilar do tratamento mental no país. A partir do ano de 2001, com o grande marco na abordagem jurídica em relação à saúde mental consubstanciado na Lei n. 10.216, também conhecida como "lei antimanicomial", observaram-se desdobramentos dessa nova leitura jurídica a partir da perspectiva social. Muda-se a visão de incapacidade, principalmente a mental, como elemento individual isolado, e evidencia-se a responsabilidade coletiva.

A visão de que a limitação física ou psíquica não é mais uma situação problemática do sujeito vinha sendo gestada um ano antes da aprovação da codificação de Reale com uma forte reorientação, inicialmente não absorvida, mas futuramente provocadora de irritações sistemáticas, por meio da qual se

---

dência impostos à pessoa que dele necessita. (HERRING, Jonathan. **Caring and the law**. Bloomsbury Publishing, 2013, p. 34).

79. Evidência desse fato é demonstrada por Requião, já que "(...) envelhecimento da população é fator que acaba por desvelar estes interesses ocultos na interdição. (...) O interesse na declaração da incapacidade de sujeitos já falecidos deixa muito claro este cunho patrimonial. Em tais casos, o que se quer não é proteger o incapaz, até porque já defunto, mas sim buscar substrato para anulação de atos anteriormente praticados, como doações e testamentos, que tenham sido prejudiciais àquele que ingressa com a ação neste sentido". (REQUIÃO, Maurício. **Estatuto da pessoa com deficiência, incapacidades e interdição**. 2. ed. Florianópolis: Tirant Lo Blanch, 2018, p. 92).

identifica a deficiência e a vulnerabilidade dela decorrente como uma situação da sociedade, de quem se exige responsabilidade para o enfrentamento da questão.

A coexistência de uma legislação inovadora como a Lei n. 10.216, de 2001, em prol da proteção e dos direitos das pessoas portadoras de transtornos mentais, com uma regulamentação cível ainda marcada por paradigmas em grande parte superados, como o modelo médico, não poderia persistir, sobretudo diante de um giro nos normativos internacionais sobre o tema. A fim de ajustar as disparidades observadas, exigências cogentes acarretam a adoção de uma nova estrutura jurídica para lidar com os efeitos do reconhecimento de pessoas com deficiência, em especial, de natureza cognitiva.

#### *1.3.4.2 O novo sistema de (in)capacidades e a repersonalização da pessoa com deficiência do direito civil*

Iluminado pela Lei n.13.146/2015, o direito civil brasileiro se despediu daquele passado de coisificação e abandono da pessoa com dificuldade de expressão de vontade, fosse por loucura, doença, idade ou paixão, para, então, devolver àquelas pessoas a identidade e a dignidade da existência.

Na realidade de antes, o discurso jurídico tradicional encarava a pessoa natural como aquela que detém direitos subjetivos e personalidade para que possa estar nos polos de direitos e obrigações constituídas, em verdadeira redução do ser existencial. No entanto, a capacidade de fato ou de exercício aparecia como medida da aptidão do indivíduo de, por si só, poder gerenciar suas relações jurídicas ("suas" relações porque era necessariamente apto a titularizá-las, já que dotado de personalidade jurídica). O exercício em si seria limitável, dinâmico e variável conforme a situação.[80]

Isso explica o porquê de a reforma no sistema de (in)capacidades do ordenamento jurídico nacional ter ampliado as maneiras pelas quais as vontades concretas se manifestam e deliberam sobre as vidas que gerem como um projeto, ainda que não seja assim compreendido pelas visões predominantes de existência.

O Estatuto da Pessoa com Deficiência garante, em seu art. 6º, de maneira inédita legalmente, que a mera deficiência, ainda que cognitiva, não é causa necessária da incapacidade civil.

Também consta no art. 114 do Estatuto, o qual modificou o art. 3º do Código Civil, uma normativa que restringe a incapacidade absoluta somente aos menores de 16 anos. E o art. 4º, incisos II e III, troca as condições rela-

80. ALMEIDA, Vitor. **A capacidade civil das pessoas com deficiência e os perfis da curatela.** Belo Horizonte: Fórum, 2019, p. 167.

cionadas às pessoas com deficiência por uma condição objetiva relacionada à impossibilidade da expressão da vontade. Tais mudanças são essenciais por reconhecerem que a incapacidade pode acometer, inclusive, pessoas sem qualquer histórico de deficiência ou transtorno.

Tais "vontades concretas", antes interditadas "na origem" por preconcepções e preconceitos em relação às pessoas de quem emanavam, não poderão mais ser substituídas pela assistência de arbitramentos exarados por outros sujeitos ou pelas instituições do sistema de justiça quando existentes e manifestas.

Assim, expressamente, o art. 4º, inciso III, do Código Civil de 2002 indica que "são incapazes, relativamente a certos atos ou à maneira de os exercer: (...) III - aqueles que, por causa transitória ou permanente, não puderem exprimir sua vontade".

Há muito que se extrair desse regramento, sendo destacável a sofisticação na redação do legislador ao regular a matéria. A distinção entre a incapacidade absoluta – prevista no art. 3º do supracitado Código – e a incapacidade relativa não se restringe a uma diferença de graduação, e traz uma diferença ontológica. As pessoas absolutamente incapazes são assim tidas em referência ao exercício pessoal dos atos da vida civil, já as relativamente incapazes só assim são consideradas em relação a "certos atos ou à maneira de os exercer".

Não se trata, portanto, de dizer de maneira genérica que o relativamente incapaz pode ser considerado mais autônomo que outro absolutamente incapaz, mas que algumas pessoas, corporificando um primeiro critério de restrição relacionada à característica dos sujeitos, só poderão ter restringida sua capacidade em determinadas hipóteses.

Além disso, tem-se indicado concomitantemente um segundo critério de restrição relacionada aos atos realizados por aqueles sujeitos, "recortados" da realidade por algumas características de suas ações.

Ao determinar que serão relativamente incapazes aqueles que não podem exprimir vontade, seja transitoriamente ou permanentemente, o Código Civil alterado pelo Estatuto da Pessoa da Deficiência em 2015 estabelece um critério para essa guarida desconectada da condição pessoal e relacionada às ações dessas pessoas cuja expressão da vontade pode vir a estar comprometida.

Então, não se trata, na nova disciplina, de uma substituição de vontade, e sim de assistência à expressão dessa vontade em razão da ausência verificada pelas expressões fáticas do indivíduo, não cabendo, portanto, acionar o instrumental cível e processual cível, como é o caso da curatela, para permitir a expressão de um melhor ou mais conveniente juízo sobre a esfera privada dos indivíduos, mas tão somente para auxiliar uma vontade que no momento não está podendo ser exprimida.

#### *1.3.4.3 A nova curatela*

O redesenho da curatela no ordenamento jurídico nacional vem ao encontro da garantia da dignidade humana e da preservação da autonomia existencial da pessoa com deficiência.

Nessa senda, em relação às situações ditas existenciais, ou aquelas não patrimoniais, pelas modificações trazidas pelo Estatuto da Pessoa com Deficiência, a citada bifurcação da capacidade (entre de fato e de direito) não faria sentido, visto que a titularidade decorre do estado de pessoa humana, e o exercício, sendo personalíssimo, não é compatível com a interveniência de outrem a representar ou a assistir o indivíduo na atuação.

Todavia, tal entendimento não exclui eventual necessidade de apoio ou auxílio para sua prática, como a tomada de decisão apoiada, cujo intento é a preservação máxima da capacidade civil, a qual foi inserida no art. 1.783-A do Código Civil pelo art. 116 da Lei n. 13.146, de 2015.

Essa perspectiva impede, por exemplo, que a representação migre da incapacidade absoluta para a relativa, sem a incorporação dos novos valores e normativas.

Excepcionalmente reconhecida a incapacidade relativa para determinados atos da vida civil, estes dependerão, para sua validade, da confirmação de outra pessoa.

Além do que foi estabelecido pelos arts. 84 a 87 da LBI, a redação do art. 1.767, inciso I, do Código Civil de 2002 foi modificada, para prever que as pessoas que, por causa transitória ou permanente, não puderem exprimir sua vontade, estariam sujeitas à curatela – logo, não se fala mais em deficiência, nem em loucura, porque adotado o modelo social de incapacidade.

Os arts. 1.768 a 1.773 foram revogados, tendo sido incluída a previsão da curatela compartilhada por mais de uma pessoa (art. 1.775-A, CC), bem como a previsão de preservação do direito à convivência familiar e comunitária, às pessoas com deficiência para exprimir vontade, sendo evitado o seu recolhimento em estabelecimento que os afaste desse convívio (art. 1.777).

Assim, sendo relativamente incapaz, a pessoa sujeita a curatela deverá praticar os atos sob a assistência do(a) curador(a), na medida em que a incapacidade relativa não exclui a presença do(a) sujeito(a). Além do mais, o novo modelo de (in)capacidade não exclui a manifestação volitiva da pessoa, que atuaria em conjunto com o assistente.

Entretanto, a nova concepção da incapacidade relativa, em conjunto com a nova figura de curador(a), também trouxe um rico debate sobre o assunto, porque parece desafiar a lógica: ora, na situação de assistência, o ato é praticado pelo assistido, em conjunto com seu assistente, mas como irá manifestar vontade uma pessoa que, ainda que por causa transitória, não pode exprimi-la? A resposta parece ser negativa.

A partir dessa problematização, Requião defende que o ato seria praticado pelo assistente, agindo de modo que seria adequado a um representante, então conclui que, neste ponto, a mudança foi equivocada, "por ter criado uma situação irrealizável do ponto de vista lógico, sendo necessária uma reforma para devolver o sujeito incapaz de exprimir vontade à condição de incapaz".[81]

O(a) curador(a) não poderá interferir nas decisões da pessoa em situação de curatela quanto às salvaguardas que foram elencadas no art. 6º da LBI, em respeito à sua autonomia, à sua individualidade e à sua dignidade, até porque a deficiência não afeta a plena capacidade da pessoa.

Atenta leitura dos arts. 84 a 87 do Estatuto deixa evidente que a curatela será medida extraordinária, proporcional às necessidades e circunstâncias de cada caso, e durará o menor tempo possível. Assim, ao decidir a medida, deverá o julgador consubstanciar-se na realidade fática e existencial do caso concreto, observando prazo predeterminado e curto, de maneira bastante fundamentada.

Boa parte da doutrina assevera que não se admite mais sentença de curatela por prazo indeterminado.

Dessa forma, reafirma-se a **funcionalização** do instituto, que não pode ocorrer abstrata e genericamente, sob pena de incorrer em injustiça e desrespeito à dignidade das pessoas com vulnerabilidade que se enquadram na deficiência e cuja curatela seja necessária, conforme art. 84, § 1º, do Estatuto.

Por isso, considera-se a "**plasticidade da curatela**",[82] de modo a exigir uma atividade artesanal pelos atores do sistema de justiça, destrinchada em conformidade com o caso concreto. Assim, em cada caso, passa a ser necessário produzir um projeto terapêutico personalizado e individualizado, atento às especificidades daquela existência humana dotada de dignidade.

Não por outra razão, o Estatuto da Pessoa com Deficiência, apesar de haver cindido a correlação entre incapacidade e deficiência, outrora dada como certa, assegura às pessoas com deficiência inúmeras garantias que devem ser observadas ainda que nenhuma iniciativa do estabelecimento da curatela seja iniciada.

Assim sendo, as adaptações pelas quais o sistema de justiça deve passar são imprescindíveis ao processamento da curatela com igualdade e acessibi-

---

81. REQUIÃO, Maurício. **Estatuto da pessoa com deficiência, incapacidades e interdição**. 2. ed. Florianópolis: Tirant Lo Blanch, 2018, p. 186.
82. REQUIÃO, Maurício. **Estatuto da pessoa com deficiência, incapacidades e interdição**. 2. ed. Florianópolis: Tirant Lo Blanch, 2018, p. 217.

lidade em relação às pessoas que não possuam deficiência, o que implica a disposição de tecnologias assistivas, pessoal treinado, garantia de acesso ao conteúdo do processo, eliminação máxima dos obstáculos cartoriais, além de terem a capacidade plena presumida, na forma dos arts. 79 a 83 do EPD.

Percebe-se, assim, que não remanesce nenhuma orientação normativa que permita a um curador, por exemplo, buscar concepções particulares em detrimento de indicações que o curatelado venha a dar, apesar de estar impedido de exprimi-las. Aqui é importante retomar os conceitos de capacidade e autonomia: a autonomia é irrestringível, própria da condição humana, assim qualquer redução de capacidade deve buscar preservá-la.

Confundir o espírito do curador com curatelado significaria incorrer novamente no erro do liberalismo jurídico que identificava pessoa humana com o sujeito de relação jurídica, assim, caso não se realize a distinção, se perderá um dos cernes da mudança de paradigma experimentada nos tempos atuais.

Essa ideia deve ser reforçada para que não se realize apenas uma mudança meramente terminológica entre o "burguês proprietário" do civilismo oitocentista por "pessoa com vulnerabilidade" de um Direito Civil "repersonalizado", e o jurista continue a operar por meio de abstrações, soluções genéricas e presunções legais muito abrangentes, desprezando aspectos ainda mais peculiares da subjetividade e dos quais depende a concretização jurídica da sua dignidade.

Desse modo, a autonomia privada continua considerada inalterada em relação à pessoa, mas – por uma situação peculiar de impedimento de expressão – pode ensejar um efeito jurídico, qual seja: o reconhecimento de incapacidade para realização, sem assistência, de determinados atos ou determinadas formas de os exercer.

A compreensão das tarefas, muitas vezes maiêuticas, demandadas aos operadores do direito está longe ser algo fácil, de mera subsunção de um quadro intelectual para uma resposta jurídica genérica. Afinal, o novo modelo social, nestes termos, exige uma individualização muito profunda durante os juízos jurídicos, porque estes dependerão de contextos fáticos que também são bastante individualizados.

No sentido até aqui explanado, não convém a promoção de uma mudança estética dos padrões jurídicos-normativos e decisórios, ou seja, aplicar mera renovação gramatical, mantendo-se a atuação como sempre foi.

O verdadeiro avanço que a mudança de paradigmas apresentados produziu foi a inauguração de uma nova *práxis*, cujas novas terminologias jurídicas e os novos conceitos têm como intento a nova operabilidade e não o escamoteamento da contradição manifesta desta com o *modus operandi* judicial anterior, o qual exatamente se busca superar e não preservar sob nova roupagem.

Autonomia e capacidade não podem sofrer equiparação, podendo, entretanto, vincular-se para entender os patamares de discernimento do homem. A capacidade irá permitir o exercício da autonomia das pessoas, mas jamais anular a individualidade de direcionamento de vontades, preferências e desejos ou decretar uma "morte civil"[83] por meio da exclusão da potencialidade de realizar escolhas particulares.

Analiticamente, demanda-se entender, a partir disso, que os pressupostos fáticos que legitimam a intervenção na capacidade, a qual é presumida, não são facilmente traduzíveis em tipificações de comportamentos elencados em um cabedal normativo acessível mecanicamente a qualquer momento, ou seja, apenas uma realidade fática particular irá revelar a intervenção normativa adequada àquela singular situação.

O que – em termos menos analíticos e mais filosóficos – equivale a dizer que o melhor caminho só poderá ser traçado caminhando, por óbvio, atentamente e em conformidade com ordenamento jurídico, o que inclui os compromissos convencionais assumidos pelo país.

Almeida[84] propõe como critério da mensuração de discernimento – o que se traduz em critério para o próprio cabimento ou o descabimento do reconhecimento da incapacidade – o grau de dependência e de funcionalidade.

Assim, a despeito da dependência, segundo o modelo médico do paradigma anterior, o qual encarava a situação de deficiência como uma existência com impedimentos corporais ou intelectuais excludentes, sua ressignificação no modelo social envolve a sua compreensão à luz da busca por visibilidade, autonomia, cuidado e emancipação.

Busca-se, com isso, densificar o critério do discernimento, que pode permanecer útil, apesar de não mais constar expressamente na Lei Civil, mas que carece de componentes mais objetivos para demarcar no território jurídico a necessidade do sistema de suporte da pessoa com deficiência, que possa suprir as restrições eventualmente constatadas na sua capacidade de agir.

Desse modo, os critérios para submissão à curatela em razão das restrições à capacidade se assentam na falta de discernimento[85] e na funcionalidade, enquanto a dependência é critério hábil a modular a extensão da curatela.

---

83. Como aponta a crítica realizada por Nelson Rosenvald. (ROSENVALD, Nelson. A curatela como terceira margem do rio. **Revista Brasileira de Direito Civil**, Belo Horizonte, v. 16, p. 105-123, abr./jun. 2018, p. 110. Disponível em: https://rbdcivil.ibdcivil.org.br/rbdc/article/view/233. Acesso em: 20 ago. 2022).

84. ALMEIDA, Vitor. **A capacidade civil das pessoas com deficiência e os perfis da curatela.** Belo Horizonte: Fórum, 2019, p. 179-180.

85. Isso se coaduna inclusive com o espírito da lei antimanicomial, a qual possui âmbito de incidência mais amplo que o Estatuto da Pessoa com Deficiência, evidenciando a análise

Cabe salientar também que as alterações perpetradas a partir dos ditames da Convenção de Nova York permitiram uma desconstituição da exclusividade da curatela como única técnica para proteção da pessoa maior (in)capaz.

Assim, a modulação, pelo Poder Judiciário, do controle da intervenção do Estado não se restringe a uma atuação interna, a uma curatela pressuposta, podendo levar a um tipo de assistência "extracuratelar", que concede ainda mais autonomia à pessoa.

A concorrência de alternativas à curatela termina por refundar e reestruturar os caminhos jurídicos, impondo às decisões de curatela ônus argumentativos para dirimir não apenas a opção pelo reconhecimento da capacidade plena, mas também pelo não acolhimento dos instrumentos alternativos, os quais proporcionam cuidado às pessoas com deficiência, ao mesmo tempo que não implicam qualquer modificação de seu *status* de pessoa capaz.

### 1.3.5 O processo judicial: o que há de novo, o que há de velho

Para melhor compreensão dos momentos legislativos, não é demasiado repetir que o (novo) Código de Processo Civil foi publicado em março de 2015, com *vacatio legis* de um ano, razão pela qual entrou em vigor no mês de março de 2016, enquanto a Lei Brasileira de Inclusão da Pessoa com Deficiência teve sua publicação em julho de 2015, portanto após a publicação do CPC, com menor prazo para início de vigência, qual seja, de 180 dias.

Tais fatos causaram turbulências interpretativas, especialmente porque houve sobreposição do âmbito de normatividade em determinadas matérias não totalmente compatíveis, de modo que, quando o CPC entrou em vigor, acabou revogando dispositivos do CC recém-alterados ou incluídos pela LBI.

Na disputa doutrinária entre o melhor critério para dirimir esses eventuais conflitos, tem-se o critério dado pela interpretação formalista, segundo o qual a vigência da norma não pode ser identificada como a existência desta, afinal refere-se à eficácia, logo as alterações trazidas pelo Estatuto da Pessoa com Deficiência (por existir posteriormente ao Código de Processo Civil) teriam revogado tudo que com este se incompatibilizasse.

---

sistemática dos normativos que as pessoas com transtornos mentais não são fatalmente pessoas com deficiência intelectual ou mental. Além do mais, como lembra Vitor Almeida, o impedimento de longa duração que está presente no conceito dado pelo referido Estatuto não é característica necessária da caracterização dos transtornos mentais como não raramente se acredita. (ALMEIDA, Vitor. **A capacidade civil das pessoas com deficiência e os perfis da curatela.** Belo Horizonte: Fórum, 2019, p. 87).

Outra posição, porém, tem prevalecido, a respeito da qual se extrai a linha hermenêutica baseada na interpretação sistemática dos diplomas legais, de maneira a se estimular um diálogo de fontes em prol da proteção da pessoa com deficiência e de seus interesses,[86] por força da especialização e da complementação que ofereceriam ao profissional do direito a flexibilidade para compreender e buscar regular juridicamente as situações de forma concreta.

Cabe salientar, outrossim, que uma nova legislação que retrocedesse em relação às conquistas decorrentes da Lei Antimanicomial, bem como do Estatuto da Pessoa com Deficiência, seria incompatível com a Convenção de Nova York, internalizada como emenda constitucional, portanto aquilo que dispuser contrariamente às suas previsões sofrerá vício de inconstitucionalidade.

Feitas tais considerações, não por mero capricho hermenêutico, mas porque vez por outra surgem situações que demandam essa compreensão prévia do tempo legislativo, passo ao procedimento propriamente dito, que já era previsto na lei processual civil de 1973, entre os procedimentos especiais de jurisdição voluntária, em capítulo destinado à "curatela dos interditos", mais precisamente arts. 1.177 a 1.1.86, com disposições comuns à tutela e à curatela nos arts. 1.187 a 1.198.

Agora, na legislação processual publicada em março de 2015, fala-se "**da interdição**" entre os procedimentos especiais, especificamente em seus arts. 747 a 758, com dispositivos comuns à tutela e à curatela entre os arts. 759 a 763.

---

86. Embora tal posição esteja em consonância com o princípio interpretativo em direitos humanos nomeado de *pro persona* ou princípio da interpretação, mais favorável ao indivíduo, as conclusões dela decorrentes podem variar e não podem ser compreendidas como estanques. RAMOS, André de Carvalho. **Curso de direitos humanos**. 5. ed. São Paulo: Saraiva Educação, 2018, p. 119-120. O professor Cristiano Chaves de Farias, por exemplo, estabelece como consequência necessária desse tipo de interpretação uma ampliação de legitimidade e de poderes processuais ao Ministério Público nos processos de curatela. Todavia, não foi determinado, se é que é possível determinar-se *a priori*, se uma maior intervenção ministerial pode ou não ocorrer em detrimento dos direitos fundamentais do curatelado, como razoável duração do processo, sobretudo em relação às deficiências intelectuais, a respeito das quais a autonomia do indivíduo estará mais vulnerável. De modo que uma maior participação do Ministério Público pode, em casos concretos, funcionar como um fator contrário à celeridade, bem como constituir-se eventualmente, em um agente do Estado em defesa da sociedade, cujos interesses podem não se identificar com os da pessoa com deficiência, mas uma fonte de questionamento da capacidade civil do curatelando, da qual este poderá ter que se defender. Essa percepção, inclusive, é confirmada quando, posteriormente, o autor argumenta que o melhor critério estaria na "harmonização" entre as normativas, e, nesses casos, "harmonia" não implica o abarcamento de conclusões "desarmônicas", e sim que, em contrapartida, favorecem o indivíduo submetido, senão à própria curatela, à possibilidade de o Poder Judiciário constituí-la sobre ele. (FARIAS, Cristiano Chaves de; CUNHA, Rogério Sanches; PINTO, Ronaldo Batista. **Estatuto da pessoa com deficiência comentado artigo por artigo**. 3. ed. rev. ampl. atual. Salvador: Juspodivm, 2018, p. 329-331).

Embora contenha avanços reconhecidos, o rito também é alvo de críticas, a primeira delas referente à manutenção do termo **"interdição"**,[87] a despeito de o Estatuto da Pessoa com Deficiência ter prestigiado a expressão "curatela".

**Interdição** nada mais é do que o processo pelo qual se estabelece a curatela do incapaz (aqui no sentido daquele com incapacidade de exprimir vontade). Entretanto, a palavra carrega a pecha de exclusão do sujeito a ela submetido, como nos tempos da morte civil em Roma, ou da segregação dos "insanos", dos "loucos", dos "ébrios", dos "eufóricos apaixonados", dos "homossexuais", que deveriam ser extirpados da vida civil e até mesmo do convívio social, o que contraria a lógica pela qual a curatela passa a se orientar, no sentido da promoção da autonomia do curatelado e do respeito à sua dignidade enquanto pessoa.

Aliás, essa era a mudança de redação do *caput* do art. 1.768 do CC-2002, que, todavia, restou suprimida pelo CPC, pois a redação original – que falava que "a interdição será promovida" – seria modificada para "o processo que define os termos para a curatela deve ser promovido". Ora, a diferença exorbita os limites do campo meramente semântico, expressando forte conteúdo simbólico.

Para fins deste trabalho, mantive a expressão **"interdição"** por coerência para com a legislação, acrescentando-lhe, contudo, as aspas, por ressalva.

Conjugando a LBI com o CC e o CPC, todos inspirados na CDPD, já foi dito que a curatela assumiu um novo perfil, voltado para a preservação da capacidade civil da pessoa com deficiência ao máximo possível, no que diz respeito aos seus interesses existenciais, nos termos do já mencionado art. 6º da LBI, bem como quanto à sua excepcionalidade enquanto medida protetiva.

Em linhas gerais, dentre as novas características da curatela, destacam-se: *i)* só deve ser adotada "quando necessário", o que dever ser entendido como "for necessário para atender o melhor interesse da pessoa com "deficiência" e não por qualquer outro motivo (art. 84, § 1º); *ii)* constitui medida protetiva extraordinária, que deve ser proporcional às necessidades e às circunstâncias de cada caso; *iii)* deve ter prazo e durar o menor tempo possível (art. 84, § 3º); *iv)* afeta tão somente os atos relacionados aos direitos de natureza patrimonial e negocial (art. 85); e *v)* não alcança o direito ao próprio corpo, à sexualidade,

87. Para Rosenvald, o vocábulo "interdição" foi suprimido da ordem infraconstitucional com o advento da Convenção de Nova York no contexto constitucional, pois relaciona a curatela a um desproporcional e inconstitucional processo de supressão de direitos fundamentais, quando, na verdade, a curatela deverá ser funcionalizada à promoção da autonomia e da valorização das aspirações do sujeito privado total ou parcialmente de sua autodeterminação. Acrescenta que o termo remete a uma sanção civil de natureza punitiva contra uma pessoa que não praticou qualquer ilícito, apenas para servir a interesses familiares ou de terceiros – escritos disponibilizados pelo autor em contribuição com esta pesquisa.

ao matrimônio, à privacidade, à educação, à saúde, ao trabalho e ao voto (art. 85, § 1º).

A curatela, enquanto instrumento de promoção de autonomia, demanda cuidadosa personalização, a fim de atender às características e necessidades da pessoa com incapacidade de expressão de vontade, de modo que os poderes a serem conferidos ao curador deverão ser muito bem traçados e justificados, em respeito à preservação dos interesses e da dignidade do curatelado, sem invadir aspectos existenciais do indivíduo, ressalvadas exceções, em casos específicos, muito bem justificadas.[88]

Há quem defenda que, em casos de *supervulnerabilidade*, devido ao grave comprometimento da capacidade de expressão de vontade – como é o exemplo de pessoa com Alzheimer em estágio avançado, ou vítimas de acidente, ou ainda de pessoas que enfrentam complicações de um Acidente Vascular Cerebral (AVC), com total ausência de contato com a realidade, sem fala, com respiração por aparelhos, alimentação por sondas, em situação de quase ausência de autodeterminação –, seria autorizado o decreto de incapacidade absoluta.

Entretanto, muitos doutrinadores, aos quais me associo, não admitem essa possibilidade, porque a figura da incapacidade absoluta foi expurgada do sistema jurídico brasileiro, e admiti-la seria um longo passo para trás. Em casos que tais, poderá o juiz ampliar os poderes do curador sem, contudo, decretar a incapacidade absoluta, em respeito à dignidade da pessoa humana e à proteção da autonomia do curatelado.[89]

Desde a CDPD, a incapacidade absoluta não é admitida no Brasil, porque a Convenção impede uma limitação total da capacidade jurídica pela presença de uma deficiência intelectual ou psicossocial, conforme foi visto em tópico anterior.

A letra da Lei n. 13.146/2015, associada e nutrida pelos princípios da Convenção, aboliu de vez o preconceito jurídico que se espalhava desde outro-

88. Enunciado 637 do Conselho da Justiça Federal, admitindo curatela sobre a dimensão existencial da pessoa em casos extremos: "Admite-se a possibilidade de outorga ao curador de poderes de representação para alguns atos da vida civil, inclusive de natureza existencial, a serem especificados na sentença, desde que comprovadamente necessários para proteção do curatelado em sua dignidade".

89. Em 21 de novembro de 2023, o Superior Tribunal de Justiça, ao julgar o REsp n. 2.013.021-MG (2022/0210730-2), de Relatoria da Ministra Nancy Andrighi, cujo Relator para o Acórdão foi o Ministro Ricardo Villas Bôas Cueva, decidiu ser adequada a extensão da curatela a outros atos que não negociais e patrimoniais, mas também a outros atos da vida civil, excepcionalmente e de forma fundamentada, com o propósito de proteger o curatelado diante das especificidades do caso concreto, conforme se observava na situação em apreço. Assim, o STJ pacificou que se mantinha a incapacidade relativa do curatelado, com extensão de competências ao curador, diante do caso concreto.

ra, e quiçá antes mesmo das Ordenações Filipinas, que segregava a pessoa em categorias de menor valia, a partir das quais se lhe restringiam completamente a capacidade e a possibilidade de transitar pela sociedade, tão somente por ausência ou déficit de discernimento. Afinal, a pessoa passou a ser vista em sua concretude, sob o manto de uma Constituição que proclama o respeito à dignidade humana e o compromisso fraterno com o outro, inclusive na sua diversidade (digo "inclusive" e não "apesar").

#### *1.3.5.1 Ampliação do rol de pessoas legitimadas à propositura da ação – arts. 747 e 748, CPC*

De saída, houve uma ampliação no rol de pessoas legitimadas a propor a ação, no art. 747, mediante a devida comprovação da qualificação pelo requerente, para admitir ações propostas por companheiro(a) e por representante da entidade em que se encontra abrigada a pessoa, englobando: I - cônjuge ou companheiro; II - parentes ou tutores; III - representante da entidade em que se encontra abrigado o interditando; IV - Ministério Público.

Requião critica a ausência de regulamentação referente aos requisitos que devem cumprir as "entidades de abrigo" para que preencham a condição de legitimados, apontando para a necessidade de maior "controle das atividades desenvolvidas pela instituição para que não busquem ganhos às custas da autonomia alheia, por mãos mal-intencionadas".[90]

Outra observação a ser feita diz respeito à não inclusão do próprio sujeito entre os legitimados ativos. Ora, uma vez considerado relativamente incapaz, seria a própria pessoa que reconhece em si alguma incapacidade, ainda que transitória, para fazer escolhas e autodeterminar-se, o principal legitimado a ingressar com uma ação e a indicar quem seria o(a) curador(a) de sua preferência.

Embora a LBI tivesse concebido essa possibilidade a partir da inserção do art. 1.768 ao CC, a previsão acabou sendo retirada com a entrada em vigor do CPC.[91] Resta, agora, aguardar um novo projeto de lei que inclua o próprio sujeito no rol de legitimados ativos.

Por outro lado, por sugestão do professor Maurício Requião, o Conselho da Justiça Federal (CJF) aprovou o enunciado de n. 57 na I Jornada de Direito Processual Civil, com a seguinte redação: "Todos os legitimados a promover a

---

90. REQUIÃO, Maurício. **Estatuto da pessoa com deficiência, incapacidades e interdição.** 2. ed. Florianópolis: Tirant Lo Blanch, 2018, p. 196.

91. Importante lembrar aqui que, quando o CPC foi aprovado, ainda não havia a previsão do art.1.768 do CC pela LBI, devido aos tempos legislativos de publicação e vigência. Logo, o CPC não poderia revogar o que sequer estava previsto, mas, ao entrar em vigor, acabou extirpando a inovação trazida pela LBI, que vigorou poucos meses antes.

curatela, cujo rol deve incluir o próprio sujeito a ser curatelado, também o são para realizar o pedido do seu levantamento". Vê-se que a redação, conquanto não apresente como alvo primeiro a inclusão da pessoa a ser curatelada entre os possíveis requerentes da ação, acabou por, nas entrelinhas (ou melhor, entre vírgulas), admiti-la como legitimada ativa, permitindo acreditar no redirecionamento interpretativo favorável à sua inclusão como parte legítima para propor uma ação que diz respeito mais à sua própria vida do que à de qualquer pessoa.

Pensar de forma diversa seria caminhar na contramão dos princípios constitucionais, da CDPD e da LBI, sob pena de negar à própria pessoa sua capacidade, ignorar sua autonomia, relativizar sua existência, em franca colisão com a Convenção Internacional dos Direitos da Pessoa com Deficiência e sua força constitucional.

O Ministério Público aparece com legitimidade subsidiária, tal como no CPC pretérito, porém, agora, sua atuação só se dará em caso de doença mental[92] grave, se as pessoas designadas nos incisos I, II e III do art. 747 não existirem ou não promoverem a interdição, ou, se, existindo, forem incapazes as pessoas mencionadas nos incisos I e II do art. 747, extirpando, dessa forma, a previsão da iniciativa do órgão no caso de anomalia psíquica, prevista no Código revogado.

A rigor, a maior limitação aos poderes do órgão ministerial guarda correlação com a maior autonomia reconhecida ao sujeito em situação de curatela, que continua com sua capacidade preservada, apenas relativizada. Entretanto, por esse mesmo motivo, a atuação do Ministério Público deverá se pautar na promoção da autonomia da pessoa.

De outra banda, quando o legislador associa a curatela de uma pessoa à existência de doença mental grave, parece voltar a relacionar doença mental e incapacidade, num retorno à superada deficiência clínica, quando poderia ter falado em "deficiência intelectual", sem limitá-la à doença mental.

#### *1.3.5.2 Demonstração da incapacidade para administração dos bens e do momento em que a incapacidade se revelou x anomalia psíquica – art. 749, CPC*

Outra inovação é que já não se exige referência à anomalia psíquica na petição inicial, mas, sim, a demonstração da incapacidade do "interditando" para administrar seus bens e, se for o caso, para praticar atos da vida civil, bem

92. Vitor Almeida tem por equivocado o emprego da expressão "doença mental grave" ao invés de "deficiência intelectual", além da adjetivação como "casos graves", porque, sob a lógica atual, somente se submetem à curatela pessoas com deficiência intelectual severa que comprometa a expressão da vontade, sendo redundante o adjetivo. (ALMEIDA, Vitor. **A capacidade civil das pessoas com deficiência e os perfis da curatela.** Belo Horizonte: Fórum, 2019, p. 237).

como o momento em que a incapacidade se revelou, persistindo a possibilidade de nomeação de um curador provisório para prática de determinados atos, quando justificada a urgência.

A mudança é vista com bons olhos, porque atende aos objetivos da CDPD e ao movimento de personificação da pessoa que apresenta relativa incapacidade de expressão de vontade, uma vez que se exige a prova da incapacidade fática para certos atos e não a prova da condição de sujeito incapaz, porém vê-se que não há uma precisão quanto ao significado e alcance das expressões "administrar seus bens" e "praticar atos da vida civil".

Entretanto, a referência a tais atos, de alguma forma, tem o condão de fazer distinção quanto a outras habilidades e competências que serão preservadas, de modo que se minimizem os limites à autonomia da pessoa.

O parágrafo único do art. 749 admite a nomeação de curador provisório para a prática de atos considerados urgentes, medida preciosa em circunstâncias extremas, nas quais situações evidentemente importantes precisam ser resolvidas, a autorizar que seja nomeado um curador logo no início do processo. Se, por um lado, a chamada curatela provisória pode ser recurso de grande valia, por outro, precisa ser adotada com prudência e cautela, em situações específicas, sempre em prol do interesse do curatelando, devendo a decisão precisar os poderes desse curador.

Os oito anos de atuação em processos de curatela me permitiram notar que a medida acaba sendo deferida de forma generalizada, a indiciar, mais uma vez, algum descompasso entre a norma e o processo.

#### *1.3.5.3 Apresentação de laudo médico com a petição inicial – art.750, CPC*

O código de ritos inovou ao trazer a previsão de juntada de laudo médico para fazer prova das alegações do requerente, no art. 750.

A exigência, a uma primeira vista, parece dissociada daquela percepção de que a deficiência não está mais baseada no aspecto clínico da pessoa, mas no grau de comprometimento de sua capacidade de expressão de vontade, seja por problema de saúde ou por outra situação qualquer, e recebeu críticas por isso. Entretanto, uma reflexão mais cuidadosa leva à crença de que aqui estaria o cerne para poder afirmar-se que a curatela não será exclusivamente social, a despeito do que pensam conceituados autores, para ser um instituto social e clínico.

Em letras claras, o laudo médico e, portanto, a avaliação científica da medicina, será um fator a ser considerado na análise da pessoa humana em sua complexidade, mas não só, porque necessitará de complementação pela análise de outras ciências ao longo do processo.

De mais a mais, não se pode negar que a exigência de laudo médico com a peça de ingresso da ação seja um sinal de avanço na proteção do curatelando, em relação ao CPC de 1973[93], que nem isso exigia.

Talvez por isso, em todas as petições iniciais que foram analisadas nesta pesquisa consta referência ao CID (Código Internacional de Doenças), e a pessoa continua sendo referida a partir da doença, da patologia, da enfermidade, do transtorno, enfim dos aspectos clínicos que apresenta, sem tanta ênfase para as verdadeiras limitações fáticas à prática de determinados atos.

#### *1.3.5.4 A escuta da pessoa em situação de curatela: entrevista x interrogatório*

Instaurado o processo de "interdição", deverá o juiz entrevistar o curatelando, procedimento que era previsto na legislação anterior, mas com o nome de interrogatório e algumas diferenças.

Logo de saída, tem-se que o juiz entrevistará a pessoa em situação de curatela minuciosamente acerca de sua vida, negócios, bens, vontades, preferências e laços familiares e afetivos e sobre o que mais lhe parecer necessário para convencimento quanto à sua capacidade para praticar atos da vida civil, devendo ser reduzidas a termo as perguntas e respostas.

Existe alguma semelhança com o ato processual anterior do interrogatório, na medida em que é momento importante de contato pessoal entre o juiz e a pessoa em processo de curatela, porém perde-se aqui aquele aspecto inquisitorial, devendo o magistrado elaborar perguntas referentes a aspectos existenciais do indivíduo, suas preferências, habilidades, vontades, hábitos, já que agora o que se protege não é o patrimônio, mas a autonomia de um ser humano e todas as suas circunstâncias.

A despeito da mudança, permanece no sistema do processo judicial eletrônico a denominação de "audiência de interrogatório", assim como é possível encontrar julgados que fazem referência ao ato com emprego da antiga nomenclatura (REsp 1.686.161-SP), em evidente descompasso entre a revolução doutrinária e a prática judicial, que levou a seis anos de pesquisa, a ser apresentada nos capítulos posteriores.

O legislador manteve a previsão de que, não podendo comparecer o "interditando", por impossibilidade de deslocamento, o juiz deveria ouvi-lo no local onde estiver, podendo a entrevista ser acompanhada por especialista.

Decerto que o ambiente dos fóruns e das salas de audiência, muitas vezes, não é simpático, nem acolhedor a uma pessoa com deficiência intelectual, até

---

93. REQUIÃO, Maurício. **Estatuto da pessoa com deficiência, incapacidades e interdição.** 2. ed. Florianópolis: Tirant Lo Blanch, 2018, p. 199.

porque é, por sua natureza, um ambiente formal e intimidador, mesmo para pessoas que não têm qualquer deficiência intelectual, de forma que a ida do juiz até o sujeito em processo de curatela é medida de grande valia.

Todavia, sofreu crítica por ter sido restrita a previsão de ida do magistrado até o local onde está o sujeito apenas à hipótese em que o curatelando não tiver condições de deslocar-se, quando deveria ser regra geral.

Nos tempos atuais, após a pandemia de Covid-19, o Judiciário experimentou um processo galopante de virtualização dos atos processuais. Diante das medidas restritivas de deslocamento e de contato entre as pessoas, o processo eletrônico acabou sendo aperfeiçoado e a comunidade jurídica conheceu o modelo de audiências por videoconferência, que deu nova dinâmica aos processos judiciais, permitindo que partes, advogados, atores do sistema de justiça participem de um mesmo ato, em um mesmo momento, estando em locais diversos, ou até em países diferentes.

Hoje, em tempos pós-pandêmicos, eficientes ferramentas para prática de atos processuais por meio eletrônico têm permitido o crescimento da produtividade judicial, a exemplo das audiências por videoconferência.

Assim, se o legislador não anteviu, em 2015, o emprego da tecnologia para realização das audiências de entrevista, sem retirar a pessoa que está em situação de maior vulnerabilidade de seu lar, de sua rotina, essa medida pode ser adotada agora, em respeito ao maior interesse do sujeito e aos princípios constitucionais. Não significa dizer que a audiência por videoconferência seja vedada na sistemática atual, mas, como de costume, a positivação tende a fomentar a adoção do modelo na prática das ações de "interdição".

Concebeu-se, ainda, o acompanhamento da entrevista por equipe de especialistas[94] de múltiplas disciplinas, conglobando profissionais de medicina, psicologia, assistência social, terapeutas ocupacionais, enfermeiros, fisioterapeutas, voltados à tradução daquela situação particular ao de modo que as circunstâncias inerentes àquele caso concreto sejam conhecidas e permitam a elaboração de um projeto terapêutico individualizado, tendo a curatela como uma de suas resoluções, dentre outras medidas personalizadas para cada situação.

94. Como bem alerta Nelson Rosenvald a complexidade desse verdadeiro plano terapêutico individual "implicará a contratação de um corpo de profissionais qualificados e do serviço social para emitir avaliações biopsicossociais". ROSENVALD, Nelson. A curatela como terceira margem do rio. **Revista Brasileira de Direito Civil**, Belo Horizonte, v. 16, p. 105-123, abr./jun. 2018, p. 111. Disponível em: https://rbdcivil.ibdcivil.org.br/rbdc/article/view/233. Acesso em: 20 ago. 2022.

Nota-se que a medicina-psiquiatria perde o monopólio sobre a doença e, por conseguinte, sobre o estado de pessoa, a fim de que o "passado clínico da pessoa não seja o equivalente ao seu porvir jurídico".[95]

Essa audiência deve ser realizada com a utilização de recursos tecnológicos, capazes de permitir ou de auxiliar o "interditando" a expressar suas vontades e preferências e a responder às perguntas formuladas durante a entrevista, de sorte que a mera dificuldade de comunicação entre juiz e curatelando não poderá constituir *per si* causa para justificar limitação à sua capacidade nem à sua autonomia.

A citação, por sua vez, deixa de ocorrer para realização de um "interrogatório" pela autoridade judicial, substituído pela entrevista judicial, cujo objetivo é analisar a vida do indivíduo curatelando, além do aspecto patrimonial, outros aspectos englobando relações familiares, afetivas e modos de vida.

Dessa forma, o juiz responsável gozará de informações imprescindíveis para atender aos deveres de fundamentação e justificação das decisões tomadas ao longo da marcha processual com escopo no atendimento do melhor interesse da parte vulnerável sobre quem a curatela poderá incidir.

Isso porque tanto os atos previstos para o apoio do curador como a própria extensão da curatela devem ser artesanalmente construídos pelo julgador no estrito atendimento das necessidades reais e concretas da situação à frente de si posta.

Resta conhecer como estão sendo conduzidos os processos dessa natureza, a fim de dimensionar em que medida as inovações foram realmente efetivadas.

#### *1.3.5.5 Ampliação do prazo de defesa: curador especial para defender interesses da pessoa em situação de curatela*

Houve uma dilatação do prazo de impugnação do pedido para 15 dias, contados da entrevista, em lugar daquele exíguo prazo de 05 dias previsto na legislação revogada. Além disso, contar o prazo a partir da audiência concede ao curatelando mais tempo para reunir toda documentação necessária e organizar seus argumentos para elaborar sua impugnação.

De uma banda, é possível argumentar que o interessado na "interdição" de alguém teve todo tempo para reunir elementos e instruir a petição inicial da ação, mas essa previsão de 15 dias está em consonância com a sistemática processual, sem embargo de que o juiz possa dilatar esse prazo, caso as cir-

95. Expressão encontrada nos escritos do Professor Nelson Rosenvald sobre Curatela, que foram gentilmente disponibilizados pelo autor para o desenvolvimento desta pesquisa.

cunstâncias assim recomendem, por força dos poderes que lhe conferem o art. 139, VI, do CPC.

Se a própria pessoa cuja curatela é pretendida não impugnar o pedido, o que é uma possibilidade recorrente em ações dessa natureza, muitas vezes devido ao estado de vulnerabilidade exacerbada em que se encontra o indivíduo, deverá ser-lhe nomeado um curador especial, de modo que, ainda que não se defenda, a revelia não produzirá os efeitos de presunção da verdade das alegações do requerente da ação, e é importante que assim seja, em respeito à autonomia da pessoa com deficiência intelectual em situação de curatela, de sua dignidade e, em última instância, dos direitos fundamentais que lhe são assegurados.

Nessa hipótese, seria possível afirmar que a realização da entrevista por videoconferência virá a permitir que o curador nomeado tenha acesso à gravação da audiência – que estará lançada no processo eletrônico – e possa visualizar as expressões, as manifestações do entrevistado, sua interação com os atores participantes do ato e até mesmo com a pessoa que requer a medida, ou o pretenso curador, caso seja pessoa diversa daquela.

#### *1.3.5.6 Prova pericial para avaliação da capacidade para prática de atos da vida civil: equipe multidisciplinar*

Apresentada a impugnação, a etapa seguinte será destinada à produção de provas no processo, devendo o juiz determinar a realização de prova pericial para avaliação da capacidade do interditando para praticar atos da vida civil.

Maior cuidado também se identifica nessa etapa, porque a legislação estabelece a possibilidade de a perícia ser realizada por equipe composta por expertos com formação multidisciplinar, devendo o laudo indicar, especificadamente, se for o caso, os atos para os quais haverá necessidade de curatela, nos termos encontrados no art. 753 e seus parágrafos da lei processual civil.

Remanesce aqui a crítica ao emprego da expressão "praticar atos da vida civil", devido à ausência de um conceito acerca do que signifique, o que torna a expressão vaga, ainda mais para uma hipótese em que se pretende avaliar para que atos será necessária a presença do curador e os limites de sua atenção, tendo por base as condições biopsicossociais do indivíduo.

A doutrina ainda não conseguiu especificar que atos seriam esses, tampouco explicar se "atos da vida" e "certos atos ou à maneira de os exercer" se confundem, ou se seriam coisas distintas, de modo que permanecem como expressões lacônicas, o que delega ao julgador maior responsabilidade na condução e no julgamento dos processos.

A partir dessa complexidade, maior a necessidade de conhecer a fundo ações de curatela, a partir da pesquisa empírica que será apresentada nos capítulos seguintes, tendo em vista a hipótese de continuarem a serem conduzidas de forma generalizada, sem o cuidado personalizado que a nova sistemática pressupõe.

Por outro lado, a ideia de existência de uma equipe multidisciplinar agrega o reconhecimento da necessidade de múltiplos saberes para analisar as condições da pessoa com dificuldade de expressão de vontade, até porque as causas dessa limitação podem ser as mais diversas, dentro da nova concepção social de incapacidade.

Seguindo a postura do CC-2002, alterado pela LBI, o próprio laudo deve indicar para quais atos o "interditando" necessitará da curatela, o que, por si só, já deixa evidente que haverá tantos outros atos que poderão ser praticados exclusivamente pela própria pessoa, sem sofrer intervenção do curador, nem necessitar de sua assistência para que sejam válidos.

Dessa forma, os expertos poderão indicar medidas personalizadas a serem consideradas pelo juiz na formação de seu convencimento, respeitando-se, assim, a dignidade do curatelando, em cada caso específico.

Surge aqui um outro problema de comunicação que decorre do abismo[96] existente entre a linguagem dos juristas e a linguagem dos avaliadores sobre o que seriam "atos da vida civil" ou "capacidade de exercer certos atos". Caso o juiz, o Ministério Público, os advogados e curadores especiais apresentem quesitação recheada de expressões típicas da linguagem jurídica, podem não ser bem compreendidos pelos avaliadores. Por outro lado, caso os expertos respondam com termos próprios da psiquiatria, da fisioterapia, da assistência social, da neurologia, da psicopedagogia, enfim, também podem não ser compreendidos pelos demais atores do processo.

Percebe-se, portanto, a necessidade de empregar na quesitação uma linguagem consonante com a nova ideia de curatela, um instrumento a serviço da pessoa humana, para garantia de seus direitos e de sua dignidade.

Pode-se, ainda, argumentar que não seria mais indispensável que a avaliação seja feita por psiquiatras, uma vez que a pessoa já não deve mais ser vista a partir da sua patologia. Pensar de forma diversa seria retornar ao passado que restou superado há mais de uma década, com a CDPD.

Todo esse cenário levou ao levantamento de dados que serão analisados nos próximos capítulos.

---

96. REQUIÃO, Maurício. **Estatuto da pessoa com deficiência, incapacidades e interdição.** 2. ed. Florianópolis: Tirant Lo Blanch, 2018, p. 205.

Produzidas as provas, dentre as quais não se elimina a prova testemunhal, caso necessária, o juiz proferirá sentença, não sem antes ouvir os interessados e o Ministério Público.

### *1.3.5.7 Da sentença*

Realizadas todas as etapas do processo, o pedido será julgado por sentença, na qual, segundo previsão do art. 755 do CPC e seus parágrafos, o juiz decretará a "interdição", nomeará curador, que poderá ser o requerente da medida, e fixará os limites da curatela, segundo o estado e o desenvolvimento mental do interdito. Para julgar, deverá o magistrado considerar as características pessoais do "interdito", observando suas potencialidades, habilidades, vontades e preferências.

Vê-se que o curador poderá ser a pessoa que fez o pedido ou outra diversa, a ser escolhida com base nos interesses do curatelado, ou seja, alguém que se apresente em melhores condições de atender às necessidades do curatelado, que deverá "buscar tratamento e apoio apropriados à conquista de autonomia" (art. 758, CPC) e não apenas atuar em proteção ao vulnerável, tendo em vista os novos contornos da medida.

Ao fazer referência a aspectos existenciais da pessoa em situação de comprovada vulnerabilidade acrescida, observando suas potencialidades, habilidades, vontades e preferências, o legislador valoriza a pessoa humana, consolidando a ideia de funcionalização da curatela, como instrumento a serviço da dignidade e do desenvolvimento do indivíduo.

Em verdade, como bem diz Requião, a ausência de previsão expressa na legislação anterior não impedia que o julgador levasse tais elementos em consideração ao decidir o pedido de curatela, todavia, como ensina o autor, "a positivação, sem dúvidas, exerce papel ideológico na construção do ordenamento, sendo proveitoso que se reconheça a importância de proteger aspectos existenciais do interditando".[97]

Tendo em vista que o EPD determina que a sentença diga os atos submetidos ao regime de curatela[98] e que, portanto, deverão ser assistidos pelo curador, aqueles que não constarem da decisão poderão ser praticados livremente pelo curatelado. Nada impede, contudo, que, em busca da maior

---

97. REQUIÃO, Maurício. **Estatuto da pessoa com deficiência, incapacidades e interdição.** 2. ed. Florianópolis: Tirant Lo Blanch, 2018, p. 207.

98. Enunciado 574 do CJF: "A decisão judicial de interdição deverá fixar os limites da curatela para todas as pessoas a ela sujeitas, sem distinção, a fim de resguardar os direitos fundamentais e a dignidade do interdito" – bem apropriado o enunciado, a despeito de manter expressões como "interdição" e "interdito".

funcionalidade da medida, sempre com vistas a combater abusos e prejuízos ao vulnerável, o curador possa, e deva, recorrer ao Judiciário para buscar determinações não contempladas pela sentença, comprovando a necessidade da ampliação de seus poderes.

Dentro das balizas estabelecidas pela Constituição de 1988, pela Convenção e pela LBI, outra observação a ser feita é de que a vontade da pessoa deverá sempre ser levada em consideração, mesmo nos atos de conteúdo negocial ou patrimonial, para os quais terá o curador poderes para assistir o curatelado, tendo em vista que, repita-se, preservam-se no sujeito em situação de vulnerabilidade qualificada pela curatela a autonomia e a liberdade de consentir.

Aliás, o Conselho da Justiça Federal lançou ares desse entendimento no Enunciado 138: "A vontade dos absolutamente incapazes, na hipótese do inc. I do art. 3., é juridicamente relevante na concretização de situações existenciais a eles concernentes, desde que demonstrem discernimento bastante para tanto".

Ora, apesar de referir-se aos absolutamente incapazes porque menores de 16 anos de idade, tanto mais o enunciado poderá ser aplicado àqueles que detenham capacidade relativa, logo os sujeitos em situação de curatela, desde que o caso concreto evidencie que têm condições de expressar algum consentimento.

Daí porque, mesmo em assuntos de natureza patrimonial e, mais ainda, por tudo o que já foi visto até aqui, na seara existencial, a vontade da pessoa com deficiência qualificada pela curatela deverá ser, sem maior debate, levada em consideração.

Aqui, a nova sistemática processual exige que a decisão seja fundamentada no caso concreto, nas situações evidenciadas ao longo da instrução probatória, não podendo fazer alusões genéricas ao texto de lei, ou ao parecer do Ministério Público, ou às respostas do perito, nem a precedentes jurisprudenciais. Em respeito à individualidade da pessoa cuja curatela se busca, a sentença deve ser baseada nos aspectos existenciais próprios encontrados no processo, nas habilidades que o curatelado possui, nas preferências que manifestou, nas limitações que tem para os atos que a decisão considerar, sob pena de nascer eivada de nulidade por ausência de fundamentação.

A LBI associada ao CPC trouxe novos ares ao procedimento, a demandar que a sentença apresente o plano terapêutico individualizado para cada curatelado, extirpando o antigo decreto de "interdição com a incapacidade absoluta do sujeito" como se fosse um mantra, outrora encontrado nos antigos "decretos de interdição".

O CPC prevê que, se houver, ao tempo da "interdição", pessoa incapaz sob a guarda e a responsabilidade do "interdito", o juiz atribuirá a curatela a quem melhor puder atender aos interesses do "interdito" e do incapaz, bem como preceitua que a autoridade do curador se estende à pessoa a aos bens do incapaz que se encontrar sob sua responsabilidade, salvo se o juiz entender de forma diversa, no que guarda alguma sintonia com o art. 1.778 do CC, que reza que a autoridade do curador se estende à pessoa e aos bens dos filhos do curatelado.

Entretanto, boa parte da doutrina se insurgiu contra ambos, porque, ao romper com aquele modelo clássico das incapacidades absolutas e da segregação do indivíduo, o sistema jurídico também aboliu a chamada *curatela extensiva*, tendo em vista que ela não convive com a preservação dos direitos existenciais e as salvaguardas de autonomia tão exaustivamente proclamadas desde a CDPD.

Vale dizer que, "se a pessoa com deficiência curatelada possuir autodeterminação residual para exercer a autoridade parental, não poderá invadir o curador o espaço reservado à privacidade familiar",[99] de modo que não se pode admitir a curatela extensiva como regra geral, aplicada de forma indiscriminada. Será imprescindível que o julgador fundamente, com base nas provas colhidas, a opção pela medida, reservada a situações em que os filhos estejam em alguma situação de risco diante de pais disfuncionais, na hipótese em que a deficiência influir negativamente na parentalidade.

Por derradeiro, a lei processual estabelece regra inerente à publicidade dos atos e que a inscrição da sentença no registro de pessoas naturais seja imediatamente publicada na internet, no *site* do tribunal a que estiver vinculado o e na plataforma de editais do Conselho Nacional de Justiça, onde permanecerá por seis meses, na imprensa local, uma vez, e no órgão oficial, por três vezes, com intervalo de 10 dias, constando do edital os nomes do interdito e do curador, a causa da interdição, os limites da curatela e, não sendo total a interdição, os atos que o interdito poderá praticar autonomamente, o que deve ser interpretado à luz da Lei Geral de Proteção de Dados.

Durante algum tempo, discutiu-se acerca dos efeitos da sentença judicial em ação de "interdição", até chegar-se ao entendimento de que, embora de natureza declaratória, seus efeitos são produzidos *ex nunc*, salvo comando judicial expresso em sentido contrário. Trocando em miúdos, a sentença não cria a incapacidade, ela apenas a reconhece, tendo em vista que a incapacidade de exprimir vontade, por causa permanente ou temporária, é preexistente (vale lembrar que a demonstração da situação fática deve constar da petição que inicia o processo, consoante examinado em tópico anterior).[100]

---

99. ROSENVALD, Nelson. **Curatela**. Escritos gentilmente disponibilizados pelo autor.

100. "1. A sentença de interdição tem natureza constitutiva, caracterizada pelo fato de que ela não cria a incapacidade, mas sim, situação jurídica nova para o incapaz, diferente daquela em que, até então, se encontrava. 2. Segundo o entendimento desta Corte Superior, a sen-

No capítulo destinado ao sistema de justiça, serão analisadas sentenças colhidas nos mais diversos tribunais do país, no sentido de aferir se essa perspectiva personalista está sendo atendida, uma vez que percebi que não é incomum ainda encontrar decretos de interdição até mesmo com a perspectiva da incapacidade absoluta do indivíduo.

Aliás, teimo em afirmar que o próprio texto processual demandaria correções, a fim de extirpar as expressões "decretar a interdição" e até mesmo "interdito", visto que a pessoa humana, na concepção da CDPD, já não pode ser interditada como se fosse coisa, ou objeto, o que não impede, contudo, até que sobrevenha a mudança legislativa, que a doutrina, a academia, o Conselho Nacional de Justiça e os atores do sistema de justiça promovam as mudanças que querem ver.

### *1.3.5.8 Levantamento da curatela*

Uma vez concebida como medida extraordinária a ser adotada por prazo curto, a legislação apontou no sentido de fixação de prazo para a curatela. De outra banda, também admitiu o levantamento da curatela, antes mesmo do termo fixado pelo juiz, quando cessar a causa que a determinou.

O pedido de levantamento da curatela poderá ser feito pelo próprio indivíduo, pelo curador ou pelo Ministério Público, e será apensado aos autos da interdição.

Nesse procedimento, também deverá ser nomeado perito ou equipe multidisciplinar para proceder ao exame do "interdito", e deverá ser designada audiência de instrução e julgamento após a apresentação do laudo.

Acolhido o pedido, o juiz decretará o levantamento da interdição e determinará a publicação da sentença, após o trânsito em julgado, na forma do art. 755, § 3º, ou, não sendo possível, na imprensa local e no órgão oficial, por três vezes, com intervalo de 10 dias, seguindo-se a averbação no registro de pessoas naturais.

A interdição poderá ser levantada parcialmente quando demonstrada a capacidade do interdito para praticar alguns atos da vida civil que lhe tenham sido restringidos.

Assim, a nova codificação permite o levantamento parcial da curatela, na medida em que a manifestação da vontade do curatelado for cada vez mais

---

tença de interdição, salvo pronunciamento judicial expresso em sentido contrário, opera efeitos *ex nunc*. Precedentes. 3. (...)". STJ, REsp 1694984/MS, Rel. Min. Luis Felipe Salomão, 4ª Turma, julg. 14 nov. 2017. Disponível em: https://processo.stj.jus.br/processo/pesquisa/?aplicacao=processos.ea&tipoPesquisa=tipoPesquisaGenerica&termo=REsp%20 1694984. Acesso em: 16 mar. 2023.

aferível, e determina ao curador a atribuição de buscar tratamentos e apoios necessários à conquista do *status* mais autônomo por parte do curatelado, visando sua capacidade plena, como se o nomeado curador atuasse como verdadeiro "cuidador da saúde",[101] que deverá prestar contas dos atos terapêuticos promovidos.[102]

Não apenas o legislador processualista de 2015 concebe o supracitado imperativo individualizador desse exercício de jurisdição voluntária como, em respeito à autonomia, manteve-o com caráter itinerante e abertura às mudanças, o que, aliás, acompanha naturalmente o desenvolvimento de qualquer pessoa.

A doutrina jurídica, de maneira competente, começa a compreender as consequências dos ajustes legislativos em conformidade com os valores de flexibilidade consagrados no dispositivo e mesmo os paradigmas no trato das pessoas com deficiência começam a ganhar novos contornos e outras dimensões negligenciadas esboçam uma incipiente aparição.

A respeito dos modelos médico ou individual e social, que, a meu ver, não se excluem, Herring[103] defende um modelo intermediário, no qual as consequências das chamadas "deficiências" possam ser mitigadas por uma mudança social, ao passo que reconhece que algumas deficiências graves impactam inescapavelmente a existência humana, sugerindo, então, um reequilíbrio entre a esfera do cuidado e a esfera da autonomia.

Já Rosenvald[104] propõe interpretar a curatela como uma "terceira margem" das águas dos paradigmas que outrora predominaram, destacando o direito de inclusão e de diferença e o balanceamento de interesses.

---

101. Ibidem, p. 121.

102. FARIAS, Cristiano Chaves de; CUNHA, Rogério Sanches; PINTO, Ronaldo Batista. **Estatuto da pessoa com deficiência comentado artigo por artigo**. 3. ed. rev. ampl. atual. Salvador: Juspodivm, 2018, p. 338.

103. HERRING, Jonathan. **Caring and the law**. Bloomsbury Publishing, 2013, p. 51.

104. Referindo-se à curatela como a terceira margem de um rio (nem a primeira margem, que abole qualquer forma de incapacitação, como é o modelo alemão; nem a segunda margem, que preserva a antiga ideia de incapacidade absoluta, extirpando qualquer possibilidade de autonomia à pessoa que não possuía resquícios de autodeterminação), Nelson Rosenvald diz que "a curatela será associada a um decreto de incapacidade relativa, consubstanciado em um projeto terapêutico individualizado, no qual o decisivo será a abordagem da pessoa em sua singularidade, de forma que o termo 'curatela' seja compreendido como um grande arco, cuja oscilação possa variar entre medidas de pequena restrição à capacidade (com a preservação quase integral da autonomia e assistência do curador em situações devidamente delimitadas), ao extremo de uma drástica limitação da capacidade em casos graves, que recomendem uma curatela de ampla extensão, tendo basicamente o curador um acentuado poder de representação sobre os interesses da pessoa curatelada. O foco na concretude do caso e uma análise multidisciplinar dos espaços residuais de autogoverno do curatelando são as garantias de que a regra da proporcionalidade será preservada. Os diversos tons da

Verdade é que um e outro tratam da abordagem mais compatível com os novos tempos, aquela ajustável às necessidades e às variabilidades dos casos em que cirurgicamente os atores do sistema jurídico verificam a justeza da prevalência da autonomia e da preponderância do devido cuidado, conforme a situação apresentada.

Esta nova concepção interpretativa dos novos marcos normativos reforça a isonomia entre pessoas com deficiência e sem deficiência, bem como de submetidos à curatela ou não submetidos à curatela.

Como bem lembra o citado professor inglês, nem mesmo os considerados integralmente capazes possuem autonomia absoluta decisória sobre os variados aspectos de sua vida, não sendo incomum, portanto, que recorram a mecanismos oficiais ou extraoficiais de apoio de sua vontade, esbarrando em obstáculos construídos pelo Estado e pela sociedade civil para o exercício de suas liberdades de escolhas, muitas vezes sem dispor do arbítrio próprio desamarrado de contingências, tampouco vivem permanentemente situações que dispensem completamente específicos cuidados para preservação de sua dignidade.

## ENCERRAMENTO DO CAPÍTULO

Este capítulo foi iniciado com a apresentação da pessoa humana que interessa à presente pesquisa, partindo de conceitos como pessoa com deficiência, pessoa com deficiência em situação de curatela, vulnerabilidade, vulnerabilidade acrescida ou qualificada pela curatela, num esforço para tentar traduzir em algumas concatenadas palavras um universo tão díspar e tão envolvente, por dialogar com a própria diversidade da existência humana.

Passo seguinte, conforme anunciado no início, foram trazidas as principais normativas que interessam à pesquisa e que serão testadas pelo método empírico.

No atual estado da arte, o Estado brasileiro tem princípios constitucionais supremos, assentados na dignidade da pessoa humana, e o objetivo de construir uma sociedade livre, justa e solidária, cujos cidadãos devem ter um compromisso fraterno de respeitar, compreender e importar-se com o outro.

---

incapacidade relativa permitem agasalhar todo tipo de assistência – desde as menos às mais extensas – conforme indique o projeto terapêutico individualizado levado a efeito por uma avaliação biopsicossocial que verifique, simultaneamente, o histórico clínico e social do indivíduo, com um olhar voltado para a pessoa e outro para o entorno". (ROSENVALD, Nelson. A curatela como terceira margem do rio. **Revista Brasileira de Direito Civil**, Belo Horizonte, v. 16, p. 105-123, abr./jun. 2018. Disponível em: https://rbdcivil.ibdcivil.org.br/rbdc/article/view/233. Acesso em: 20 ago. 2022)

A Constituição Federal de 1988 tratou com destaque de direitos e garantias fundamentais, reconhecendo a todos os brasileiros e aos estrangeiros residentes no país um elenco numeroso de direitos individuais e coletivos, que também são aplicados à pessoa com deficiência.

Dentro desse diapasão, a Convenção dos Direitos da Pessoa com Deficiência ingressou na seara constitucional, inspirando a legislação infraconstitucional consubstanciada na Lei n. 13.146/2015 (Lei Brasileira de Inclusão), no Código Civil e no Código de Processo Civil, além de tantos outros textos legislativos que passaram a conceber a pessoa humana em sua concretude, e a respeitar a pessoa com deficiência em situação de curatela como sujeito de direitos, capaz de viver livremente e de exercer os atos inerentes à sua existência.

Dessa forma, houve uma profunda modificação no instituto da curatela, para que a realidade civil se molde melhor aos preceitos estabelecidos pelo constituinte, quais sejam, o respeito à dignidade da pessoa humana e o estabelecimento da solidariedade social, consubstanciada no princípio constitucional da fraternidade. Tais objetivos só poderão ser alcançados pelo reconhecimento da autonomia dos indivíduos para gerirem suas vidas e seus destinos.

Desse modo, entrelaçam-se os reclames personalistas em todo ramo cível do Direito à mudança de um esquema de intervenções jurídicas cujos assentamentos patrimoniais datam de um passado valorativo, o qual se busca suplantar.

Até a CDPD e a Lei Brasileira de Inclusão da Pessoa com Deficiência, o Código Civil brasileiro regia soberano a realidade nacional e validava uma série de incorreções, esquecia a pessoa por trás de qualquer vínculo, em especial a que possuía alguma deficiência. Na realidade pré-Estatuto, o antigo processo de curatela, chamado de interdição, trazia uma sentença com amplos efeitos, capaz de retirar do sujeito todos os seus atributos existenciais jurídicos sem remorso, as vontades eram anuladas e a figura do curador assumia controle absoluto sobre o curatelado, privando-lhe as faculdades que conferiam a humanidade típica do indivíduo.

Ocorre que, como já anteriormente pontuado, a vida humana deve possuir finalidade em si mesma, não podendo ser relevante apenas quando gerar impactos econômicos para terceiros. Tão importante quanto patrimônio deve ser, para o legislador, vida, liberdade e intimidade.

Não é só no Brasil que a antiga curatela é questionada. Exemplos internacionais como o da cantora Britney Spears mostram como o tratamento de uma década da pessoa com vulnerabilidade acrescida deve ser revisto. Na situação em comento, a cantora estava sob a curatela de seu pai desde o ano de 2008, perdendo o controle sobre seu patrimônio artístico, imagem e direito de determinação sobre o próprio corpo e capacidade reprodutiva, tendo um DIU implantado contra sua vontade, impedindo-a de ter novos filhos. Com o passar dos anos, os fãs perceberam atitudes suspeitas da cantora, que demonstrariam sua perda de autonomia. O que começou como comentários *on-line* levou a um movimento com proporções globais, conhecido como *Free Britney*, que culminou no encerramento da curatela no ano de 2021, muito por pressão popular, evidenciada até por três documentários sobre a temática.

Se uma *pop star* viu sua vida violada e devassada por uma curatela irrestrita, quantas outras pessoas anônimas não sofrem sem conseguir chegar ao conhecimento do grande público? Quantos invisibilizados existem em decorrência do tratamento incorreto do sistema jurídico, quantas pessoas já sofreram de incapacidades transitórias e foram tratadas como irrecuperáveis? É um dado que apenas podemos supor, mas de certo não é irrelevante.

Por versar sobre elemento tão singular da existência, a curatela precisa se centrar em seu ente mais importante: o ser humano. O Estatuto da Pessoa com Deficiência foi o responsável por personalizar a personalidade, por alinhar o Brasil ao novo paradigma internacional, dando o primeiro passo para livrar o país da realidade manicomial ainda vigente, do protecionismo exacerbado, da infantilização do curatelado e da retirada de identidade, pelo menos em teoria.

Os discursos político, institucional, midiático e acadêmico mais comuns comemoram a emancipação das pessoas com deficiência, nesse giro de libertação das amarras que outrora segregavam a pessoa à ala dos marginalizadas apenas por serem diferentes, afirmando uma profunda mudança no sistema de justiça a fim de atender à garantia de dignidade humana, no entanto simplesmente são incoerentes com a realidade enfrentada nos processos judiciais, em que figuram sujeitos em situação de vulnerabilidade qualificada pela necessidade de um terceiro para expressar-se e autodeterminar-se, pois a estrutura judiciária ainda parece aquela "de nossos pais",[105] sem o devido respeito à prioridade de tratamento, ao acesso à justiça em sentido amplo, à personalização das medidas, à avaliação por uma equipe multidisciplinar.

Aliás, no cenário nacional, pouco se sabe sobre esses indivíduos, como será possível atendê-los, incluí-los, respeitá-los em sua diversidade sem conhecer quem são, sua idade, suas dores ou, na linguagem polida da técnica jurídica, seus dados existenciais?

Este será o próximo passo desta pesquisa: levantar os dados sobre as pessoas em situação de curatela nas ações judiciais, em respeito ao *slogan* de comunicação utilizado pelas pessoas com deficiência: *nothing about us without us.*

105. Referência à letra da música "Como nossos pais", de Belchior, eternizada na voz de Elis Regina.

# QUEM É A PESSOA EM SITUAÇÃO DE CURATELA DOS PROCESSOS JUDICIAIS – DADOS EXISTENCIAIS

*Se você não entende, não vê. Se não me vê, não entende. Não procure saber onde estou, se o meu jeito te surpreende*

(Primeiros Erros, Capital Inicial)

Este capítulo é destinado a conhecer quem é a pessoa que, por causa transitória ou permanente, não pode exprimir vontade, nas ações de "interdição".

Depois de analisar como evoluiu o ordenamento jurídico brasileiro no trato das pessoas em situação de vulnerabilidade qualificada pela curatela, e identificar a dupla aptidão[1] do instituto para oferecer proteção e garantir a autonomia à pessoa que necessita da intervenção de um terceiro para a prática de atos da vida civil, ainda que de cunho primordialmente negocial, surgiu a necessidade de saber quem é, na prática, esse indivíduo. Afinal, "o livre desenvolvimento e a realização da pessoa depende do reconhecimento pelo outro", de modo que o "reconhecimento passa a ser visto como a chave fundamental para a autoestima e a afirmação de sua dignidade, ou seja, de se compreender com igual ao outro".[2]

---

1. Revisitando Rosenvald, em seus escritos sobre curatela, ele afirma que, no concerto entre a **Dignidade como proteção ou promoção**, a ênfase será posta nesta última em sua dupla acessão: seja no sentido de promoção como direito fundamental de acesso à igualdade de oportunidades através da substantivação de condições sociais necessárias, como direito à saúde, à educação, à moradia e ao emprego, seja como **promoção de desenvolvimento autônomo de projetos de vida da pessoa com deficiência, reforçando a ideia de funcionalização da medida** em prol da pessoa curatelada. Daí o caráter personalíssimo do instituto, que faz focar a lente na pessoa humana e em suas circunstâncias. (ROSENVALD, Nelson. **Curatela**. Escritos gentilmente disponibilizados pelo autor) (grifos meus)
2. ALMEIDA, Vitor. **A capacidade civil das pessoas com deficiência e os perfis da curatela.** Belo Horizonte: Fórum, 2019, p. 87-88.

Tomando por base a mudança paradigmática operada pela Constituição Federal de 1988, que realocou a pessoa humana na categoria central do ordenamento jurídico brasileiro, passando pela CDPD e seus reflexos no campo constitucional e no direito privado, o capítulo anterior evidenciou o fenômeno da personalização da pessoa com deficiência, que começou a ser vista a partir de suas circunstâncias, saindo daquele modelo excludente, patrimonialista e ultrapassado da legislação revogada, para um modelo inclusivo, que considera a pessoa humana em sua magnitude e respeita as diferenças, visto que o "indivíduo hoje é considerado a partir de sua situação pessoal e social, ou seja, de forma concreta e real, superando a virtualidade do sujeito, moldurado no recorte patrimonial."[3] Essas ideias repercutiram em todo o direito civil, provocando uma verdadeira revolução no trato das (in)capacidades.

Adentrou-se no reconhecimento de sujeitos plurais em suas necessidades e diferenças e, até mesmo por isso, as pessoas com deficiência passaram a ser reconhecidas com um ser humano completo e merecedor de vida digna. Por outro lado, como já afirmado pela Organização Mundial de Saúde (OMS),[4] o vulnerável que hoje pode ser o outro, amanhã pode ser o si, reforçando a ideia de respeito à pessoa humana dentro de sua individualidade e da coletividade.

O cuidado e a representação, ou melhor, a assistência das pessoas em vulnerabilidade acrescida pela curatela são um desafio constante em termos jurídicos e sociais.

Na linha de pensamento de Seda,[5] possivelmente, um dos motivos da falta de solução harmônica e consensuada é "la tension entre la necesidad de proteción y la búsqueda de la mayor autonomia de esa persona para la vida cotidiana". O catedrático da Universidade de Buenos Aires ressalta a importância de analisar as circunstâncias de pessoas em situações fáticas de dependência, levando em consideração suas características individuais, e cita como exemplo a deterioração cognitiva de algumas pessoas anciãs, diferentemente de outras.[6]

---

3. ALMEIDA, Vitor. **A capacidade civil das pessoas com deficiência e os perfis da curatela.** Belo Horizonte: Fórum, 2019, p. 113.
4. WORLD HEALTH ORGANIZATION; THE WORLD BANK. **Relatório mundial sobre a deficiência**. Tradução Lexicus Serviços Linguisticos. São Paulo: SEDPcD, 2012, p. 3. Disponível em: https://apps.who.int/iris/bitstream/handle/10665/44575/9788564047020por.pdf. Acesso em: 02 mar. 2023.
5. SEDA, Juan Antonio. Determinación de la capacidad, deterioro cognitivo y discapacidad intelectual. **Revista Jurídica Argentina La Ley**. Ano 2018-D. Edição de 10 de agosto de 2018. p. 5-6. Cita on line: AR/DOC/1470/2018. Disponível em: https://juanseda.files.wordpress.com/2020/04/determinacic3b3n-de-la-capacidad-deterioro-cognitivo.pdf. Acesso em: 26 set. 2022.
6. SEDA, Juan Antonio. Familia y apoyos para la persona con discapacidad. **Revista Jurídica de Buenos Aires**, Año 45, n. 101, p. 149-164, 2020-II, p. 16, p. 75-76.

O resgate histórico de temas como personalidade, capacidade, vulnerabilidade e autonomia revelou que a doutrina brasileira também sedimentou a finalidade de promoção de vida digna aos vulneráveis, combatendo a discriminação, promovendo proteção, respeitando as diferenças. Para tanto, pareceu-me que o primeiro passo é saber de que pessoa estamos falando, dada a centralidade que a pessoa humana passou a desempenhar no ordenamento jurídico devido a esse movimento de repersonalização.

Ora, muito se discute acerca de instrumentos para garantir ampla inclusão e vida digna a uma pessoa em situação de vulnerabilidade, entretanto a eficiência de qualquer medida pressupõe tenha sido individuada e personalizada àquele sujeito especificamente, dado que a padronização incorreria no mal de rotular os indivíduos apesar de suas especificidades.[7]

Dentro desse momento de maximização das características individuais de cada pessoa e de compreensão da deficiência como fenômeno multidimensional, que conduz à exigência de uma curatela personalizada às necessidades de cada indivíduo, com possibilidade de modulação do instituto para se ajustar àquele ser específico, pareceu indispensável desvendar os caracteres existenciais dos sujeitos que apareciam nas ações de curatela, até porque, conforme já reiterado, a prática não guardava muita coerência com o que diziam os livros.[8]

Sendo titular de uma unidade judicial que tem competência para processar e julgar ações de "interdição", dentre outras, o contato quase que diário com pessoas em situação de vulnerabilidade acrescida, muitas delas absolutamente disfuncionais (hipótese de supervulnerabilidade ou hipervulnerabilidade), fez-se imperioso trazer essa pessoa para o centro do debate, como sujeito principal da tutela do legislador e da atuação do Judiciário.

7. Em suas reflexões, Almeida ensina que uma curatela digna é aquela flexibilizada e moldada às necessidades da pessoa humana que necessita de apoio, num movimento de travessia da abstração do indivíduo idealizado pela norma ao ser humano real e concreto, com todas as suas vulnerabilidades e potencialidades, razão pela qual deve ser afastada a curatela calcada em sentenças reducionistas e padronizadas, para se alcançar respostas mais complexas e ajustadas a cada perfil humano. (ALMEIDA, Vitor. **A capacidade civil das pessoas com deficiência e os perfis da curatela.** Belo Horizonte: Fórum, 2019, p. 244).

8. O doutor em Direito e antropólogo Juan Antonio Seda, por reiteradas vezes, enfatiza que a influência jurídica da Convenção dos Direitos das Pessoas com Deficiência sobre a jurisprudência é uma das crenças mais errôneas que existem, conquanto desmentir a influência da CDPD não invalide a sua importância. Ao contrário, abre a oportunidade de valorá-la em sua verdadeira dimensão, pois se destaca com um estatuto que propõe uma consideração jurídica diferente para os integrantes desse conjunto da população. SEDA, Juan Antonio. **Discapacidad y derechos**: impacto de la Convención sobre los Derechos de las Personas com Discapacidad. 1. ed. Buenos Aires: Jusbaires, 2017, p. 179.

Por isso, procurei saber idade, gênero, causa do comprometimento da capacidade de expressão de vontade dos sujeitos que estão passando por um processo de curatela, a fim de poder aferir se a medida de cunho estritamente negocial respeita, suficientemente, a sua dignidade e oferece condições de promover-lhe a autonomia,[9] bem como de analisar se as salvaguardas legais previstas no art. 6º da LBI estão de acordo com as necessidades desses sujeitos, para uma existência digna.

Mais do que um número, esse indivíduo tem valor em si mesmo enquanto ser humano integrante de uma comunidade, independentemente de qualquer contributo de ordem financeira ou social que possa vir a dar, cabendo à coletividade, em plena efetivação do princípio constitucional da fraternidade, assumir seu compromisso com o outro.

O sistema de justiça como um todo, historicamente representado pela figura de uma justiça vendada, está sendo advertido a não cair na tentação de exercer um protecionismo arbitrário sobre a pessoa em curatela, utilizando-se de generalismos e decisões padronizadas, a pretexto de assegurar proteção à pessoa vulnerável. Por isso, no atual estágio da discussão, é imprescindível conhecer o sujeito real no lugar de supor conhecê-lo, para que o Judiciário possa decidir de acordo com a individualidade de cada um.

Sem conhecer o real destinatário das ações, como saber se as salvaguardas legais mantêm coerência com a ideia de dignidade aplicada a essa pessoa? Qual a idade, o gênero, a causa da limitação de expressão de vontade? Qual o grau de comprometimento da autodeterminação? De que precisa para uma existência digna, livre e justa?

Um clássico conflito dentro dos debates do multiculturalismo é a dificuldade de gerenciar as diferenças dentro das minorias ou, em outras palavras, como garantir o direito pleno de cada subgrupo dentro de uma minoria, por causa da heterogeneidade, o que reforça a ideia da imprescindibilidade da identificação individual de cada integrante, porque são pessoas com seus caracteres próprios e especificidades.

Olhar para a pessoa pareceu-me a primeira medida a ser tomada em um trabalho voltado para ela, em atitude de respeito à sua condição humana.

Compreender o sujeito para além do processo exige do julgador uma lupa de aumento, uma decisão fundamentada na realidade fática exposta, nos atributos personalíssimos.

Debater capacidades, vulnerabilidade, curatela, proteção, autonomia e apoios sem identificar o sujeito sobre quem o discurso fala, trazia a sensação

---

9. Dentro daquela perspectiva de funcionalização da curatela, defendida por Rosenvald.

de apropriação indevida da personalidade alheia, razão pela qual este primeiro capítulo da pesquisa empírica é destinado ao sujeito em curatela das ações de "interdição".

O da 1ª Vara de Sucessões de Salvador foi escolhido como laboratório da pesquisa processual, dada a possibilidade de acesso aos dados por ser juíza titular da unidade.

O espaço temporal para análise das ações em curso foi o período compreendido entre os anos de 2016 e 2021, considerado o termo inicial da pesquisa o ano de 2016, por ter sido o ano da entrada em vigor da Lei n. 13.146/2015, com termo final no ano de 2021, uma vez que o ano de 2022 foi destinado à análise dos dados no cronograma pré-estabelecido.

Tendo em vista que a Bahia é o Estado com a quarta maior concentração de habitantes do Brasil, sendo Salvador a terceira cidade mais populosa do país,[10] que conta com quatro[11] unidades judiciais competentes para ações dessa natureza, o acervo da 1ª Vara de Sucessões, Órfãos e Interditos de Salvador serviu como rico banco de dados para consulta e estudo dos caracteres existenciais do sujeito com vulnerabilidade acrescida submetido a curatela.

No primeiro momento, foram levantados os números de processos que tramitaram perante o referido ao longo dos seis anos, por assumir que saber o número de processos de curatela é importante para entender a procura por este tipo de ação em perspectiva com a população total e o movimento processual ao longo dos anos, a fim de aferir se o instituto é muito ou pouco utilizado.

Em seguida, e a partir dos processos levantados, foram colhidos dados referentes ao sujeito, tais como idade, gênero, causa da dificuldade de exprimir vontade, a partir do que constasse do sistema de processo eletrônico ou do conteúdo processual.

A pesquisa foi feita no sistema EXAUDI, utilizado pelo Tribunal de Justiça do Estado da Bahia (TJBA) para gestão processual e que oferece a categorização das ações por classe, data de distribuição, movimentação, estágio em que se encontra. Nele foram levantados todos os processos distribuídos a cada ano, nome do requerente e da pessoa cuja curatela se buscava. Passo

10. Dados obtidos com base no Censo de 2010, realizado pelo Instituto Brasileiro de Geografia e Estatística (IBGE). O estudo estima o contingente populacional da capital baiana em 2,9 milhões de habitantes no ano de 2021, demonstrando a importância de se falar em demanda processual por ações de curatela em razão da extensão populacional abarcada pela circunscrição territorial do município. Insta pontuar que apenas quatro Varas possuem *expertise* para decidir sobre curatela na capital baiana em razão da especificidade da matéria.
11. No mês de novembro de 2023, foi instalada a 5ª Vara de Sucessões, Órfãos e Interditos de Salvador, entretanto, ao tempo do levantamento dos dados da pesquisa, eram quatro unidades na cidade.

seguinte, tendo em vista que o sistema não contém informações sobre idade, gênero, cor, escolaridade, fez-se necessário analisar o conteúdo dos processos, tanto para obter dados sobre o sujeito quanto para analisar o funcionamento das instituições do sistema de justiça, que será foco do capítulo seguinte.

Para tanto, solicitei autorização à presidência do TJBA, com respaldo em precedente do Conselho Nacional de Justiça (CNJ – Processo n. 0005282-19.2018.2.00.0000).

Assim, foram catalogadas informações sobre idade e gênero da pessoa analisada, a causa da deficiência cognitiva ou da impossibilidade de expressar vontade; quem está no polo ativo da ação (relação de parentesco/vínculo) – parente, amigo, diretor de instituição; quem patrocina a causa – advogado, Defensoria Pública, Ministério Público; se o processo conta com assistência judiciária gratuita, se tem destaque de tramitação prioritária. Aspectos mais sintonizados com o sistema de justiça propriamente serão analisados no próximo capítulo.

Não foi possível obter informações quanto ao grau de escolaridade, formação e cor, pois o sistema não contém campo próprio para esses dados, que tampouco foram encontrados nas peças processuais de cada feito, ou o número encontrado não trouxe relevância para ser considerado.

Na primeira parte, será abordado o panorama geral das ações de curatela em números, no qual retomo a sistemática utilizada para filtrar e tratar os processos que alimentaram a matriz de dados da pesquisa. A partir dos processos, foram traçados recortes de gênero, idade e causa de ajuizamento da ação, possibilitando uma visão geral do acervo da unidade judicial em referência.

A pesquisa segue trazendo recortes específicos, os dados existenciais dos sujeitos desmembrados pelas razões de solicitação da curatela.

Embora a curatela não deva ser tratada como uma ação médica, na qual o fundamento clínico limita o sujeito de modo determinista, chamou atenção o fato de que em todas as petições iniciais a referência é feita à CID-10[12] para justificar as limitações sofridas pelos sujeitos e embasar o pedido, o que me levou a categorizar a causa da incapacidade de exprimir vontade com base nos CIDs de maior incidência.

Cumpre salientar que, na produção de dados – coletados a partir de ações ligadas à intimidade dos sujeitos – obteve-se autorização do Tribunal para

---

12. CID, ou Classificação Estatística Internacional de Doenças e Problemas Relacionados com a Saúde, é uma classificação desenvolvida pela Organização Mundial da Saúde (OMS) cuja principal função é monitorar a incidência e prevalência de doenças. A partir de um código universal padrão, os quadros clínicos são classificados em grupos que permitem delimitar sintomas e consequências decorrentes da condição apontada.

estudar o acervo,[13] tendo sido traçado o perfil das pessoas em situação de curatela com análises impessoais e objetivas, preservando-se o anonimato das partes no banco de dados, nos termos da Resolução n. 215, de 2015, do CNJ. A partir dos dados obtidos, foi possível identificar os indivíduos que vêm ao Judiciário, compreendendo melhor aspectos que levam à opção pelo instituto.

## 2.1 PANORAMA GERAL EM NÚMEROS

Para delimitação adequada, todos os dados processuais foram extraídos do sistema EXAUDI em formato de planilha do Excel, na qual constava o acervo integral da unidade em cada um dos anos estudados. Após a exportação dos dados, foram aplicados filtros nas colunas do arquivo gerado, sendo selecionados os dados com base nos itens "CLASSE" e "DESCRIÇÃO CLASSE CNJ". Na sequência, foram destacados todos os processos que apresentaram as seguintes classificações:[14]

- 2016: todos os processos classificados como interdição; tutela e curatela nomeação;
- 2017: todos os processos classificados como interdição; tutela e curatela nomeação;
- 2018: todos os processos classificados como interdição; tutela e curatela nomeação;
- 2019: todos os processos classificados como curatela; interdição curatela; interdição; tutela e curatela nomeação;
- 2020: todos os processos classificados como curatela; interdição curatela; interdição; tutela e curatela nomeação;
- 2021: todos os processos classificados como curatela; interdição; interdição curatela; tutela e curatela nomeação; tutela e curatela remoção e dispensa.

De saída, notei que a descrição de classe como "curatela" só começou a surgir a partir de 2019.

De igual forma, não apareceram "tutela e curatela remoção e dispensa" antes de 2021.

Cabe destacar que ainda se conserva a expressão "interdição" até mesmo no sistema de classes processuais que é gerido pelo Conselho Nacional de Justiça.

---

13. Processo n. TJ-ADM-2022/06149. Órgão competente: Comissão Permanente de Jurisprudência, Revista, Documentação e Biblioteca do TJBA. Relatora Desembargadora Dinalva Gomes Laranjeira Pimental.

14. Foram selecionadas todas as classificações, dentro de cada ano, que fizessem referência ao procedimento de curatela, variando conforme a base do próprio EXAUDI.

Ora, se a mantença de uma expressão tão criticada pela incongruência evidente com a nova teoria das incapacidades e o atual momento de personalização da pessoa em estudo guarda coerência com o fato de a expressão ter sido mantida pelo legislador no CPC, cabe aqui a máxima de que "dois erros não fazem um acerto", visto que o CNJ poderia ajustar a classificação independentemente de qualquer esforço legislativo, e até mesmo atuar como impulsionador do avanço, ou como diria o Ministro Luís Roberto Barroso[15], desenvolver um papel iluminista, em nome da razão e da dignidade humana.

Outra incoerência evidente é o agrupamento de "tutela e curatela" em uma mesma classe processual, reunindo dois institutos absolutamente distintos, dado que a tutela é destinada aos filhos menores, com o falecimento dos pais, ou sendo estes julgados ausentes, ou no caso de terem decaído do poder familiar (art. 1.728, CC), o que em nada se assemelha à curatela, salvo a hipótese de alguma confusão com a superada ideia de incapacidade absoluta que era reservada aos filhos menores e aos "loucos de todo gênero".

Importante fazer esse registro porque, após aplicar os filtros nas classes processuais, foi preciso verificar processo a processo, para separar aqueles que não tratavam de curatela, o que explicará um número menor de processos analisados em relação aos classificados.

Superadas essas observações, para análise do panorama geral da curatela e de seu sujeito, foram coletados um total de **2.952** processos,[16] tendo sido desconsiderados **593** processos do espaço amostral por não corresponderem a ações de curatela em si ou por terem sido distribuídos em anos anteriores à LBI.

Na capital baiana, os processos de curatela, então denominados de "interdição", eram processados pelas Varas de Família, Sucessões, Órfãos e Interditos, estando as ações dispersas entre um total de quatorze unidades jurisdicionais. Com a Resolução n. 19, de 18 de outubro de 2017, do Tribunal de Justiça do

---

15. Discorrendo sobre os papéis do Judiciário, o professor Luís Roberto Barroso menciona o papel iluminista das cortes constitucionais, destacando que deve ser exercido com parcimônia, devido aos riscos inerentes que esse tipo de atuação traz. O fato é que a expressão "iluminista" é empregada no sentido de uma razão humanista que conduz o processo civilizatório e empurra a história na direção do progresso social e da liberação de mulheres e homens. Acrescenta, para espancar qualquer maledicência, que a razão iluminista propagada por ele é a do pluralismo e da tolerância, e que se impõe apenas para derrotar as superstições e os preconceitos, de modo a assegurar a dignidade humana e a vida boa para todos. (BARROSO, Luís Roberto. Contramajoritário, representativo e iluminista: os papéis dos tribunais constitucionais nas democracias contemporâneas. **Revista Direito e Práxis**, Rio de Janeiro, v. 9, n. 4, 2018, p. 2171-2228. Disponível em: https://www.e-publicacoes.uerj.br/index.php/revistaceaju/article/view/30806/21752. Acesso em: 09 maio 2023, p. 2208).
16. Conforme já trazido na introdução do presente estudo, este número foi obtido após extração de dados do EXAUDI dos anos de 2016 a 2021.

Estado da Bahia, a competência das unidades judiciais foi alterada, tendo os processos de sucessões, órfãos e interdição sido alocados em quatro unidades, com a redistribuição dos processos dessa natureza oriundos das outras dez Varas que ficaram com competência para ações de Família (nessa redistribuição, alguns processos recebidos pela unidade entre 2016 e 2021 haviam sido distribuídos aos juízos originários antes do termo escolhido para pesquisa, razão pela qual foram descartados, uma vez que disciplinados pela legislação pretérita).

Retirando do espaço amostral todos os processos que não eram de curatela/interdição, bem como aqueles que não se referiam ao período pós-LBI (2016 até 2021), resultaram **2.021** processos ingressantes naqueles anos, que foram tratados, somando-se um total de **2.049** pessoas em situação de curatela.

A distribuição de ações de "interdição" ou curatela, por ano, ocorreu conforme mostra a Tabela 1 em seguida.

**Tabela 1 - Total de processos (2016-2021)**[17]

| Ano | Processos Classificados | Processos Analisados | Curatelando(a)s |
|---|---|---|---|
| 2016 | 113 | 101 | 103 |
| 2017 | 798 | 447 | 452 |
| 2018 | 813 | 477 | 486 |
| 2019 | 509 | 406 | 411 |
| 2020 | 328 | 268 | 274 |
| 2021 | 391 | 322 | 322 |
| **Total** | **2952** | **2021** | **2049** |

Fonte: elaboração própria.

Outro destaque é a existência de um número maior de pessoas em curatela do que a quantidade de processos, enquanto a proporção deveria ser de um indivíduo para cada processo, devido à natureza personalíssima da ação da

17. Recordando: foram excluídos da análise os processos classificados erroneamente e que versavam sobre substituição de curatela, levantamento de curatela, remoção de curador, tutela, ação de posse, alvarás, processos de outra comarca, processos produto de redistribuição com ajuizamento anterior ao Estatuto, litispendência, processos duplicados, processos indeferidos com inicial inepta, processos dados como inexistente, processos de tomada de decisão apoiada, processos de destituição, processos de reincorporação, processos com alteração cadastral, com cadastro errado de comarca, não localizados no acervo da vara e sem informações.

curatela, ligada à capacidade civil de uma pessoa. Contudo, alguns processos foram ajuizados com mais de uma pessoa, o que ocorreu preponderantemente em demandas propostas por instituições de acolhimento, a exemplo das Obras Sociais Irmã Dulce,[18] pensando na celeridade e na economia processual, em nome da proteção da pessoa e da regularização de sua representação.

Na maioria dos casos, houve determinação de individualização do processo para cada sujeito específico, entretanto alguns ainda ficaram com pluralidade de sujeitos para um único feito, o que conduziu à existência de 2049 pessoas em 2021 processos.

Nos casos em que foram mantidos vários sujeitos no mesmo processo, viu-se que as decisões admitiram o procedimento em razão do avançado estágio do feito, próximos já do julgamento, então optou-se pela continuidade a fim de evitar prejuízos na marcha do processo e por não haver dano evidente com a manutenção.

A seguir, o Gráfico 1 revela que o volume de processos com mais de um curatelando é pequeno, mas a ocorrência aconteceu em todos os anos, entre 2016 e 2021.

**Gráfico 1 - Comparativo entre total de processos por ano (2016-2021) e número de pessoas em situação de curatela**

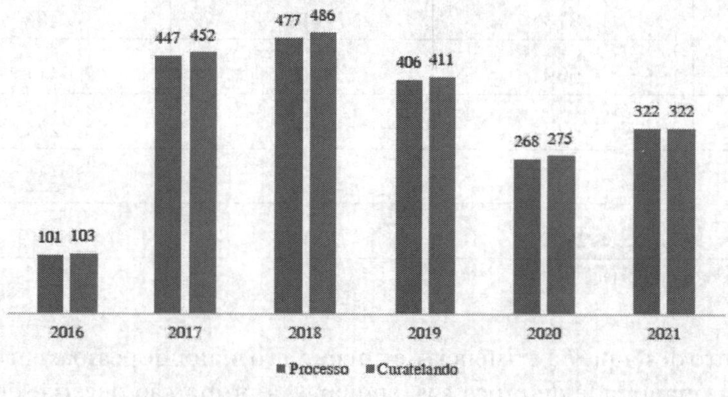


Fonte: elaboração própria.

Sobre a média de ações, ocorreu um crescimento superior a 430% entre o número de processos recebidos pela unidade em 2016 para o ano de 2017, o que pode ser explicado pela especialização decorrente da Resolução n.19,

18. É importante frisar que, a partir de 2021, não foram verificados processos com mais de um ente no polo passivo, o que tornou as ações de curatela mais especializadas e individualizadas.

bem como pelas alterações processuais para a curatela trazidas pelo Estatuto da Pessoa com Deficiência e pelo Código de Processo Civil.

Do ano de 2017 para o ano de 2018, houve novo aumento de ações recebidas e selecionadas para estudo, dessa vez na ordem de 7%.

Em 2019, é possível perceber uma estabilização na quantidade de ações, tendo sido recebidas 509 demandas pela unidade, das quais 406 foram coletadas para análise, numa queda de aproximadamente 15% em relação ao ano anterior.

Em 2020, há uma queda de aproximadamente 34% nas ações de curatela recebidas em comparação com o ano anterior. Alguns fatores contribuíram para essa redução drástica, a exemplo da Pandemia de Covid-19[19] e da redução no número de processos recebidos do acervo de outras unidades por redistribuição.

De 2020 para 2021, há novo aumento no volume de ações, 20% a mais que no período anterior, o que foi atribuído à retomada da normalização do movimento processual em 2021, quando já presente a vacinação contra o coronavírus e houve a reabertura, ainda que lenta, dos fóruns e dos órgãos públicos. Quanto aos processos de curatela, a utilização de novas tecnologias, a exemplo da audiência por videoconferência e da realização das avaliações periciais por videoconferência, certamente impactou o início da retomada do fluxo processual.

O Gráfico 2 a seguir permite visualizar melhor as alterações descritas, trazendo os crescimentos e reduções expostos pela curva comparativa.

**Gráfico 2 - Gráfico do volume de ações por ano**

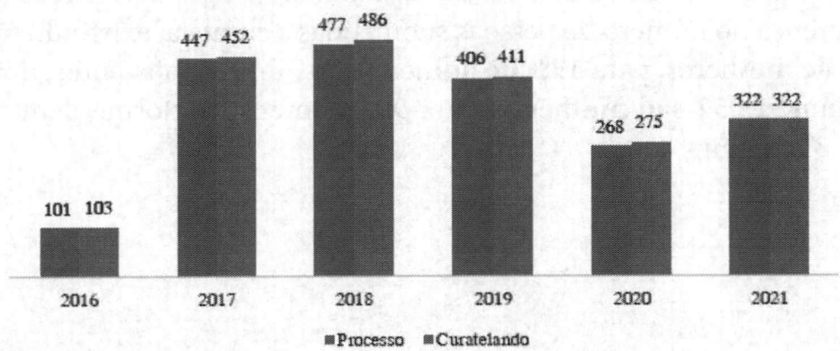


Fonte: elaboração própria.

19. A pandemia impactou diretamente o Judiciário pela redução no número de demandas ajuizadas. O relatório "Justiça em Números 2021"" apontou uma redução de 14,5% no total de casos novos no Judiciário brasileiro em 2020. Assim, é possível perceber como a Vara e as ações de curatela seguiram a tendência nacional.

Os dados demonstram que, desde a especialização da competência, ao menos 20 ações de curatela foram ajuizadas e redistribuídas para a unidade estudada em cada mês, sendo uma ação com fluxo constante de demandas, chegando-se a quase 300 ações por ano só em uma das quatro unidades existentes em Salvador, a partir das classes processuais escolhidas.

Após delimitar o espaço amostral, a pergunta que surge é: quem são esses **2.049** sujeitos com vulnerabilidade acrescida cuja capacidade foi alvo de discussão perante o Judiciário? A fim de encontrar respostas a esse questionamento, a investigação aprofundou o estudo e estabeleceu alguns recortes elementares.

Para tanto, foram consultadas individualmente cada uma das 2.021 ações, tendo sido os dados obtidos a partir da análise dos documentos acostados nos autos.

## 2.2 DADOS EXISTENCIAIS

### 2.2.1 O primeiro recorte: gênero

O primeiro dado existencial observado é o gênero.[20] Haveria alguma tendência nas ações de curatela? Predominaria o público feminino ou o masculino?

No contexto do Estado da Bahia, o contingente feminino é maior que o masculino, sendo a população local composta por 51,7% de mulheres, segundo o IBGE. Salvador espelha a realidade do Estado e amplia a diferença, sendo sua população formada por 56,3% de mulheres.[21]

Na análise do acervo processual da unidade, foi possível constatar uma leve diferença no número de pessoas submetidas à curatela, existindo um total de **51% de mulheres**, para **49% de homens**. Em números absolutos, dos **2.049 indivíduos**, **1.052 são mulheres**, para **997 homens**, conforme demonstra o Gráfico 3 a seguir.

20. Ao discorrer sobre gênero, a presente pesquisa utiliza como base os dados existentes em processos, fazendo uma leitura biológica do termo. Assim, para fins deste estudo, pode-se considerar "gênero" enquanto sinônimo de sexo biológico, não tendo sido abordado o gênero social dos sujeitos ou apontados os indivíduos que se reconheçam enquanto parte da variação intersexo.

21. Números atualizados, obtidos após prévia do Censo IBGE 2022, concluído em março de 2022.

**Gráfico 3 - Proporção de pessoas em situação de curatela por gênero**

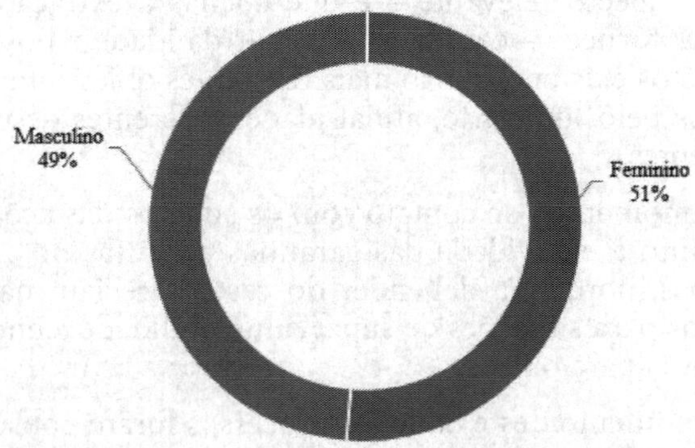


Fonte: elaboração própria.

Analisando a proporção ano a ano, é possível visualizar uma alternância entre os intervalos, com predomínio de pessoas do gênero masculino submetidas a curatela em 2016 e 2019. A maior disparidade de gênero ocorreu em 2020, ano no qual o contingente feminino foi 31% superior ao masculino. O Gráfico 4 a seguir ilustra melhor as alterações.

**Gráfico 4 - Divisão de gênero das pessoas em situação de curatela por ano**

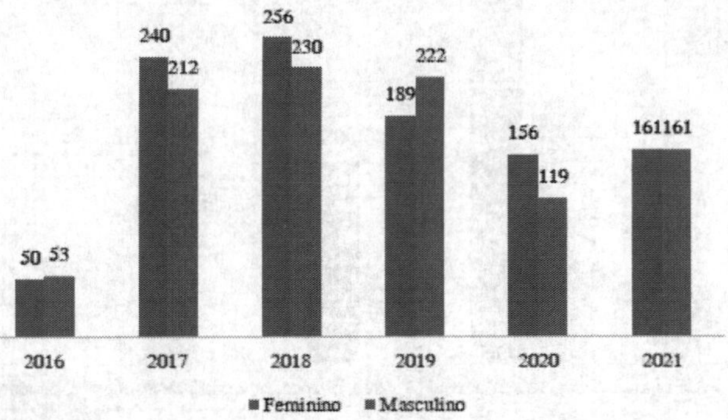


Fonte: elaboração própria.

Em razão da baixa diferença entre os gêneros, é possível inferir que não há uma preponderância relevante nestes aspectos entre os sujeitos de vulnerabilidade acrescida pela curatela, a pequena diferença apenas reflete a atual realidade brasileira.

### 2.2.2 O segundo recorte: idade

O segundo aspecto relevante – e que apenas a extração de dados do EXAUDI não nos fornece – é a idade. A partir da idade é possível ponderar sobre quais aspectos existenciais são mais relevantes objetivamente para esses sujeitos assistidos pelo Judiciário, afinal idades diferentes desencadeiam necessidades diferentes.

Em alguns momentos de contato com os sujeitos das ações de curatela, tive dúvidas quanto à efetividade das garantias previstas no art. 6º[22] da LBI para essas pessoas, porque, a depender do caso, pareciam não fazer muito sentido, ao menos para situações de supervulnerabilidade, conquanto fossem muito significativas para outros.

Para preenchimento deste dado, os processos foram consultados individualmente, tendo sido utilizada como base a idade exata que os sujeitos apresentavam na data de ajuizamento da ação, sem aproximações, para garantir a maior exatidão possível dos dados.

Optei por dividir as idades em quatro grupos, considerando as diferenças de tratamento legal preceituadas pela lei brasileira: até 17 anos (adolescentes); de 18 a 59 anos (adultos); de 60 a 79 anos (pessoa idosa); e acima de 80 anos (superprioridade), conforme Gráfico 5 a seguir.

**Gráfico 5 - Segmentação das pessoas em situação de curatela por idade**

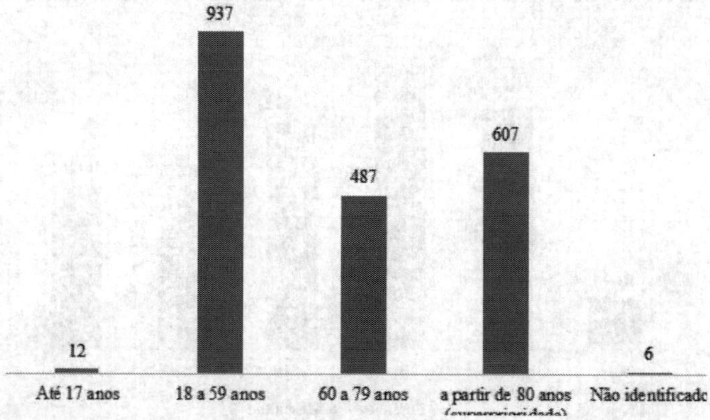


Fonte: elaboração própria.

22. Art. 6º A deficiência não afeta a plena capacidade civil da pessoa, inclusive para:
I - casar-se e constituir união estável;
II - exercer direitos sexuais e reprodutivos;
III - exercer o direito de decidir sobre o número de filhos e de ter acesso a informações adequadas sobre reprodução e planejamento familiar;
IV - conservar sua fertilidade, sendo vedada a esterilização compulsória; V - exercer o direito à família e à convivência familiar e comunitária; e
VI - exercer o direito à guarda, à tutela, à curatela e à adoção, como adotante ou adotando, em igualdade de oportunidades com as demais pessoas.

Das **2.049** pessoas em curatela estudadas, não foi possível identificar a idade de 6, pela ausência de dados nos processos. Em razão do número baixo, este total aparece no Gráfico 5 como 0%. O mesmo ocorreu com as ações propostas em face de adolescentes até 17 anos – relativamente incapazes pelo Código Civil Brasileiro –, cujo número total foi de 12 processos.

Na faixa de **18 a 59 anos**, foram observados **937** indivíduos, perfazendo o montante de **46%** das pessoas com deficiência intelectual submetidas à curatela. Entre **60 e 79 anos**, faixa etária das pessoas idosas, foram identificadas **487** pessoas. Por fim, na superprioridade, composta por sujeitos com **mais de 80 anos**, foram identificados **607** casos.

De modo geral, é possível perceber que o instituto é mais adotado em casos de pessoas idosas. Ao considerar todos os indivíduos com idade superior a 60 anos, chegamos ao percentual de **54%** das ações e um total de **1.094 pessoas**, a confirmar a premissa do professor Seda,[23] no sentido de que "una de esas causas sobrevinientes de la discapacidad mental o intelectual es el deterioro cognitivo que se produce en determinadas personas ancianas, obviamente no em todas".

Por certo que o critério puramente etário não provoca, isoladamente, qualquer alteração no trânsito jurídico, se o avançar da idade não for acompanhado de qualquer outra causa que provoque uma erosão no discernimento da pessoa idosa[24] ou, como dito pelo professor argentino, "el deterioro cognitivo que se produce en determinadas personas ancianas".

A pessoa idosa tem uma situação de vulnerabilidade qualificada, potencializada ou especial, mas não é a idade, ou a velhice, que implica qualquer limitação à *performance* produtiva do sujeito, exceto se associada a alguma outra causa que provoque redução ou supressão da capacidade cognitiva, relacional, de autodeterminação e de fazer suas próprias escolhas.

No caso em estudo, observei que o maior número de pessoas em situação de curatela, ou seja, que apresenta alguma causa de "deterioro cognitivo", tem mais de **60** anos, sendo que, de 1.094 pessoas, **607** têm mais de **80 anos**, a revelar que, no recorte estudado, essa faixa etária merece especial destaque e atenção.[25]

---

23. SEDA, Juan Antonio. Determinación de la capacidad, deterioro cognitivo y discapacidad intelectual. **Revista Jurídica Argentina La Ley**. Ano 2018-D. Edição de 10 de agosto de 2018. p. 5-6. Cita on line: AR/DOC/1470/2018. Disponível em: https://juanseda.files.wordpress.com/2020/04/determinacic3b3n-de-la-capacidad-deterioro-cognitivo.pdf. Acesso em: 26 set. 2022.
24. ROSENVALD, Nelson. **Curatela**. Escritos gentilmente disponibilizados pelo autor.
25. As professoras Silvia E. Fernandez e María Graciela Iglesias, estudiosas do tema, em análise cuidadosa da situação de pessoas idosas com deficiência intelectual, ou o que chamo de situação de curatela, relacionam a redução da mobilidade, da visão, da compreensão ou da

Ano a ano, o número de pessoas idosas rivaliza diretamente com o de adultos entre 18 e 59 anos de idade, mostrando como a discussão sobre capacidade de autodeterminação pode aparecer em qualquer idade.

A idade, enquanto fator isolado, já tem o condão de ampliar a vulnerabilidade dos sujeitos, de modo que se fala na vulnerabilidade qualificada da pessoa idosa, mas sua associação com alguma outra causa de deficiência gera uma maior predisposição ao ajuizamento de demandas dessa natureza.

É salutar pontuar que algumas das deficiências mais comuns que desencadeiam uma degeneração cognitiva apenas tenderão a aparecer com o avançar dos anos, como é o caso da demência decorrente de quadro de Alzheimer e da própria doença de Alzheimer, como se verá em tópicos seguintes.

O Gráfico 6 a seguir traz a divisão por idades ano a ano, elucidando os números gerais.

**Gráfico 6 - Comparativo entre idade das pessoas em situação de curatela ano a ano**

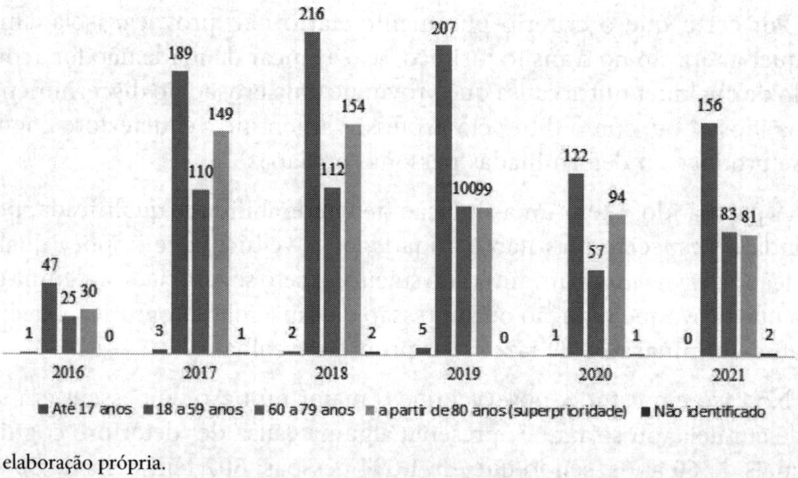


Fonte: elaboração própria.

Analisando em conjunto, 2019 é o único ano onde há uma inversão da lógica de idades, havendo mais processos direcionados a adultos do que a pessoas idosas. A faixa até 59 anos é 6,5% maior que a acima de 60 anos.

audição não deve ser considerada aspecto negativo, senão aspecto essencial da diversidade e da dignidade inerente ao ser humano, razão pela qual toda sociedade que se preze deve respeitar os direitos humanos, deve assumir esta diversidade como um aspecto positivo e outorgar respostas sociais e jurídicas adequadas. Concluem pela necessidade de políticas públicas adequadas e orientadas a assegurar os princípios máximos de justiça, seguridade, igualdade dignidade deste grupo etário. (Tradução livre). (FERNANDEZ, Silvia. **Situaciones de discapacidad y derechos humanos**. 1. ed. Buenos Aires: La Ley, 2020, p. 658).

## 2.3 AS CAUSAS DA REDUÇÃO DA CAPACIDADE DE EXPRESSÃO E DE AUTODETERMINAÇÃO: PREVALÊNCIA DE REFERÊNCIA AO QUADRO CLÍNICO

> *Se você tem uma deficiência, provavelmente não é sua culpa, mas ficar culpando o mundo ou esperar dó de alguém não vai te ajudar em nada. Você deve manter um pensamento positivo e aproveitar o máximo de cada situação. Se você tem um problema físico, não pode se permitir ter um problema psicológico também.*
>
> Stephen Hawking

Após individualizar os sujeitos quanto a gênero e idade, o próximo passo é entender o que causa a redução da capacidade de expressão de vontade dos indivíduos em estudo.

Uma primeira observação é quanto à referência à CID-10 (Classificação Internacional de Doenças, Décima revisão) em todos os processos, sem qualquer referência à Classificação Internacional de Funcionalidade, Incapacidade e Saúde (CIF),[26] aprovada em 2001 pela Organização Mundial de Saúde e considerada um marco na consagração de um modelo social, que antecipou aquele desafio enfrentado pela Convenção de Nova York (em 2006) para definir deficiência.

Até a publicação da CIF, a OMS utilizava uma linguagem estritamente biomédica para classificar eventuais deficiências funcionais, motoras, sensoriais, típica daquele momento em que a medicina (ou a patologia) definia a pessoa.

---

26. CIF ou ICF (International Classification of Functioning, Disability and Health of the World Health Organization). Para a OMS, a CIF é uma classificação da funcionalidade e da incapacidade humana. Ela agrupa sistematicamente os domínios de saúde e os domínios relacionados à saúde. Dentro de cada componente, os domínios são agrupados de acordo com suas características comuns (como sua origem, tipo ou semelhança) e ordenados segundo essas características. A classificação é organizada de acordo com um conjunto de princípios que constam do Anexo 1 do documento, que pode ser encontrado no *link* informado. Esses princípios referem-se à capacidade de interrelação dos níveis e à hierarquia da classificação (conjuntos de níveis). No entanto, algumas categorias na CIF são organizadas de maneira não hierárquica, sem nenhuma ordem, mas como membros iguais de um mesmo ramo. (CENTRO COLABORADOR DA OMS PARA A FAMÍLIA DE CLASSIFICAÇÕES INTERNACIONAIS EM PORTUGUÊS (org.) **Classificação Internacional de Funcionalidade, Incapacidade e Saúde**. Coordenação da tradução Cássia Maria Buchalla. 1. ed. 1. reimp. São Paulo: Edusp, 2008, p. 33. Disponível em: https://apps.who.int/iris/bitstream/handle/10665/42407/9788531407840_por.pdf?sequence=111&isAllowed=y. Acesso em: 30 mar. 2023. Acesso em: 30 mar. 2023.

A CIF classifica a saúde e os estados relacionados à saúde, destacando o seguinte:

> (...) A CIF inclui uma lista abrangente de fatores ambientais como um componente essencial da classificação. Os fatores ambientais interagem com todos os componentes da funcionalidade e da incapacidade. O construto básico do componente dos Fatores Ambientais é o impacto facilitador ou limitador das características do mundo físico, social e de atitude. (...) na CIF, as pessoas não são unidades de classificação, isto é, a CIF não classifica pessoas, mas descreve a situação de cada pessoa dentro de uma gama de domínios de saúde ou relacionados à saúde. Além disso, a descrição é sempre feita dentro do contexto dos fatores ambientais e pessoais. [27]

Pela compreensão internacional, CID-10 e CIF são complementares, e não excludentes. Uma vez que existe desde 2001 – e datando a CDPD de 2006 –, esperava-se uma maior aplicação da CIF, notadamente em casos em que se discute capacidade dentro de um modelo que já não é exclusivamente médico.

Entretanto, os dados demonstraram que a CID-10 ainda é a referência usada com verdadeira exclusividade, o que levou à classificação das ocorrências a partir dos códigos CID-10 encontrados.

Depois de planilhadas as informações, de saída percebi que alguns CIDs[28] possuem preponderância sobre outros.

Ao longo dos 2.021 processos, mais de cem CIDs diferentes foram identificados, sendo que, em algumas ações, havia referência a mais de um CID-10 para indicar condição clínica da pessoa – por vezes códigos associados diretamente ao quadro clínico ou só condições paralelas, sem relação direta com a outra ocorrência mencionada.

As principais ocorrências, a partir dos CIDs mais encontrados estão elencadas na Tabela 2 a seguir.

27. Ibidem, p. 20.
28. CID, ou Classificação Estatística Internacional de Doenças e Problemas Relacionados com a Saúde, é uma classificação desenvolvida pela Organização Mundial da Saúde (OMS) cuja principal função é monitorar a incidência e a prevalência de doenças. A partir de um código universal padrão, os quadros clínicos são classificados em grupos que permitem delimitar sintomas e consequências decorrentes da condição apontada.

**Tabela 2 - CID-10 e condição clínica associada**

| CID-10 | DESCRIÇÃO |
|---|---|
| G30 | Doença de Alzheimer |
| F20 | Esquizofrenia |
| F71 | Retardo Mental Moderado |
| F72 | Retardo Mental Grave |
| G40 | Epilepsia |
| F03 | Demência Não Especificada |
| I64 | Acidente Vascular Cerebral |
| I69 | Sequelas de Doenças Cerebrovasculares |
| F01 | Demência Vascular |
| F00 | Demência na Doença de Alzheimer |
| I10 | Hipertensão Essencial |
| G80 | Paralisia Cerebral |
| F70 | Retardo Mental Leve |
| F02 | Demência em Outras Doenças Classificadas em Outra Parte |
| Q90 | Síndrome de Down |
| G20 | Doença de Parkinson |
| F33 | Transtorno Depressivo Recorrente |
| G31 | Outras Doenças Degenerativas do Sistema Nervoso Não Classificadas em Outra Parte |

O Gráfico 7 abaixo revela como as ocorrências se distribuíram no recorte processual estudado.

**Gráfico 7 - Principais causas do comprometimento da capacidade de exprimir vontade[29]**

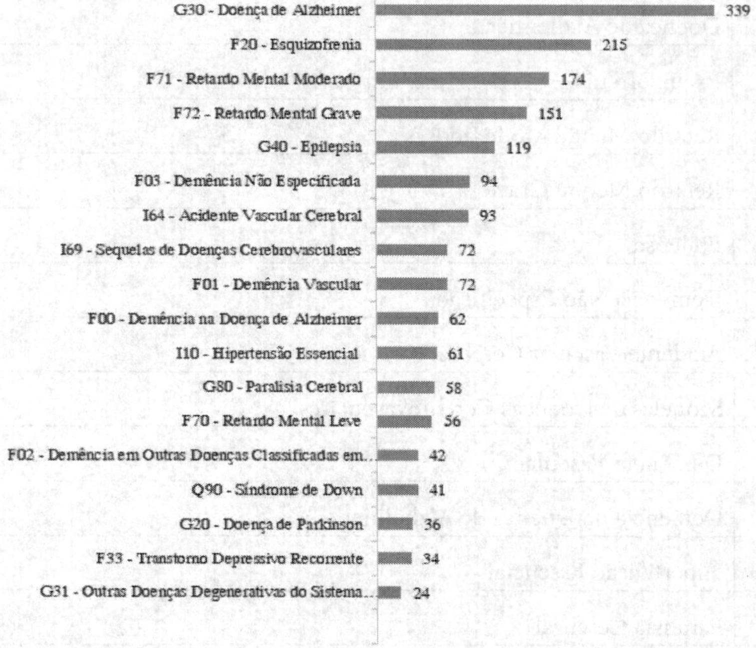


Fonte: elaboração própria.

Para além da análise individual, também é possível constatar a incidência de grupos referentes a: Transtornos mentais e comportamentais (CID-10: F00 a F99); Doenças do sistema nervoso (CID-10: G00-G99); e Doenças do aparelho circulatório (CID-10: I00-I99), apontados no Gráfico 8 a seguir.

29. Apenas foi considerada a classificação macro, sem incluir as subdivisões existentes dentro de cada CID-10 apontado nas petições iniciais. Um exemplo ilustrativo é a Doença de Alzheimer que apareceu com suas subdivisões na pesquisa (como G30, G30.1 ou G30.8) e foi agrupada genericamente no CID G30 para melhor tratamento dos dados.

**Gráfico 8 - Grupos de CIDs[30] e ocorrências em processos**

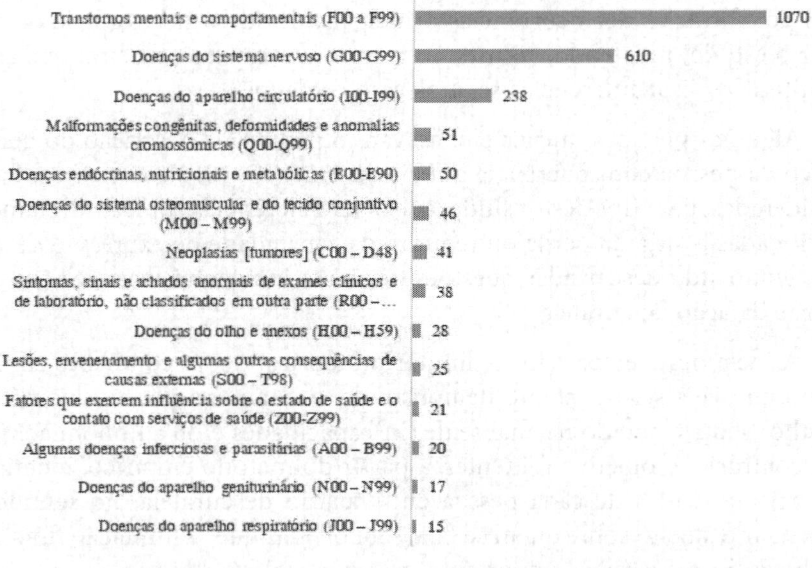


Fonte: elaboração própria.

Os transtornos mentais e comportamentais e as doenças do sistema nervoso lideram, isoladamente, as causas de pedir das ações de curatela. Sem adentrar no mérito das discussões clínicas dos casos, é possível perceber que o pedido de curatela ainda se assenta em diagnósticos ligados a alterações mentais, recordando o tratamento atribuído historicamente à saúde mental aos chamados "loucos de todo gênero", citados em capítulo anterior.

### 2.3.1 Características dos sujeitos de acordo com os principais quadros clínicos identificados

Os primeiros cruzamentos permitiram identificar perfis diferentes de sujeitos no polo passivo das ações de curatela, variando conforme o quadro clínico observado. Tomando a decisão de analisar de modo mais aprofundado as particularidades dos processos, foram aplicados os filtros já utilizados anteriormente, gênero e idade, para melhor entender as especificidades das pessoas a partir das 10 causas apontadas com maior incidência.

30. Alguns processos apresentam incidência de mais de um grupo de CID-10. No gráfico estão listados todos os grupos que apresentam mais de dez ocorrências na base processual extraída, estando presentes 14 dos 22 grupos de CID-10 existentes.

A ideia consistiu em entender como as causas da redução da capacidade de expressão de vontade ocorriam nos recortes de idade e gênero. Para tanto, optei por filtrar as dez ocorrências principais, devido à necessidade de delimitar o estudo, mantendo, ao mesmo tempo, um espaço amostral que ainda permitisse realizar inferências seguras com os dados.

Algumas petições iniciais embasavam o pedido na descrição do quadro clínico da pessoa com referência a mais de um CID-10. Nesses casos, foram consideradas, para fins deste estudo, apenas as referências clínicas diretamente relacionadas à alegada perda ou redução da capacidade de expressão de vontade, tendo sido descartadas questões de saúde incidentais sem relação com o cerne da ação de curatela.

A ideia desta etapa não foi limitar ou teorizar sobre condições clínicas, até porque já restou bastante demonstrado o quanto o padrão biomédico, sozinho, ficou superado na análise de (in)capacidades e/ou autonomia. Muito pelo contrário, o objetivo foi tentar, a partir do método empírico, identificar as particularidades de cada pessoa em situação de curatela, no sentido de desvendar o sujeito sobre quem se fala, sem olvidar que "a limitação funcional da pessoa é uma variável importante, mas não isolada".[31]

#### *2.3.1.1 Campeão de ocorrências – G30 - Doença de Alzheimer*

A amostra analisada revelou que a Doença de Alzheimer é a principal referência nas ações de "interdição", aparecendo em **339** casos – consoante o Gráfico 7 anteriormente apresentado –, o que representa **16,54%** do total de pessoas em situação de curatela da amostra (2.049).

Chama a atenção o fato de a grande maioria dos casos aparecerem em pessoas do sexo feminino, representando **75%** das ações propostas com base em Alzheimer, e **12,5% da amostra inteira (2.049)**, o que fugiu totalmente do panorama geral obtido no estudo amostral da 1ª Vara de Sucessões, Órfãos e Interditos de Salvador.

O Gráfico 9 a seguir elucida bem essa análise.

---

31. ROSENVALD, Nelson. **Curatela.** Escritos gentilmente disponibilizados pelo autor.

**Gráfico 9 - Incidência de G30 (Doença de Alzheimer) por Gênero**

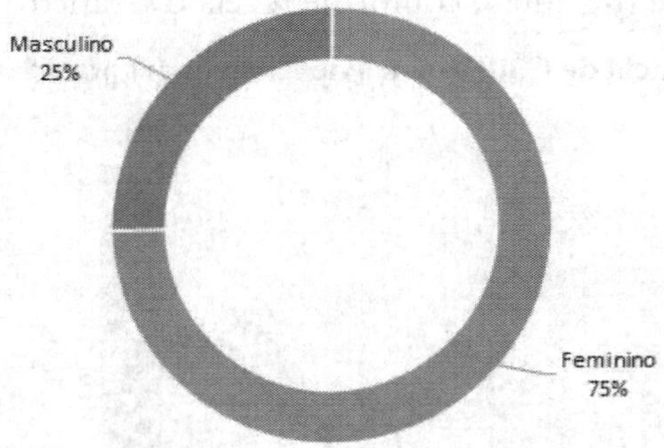


Fonte: elaboração própria.

O maior número de pessoas do sexo feminino com referência à doença de Alzheimer nos pedidos de curatela se repetiu em todos os anos, desde 2016 até 2021, conforme evidencia o Gráfico 10 a seguir.

**Gráfico 10 - Ocorrência de G30 (Doença de Alzheimer) por Gênero e Ano**

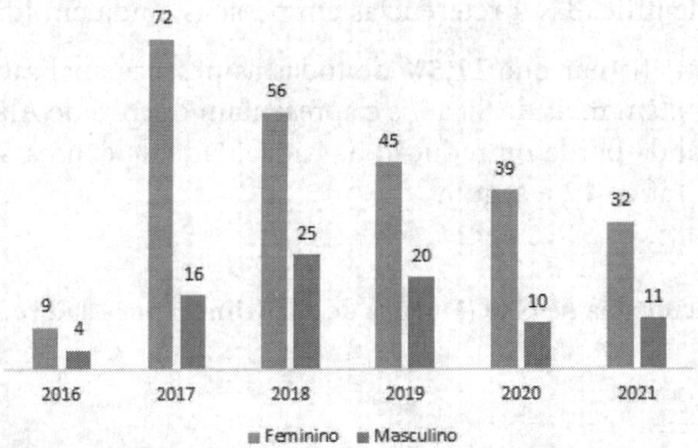


Fonte: elaboração própria.

Observa-se que, em todos os anos, manteve-se o padrão de mais mulheres que homens com histórico de Alzheimer na amostra, e na razão de três quartos. As 253 mulheres cuja dificuldade de autodeterminação esteve associada ao Alzheimer (CID-10 G30) representam 12,5% de todos os sujeitos das ações de curatela presentes na amostra da 1ª Vara de Sucessões de Salvador, um contingente significativo nas análises gerais dos processos.

Passando para um estudo sobre idade, todos os registros com referência ao Alzheimer eram de pessoas idosas, sendo mais presente na chamada faixa de superprioridade (80 anos), conforme revela o Gráfico 11 abaixo.

**Gráfico 11 - Incidência de G30(Doença de Alzheimer) por Idade**

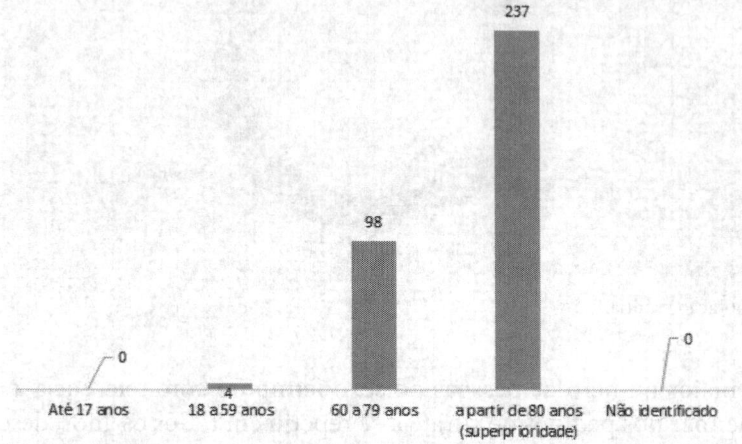


Fonte: elaboração própria.

Foram identificadas 4 referências em pessoas ainda em idade adulta.

É possível afirmar que **11,5%** de todas as pessoas analisadas no recorte (2.049 pessoas) têm mais de 80 anos e apresentam doença de Alzheimer como causa principal da perda ou redução da capacidade de expressão de vontade, consoante o Gráfico 12 a seguir.

**Gráfico 12 - Incidência de G30 (Doença de Alzheimer) por Idade e Ano**

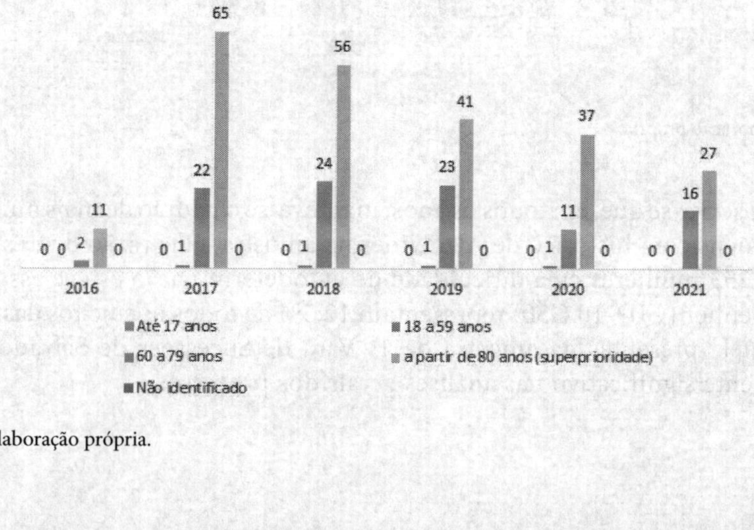


Fonte: elaboração própria.

O Gráfico 12 leva em conta as referências ao Alzheimer nas ações a cada ano, desde 2016 a 2021. Em todos os anos, há a maior quantidade de ações na faixa de idade superior a **80 anos**, reforçando a ideia de maior vulnerabilidade desse sujeito. É possível concluir que, em sua maioria, senhoras com mais de 80 anos aparecem nos casos de ações de curatela cujo pedido está lastreado em Doença de Alzheimer.

#### *2.3.1.2 O segundo lugar em ocorrências – F20 - Esquizofrenia*

Prosseguindo na análise das causas da redução de capacidade para prática de atos da vida civil referidas nas ações de "interdição" constantes da amostra, a esquizofrenia foi a que totalizou em segundo lugar, com **215 referências**, que equivalem a **10,49% da amostra**.

É fácil perceber como o perfil da pessoa muda bastante em relação ao da pessoa com referência de Alzheimer. Agora, predomina o gênero masculino, com 135 pessoas, enquanto 80 são do feminino.

O Gráfico 13 a seguir dá uma dimensão da distribuição dos 215 casos com relato de esquizofrenia:

**Gráfico 13 - Ocorrência de F20 (Esquizofrenia) por Gênero**

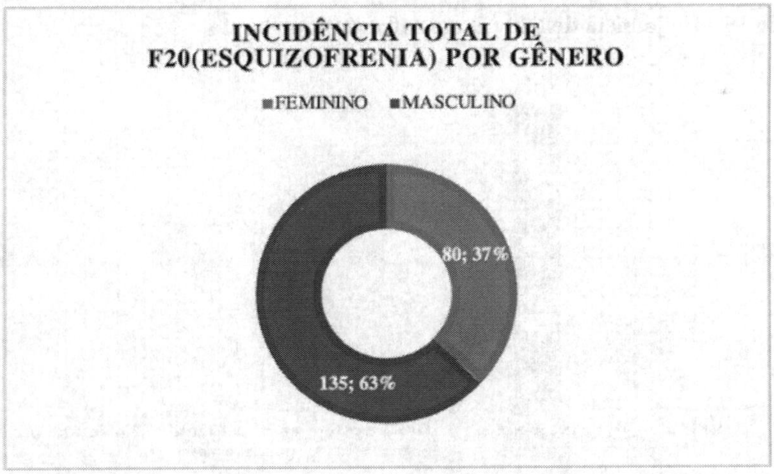


Fonte: elaboração própria.

O Gráfico 14 abaixo contém a distribuição de processos com referência a esquizofrenia por gênero por ano.

**Gráfico 14 - Incidência de F20 (Esquizofrenia) por Gênero e Ano**

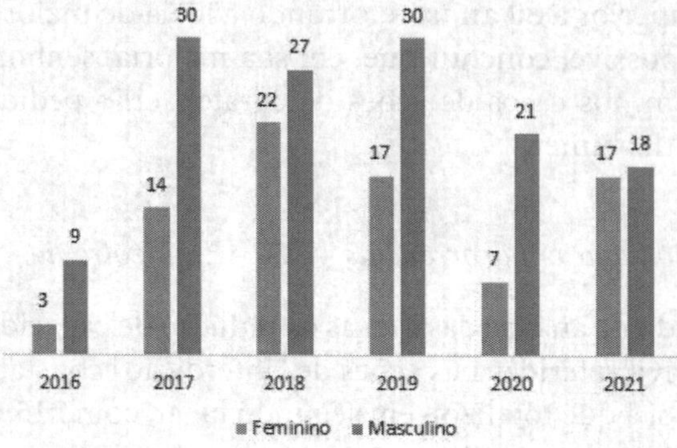


Fonte: elaboração própria.

Em todos os anos, manteve-se maior referência a esquizofrenia em processos relativos a homens que a mulheres, também fugindo à média geral obtida na análise de todo o acervo processual.

Outra diferença, se comparada às hipóteses de referência a pessoas com Alzheimer, está na proporção de indivíduos por idade, sendo que **83%** dos casos foram visualizados entre os **18 e 59 anos**, conforme mostra o Gráfico 15 abaixo.

**Gráfico 15 - Incidência de F20 (Esquizofrenia) por Idade**

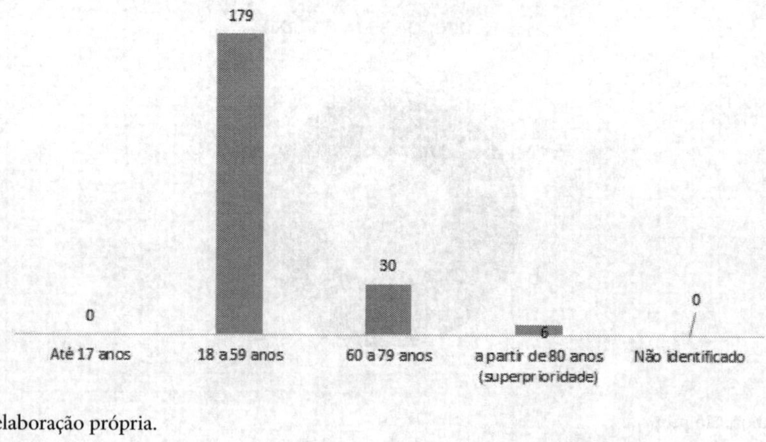


Fonte: elaboração própria.

Na distribuição anual, o comportamento por idade mantém os sujeitos em idade adulta no topo, conforme demonstra o Gráfico 16 seguinte:

**Gráfico 16 - Incidência de F20 (Esquizofrenia) por Idade e Ano**

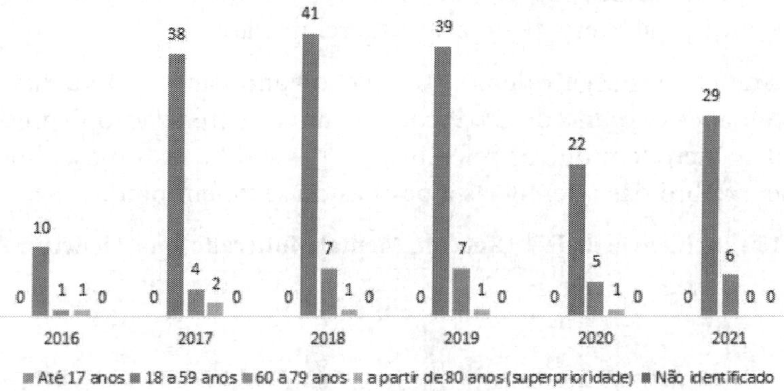


Fonte: elaboração própria.

A referência a esquizofrenia apareceu em 10,5% (aproximação de 10,49%) dos casos analisados. É interessante observar como apenas 6 casos, de todos os 215, apresentam sujeitos com idade superior a 80 anos.

### *2.3.1.3 Retardo Mental Moderado*

Como terceiro fator mais expressivo apareceu o retardo mental moderado. Diferentemente das duas hipóteses já citadas, há uma diferenciação baixa em termos de gênero nos processos em que apareceu, ocorrendo em 93 casos do gênero masculino e em 81 do feminino, consoante evidencia o Gráfico 17 a seguir.

**Gráfico 17 - Incidência de F71 (Retardo Mental Moderado) por Gênero**

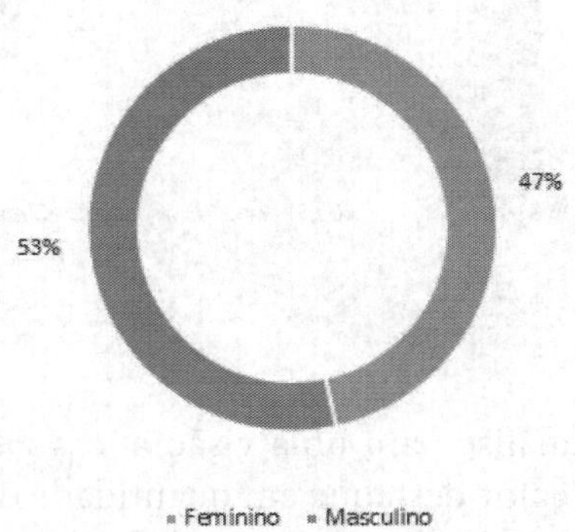


Fonte: elaboração própria.

Em termos de gênero, os diagnósticos em indivíduos identificados como masculinos é um pouco superior ao de indivíduos do gênero feminino, invertendo a lógica geral presente no acervo geral da vara.

O Gráfico 18 a seguir demonstra que, olhando ano a ano a distribuição processual, apenas o ano de 2019 conteve uma diferenciação expressiva em termos de gênero, em que as referências a pessoa do sexo masculino foram mais que o dobro das referências a pessoas do sexo feminino.

**Gráfico 18 - Incidência de F71 (Retardo Mental Moderado) por Gênero e Ano**

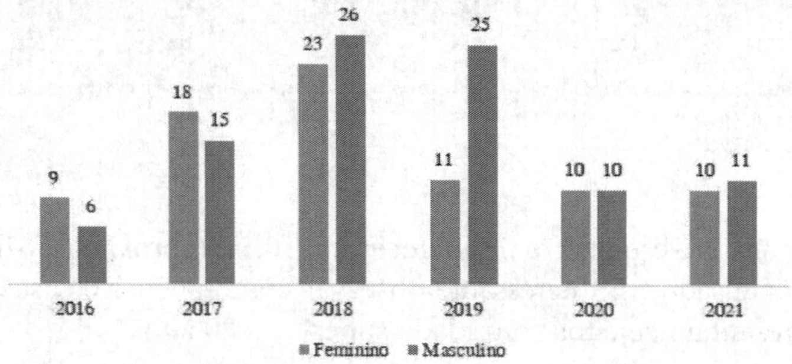


Fonte: elaboração própria.

Partindo para o recorte de idade, a faixa mais comum de ocorrência de retardo mental moderado é no intervalo de 18 a 59 anos. O total de pessoas acima de 60 anos é extremamente baixo, sendo uma ocorrência típica da faixa etária dos adultos, que perfaz 95% dos casos, consoante mostra o Gráfico 19 a seguir.

**Gráfico 19 - Incidência de F71 (Retardo Mental Moderado) por Idade**

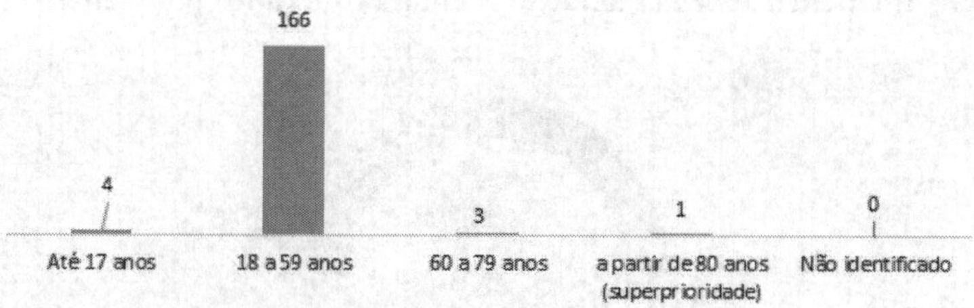


Fonte: elaboração própria.

Aprofundando a análise para uma visão ano a ano, é possível observar que 2018 é o ano com maior destaque em quantidade de ações, concentrando também, por consequência, a maior quantidade de pessoas em situação de curatela em idade adulta, como revela o Gráfico 20 abaixo.

**Gráfico 20 - Incidência de F71 (Retardo Mental Moderado) por Idade e Ano**

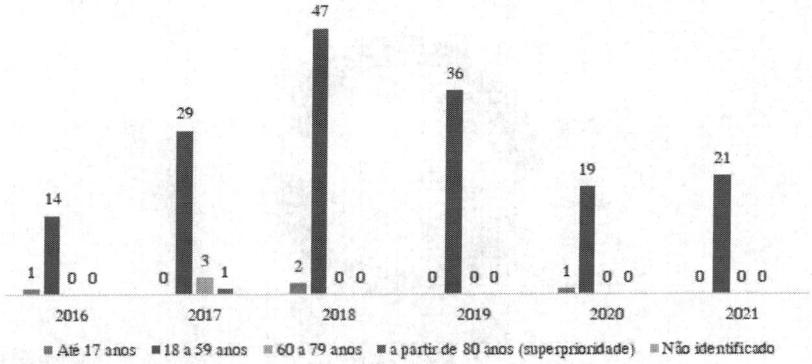


Fonte: elaboração própria.

Apenas 4 indivíduos, dentre todos os que apresentaram diagnóstico de retardo mental moderado a lastrear o pedido, estão com idade superior a 60 anos, além de 4 com diagnóstico em idade inferior a 18 anos.

O número de ocorrências com referência ao retardo mental moderado cai muito se comparado às ocorrências de Alzheimer e esquizofrenia, mas ainda é uma quantidade expressiva em relação à totalidade do acervo processual, representando 8,5% das ações analisadas.

### *2.3.1.4 Retardo mental grave*

Seguindo na análise individual a partir dos CIDs encontrados nas peças, temos como quarto lugar em ocorrências o retardo mental grave, identificado em **151 pessoas** submetidas à curatela. O retardo na modalidade grave segue a tendência demonstrada nos casos de retardo mental moderado, tendo contingente masculino superior ao feminino, conforme demonstrado pelo Gráfico 21 seguinte.

**Gráfico 21 - Incidência de F72 (Retardo Mental Grave) por Gênero**

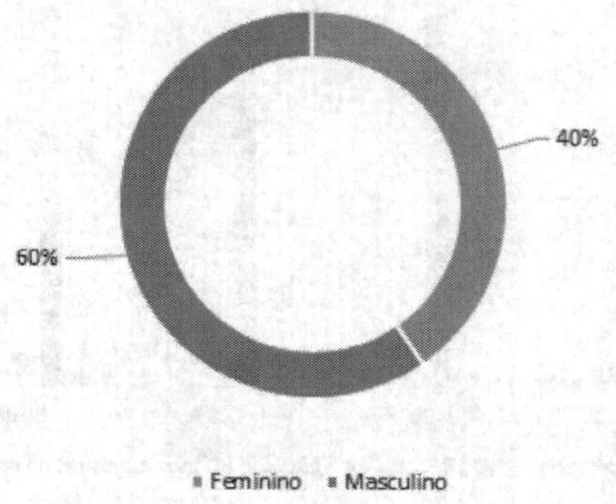


Fonte: elaboração própria.

Ao olhar ano a ano, apenas 2021 apresentou uma inversão de tendência, tendo mais mulheres com o diagnóstico em relação ao número total de homens, como demonstra o Gráfico 22 a seguir.

**Gráfico 22 - Incidência de F72 (Retardo Mental Grave) por Gênero e Ano**

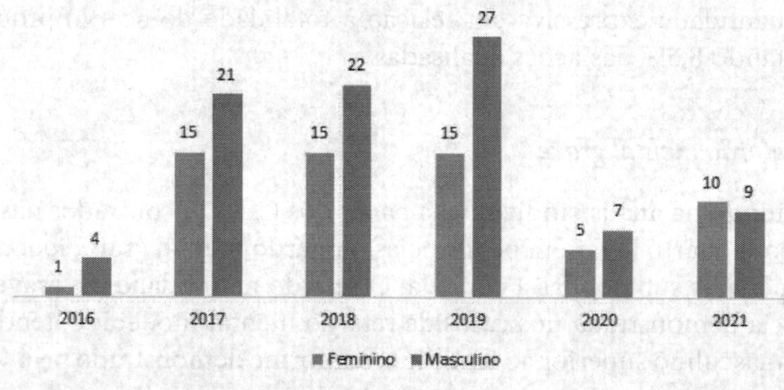


Fonte: elaboração própria.

Novamente se verifica uma maior incidência da condição em pessoas na faixa dos 18 aos 59 anos, no intervalo considerado como de indivíduos na idade adulta, sendo esta porção correspondente a 94% dos casos identificados, como mostra o Gráfico 23 em seguida.

**Gráfico 23 - Incidência de F72 (Retardo Mental Grave) por Idade**

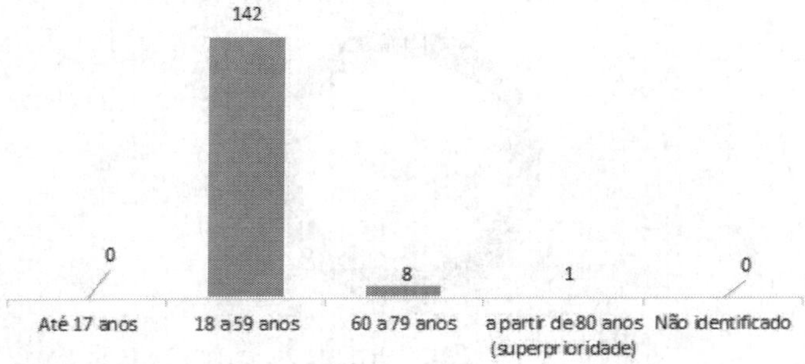


Fonte: elaboração própria.

É possível perceber, ao examinar-se a demanda ano a ano, que, em 2017 e 2020, não houve registro de quadros de retardo mental grave em pessoas fora da idade adulta. Uma conclusão que pode ser tirada desse fato é que o retardo mental, tanto na modalidade grave quanto na moderada, gera uma preocupação com a restrição da capacidade desde uma idade mais nova do indivíduo. Observe-se a seguir o Gráfico 24 sobre esse aspecto.

**Gráfico 24 - Incidência de F72 (Retardo Mental Grave) por Idade e Ano**

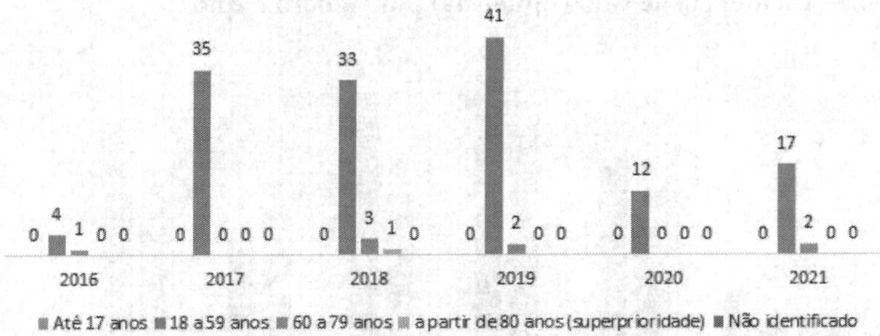


Fonte: elaboração própria.

Retardo mental moderado e grave apresentam perfis semelhantes de indivíduos de modo geral, mantendo as tendências, variando apenas no grau de comprometimento cognitivo gerado.

### *2.3.1.5 Epilepsia*

Em quinto lugar, pelo número de referências nas ações, ficou a epilepsia (CID-10 G40), consoante dados apresentados no Gráfico 25 abaixo.

**Gráfico 25 - Incidência de G40 (Epilepsia) por Gênero**

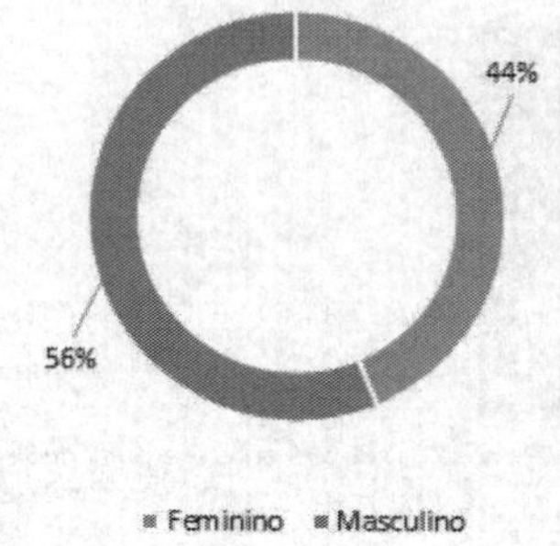


Fonte: elaboração própria.

O Gráfico 25 contém a distribuição das ocorrências entre homens e mulheres, apresentando uma breve distorção em relação às tendências da amostra, por ter aparecido mais em homens do que em mulheres.

A diferença de 12% do total de ações apresenta similaridade com os valores obtidos na análise dos casos de retardo mental moderado, conforme demonstra o Gráfico 26 a seguir.

**Gráfico 26 - Incidência de G40 (Epilepsia) por Gênero e Ano**

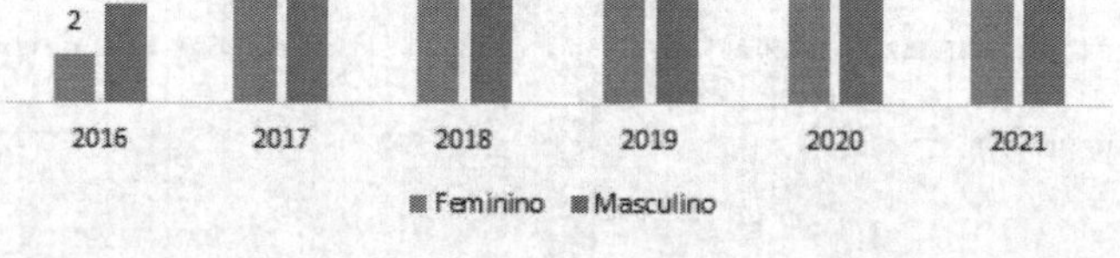


Fonte: elaboração própria.

Analisando a distribuição de gênero num panorama ano a ano, apenas em 2020 o número de pessoas em situação de curatela do gênero feminino com quadro de epilepsia foi maior do que o do masculino em comparativo.

Seguindo a mesma tendência dos quadros de retardo mental já discutidos nos tópicos anteriores, a proporção de pessoas em situação de curatela com relato de epilepsia volta a ser maior na idade adulta, perfazendo 83% dos casos nesse recorte, conforme o Gráfico 27 a seguir.

**Gráfico 27 - Incidência de G40 (Epilepsia) por Idade**

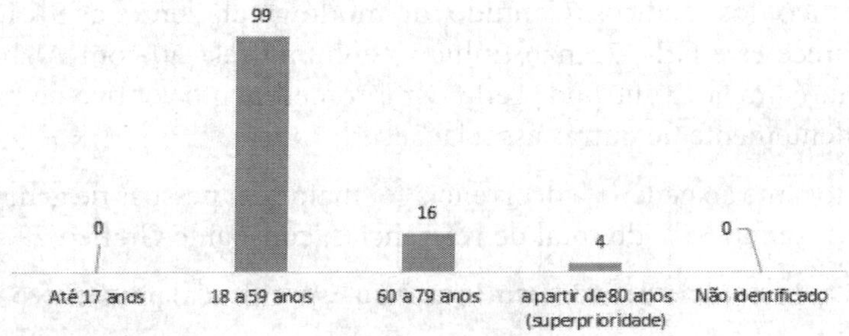


Fonte: elaboração própria.

Em que pese a ampla maioria dos casos ocorrer na idade adulta, há um número expressivo de indivíduos com diagnóstico de epilepsia entre aqueles que estão em situação de curatela com idade superior aos 60 anos, somando um total de 20 pessoas, frente a 119 no total.

Analisando ano a ano, é possível visualizar que o maior destaque em número de casos dos 18 aos 59 anos foi em 2018, conforme demonstram os dados dispostos no Gráfico 28 abaixo.

**Gráfico 28 - Incidência de G40 (Epilepsia) por Idade e Ano**

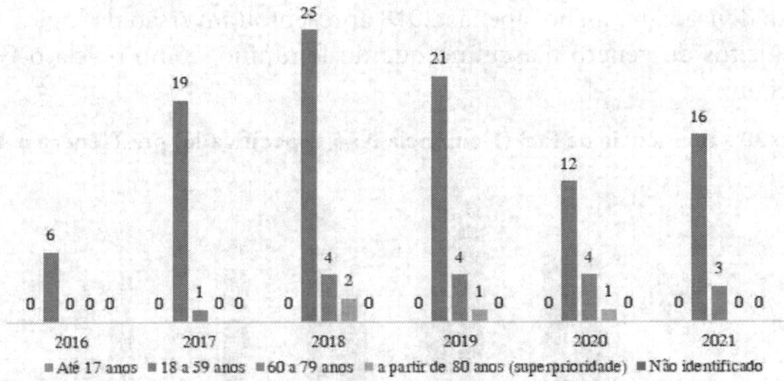


Fonte: elaboração própria.

### *2.3.1.6 Demência não especificada*

Com 94 ocorrências, apareceu em sétimo lugar a chamada demência não especificada, que replicou a tendência geral encontrada na amostra, sendo mais presente em pessoas do gênero feminino do que do masculino.

Cumpre ressaltar que alguns quadros demenciais aparecem associados à Doença de Alzheimer, complementando a descrição clínica e aprofundando o diagnóstico dos médicos. Contudo, de modo geral, dentre as 94 ações nas quais aparece este CID, 72 não tinham nenhuma relação com Alzheimer, a revelar que é um fator que pode gerar comprometimento volitivo do indivíduo independentemente de outras associações.

No tocante ao gênero, a ocorrência foi maior em pessoas de gênero **feminino**, perfazendo **55%** do total de referências, consoante Gráfico 29 a seguir.

**Gráfico 29 - Incidência de F03 (Demência Não Especificada) por Gênero**

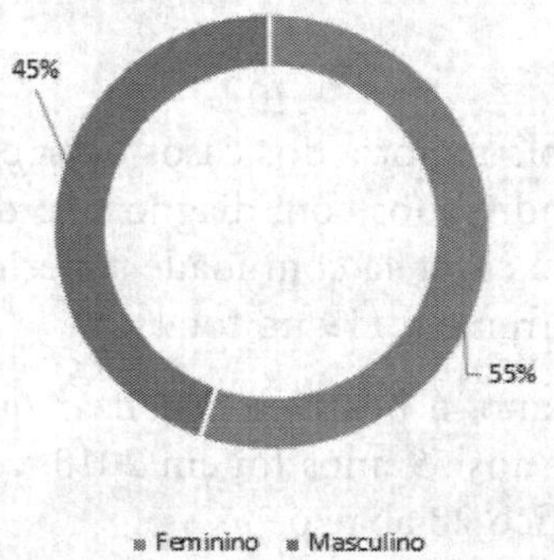


Fonte: elaboração própria.

Na divisão ano a ano, apenas 2018 apresentou inversão da lógica, tendo mais sujeitos do gênero masculino que do feminino, como revela o Gráfico 30 a seguir.

**Gráfico 30 - Incidência de F03 (Demência Não Especificada) por Gênero e Ano**

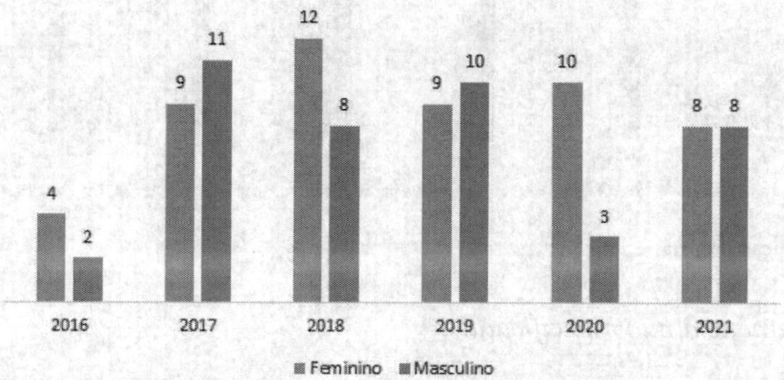


Fonte: elaboração própria.

Partindo para a análise por idade, é possível verificar uma manutenção da tendência verificada nos casos em que há relato de doença de Alzheimer. Do total de ações nesse recorte, 92% são de pessoas idosas, com amplo destaque para a faixa superior a 80 anos, consoante distribuição que está no Gráfico 31, apresentado a seguir.

**Gráfico 31 - Ocorrência de F03 (Demência Não Especificada) por Idade**

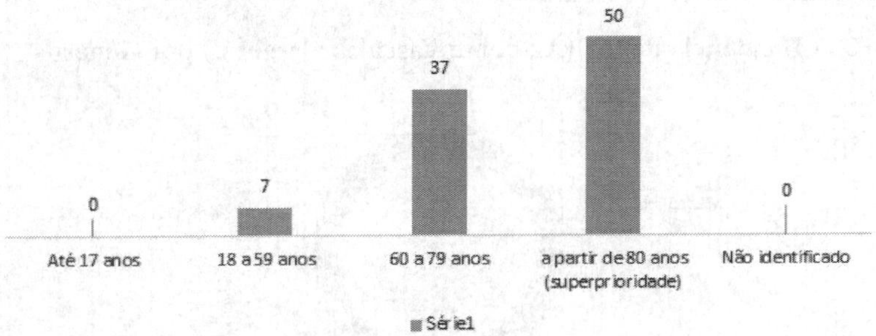


Fonte: elaboração própria.

Partindo para o estudo ano a ano, o Gráfico 32 a seguir revela que, em 2016 e 2019, não são verificados casos de quadro demencial em pessoas com idade inferior a 60 anos, e mesmo nos outros anos a ocorrência nessa faixa etária foi bastante reduzida, aparecendo entre 1 e 3 ocorrências.

**Gráfico 32 - Incidência de F03 (Demência Não Especificada) por Idade e Ano**

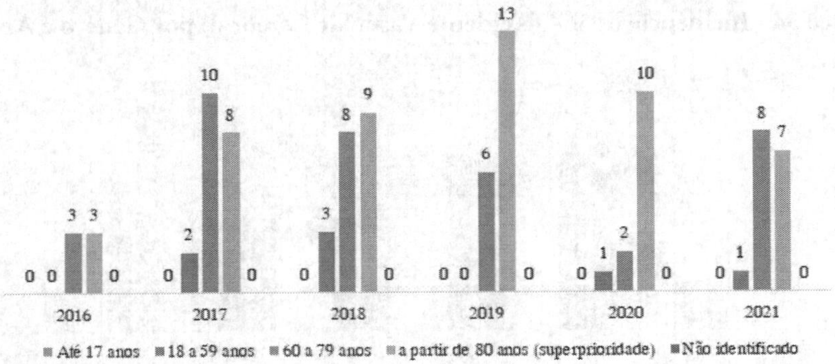


Fonte: elaboração própria.

O ano de 2019 é o que apresenta maior número de casos na faixa superior aos 80 anos. De modo geral, há um equilíbrio entre os casos na faixa etária de pessoas idosas, entre o grupo de 60 a 79 anos e a partir de 80 anos.

#### *2.3.1.7 Acidente Vascular Cerebral*

Em sétimo lugar em número de ocorrências estão os casos de acidente vascular cerebral como causador do comprometimento da capacidade de autodeterminar-se, com 93 ocorrências. Em termos de gênero, há maior concentração de casos no gênero feminino do que no masculino, no entanto, de maneira geral, a diferença entre ambos não é superior a 8%, consoante se demonstra no Gráfico 33 abaixo.

**Gráfico 33 - Incidência de I64 (Acidente Vascular Cerebral) por Gênero**

Fonte: elaboração própria.

Seguindo para o recorte de dados ano a ano, há variação entre a proporção de homens ou mulheres nas ações, a depender do período observado, reforçando a pouca diferença percentual entre os gêneros, como se observa no Gráfico 34 a seguir.

**Gráfico 34 - Incidência de I64 (Acidente Vascular Cerebral) por Gênero e Ano**

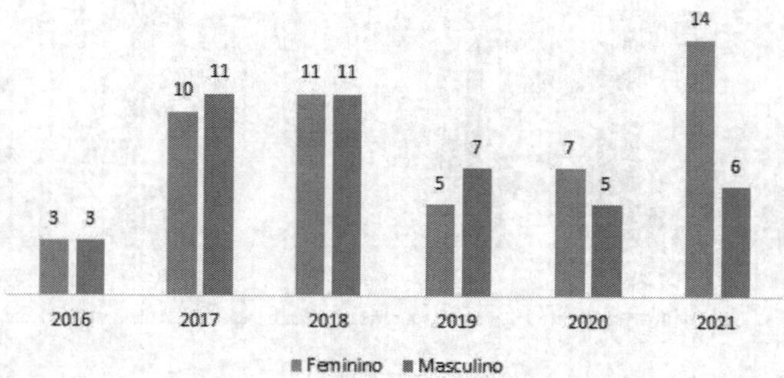


Fonte: elaboração própria.

Partindo novamente para o critério etário, os dados confirmam a percepção geral sobre o tema: pessoas idosas apresentam maior tendência deste diagnóstico que as pessoas em idade adulta. Em termos percentuais, a pessoa diagnosticada com acidente vascular cerebral costuma ser idosa em 84% dos casos, tendo, em 56% dos casos, idade entre 60 e 79 anos. Confira-se o Gráfico 35 abaixo.

**Gráfico 35 - Incidência de I64 (Acidente Vascular Cerebral) por Idade**

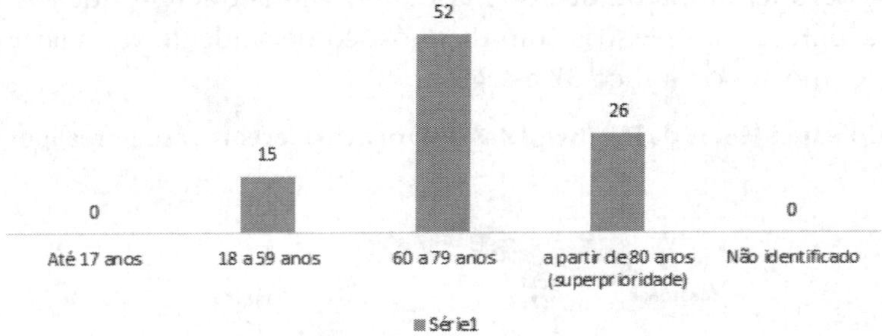


Fonte: elaboração própria.

Passando para as tendências ano a ano, em todos os períodos analisados a faixa etária dos 60 aos 79 anos é a campeã de casos, com destaque para os anos de 2016 e 2018 nos quais não houve nenhum caso registrado em indivíduos em idade adulta, de 18 a 59 anos. Conforme indica o Gráfico 36 abaixo.

**Gráfico 36 - Incidência de I64 (Acidente Vascular Cerebral) por Idade e Ano**

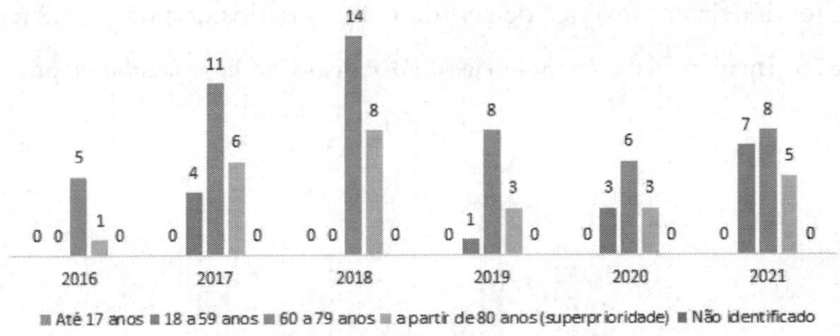


Fonte: elaboração própria.

Via de regra, acidentes vasculares costumam ocorrer em pessoas com idade mais avançada em decorrência de predisposições genéticas e estilos de vida,[32] o que pode ajudar a compreender o quadro encontrado.

---

32. Sobre esse tema, o portal Boehringer-Ingelheim destaca que AVCs podem ocorrer em jovens, mas, via de regra, é um quadro clínico mais comum em indivíduos com idade superior a 50 anos. Informações disponíveis em: https://www.boehringer-ingelheim.com.br/press-release/avc-tambem-atinge-jovens-saiba-como-prevenir. Acesso em: 16 mar. 2023.

#### *2.3.1.8 Sequelas de doenças cerebrovasculares*

As sequelas de doença cerebrovascular aparecem em oitavo lugar em incidência, totalizando 82 casos observados na matriz de dados. Novamente, a tendência dos dados permite inferir que é um quadro mais comum em sujeitos do gênero feminino do que do masculino, numa diferença de 8%, similar ao que acontece com pessoas com diagnóstico de acidente vascular cerebral, consoante mostra o Gráfico 37 a seguir.

**Gráfico 37 - Incidência de I69 (Sequelas de Doenças Cerebrovasculares) por Gênero**

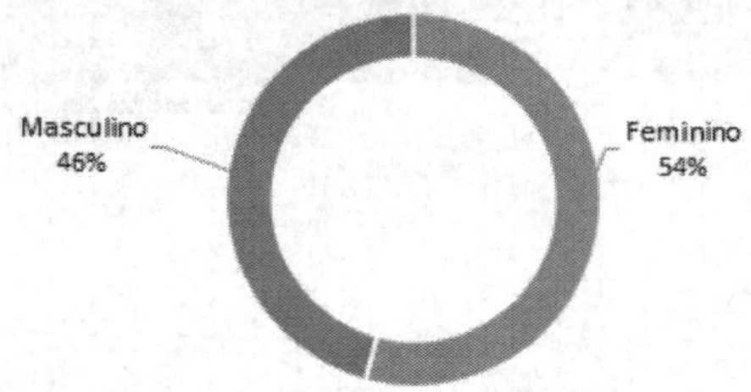


Fonte: elaboração própria.

Na análise ano a ano, observou-se que a partir de 2018 houve maior volume de mulheres que de homens diagnosticados com a condição. Em 2016 e 2017, a tendência era inversa, de acordo com os dados do Gráfico 38 a seguir.

**Gráfico 38 - Incidência de I69 (Sequelas de Doenças Cerebrovasculares) por Gênero e Ano**

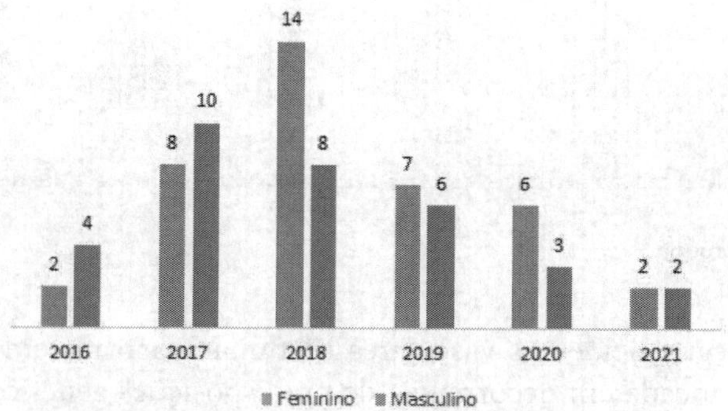


Fonte: elaboração própria.

Partindo para análise por idade, 88% são pessoas com este diagnóstico são idosas, aparecendo em 33 casos entre 60 e 79 anos de idade, e 30 com mais de 80 anos, conforme o Gráfico 39 apresenta abaixo.

**Gráfico 39 - Incidência de I69 (Sequelas de Doenças Cerebrovasculares) por Idade**

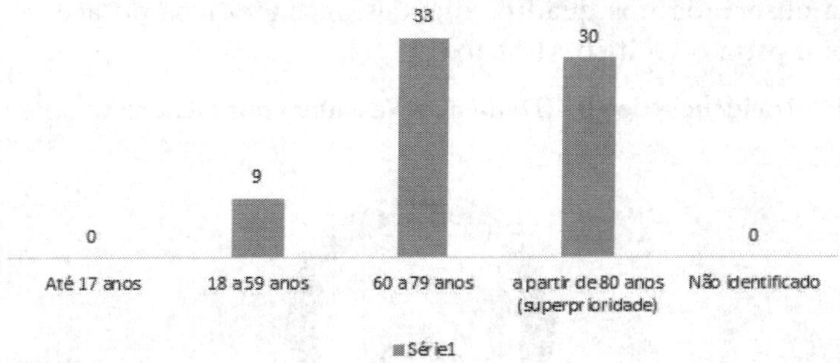


Fonte: elaboração própria.

É possível destacar também que 42% dos casos são de pessoas acima de 80 anos, na faixa da superprioridade.

Nas tendências estudadas ano a ano, apenas em 2016 não foram registrados casos na faixa dos 60 aos 79 anos, intervalo mais representativo e predominante nos demais anos observados, como mostra o Gráfico 40 a seguir.

**Gráfico 40 - Incidência de I69 (Sequelas de Doenças Cerebrovasculares) por Idade e Ano**

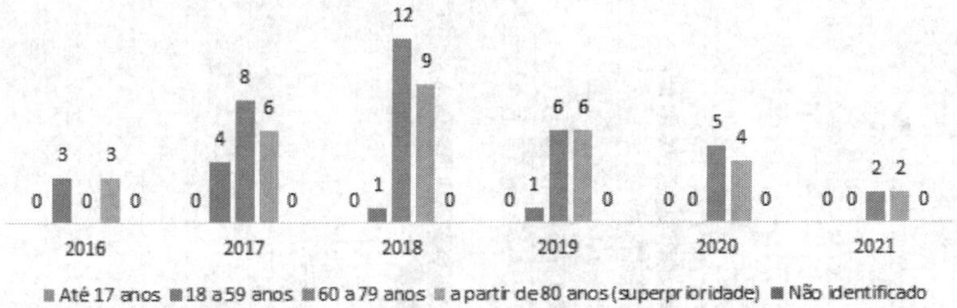


Fonte: elaboração própria.

Merece destaque o fato de, em 2020 e 2021, não ter sido registrado nenhum caso de pessoas em situação de curatela em idade adulta, de 18 a 59 anos.

*2.3.1.9 Demência vascular*

Em menor proporção, apareceu a referência à demência vascular em 72 casos. Percebi que alguns casos de demência vascular complementam e intensificam o quadro de comprometimento funcional provocado pela doença de Alzheimer. Dos 72 casos identificados com demência vascular, 45 não possuem ligação com a doença de Alzheimer, sendo demências de outra natureza.

Há uma quantidade maior de mulheres (43) nessas ações, mantendo a tendência observada nos quadros mentais degenerativos no acervo da vara, conforme mostra o Gráfico 41 abaixo.

**Gráfico 41 - Incidência de F01 (Demência Vascular) por Gênero**

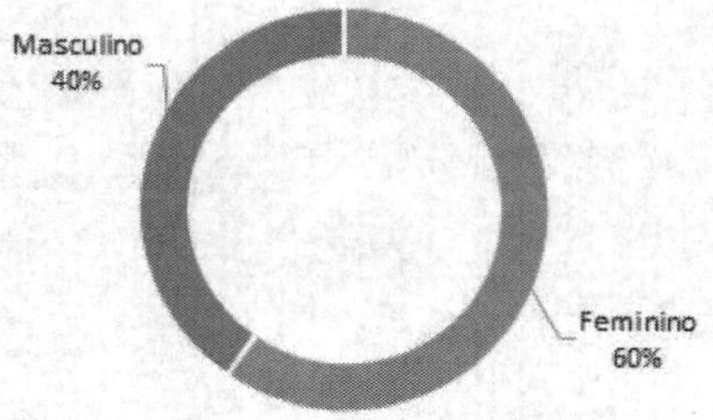


Fonte: elaboração própria.

Passando para uma leitura anual, apenas em 2018 há um equilíbrio entre o total de mulheres e homens, sendo a maioria dos anos uma reprodução da tendência geral: mais mulheres diagnosticadas com a patologia nas ações, como mostrado no Gráfico 42 abaixo.

**Gráfico 42 - Incidência de F01 (Demência Vascular) por Gênero e Ano**

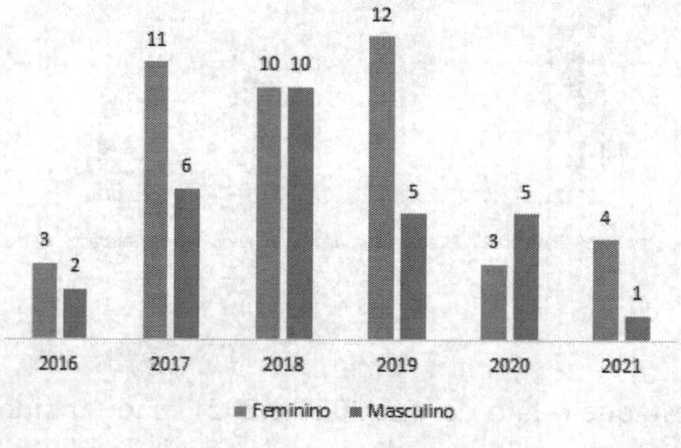


Fonte: elaboração própria.

Falando sobre idade, novamente as ocorrências apareceram tipicamente em indivíduos com idades avançadas, sendo 94% dos casos compostos por pessoas idosas, ou seja, com idade superior a 60 anos, consoante Gráfico 43 a seguir.

**Gráfico 43 - Incidência de F01 (Demência Vascular) por Idade**

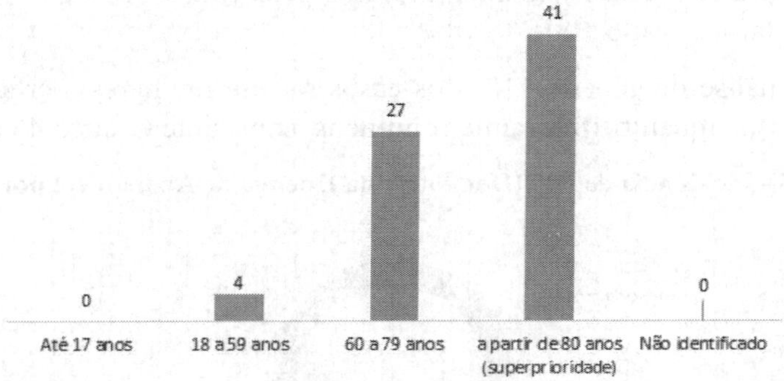


Fonte: elaboração própria.

Do total de indivíduos, 57% estão englobados no critério da superprioridade etária, existente após os 80 anos.

Passando para uma visão de como a demência vascular apareceu nos processos a cada ano, o Gráfico 44 em seguida demonstra que apenas o ano de 2019 foge à tendência geral de mais pessoas na faixa de mais de 80 anos:

**Gráfico 44 - Incidência de F01 (Demência Vascular) por Idade e Ano**

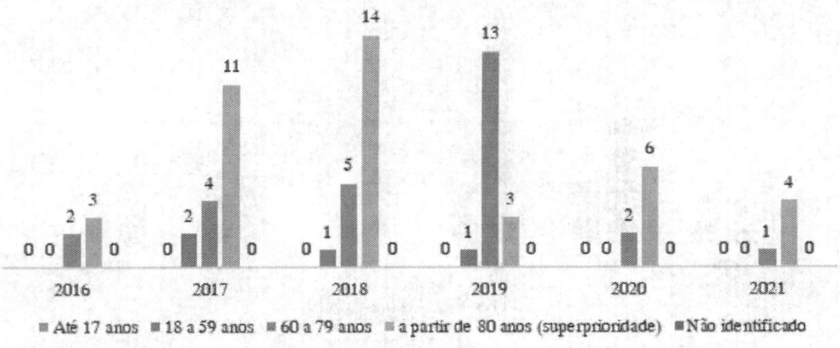


Fonte: elaboração própria.

Apenas 4 casos do total foram identificados em pessoas na idade adulta, de 18 a 59 anos.

*2.3.1.10 Demência na doença de Alzheimer*

Por fim, em décimo lugar no *ranking* das causas clínicas da incapacidade de exprimir vontade, e, por conseguinte, de praticar alguns atos da vida civil, apareceu a demência na doença de Alzheimer, identificada com o CID-10: F00.

Um total de 62 casos apresentaram esta referência, 55 dos quais não fazem referência à doença de Alzheimer expressa pelo CID G30, logo apareceram como um fator isolado.

Na análise de gênero, 71% dos casos são de mulheres, perfazendo 44 ocorrências, enquanto 18 foram em homens, consoante Gráfico 45 a seguir.

**Gráfico 45 - Incidência de F00 (Demência na Doença de Alzheimer) por Gênero**

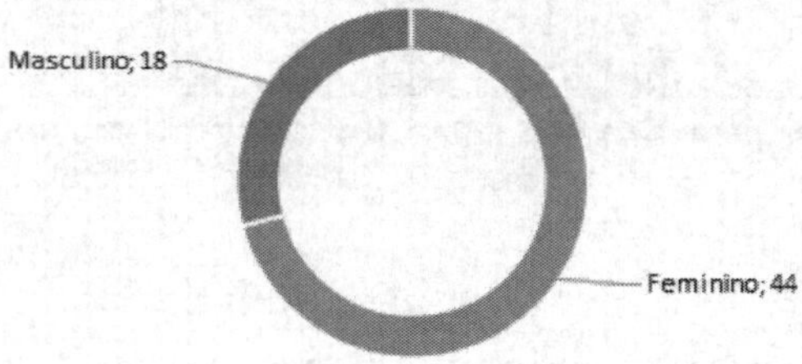


Fonte: elaboração própria.

Com exceção de 2016, todos os anos preservaram a tendência de mais mulheres que homens nas ações, como mostra o Gráfico 46 em seguida.

**Gráfico 46 - Incidência de F00 (Demência na Doença de Alzheimer) por Gênero e Ano**

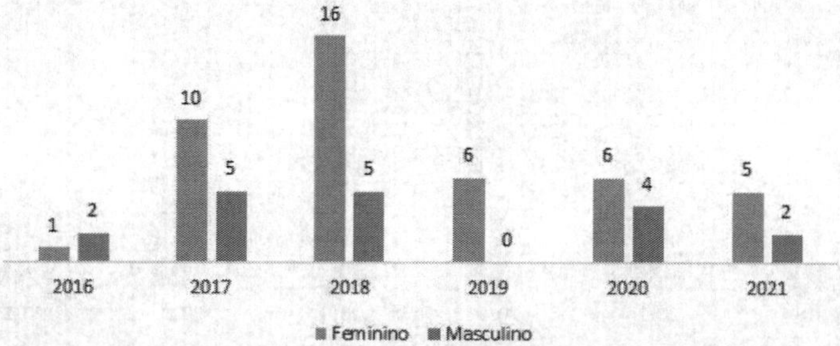


Fonte: elaboração própria.

O Gráfico 47 em seguida demonstra que 95% dos casos foram de pessoas idosas, sendo 61% de pessoas acima de 80 anos de idade.

**Gráfico 47 - Incidência de F00 (Demência na Doença de Alzheimer) por Idade**

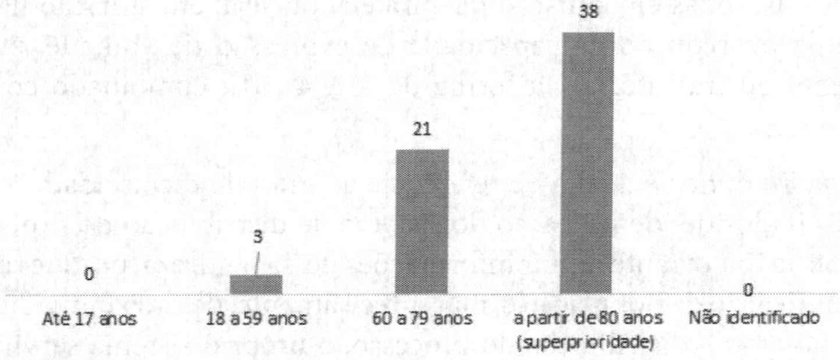


Fonte: elaboração própria.

Na análise anual, a tendência de mais pessoas acima dos 80 anos se manteve em todos os anos estudados, como revela o Gráfico 48 a seguir.

**Gráfico 48 - Incidência de F00 (Demência na Doença de Alzheimer) por Idade e Ano**

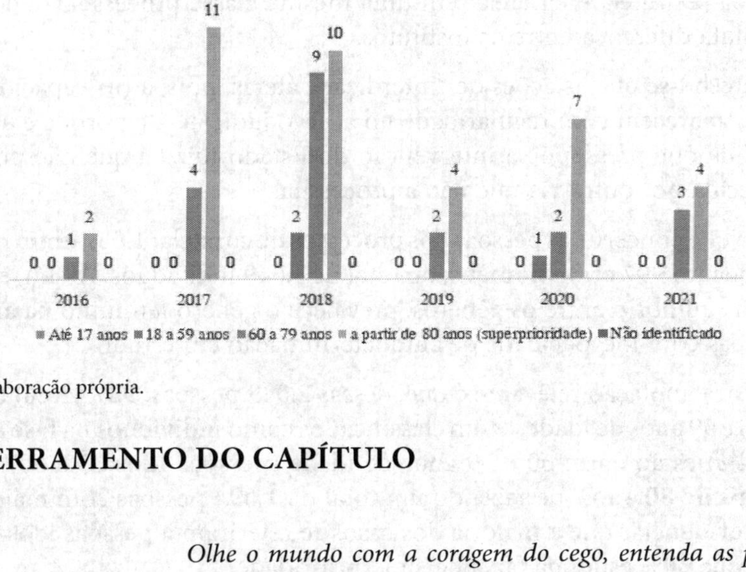


Fonte: elaboração própria.

# ENCERRAMENTO DO CAPÍTULO

*Olhe o mundo com a coragem do cego, entenda as palavras com a atenção do surdo, fale com a mão e com os olhos, como fazem os mudos.*

(Cazuza)

Esta primeira parte da pesquisa empírica trouxe um desenho da parcela da população da cidade de Salvador nas ações de "interdição" que passaram pela 1ª Vara de Sucessões, Órfãos e Interditos da Capital baiana, entre 2016 e 2021.

A partir do recorte feito, foram analisados **2.021** processos, que reuniram **2.049** pessoas, todas em situação de curatela, ou seja, em situação na qual se alega perda ou redução da capacidade de expressão de vontade, por causa permanente ou transitória, na forma do art. 4º, III, combinado com o art. 1.767, I, ambos do CC.

*Primeira crítica* é a falta de referência ao grau de escolaridade, cor, raça, renda nos dados de identificação do sistema de distribuição do processo eletrônico. Seria importante reunir informações dessa natureza, porque relevantes para identificação da população e, mais precisamente, de cada indivíduo e, caso exigidas no ato da distribuição do processo, o próprio sistema serviria como banco de dados para consulta e poderia subsidiar políticas públicas específicas para a população em geral, visto que alcançariam todos os processos em trâmite no Judiciário brasileiro.

*Outra crítica* quanto ao processo eletrônico reside no fato de que as classes processuais ainda não estão ajustadas à nova sistemática constitucional e internacional, na medida em que se preservam expressões como "interdição" e engloba-se "tutela e curatela" em uma mesma classe processual, a despeito da absoluta diferença entre os institutos.

Percebe-se que as ações de "interdição", afetas, pois, à (in)capacidade de pessoas, aparecem com regularidade no acervo judicial, até porque é um tipo de medida que pressupõe a intervenção do Estado-juiz, já que não pode ser estabelecida por outra via que não a processual.

No que concerne às pessoas dos processos de curatela, **1.052 eram mulheres**, enquanto **997 eram homens**, do total de 2.049 indivíduos. Assim, embora haja um equilíbrio entre os gêneros, prevalece o gênero feminino na amostra de pessoas com incapacidade de autodeterminação em estudo.

Outra anotação relevante é que, dessas 2.049 pessoas, **937 (46%)** tinham entre 18 e 59 anos de idade, assim classificados como indivíduos na **fase adulta**; **487 (24%)** estão entre 60 e 79 anos de idade (**pessoas idosas**) e **607 (30%) têm mais de 80 anos**, perfazendo um total de **1.094** pessoas com mais de 60 anos, a evidenciar que a maioria dos casos se referiram a pessoas idosas, sem olvidar que 30% estão na faixa da superprioridade.

Embora a idade não seja fator determinante de capacidade, a idade é, por si, um fator de atenção que tende a ocasionar maior vulnerabilidade em razão do declínio cognitivo natural a que todos os seres humanos estão suscetíveis,[33] e quadros clínicos associados a ela podem intensificar essa vulnerabilidade.

33. Em estudo do Instituto Nacional de Saúde e Pesquisa Médica (INSERM) francês e da University College de Londres, foi identificado que o declínio da capacidade cognitiva iniciaria na faixa etária dos 45 anos, tanto para homens quanto para mulheres. Segundo os pesqui-

De anotar-se que, apesar de vivermos um momento em que a curatela sai daquele contexto biomédico exclusivo para ganhar contorno biopsicossociais, uma vez que a deficiência – e, diga-se mais, a própria noção de capacidade – pressupõe o diálogo entre o quadro clínico e as barreiras sociais, o contexto em que está imersa a pessoa, agregando valores e saberes que extrapolam os limites da medicina, as ações são propostas exclusivamente com base no quadro clínico da pessoa, com referência à CID-10, não tendo sido encontrada referência à CIF em nenhum dos processos vistos até então, o que reforça a ideia de Requião, quando afirma que:

> (...) as mudanças mais necessárias não são da lei, mas do modo de pensar da sociedade e do jurista. A superação do estigma é o desafio primeiro e, em que pese tenha a lei papel importante neste caminho, ela, por si só, é insuficiente.[34]

O fato acima pode estar associado à exigência de laudo médico a acompanhar a petição inicial, pelo art. 750 do CPC, por outro lado, no entanto, a legislação não veda a referência a outros documentos. Outrossim, o art. 749 do mesmo Código exige a especificação de fatos que demonstrem a incapacidade do interditando para administrar seus bens e, se for o caso, praticar atos da vida civil, bem como o momento em que a incapacidade se revelou, o que pode ser feito com referência à CIF, ou a outros elementos de corroboração que precisam e deveriam ser explorados, mas a classificação internacional parece ainda ser pouco conhecida.

Nessa perspectiva, as 10 principais causas do comprometimento da capacidade de expressão de vontade foram doença de Alzheimer (CID-10 G30), esquizofrenia (CID-10, F-20), retardo mental moderado (F-71), retardo mental grave (F-72), epilepsia (G-40), demência não especificada (F03), acidente vascular cerebral (I64), demência vascular (F01) e demência na doença de Alzheimer (F00). Em menor escala, também houve referências a paralisia cerebral, retardo mental leve, demência em outras doenças classificadas em outra parte, síndrome de Down, doença de Parkinson, transtorno depressivo recorrente, dentre outras.

Nos casos em que havia referência a esquizofrenia, retardo mental moderado, retardo mental grave e epilepsia, a maioria das ocorrências está em

---

sadores, a queda de raciocínio é na ordem de 3,6% a cada dez anos, mostrando um dado objetivo das alterações neurais. Mais informações estão disponíveis em: https://exame.com/ciencia/capacidades-cognitivas-comecariam-a-diminuir-a-partir-dos-45-2/. Acesso em: 16 mar. 2023.

34. REQUIÃO, Maurício. **Estatuto da pessoa com deficiência, incapacidades e interdição**. 2. ed. Florianópolis: Tirant Lo Blanch, 2018, p. 170.

pessoas entre 18 e 59 anos de idade, enquanto nos processos com referência a doença de Alzheimer, demência não especificada, acidente vascular cerebral, sequelas de doenças cerebrovasculares, demência vascular e demência na doença de Alzheimer, a maioria das pessoas tem mais de 60 anos de idade.

Nas ocorrências de Alzheimer, 75% eram mulheres (253 eventos), que representam 12,5% da amostra total dos seis anos estudados, sendo que pessoas com Alzheimer com mais de 80 anos englobam 11,5% da amostra total, ou 237 em números absolutos.

Os sujeitos que aparecem nas ações de curatela são, geralmente, pessoas com vulnerabilidade acrescida ou qualificada, porque submetidos a um quadro que impede a manifestação livre e desembaraçada da vontade, então sofrem limitação na capacidade.

Ocorre que, ainda dentro desse recorte, podem surgir situações de hipervulnerabilidade ou supervulnerabilidade, assim consideradas exatamente aquelas pessoas absolutamente disfuncionais, ou com maior dependência de terceiros, ou até mesmo de aparelhos, para as funções vitais – espectro em que inicia aquela discussão de maior amplitude dos poderes dos curadores, hipótese em que as preferências, os interesses e o bem-estar da pessoa sob curatela serão o guia para as decisões, ao invés de se retomar a discussão quanto à possibilidade de incapacidade absoluta porque expurgada da ordem jurídica, dentro da perspectiva da repersonalização inaugurada pela CF/88, seguida pela CDPD.[35]

Os arts. 5º e 6º da Lei n. 13.146/2015 elencam diversos direitos que devem ser preservados, mesmo na hipótese de deficiência e/ou incapacidade civil.

A pessoa não deve ser privada de sua liberdade e dignidade, não pode ser tratada de forma degradante ou violenta, sendo também dever do Estado assegurar que a deficiência não seja utilizada como uma carta branca para abusos. Dentre os direitos elencados, alguns são mais específicos, a exemplo da liberdade reprodutiva, do direito ao planejamento familiar ou de exercer

---

35. Os estudos de Nelson Rosenvald são referência nesse particular e sempre aparecem citados nos artigos jurídicos, teses e ensaios sobre o assunto. O procurador de justiça mineiro afirma que a expressão "absolutamente incapaz" é tecnicamente e eticamente inadmissível, porque parte da premissa de que existe uma classificação abstrata capaz de albergar seres humanos despersonalizados, inaptos a cumprir o seu destino e substituídos em todo e qualquer ato da vida civil. Admitindo que é "da natureza das coisas" que existam pessoas completamente impossibilitadas de exercer o autogoverno, seja por um AVC, estado comatoso, doenças crônicas degenerativas em estágio avançado, repele a ideia de ressuscitar a anacrônica incapacidade absoluta para justificar essas situações extremas da vida, quando seria possível outra alternativa legislativa, ao invés de "interditar" o ser humano. (ROSENVALD, Nelson. **Curatela**. Escritos gentilmente disponibilizados pelo autor)

guarda sobre terceiros. De modo geral, é papel do instrumento normativo ampliar direitos na tentativa de preservar o cidadão, mas uma breve leitura no tópico anterior já demonstra como alguns direitos serão muito mais de exercício simbólico que fático.

Pensando na situação dos sujeitos com Alzheimer, grande parcela das ações de curatela – sabe-se que a maior parte são mulheres idosas, com idade superior a 80 anos em sua maioria –, é importante pensar se faz sentido debater a liberdade reprodutiva nessa etapa da vida que, de modo biológico, o corpo mesmo já limitou a capacidade reprodutiva. Faz sentido tratar da livre locomoção para pessoas em coma, ou para aquelas que já não andam, vivem restritas ao ambiente do leito, muitas vezes em cama hospitalar, sem qualquer movimento do corpo? Ou, de igual forma, qual a relevância do direito ao exercício do voto, quando o voto já não é obrigatório devido à faixa etária?

Assim, embora as garantias legais tenham chegado em boa hora para a grande maioria das pessoas com deficiência, o espectro encontrado nesta pesquisa provoca outras discussões de medidas para garantir dignidade de forma eficiente.

A realidade impõe aos diferentes destinatários da curatela tratamentos diversos, o que perpassa por, necessariamente, entender gradações no conceito de vulnerabilidade acrescida.

Enquanto ação, a curatela hoje ainda tem íntima conexão com as questões patrimoniais, esfera de amparo na qual os curadores nomeados atuam. Uma abordagem humanizada do processo exige que não seja feita uma leitura puramente financeira da pessoa em situação de curatela, o usufruto do patrimônio não pode suplantar a dignidade humana, núcleo axiológico da Constituição Federal e balizador de toda estrutura jurídica nacional. As atribuições do curador precisam ser revisadas caso a caso, ampliando-se sempre que imprescindível a ingerência sobre a vida do vulnerável. Como em todo processo, a personalização da sentença é requisito inafastável e ocorrerá pelas necessidades demonstradas, procurando-se preservar o elemento volitivo da pessoa vulnerável.

Reitero que a idade por si não priva o indivíduo de exprimir vontade. O Brasil é pródigo em exemplos de pessoas que gozam de plena lucidez, que seguem exercendo suas atividades rotineiras, a exemplo do apresentador Silvio Santos,[36] da atriz Fernanda Montenegro[37] e de tantas outras figuras públicas.

---

36. Nome artístico do apresentador brasileiro Senor Abravanel, uma das figuras centrais da televisão brasileira há décadas e dono da emissora de televisão SBT. Atualmente conta com 91 anos de idade.

37. Nome artístico de Arlette Pinheiro Monteiro Torres, atriz e escritora brasileira, referência em teledramaturgia. Atualmente está com 92 anos de idade.

No cenário internacional, seria possível elencar tantos outros exemplos, mas, para ilustrar, trarei a Rainha Elizabeth II,[38] recém-falecida, que chegou lúcida aos quase 100 anos e consolidou-se como a monarca mais longeva da história. Contudo, nos casos em que as condições biopsicossociais atestam maior exposição a riscos, é preciso repensar as garantias de dignidade para essa pessoa.

A pessoa em situação de curatela precisa ser pensada em sua complexidade e em suas especificidades, sem apego a uma forma engessada e pré-definida, porque a vivência prática demonstra que essa pessoa apresenta matizes próprios.

Agora que o sujeito da ação de curatela foi individualizado, cabe compreender o sistema de justiça em si e, para tanto, partimos para o Capítulo 3 da pesquisa, fruto do estudo dos processos, sua estrutura e a forma decisória dos diferentes juízos.

38. Elizabeth II do Reino Unido, ou Isabel II, esteve à frente do Reino Unido nos últimos 70 anos. A rainha foi ativa no cenário político e completou 96 anos em 2022, ano em que faleceu, sem se afastar do cargo, assim como havia feito seu marido, príncipe Philip, Duque de Edimburgo, que faleceu aos 99 anos em 2021.

CAPÍTULO 3

# O SISTEMA DE JUSTIÇA

*A injustiça, por ínfima que seja a criatura vitimada, revolta-me, transmuda-me, incendeia-me, roubando-me a tranquilidade e a estima pela vida.*

(Rui Barbosa)

Este trabalho se propõe a trazer a pessoa em situação de curatela para o núcleo central do debate jurídico e das reflexões sobre o funcionamento do sistema de justiça, partindo de duas hipóteses bastante definidas: a primeira considera que o avanço normativo não foi suficiente para promover mudanças efetivas na concretização de direitos fundamentais da pessoa com deficiência na expressão de vontade e, por isso, em situação de curatela; a segunda, que as instituições do sistema de justiça ainda não se adaptaram, ou pouco se adaptaram, às inovações decorrentes da Convenção dos Direitos das Pessoas com Deficiência (CDPD) e da Lei Brasileira de Inclusão (LBI), que asseguram tratamento prioritário e personalizado às necessidades desse grupo de pessoas vulneráveis.

O art. 8º da Lei n. 13.146/2015 prevê que é dever do Estado, da sociedade e da família assegurar à pessoa com deficiência, com prioridade, a efetivação de diversos direitos fundamentais, não excluídos outros decorrentes da Constituição Federal, da Convenção sobre os Direitos das Pessoas com Deficiência e seu Protocolo Facultativo e das leis e outras normas que garantam seu bem-estar pessoal, social e econômico, dispositivo que funciona como "cláusula geral de proteção do melhor interesse da pessoa com deficiência", nas palavras de Vítor Almeida:

> (...) uma vez que atua como norma geral que visa à efetiva e integral proteção e promoção dos direitos fundamentais da pessoa com deficiência, de forma prioritária, em razão da energética vulnerabilidade que atinge

esse grupo, como forma de concretizar os princípios constitucionais da solidariedade social e da isonomia substancial. [1]

Dentro dessa perspectiva de identificar o melhor interesse da pessoa com deficiência com limitação na capacidade de exprimir vontade, busquei responder a duas perguntas principais: Quais são as características da pessoa em situação de curatela nos processos que tramitaram perante o Juízo da 1ª Vara de Sucessões, Órfãos, Interditos[2] e Ausentes de Salvador, entre os anos de 2016 até 2021?; e Como as instituições do sistema de justiça se adaptaram às inovações trazidas pela Lei n.13.146/2015?, dedicando o capítulo anterior aos dados existenciais dos sujeitos que gravitaram nos processos que tramitaram perante a referida unidade judicial desde a entrada em vigor da LBI até o ano de 2021, com o objetivo de, conhecidas as suas especificidades, analisá-lo à luz dos marcos teóricos escolhidos.

Esta etapa do estudo será dedicada ao sistema de justiça.

Para a análise do funcionamento do sistema de justiça, apliquei dois parâmetros: o primeiro, a partir das informações extraídas dos **2.021 processos** catalogados na unidade que serviu de *locus* de pesquisa; o segundo, a partir da realidade do funcionamento do sistema de justiça, com base em aspectos extraídos dos processos analisados e da estrutura dos tribunais estaduais (aqui considerados os 26 Estados da federação mais o Distrito Federal).

Na primeira parte, levantei o perfil de quem propõe a ação de curatela, para saber qual o tipo de vínculo entre o requerente e a pessoa que está em situação de vulnerabilidade acrescida; depois olhei para quem patrocina a ação, a fim de identificar qual dos sujeitos detentores de capacidade (postulatória) para provocar o Judiciário – advogados, defensoria pública e o Ministério Público – assistiu o(a) postulante, como medida do direito à assistência jurídica. Ao examinar as informações disponíveis, incluí também aqui registros sobre o destaque de tramitação prioritária e a assistência judiciária gratuita, tudo com vistas a compreender a dinâmica própria desse tipo de ação, à luz das garantias de acesso e prioridade previstas na legislação vigente, uma vez que "a boa aplicação dessas garantias configura elemento essencial de realização do princípio da dignidade humana na ordem jurídica".[3]

---

1. ALMEIDA, Vitor. **A capacidade civil das pessoas com deficiência e os perfis da curatela.** Belo Horizonte: Fórum, 2019, p. 253.
2. Preservei a denominação contida na Lei de Organização Judiciária do Estado da Bahia, Lei n. 10.845/2007, que ainda faz referência a "Interditos". A correção dessas imperfeições terminológicas pode ser uma das sugestões finais da tese.
3. MENDES, Gilmar Ferreira; BRANCO, Paulo Gustavo Gonet. **Curso de direito Constitucional**. 7. ed. rev. atual. São Paulo: Saraiva, 2012, p. 401.

Durante o período de análise dos processos, separei uma coluna para anotar observações que apareciam nos feitos, até que, ao final, chamou atenção o volume de processos extintos sem julgamento do mérito, ou seja, sem que a sentença tenha apreciado o pedido de curatela, razão pela qual um tópico será destinado a este cenário.

Em seguida, analisarei o conteúdo de sentenças prolatadas em ações de curatela ao longo de seis anos de vigência a LBI, para saber como os(as) magistrados(as) julgaram esse tipo de demanda. Para tanto, foram coletadas duas sentenças publicadas nos *sites* de cada tribunal, todas elas proferidas entre 2016 e 2021. Os tribunais de justiça de Minas Gerais e de São Paulo figuraram com apenas um ato cada, totalizando uma amostra de 52 sentenças.

A partir da análise das decisões, procurei identificar os seguintes aspectos:

a. Se a ação contou com gratuidade da justiça (isenção do pagamento de despesas processuais);

b. Utilização da palavra "interdição" no julgado;

c. Utilização da expressão "incapacidade absoluta" pelo julgado;

d. Referência à existência de equipe multidisciplinar para avaliação pericial ou a como foi feita a prova.

Essas questões foram consideradas relevantes para analisar como o Judiciário funciona efetivamente frente àquelas modificações imprimidas ao processo de curatela, ainda chamado pelo legislador processual de "interdição",[4] e aferir se a dinâmica procedimental se ajustou aos novos rumos no mínimo idealizados desde a quase vintenária Convenção de Nova York.

Partindo para uma análise nacional, com apoio da Corregedoria-Geral de Justiça do Estado da Bahia, que já sentia preocupação com a estruturação das unidades judiciárias para atender pessoas em situação de vulnerabilidade qualificada pela curatela e notava descompasso entre o mundo real e o ideal normativo, foi aplicado um questionário a todos os tribunais do Brasil, por meio do Ofício Circular no CGJ 16/2022, intitulado "Questionário de pesquisa sobre o Sistema de Justiça e as ações de curatela – pessoas com deficiência qualificada pela curatela ou vulnerabilidade acrescida", com objetivo de colher

4. Vale lembrar que a manutenção dos termos "interdição" e "interdito" em diversas passagens do Código de Processo Civil é muito criticada pela doutrina mais especializada, por ser incompatível com as diretrizes da CDPD, que é hierarquicamente superior. Nas palavras de Vitor Almeida, "mais do que mero preciosismo linguístico, trata-se de afirmar as novas bases da curatela em nosso ordenamento, voltadas para a promoção da autonomia do curatelado". (ALMEIDA, Vitor. **A capacidade civil das pessoas com deficiência e os perfis da curatela.** Belo Horizonte: Fórum, 2019, p. 237). Daí a importância de investigar se a expressão aparece em julgados recentes.

experiências de sucesso e até de poder conhecer iniciativas que viessem ao encontro da boa organização e estruturação asseguradas a essas pessoas.

O questionário procurava saber se há juízos privativos para ações de curatela; por qual categoria profissional são realizadas as avaliações periciais nas ações de curatela/interdição; se há equipes integradas por expertos com formação multidisciplinar em atuação perante os Juízos de Curatela/Interdição para realização das avaliações periciais (art. 753, § 1º, do CPC); se essas equipes atuam de forma exclusiva ou compartilhada com outros Juízos de outras competências; se as audiências de entrevistas de pessoa em situação de curatela são acompanhadas por algum especialista (art. 751, § 2º, do CPC); se é feito algum tipo de acompanhamento da evolução da pessoa em situação de curatela após a sentença (na hipótese de procedência do pedido), para aferir seu desenvolvimento e inclusão social, deixando espaço aberto para comentários, conforme poderá ser visto no Apêndice I.

Os Estados respondentes foram: Acre (AC), Amazonas (AM), Amapá (AP), Bahia (BA), Espírito Santo (ES), Goiás (GO), Maranhão (MA), Minas Gerais (MG), Pará (PA), Piauí (PI), Paraná (PR), Rio de Janeiro (RJ), Rio Grande do Norte (RN), Rondônia (RO), Rio Grande do Sul (RS), Santa Catarina (SC), São Paulo (SP), Tocantins (TO), totalizando 18 tribunais em todo país.

Embora o questionário tenha sido encaminhado diretamente à Corregedoria de cada Tribunal, Amazonas, Goiás, Maranhão e Piauí apresentaram mais de uma resposta por formulário. No caso do TJGO, apesar de terem sido remetidas quatro respostas, elas vieram do mesmo remetente e eram semelhantes, razão pela qual foi considerada a última delas apenas.

Esses dados permitirão compreender o funcionamento do Judiciário no país com relação às ações de "interdição".

A maioria das respostas foi registrada para os Estados do Amazonas (19 respostas) e Piauí (29 respostas). Para garantir a precisão das conclusões obtidas e maior validade dos resultados, foi realizada uma análise ideal, que consiste em considerar apenas uma resposta por tribunal ou unidade judicial. Para tanto, foi necessário descartar as respostas adicionais dos Estados com mais de uma resposta a fim de analisar com precisão a estrutura das unidades judiciais.

É importante ressaltar que, mesmo com a necessidade de descartar as respostas adicionais dos Estados que fizeram mais de um envio, os resultados díspares também são relevantes para a análise da estrutura das unidades judiciais. Essa abordagem permite fornecer uma visão mais completa e abrangente sobre a estrutura do sistema de justiça relacionado a essas ações, incluindo as diferenças nas respostas entre diferentes unidades judiciais dentro do mesmo tribunal.

Essas informações podem ajudar a identificar diferenças regionais e a entender como as ações de curatela para pessoas com vulnerabilidade acrescida são tratadas em diferentes partes do país.

No caso das respostas recebidas do Tribunal de Justiça do Estado de Goiás, embora com conteúdos diversos, vieram do mesmo endereço eletrônico, enquanto as respostas recebidas do Maranhão foram identificadas com endereços eletrônicos diferentes. As respostas oriundas dos Estados de Amazonas e Piauí vieram de diversos juízos, para os quais o questionário foi repassado.

Esses Estados representam diferentes regiões do país e possuem sistemas judiciários variados em termos de estrutura e organização, que serão analisados na segunda parte deste capítulo.

No mês de agosto de 2023, o Conselho Nacional de Justiça publicou relatório da pesquisa intitulada "Estudo empírico das demandas envolvendo pessoas com deficiência",[5] e realizada pela Universidade de São Paulo a partir de contratação, por meio de Edital de Convocação Pública e de Seleção, no âmbito da série Justiça e Pesquisa concebida pelo Departamento de Pesquisas Judiciárias do Conselho Nacional de Justiça (USP/DPJ/CNJ), cujos resultados também foram utilizados nesta análise do sistema de justiça, devido à íntima relação com o objeto desta tese.

## 3.1 ATORES DO SISTEMA DE JUSTIÇA

No primeiro momento, com base nas informações extraídas dos processos que tramitaram perante o Juízo da 1ª Vara de Sucessões, órfãos e interditos de Salvador, a análise repousou na atuação dos atores do sistema de justiça, observando requerentes, advogados, Ministério Público, Defensoria Pública e curadoria especial.

Este tópico foi subdividido em duas partes: a primeira considera o requerente ou promovente da ação – aspecto importante para conhecer a realidade existencial da pessoa em situação de curatela; a segunda considera o patrocinador, ou seja, se o requerente estava assistido pela Defensoria Pública, por advogado ou se foi ação ajuizada pelo Ministério Público, que dialoga com o direito constitucional à assistência judiciária.

A atuação de magistrados(as) será analisada com base na pesquisa do CNJ (repita-se, publicada quando este estudo já se encontrava em estágio

5. BRASIL. Conselho Nacional de Justiça. **Estudo empírico das demandas envolvendo pessoas com deficiência**. Universidade de São Paulo. Brasília: CNJ, 2023. Disponível em: https://www.cnj.jus.br/wp-content/uploads/2023/08/relatorio-pessoascomdeficiencia-23-10-08.pdf. Acesso em: 07 set. 2023.

avançado) e no tópico reservado às sentenças que foram colhidas em diversos tribunais brasileiros.

### 3.1.1 Perfil de quem propõe a ação: protagonismo feminino

Via de regra, qualquer das pessoas elencadas no art. 747 do CPC pode propor a "interdição".[6] Tendo em vista as aptidões que se esperam do curador e a dúplice função[7] da medida, considerei que também é importante conhecer esse sujeito, até para avaliar a dinâmica familiar e social na qual o indivíduo com vulnerabilidade acrescida está inserido.

Na grande maioria dos processos, o autor é também quem reclama para si o papel de curador do indivíduo em situação de curatela, tendo com este algum vínculo familiar ou afetivo que legitima o ajuizamento da demanda. Após a CDPD e a LBI, o curador deixou de agir em substituição ao sujeito em curatela, e sua atuação restringe-se aos campos patrimoniais e gerenciais, devendo ter uma postura de auxílio que permita à pessoa ter o protagonismo sobre sua própria vida, tomando as decisões na esfera privada que repute necessárias. Os poderes do curador devem ser limitados na sentença que julga o pedido de curatela, devendo ser os mais específicos possíveis para limitar a ingerência nos aspectos ligados à personalidade.

Diferentemente do sujeito em situação de curatela, quanto ao curador não era necessário saber dados mais específicos, a exemplo da idade, apenas a natureza do vínculo que justificava o ajuizamento da ação, até porque os vín-

---

6. Art. 747. A interdição pode ser promovida:
I - pelo cônjuge ou companheiro;
II - pelos parentes ou tutores;
III - pelo representante da entidade em que se encontra abrigado o interditando;
IV - pelo Ministério Público.
Parágrafo único. A legitimidade deverá ser comprovada por documentação que acompanhe a petição inicial.
Art. 748. O Ministério Público só promoverá interdição em caso de doença mental grave:
I - se as pessoas designadas nos incisos I, II e III do art. 747 não existirem ou não promoverem a interdição;
II - se, existindo, forem incapazes as pessoas mencionadas nos incisos I e II do art. 747.

7. Cabe lembrar aqui o processo de repersonalização da pessoa com deficiência, que conduziu à ideia de uma curatela "sob medida", capaz de, a um só tempo, oferecer cuidado/proteção e promover a autonomia do sujeito. Nesse sentido, Vitor Almeida destaca: "Com este norte, a curatela passa a ser um instrumento de apoio com fins de resgatar a autonomia da pessoa com deficiência mediante o tratamento adequado, sempre que possível, conforme determina o art. 758 do CPC, que encontra-se francamente compatível com sistema axiológico imantado pela CDPD e, por consequência, pelo EPD". (ALMEIDA, Vitor. **A capacidade civil das pessoas com deficiência e os perfis da curatela.** Belo Horizonte: Fórum, 2019, p. 252).

culos de natureza familiar devem ser preservados por expressa previsão legal. É sempre importante recordar que o próprio Código de Processo Civil impõe limitações a quem pode exercer a função de curador, havendo necessidade de comprovação dos vínculos alegados.

Aqui também foi possível perceber que algumas ações apresentavam mais de um ente promovendo a causa, como no caso de mãe e irmão pleiteando uma curatela compartilhada (admitida e estimulada pelo art. 1.775-A do CC), ou de irmãos propondo a ação, mas indicando um ou outro(s) para o exercício da medida. Nessas hipóteses, a opção foi por considerar todos os atores, indicando o processo na contagem de autoria para todos os vínculos verificados.

Na parte referente a "outros", foram englobados atores que apareceram em menor número de ocorrências, a exemplo de amiga, avô, cuidadora, cunhado, cunhada, enteado, enteada, madrasta, madrinha, neta, neto, padrasto, ex-esposa, filho da enteada, ex-sogra, genro, perfazendo **52** pessoas do gênero feminino e **18** do gênero masculino, e **04** não identificados. Foram reunidas na indicação "vínculo afetivo" todas as ocorrências em que se fazia alusão à afetividade, a exemplo de conhecido/afetivo, cuidadora informal/afetivo, tutora fática/vínculo afetivo, irmão de criação/vínculo afetivo, vizinha/mãe de criação, num total de **15** ocorrências, sendo **10 do gênero feminino** e **05 do masculino**, totalizando **2.074** ocorrências em 2021 processos, das quais as **mulheres figuraram 1.533** vezes, enquanto homens figuraram em **483**, havendo 04 não identificados. A identificação "Representante de instituição" apareceu 54 vezes.

O Gráfico 49 a seguir organiza em escala decrescente os principais vínculos entre quem requer (ou ajuíza) a ação e a pessoa em condição de reduzida capacidade de autodeterminação.

**Gráfico 49 - Principais vínculo dos autores das ações com pessoas em situação de curatela**

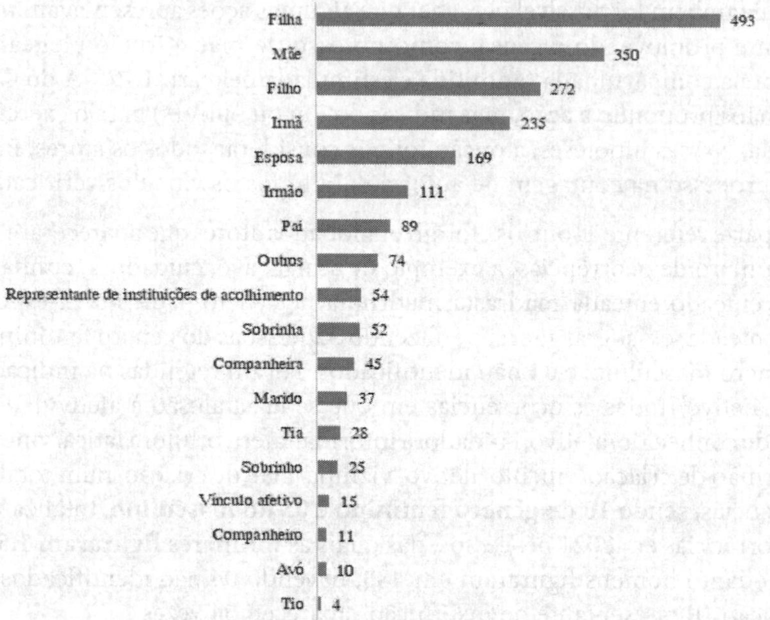


Fonte: elaboração própria.

Dessa forma, o protagonismo feminino está consolidado em 74% de ocorrências, enquanto o gênero masculino aparece em menor escala, somando 23,2% de ocorrências. Representante de instituição e não identificados somaram 2,8% das ocorrências.

Filha e mãe aparecem no primeiro e segundo lugares do rol de proponentes, respectivamente, sendo responsáveis pelo cuidado com a pessoa em situação de curatela preponderantemente.

### 3.1.2 Quem patrocina a ação

Após identificar o perfil de quem figura no polo ativo da ação de curatela, também foram identificados aqueles que postularam em juízo na defesa dos interesses dos requerentes, de modo a avaliar a assistência judiciária pela participação da advocacia, da **Defensoria Pública e do Ministério Público.**

### *3.1.2.1 Advocacia – Defensoria Pública – Ministério Público*

No acervo analisado, foi possível constatar que, perante o Juízo da 1ª Vara de Sucessões, Órfãos e Interditos de Salvador, os processos ajuizados por advogados representavam o maior contingente.

O Gráfico 50 abaixo representa como ficou a divisão: do total de 2.021 ações, **63%** foram patrocinadas por advogados, perfazendo o número de **1.266** causas. Em segundo lugar, figurou a Defensoria Pública, com 728 processos, num percentual de **36%**. Por fim, o Ministério Público atuou como autor em **1%** das ações, ou seja, 27 processos ao longo de 06 anos.

**Gráfico 50 - Patrocínio das ações**

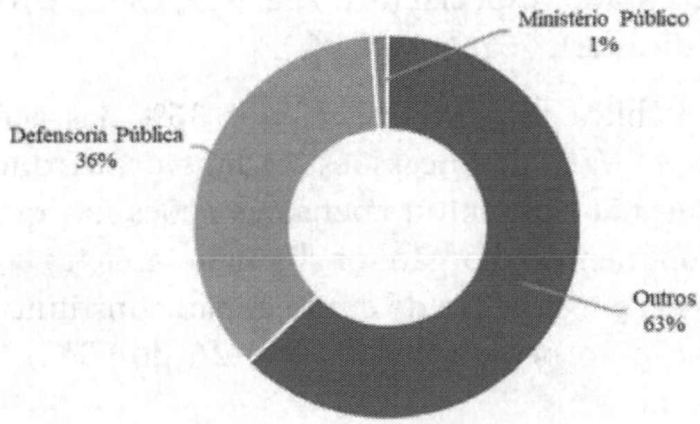


Fonte: elaboração própria.

Por fim, o Ministério Público é o representante processual com menor atuação, sendo responsável por apenas 1% das demandas, com uma atuação estritamente residual, por força do art. 748 do CPC.

Os advogados dominam o patrocínio das ações, devendo-se explicar que não foi feita distinção entre advogados de associações ou serviços jurídicos, já que, para fins deste estudo, a diferenciação não traria alterações.

O "Estudo empírico das demandas envolvendo pessoas com deficiência", realizado pela Universidade de São Paulo (USP) para o Departamento de Pesquisas Judiciais do Conselho Nacional de Justiça (DPJ/CNJ), aponta que, segundo discursos colhidos nas entrevistas, as pessoas acabam tendo de se socorrer dos(as) advogados(as), cujos custos nem sempre são acessíveis, mas podem solicitar o benefício da gratuidade previsto nos arts. 98 a 102 do Código Civil, porque "as defensorias públicas ainda não estão totalmente estruturadas",[8] o que explicaria o elevado número de ações patrocinadas por advogados.

8. BRASIL. Conselho Nacional de Justiça. **Estudo empírico das demandas envolvendo pessoas com deficiência.** Universidade de São Paulo. Brasília: CNJ, 2023, p. 121. Disponível

Na leitura dos processos de curatela da 1ª Vara de Sucessões, órfãos e interditos de Salvador, foi possível observar que é comum encontrar pedidos formulados de forma genérica e irrestrita, com solicitação de amplos poderes ao curador até mesmo sobre aspectos personalíssimos e existenciais da vida da pessoa em situação de curatela, não sendo raras as referências a um decreto de incapacidade absoluta, além de serem identificadas falhas na documentação – a exemplo da ausência de relatório médico ou outro documento hábil para instruir a petição inicial –, as quais são contornadas ao longo da tramitação processual.

A Defensoria Pública e o Ministério Público acabam atuando sempre nas ações de curatela, mesmo quando não são propositores, uma vez que a primeira agirá como curador especial (art. 752, § 2º, CPC), e o segundo, como fiscal da ordem jurídica (art. 752, § 1º, CPC).

A Defensoria Pública foi responsável por 36% das ações de curatela propostas perante a 1ª Vara de Sucessões, Órfãos e Interditos de Salvador. Contudo, sua atuação não se limitou apenas às ações nas quais representou os interesses dos proponentes, o órgão foi chamado ao feito em todos os processos em que a pessoa em situação de curatela não constituiu advogado para apresentar impugnação ao pedido (art. 752, § 2º, do CPC), atuando, então como Curador Especial.

No Estado da Bahia, a Defensoria Pública pode atuar ao lado do requerente e também no exercício da Curadoria Especial prevista no art. 72 do CPC, em defesa dos interesses da pessoa em situação de curatela, pois são atribuições distintas, que não se excluem.

A Curadoria Especial prevista no Código de Processo Civil tem a função de salvaguardar os interesses jurídicos dos sujeitos em situação de vulnerabilidade no processo, permitindo a defesa de seus direitos. Diferentemente de quando atua em favor do autor, quando a Defensoria Pública é chamada para representar processualmente o(a) curatelando(a), o fator socioeconômico da parte não é ponderado, apenas sua necessidade imediata, se presente alguma situação contemplada no art. 72 do Código de processo civil.[9]

O Ministério Público, por sua vez, pode propor ação de curatela somente nos casos previstos no art. 748 do CPC, que acabou restringindo a atuação da

---

em: https://www.cnj.jus.br/wp-content/uploads/2023/08/relatorio-pessoascomdeficiencia-23-10-08.pdf. Acesso em: 07 set. 2023.

9. A pesquisadora e doutora em direito Carolina Brambila Bega afirma que, por mais que a Curadoria Especial não atue em função especificamente de pessoas com hipossuficiência econômica, a experiência empírica demonstra que as partes desassistidas nos processos de interdição são essencialmente compostas por pessoas pobres, grupos sociais mais vulneráveis que entram nas demandas sem representantes de seus interesses.

instituição no polo ativo dessas ações, conferindo-lhe uma atuação estritamente subsidiária, mas terá que atuar em todos os processos, por se tratar de ação que envolve interesse de vulneráveis, atuando como fiscal da ordem jurídica.

O dispositivo é muito criticado devido ao uso da terminologia "doença mental"[10] – ao invés de "deficiência intelectual" –, além do emprego da adjetivação "casos graves", visto que, "na atual lógica, somente se submetem à curatela pessoas com deficiência intelectual severa que comprometa a expressão da vontade, sendo redundante tal adjetivo".[11]

## 3.2 DA GRATUIDADE DA JUSTIÇA NAS AÇÕES DE CURATELA DA 1ª VARA DE SUCESSÕES, ÓRFÃOS E INTERDITOS DE SALVADOR

Um outro aspecto que chamou bastante atenção nas ações de curatela foi que a grande maioria dos processos continham destaque de gratuidade da justiça, num total de **1.784 dos 2021** feitos analisados, alcançando um percentual de **88%** da amostra colhida perante o Juízo da 1ª Vara de Sucessões, órfãos e interditos de Salvador, consoante Gráfico 51 a seguir.

**Gráfico 51 - Processos tramitando com gratuidade**

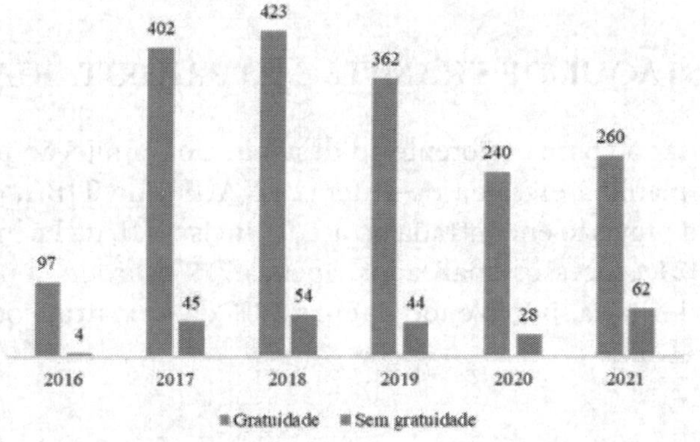


Fonte: elaboração própria.

10. Requião também critica a expressão pelo motivo óbvio de que a doença mental já deixou de ser causa de incapacidade, pois não aparece no rol dos arts. 3º e 4º do CC (pois, agora, a lei material fala em comprometimento da capacidade de exprimir vontade, por causa transitória ou permanente - art. 4º do CC). (REQUIÃO, Maurício. **Estatuto da pessoa com deficiência, incapacidades e interdição**. 2. ed. Florianópolis: Tirant Lo Blanch, 2018, p. 198).
11. ALMEIDA, Vitor. **A capacidade civil das pessoas com deficiência e os perfis da curatela.** Belo Horizonte: Fórum, 2019, p. 237.

Resta patente que a maior parte dos sujeitos submetidos à curatela são e/ou provêm de famílias de baixa renda, pois quase 90% dos processos, nos seis anos analisados, contaram com o benefício da gratuidade, sendo que, para tanto, é necessário que a parte demonstre efetivamente a alegada condição de hipossuficiência financeira que a impeça de arcar com as despesas do processo, de acordo com o art. 98 do Código de Processo Civil de 2015.

Conjugando esse dado com o que foi analisado no item 3.1.2.1, é possível concluir que a assistência gratuita prevalece até mesmo em ações patrocinadas por advogados(as) na Bahia, uma vez que, na amostra analisada, 36% das ações são patrocinadas pela Defensoria Pública do Estado, 63% são patrocinadas por advogados(as), enquanto a gratuidade esteve presente em 88% da amostra, logo não se restringiu aos feitos assistidos pela Defensoria.

Para reforçar a situação revelada nos dados dos processos que tramitaram perante o Juízo da 1ª Vara de Sucessões de Salvador, os dados extraídos do relatório da pesquisa "Estudo empírico das demandas envolvendo pessoas com deficiência", contratada pelo Departamento de Pesquisas Judiciais do Conselho Nacional de Justiça (DPJ/CNJ), e realizada pela Universidade de São Paulo, confirmaram situação idêntica no âmbito nacional, ao constatar que quase 1/3 dos processos de "interdição" encontrados na base *Habeas Data* da Justiça Estadual tramitaram com gratuidade.[12]

## 3.3 DO DESTAQUE DE TRAMITAÇÃO PRIORITÁRIA

Ao analisar a coluna referente ao destaque de tramitação prioritária dos processos na planilha extraída do sistema EXAUDI do TJBA, constatei que, não obstante a previsão encontrada no art. 9º, inciso VII, da Lei n. 13.146/2015 (LBI), dos **2021** processos analisados, apenas **773** estavam com destaque de tramitação prioritária, perfazendo **apenas 38% da amostra**, conforme revela o Gráfico 52 abaixo.

12. BRASIL. Conselho Nacional de Justiça. **Estudo empírico das demandas envolvendo pessoas com deficiência**. Universidade de São Paulo. Brasília: CNJ, 2023, p. 121. Disponível em: https://www.cnj.jus.br/wp-content/uploads/2023/08/relatorio-pessoascomdeficiencia-23-10-08.pdf. Acesso em: 07 set. 2023. Mais precisamente, afirma o relatório que "foram selecionados 107.050 processos relacionados ao tema Gratuidade, ou seja, 28,45% da base *Habeas Data* da Justiça Estadual. Nas publicações, foram buscados os termos: "Assistência judiciária gratuita", "justiça gratuita", "gratuidade". Portanto, quase 1/3 (um terço) dos processos de interdição foram movidos por pessoas que se socorreram à justiça gratuita".

**Gráfico 52 - Processos com destaque de tramitação prioritária por ano**

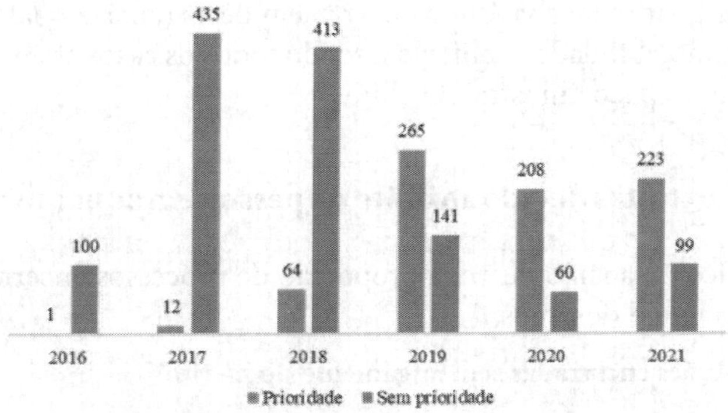


Fonte: elaboração própria.

## 3.4 A EXTINÇÃO DE PROCESSOS SEM RESOLUÇÃO DE MÉRITO: ABANDONO DA CAUSA, DESISTÊNCIA OU ÓBITO DURANTE O CURSO DA AÇÃO

Ao analisar e categorizar as ações de curatela que compuseram a amostra desta pesquisa, uma das observações que chamaram atenção foi a constatação de que muitas delas foram extintas sem resolução do mérito, devido a três causas principais: desistência por parte do autor; abandono da causa ou inércia prolongada do interessado; óbito da pessoa em situação de curatela.

Entre os 2.021 processos analisados, ao final foram contabilizados **569** que não tiveram exame de mérito, ou seja, o pedido principal não foi sequer apreciado em **28%** dos feitos.

À semelhança do que ocorre nos processos da 1ª Vara de Sucessões, Órfãos e Interditos de Salvador, no cenário nacional, segundo dados encontrados no *site* do Conselho Nacional de Justiça,[13] o índice de término das ações de curatela sem exame de mérito é de 23%.

Assim, formaram-se três grandes grupos de processos: os processos encerrados por óbito da pessoa em situação de curatela; as ações abandonadas pelas partes; e a desistência de ações.

13. BRASIL. Conselho Nacional de Justiça. **Estudo empírico das demandas envolvendo pessoas com deficiência.** Universidade de São Paulo. Brasília: CNJ, 2023, p. 52. Disponível em: https://www.cnj.jus.br/wp-content/uploads/2023/08/relatorio-pessoascomdeficiencia-23-10-08.pdf. Acesso em: 07 set. 2023. A pesquisa não consegue apontar de forma inequívoca o motivo do término de cada um dos processos sem resolução de mérito, mas indica que a análise de algumas sentenças aponta para o evento **morte** como uma das causas.

É importante frisar que, sempre que observado um caso de abandono pelas partes, o Juízo da 1ª Vara de Sucessões, órfãos e interditos fez uma tentativa de averiguar se tal abandono ocorreu em decorrência do falecimento da pessoa em vulnerabilidade qualificada, sendo todos os casos assim observados englobados no espaço amostral de óbitos.

### 3.4.1 Ações extintas devido ao óbito da pessoa em situação de curatela

O Gráfico 53 abaixo ilustra a proporção de processos encerrados nessas condições ao longo dos anos.

**Gráfico 53 - Ações encerradas sem julgamento do mérito**

Fonte: elaboração própria.

É possível perceber um destaque no ano de 2017 para as ações nas quais não ocorreu julgamento de mérito na lide. Óbito mostra-se como a principal causa de extinção de ações, tendo ocorrido em **386** processos, como podemos observar no Gráfico 54 em seguida:

**Gráfico 54 - Ações extintas por óbito das pessoas em situação de curatela por ano (2016 a 2021)**

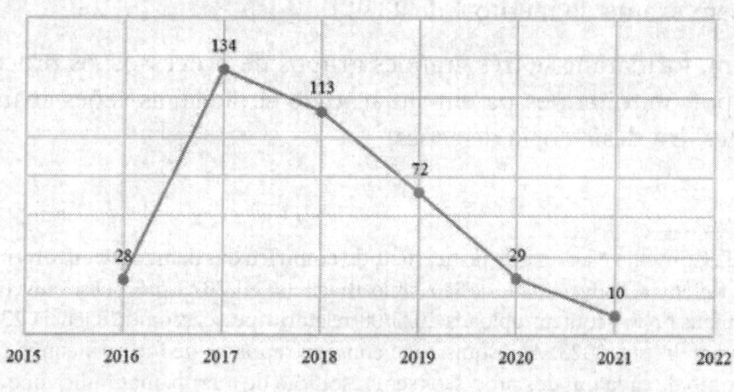


Fonte: elaboração própria.

O ano com maior índice de óbitos é 2017, com 134 ações encerradas dessa maneira. O ano em questão já se destaca pelo número de processos maior que a média (assim como 2018, em razão da redistribuição pela mudança de matéria das varas), o que ajuda a entender a ampliação no volume de óbitos.

### 3.4.2 Ações extintas por abandono da parte ou desistência

A segunda maior causa de encerramento de ações sem resolução do mérito é o abandono direto da parte demandante. Um total de **165** processos passaram por esse fenômeno no intervalo estudado, como se vê no Gráfico 55 a seguir.

**Gráfico 55 - Processos abandonados pelas partes por ano (2016 a 2021)**

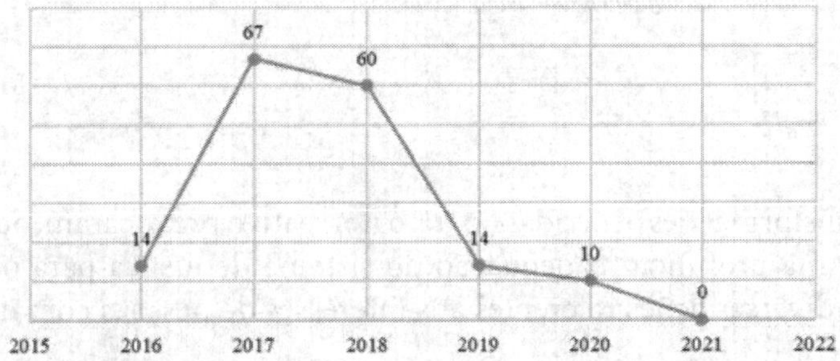


Fonte: elaboração própria.

Ao longo do mesmo período, foram registrados 18 pedidos de desistência, seja por recuperação da pessoa antes com vulnerabilidade acrescida, seja por mudança no entendimento da família sobre as necessidades das partes, conforme demonstra o Gráfico 56 a seguir.

**Gráfico 56 - Processos com homologação de desistência por ano (2016 a 2021)**

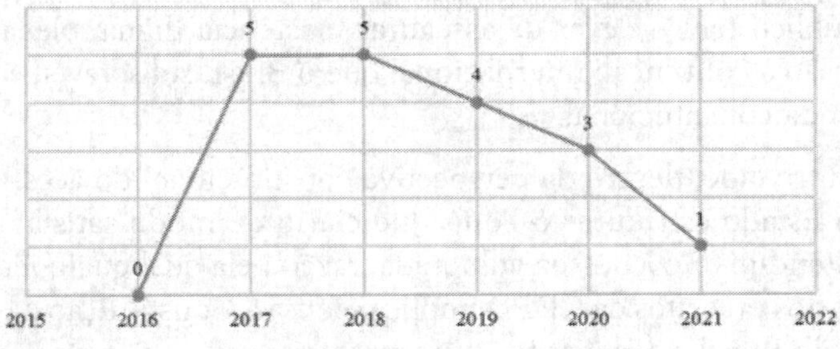


Fonte: elaboração própria.

Em linhas gerais, as ações sem julgamento do mérito representaram **28,15%** da amostra, perfazendo ¼ do total. É possível inferir uma tendência geral dos demandantes de ações em realizarem o pedido de curatela em situações extremas, condições de vulnerabilidade absoluta que culminam em óbito antes mesmo da apreciação do mérito. A faixa de pessoas encontradas em superprioridade pode ajudar a explicar o alto número de processos encerrados sem avaliação efetiva da capacidade civil.

## 3.5 ESTRUTURA DO JUDICIÁRIO NO BRASIL

> *Mas, se a sociedade não pode igualar os que a natureza criou desiguais, cada um, nos limites da sua energia moral, pode reagir sobre as desigualdades nativas, pela educação, atividade e perseverança.*
>
> (Rui Barbosa)

As transformações ocorridas no trato normativo provocaram, ou deveriam provocar, uma profunda readequação do sistema de justiça para o processamento das diversas ações referentes aos interesses de pessoas com deficiência.

Quando digo isso, não me refiro a questões de acessibilidade em padrões arquitetônicos, conquanto sejam as que primeiro aparecem quando se pensa em inclusão de pessoas com deficiência e na derrubada de barreiras que possam existir no entorno delas.

A ideia, aqui, é voltar o olhar para a atividade-fim do Judiciário, observando a tramitação de ações judiciais, com foco, no caso, nas ações de curatela, porque esta é uma ação personalíssima, em que figura, necessariamente, uma pessoa com um *plus* de vulnerabilidade que constrange todo o sistema a voltar-se para a pessoa humana em sua integralidade, em relação a quem o poder público tem o dever de assegurar existência digna, plena, máxima, em submissão à convenção internacional que o Brasil subscreveu e processou como emenda constitucional.

Por outro lado, dentro da perspectiva constitucional do acesso à justiça, é dever do Estado estruturar o Poder Judiciário de modo satisfatório e adequado ao atendimento à pessoa vulnerada, razão pela qual qualquer desvio ou desrespeito aos preceitos da CDPD implica ofensa à Constituição da República Federativa do Brasil e aos direitos fundamentais.

Com essas premissas, os tribunais foram consultados acerca da estrutura das unidades judiciais com competência para processar e julgar ações de "interdição" e do processamento dos feitos.

## 3.5.1 Representatividade da amostra

O Gráfico 57 em seguida mostra a distribuição das respostas por Estado.[14]

**Gráfico 57 - Distribuição das respostas por Estado**

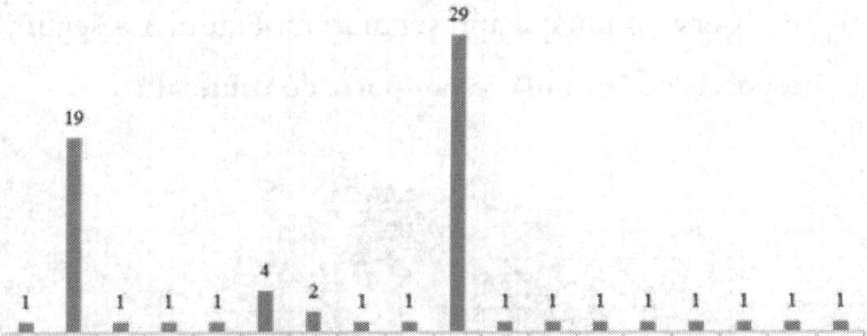

| | AC | AM | AP | BA | ES | GO | MA | MG | PA | PI | PR | RJ | RN | RO | RS | SC | SP | TO |
|---|---|---|---|---|---|---|---|---|---|---|---|---|---|---|---|---|---|---|
| Total | 1 | 19 | 1 | 1 | 1 | 4 | 2 | 1 | 1 | 29 | 1 | 1 | 1 | 1 | 1 | 1 | 1 | 1 |

Fonte: elaboração própria.

Dos 27 tribunais de justiça brasileiros 18 responderam ao questionário: Acre (AC), Amazonas (AM), Amapá (AP), Bahia (BA), Espírito Santo (ES), Goiás (GO), Maranhão (MA), Minas Gerais (MG), Pará (PA), Piauí (PI), Paraná (PR), Rio de Janeiro (RJ), Rio Grande do Norte (RN), Rondônia (RO), Rio Grande do Sul (RS), Santa Catarina (SC), São Paulo (SP), Tocantins (TO).

Foram considerados os 15 tribunais que tiveram unidade nas respostas, para garantir a organização da pesquisa. A multiplicidade de respostas dos tribunais do Amazonas, Maranhão e Piauí foi analisada em separado.

### *3.5.1.1 Participação dos tribunais por região do país*

A amostra contou com a participação de tribunais das cinco Regiões do país, mesmo quando considerados quinze respondentes, distribuídos em 05 tribunais da Região Norte (TJAC, TJAP, TJPA, TJRO, TJTO); 02 da Região Nordeste (TJBA, TJRN); 01 da Região Centro-Oeste (TJGO); todos os 04 da Região Sudeste (TJES, TJMG, TJSP, TJRJ); e todos os 03 da Região Sul (TJPR, TJRS, TJSC).

14. Conforme explicado na abertura deste capítulo, Amazonas, Goiás, Maranhão e Piauí apresentaram mais de uma resposta por formulário, sendo que, no caso do TJGO, todas vieram do mesmo remetente e eram semelhantes, razão pela qual foi considerada a última resposta. Amazonas, Maranhão e Piauí foram analisados à parte, devido à multiplicidade de respostas, então optei por considerar apenas uma resposta por tribunal ou unidade judicial. Para tanto, foi necessário descartar as respostas adicionais dos Estados com mais de uma resposta para analisar com precisão a estrutura das unidades judiciais.

### *3.5.1.2 Participação dos tribunais por porte*

A coleta de dados permite obter uma visão geral sobre a distribuição geográfica e a organização das unidades judiciais competentes para ações de curatela. Além da distribuição geográfica e da organização das unidades judiciais, outra informação relevante considerada foi o **porte dos tribunais**, conforme se observa no mapa apresentado na Figura 1 a seguir.[15]

**Figura 1 - Respostas do Formulário por porte do tribunal**[16]

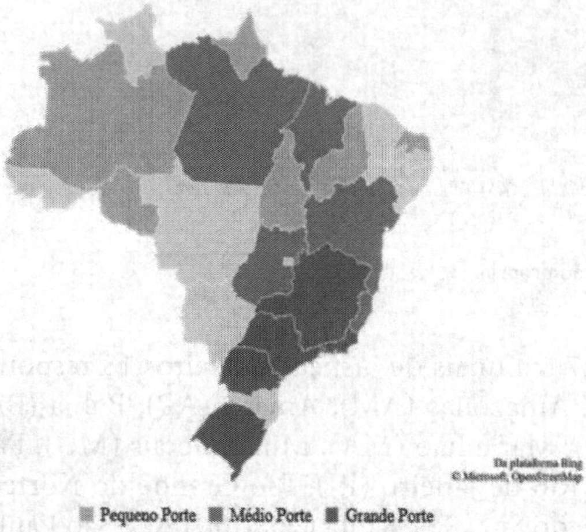


O porte dos tribunais pode estar relacionado a fatores como quantidade de processos judiciais em tramitação, quantidade de juízes e servidores, e complexidade das ações que são tratadas. Essa informação é útil para entender as possíveis diferenças na estrutura e nos recursos disponíveis entre os tribunais

---

15. BRASIL. Conselho Nacional de Justiça. **Relatório Justiça em Números – 2021**. p. 42. Disponível em: https://www.cnj.jus.br/wp-content/uploads/2021/09/relatorio-justica-em-numeros2021-12.pdf. Acesso em: 13 abr. 2023.
16. O Relatório Justiça em Números 2022 (ano base 2021), do Conselho Nacional de Justiça, considera que são de **grande porte** os tribunais dos Estados de Minas Gerais, São Paulo, Rio de Janeiro e Rio Grande do Sul nos três ramos de Justiça, enquanto os tribunais dos Estados do Acre, Alagoas, Mato Grosso do Sul, Roraima, Rondônia e Sergipe estão entre os de **pequeno porte**. Outro aspecto relevante é a simetria entre os portes, as regiões geográficas e os dados demográficos. Nota-se que, na Justiça Estadual, as regiões Sul e Sudeste são compostas, basicamente, por tribunais de grande porte (com exceção do TJSC e do TJES). Os cinco maiores tribunais estaduais (TJRS, TJPR, TJSP, TJRJ e TJMG) concentram 64% do Produto Interno Bruto (PIB) nacional e 51% da população brasileira, ao passo que os cinco menores tribunais estaduais (TJRR, TJAC, TJAP, TJTO, TJAL) abarcam apenas 2% do PIB e 3% da população. p. 49. Disponível em https://www.cnj.jus.br/wp-content/uploads/2022/09/justica-em-numeros-2022-1.pdf. Acesso em: 13 abr. 2023.

e de que forma isso pode afetar a prestação de serviços judiciais relacionados às ações de curatela.

A distribuição dos tribunais por porte a partir das respostas recebidas é relativamente equilibrada, com os cinco tribunais de grande porte (TJSP, TJRJ, TJMG, TJRS, TJPR); cinco de médio porte (TJPA, TJBA, TJGO, TJES, TJSC) – lembrando que, a despeito de o TJMA ser de médio porte e ter respondido ao questionário, apresentou múltiplas respostas –; e cinco de pequeno porte (TJAC, TJAP, TJRO, TJTO, TJRN) – aqui também lembrando que TJAM e TJPI, apesar de serem de pequeno porte e terem participado, foram considerados à parte por conta da multiplicidade de respostas. Isso é importante porque permite que a pesquisa tenha uma amostra mais representativa e diversificada dos diferentes tipos de tribunais existentes no país.

## 3.5.2 Acesso à justiça: a escassez de Juízos privativos no Brasil

A primeira pergunta procurava saber se havia juízos privativos para processar e julgar ações de curatela, ao que **2** respostas disseram haver juízos privativos no Estado, enquanto **13** responderam negativamente,[17] consoante espelha o **Gráfico 58 – a seguir.**

**Gráfico 58 - Tribunais que possuem juízos privativos para ações de interdição/ curatela**

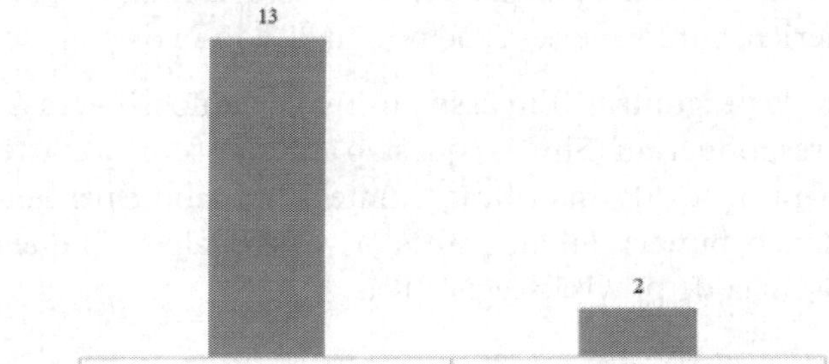


| | Não | Sim |
|---|---|---|
| ■ Total | 13 | 2 |

Fonte: elaboração própria.

Das duas respostas positivas, uma foi do Rio Grande do Sul e uma do Rio Grande do Norte.

---

17. Analisando as respostas do TJPI que ficaram de fora da análise por opção de pesquisa, devido à multiplicidade, foi possível observar que algumas respostas afirmavam possuir Juízos privativos, outras não, de modo que não é possível concluir com segurança que existam Juízos privativos naquele Estado, o que revela que há inconsistência na informação. Ao analisar a legislação de organização judiciária do Estado, não foram encontrados Juízos privativos para ações de curatela/interdição, de modo que é possível concluir que não há Juízo privativo por ausência de previsão legal.

Foram analisadas as legislações estaduais referentes à estrutura do Poder Judiciário dos Estados que informaram haver juízos privativos.

A partir da legislação estadual, foi possível identificar que apenas o Rio Grande do Sul apresenta vara privativa para julgar curatela. Logo, é possível concluir que, nos outros Estados do país, não há juízos privativos porque a existência deles pressupõe previsão legislativa, de modo que os demais juízos podem possuir competência para processar e julgar as ações juntamente com temas de outras matérias, a exemplo das varas de curatela e sucessões no Maranhão, cuja estruturação se assemelha à observada no Tribunal de Justiça do Estado da Bahia.

Ademais, no Rio Grande do Sul, existe apenas um especializado, sediado em Porto Alegre. Em rápida consulta ao Diário Oficial do TJRS, verifica-se que a realidade das Comarcas do interior do Estado se assemelha ao restante do país: juízes julgando demandas de naturezas diversas, em condições que serão analisadas nos tópicos seguintes.

Combinando este tópico com a análise dos dois julgados colhidos do Tribunal do Rio Grande do Sul, ambos do especializado, percebe-se que as sentenças ainda carecem de maior individualização caso a caso.

Nas sentenças, datadas de 2019, ainda era possível observar referências à interdição, principalmente porque o texto descrevia mais a ação em si, em um modelo genérico, conforme será melhor analisado mais adiante.

A segunda pergunta – "Em caso positivo, quantos?" – era dirigida apenas àqueles que responderam "Sim" na questão anterior sobre a existência de juízos privativos para ações de interdição/curatela, e acabou perdendo relevância porque só dois tribunais tinham juízos privativos, além do que já foi dito em relação à ausência de previsão legislativa.

### *3.5.2.1 Tramitação concorrente com ações de naturezas diversas*

A terceira pergunta foi: "Em caso negativo, em que juízos tramitam as referidas ações?". No preenchimento era possível escolher mais de uma resposta. As respostas a essa pergunta indicam que, entre os tribunais que não possuem juízos privativos para ações de interdição/curatela, as ações são distribuídas em diferentes juízos, principalmente o cível e o de família, consoante Gráfico 59 em seguida.

**Gráfico 59 - Tipos de juízos perante os quais tramitam as ações de curatela em tribunais que não possuem juízos privativos**

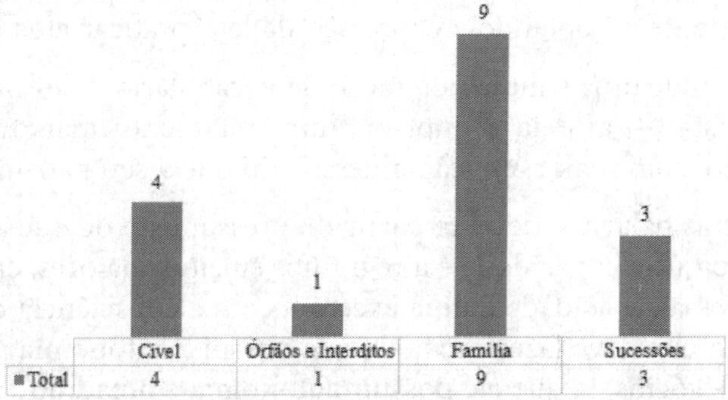


Fonte: elaboração própria.

A amostra revela que as ações de curatela acabam concorrendo com causa de natureza cível, família, sucessões e órfãos, de modo que as ações cíveis e sucessórias podem ter cunho eminentemente patrimonial, discussão que se apresenta mesmo nos feitos de família, o que pode implicar menor prioridade e será mais bem analisado em conjunto com o destaque de tramitação prioritária, cuja ausência ou escassez relega as ações de curatela a um patamar inferior ao tratamento prioritário conferido por lei.

## 3.5.3 Do interrogatório à entrevista: será que mudou?

Uma das modificações ao procedimento encontrada no Código de Processo Civil é a audiência de entrevista[18] da pessoa em situação de curatela art. 751, CPC). O texto já não se refere a "audiência de interrogatório" como fazia a lei revogada e, embora tanto o interrogatório quanto a entrevista tenham por base o contato pessoal e aproximação entre magistrado(a) e curatelando(a), aqui a ideia não carrega aquele caráter inquisitorial, nem patrimonial, de outrora.

18. Art. 751. O interditando será citado para, em dia designado, comparecer perante o juiz, que o entrevistará minuciosamente acerca de sua vida, negócios, bens, vontades, preferências e laços familiares e afetivos e sobre o que mais lhe parecer necessário para convencimento quanto à sua capacidade para praticar atos da vida civil, devendo ser reduzidas a termo as perguntas e respostas.
§ 1º Não podendo o interditando deslocar-se, o juiz o ouvirá no local onde estiver.
§ 2º A entrevista poderá ser acompanhada por especialista.
§ 3º Durante a entrevista, é assegurado o emprego de recursos tecnológicos capazes de permitir ou de auxiliar o interditando a expressar suas vontades e preferências e a responder às perguntas formuladas.
§ 4º A critério do juiz, poderá ser requisitada a oitiva de parentes e de pessoas próximas.

O(a) magistrado(a) deverá perguntar sobre a vida, negócios, bens, vontades, preferências, laços familiares, vontades e sobre tudo o mais que parecer necessário para formar convencimento quanto à capacidade de a pessoa expressar vontade e, copiando a expressão da lei, "praticar atos da vida civil".

Para além de uma simples alteração de vocabulário – de "interrogatório" para "entrevista" –, a ideia é imprimir um tratamento mais humanizado e personalizado, com maior atenção à pessoa do que a seu patrimônio.

Em outras palavras, deve-se partir do pressuposto de que aquela pessoa é capaz, dado que a capacidade é a regra nos sujeitos maiores, enquanto a relativização dessa capacidade é uma exceção, com a consciência de que "não é o curatelando que deve fazer prova de que possui a autonomia para gerir sua vida e seus negócios, já que ele possuir autonomia é o padrão".[19]

A entrevista será, pois, importante elemento para formação da convicção do(a) magistrado(a), além de permitir que o próprio sujeito possa expressar-se e, se for o caso, revelar a alegada restrição ou impossibilidade de autodeterminação.

#### *3.5.3.1 Manutenção da referência a "audiência de interrogatório" em atos judiciais*

Apesar da previsão expressa de realização de uma entrevista, muitos juízes ainda designam audiência de interrogatório, conquanto isso não ocorra nos processos analisados da 1ª Vara de Sucessões, órfãos e interditos de Salvador. Porém, durante muito tempo, só havia a possibilidade de designar audiência de interrogatório no processo eletrônico (sistema PJE), que não continha ato para designação de entrevista. Contudo, no ano de 2022, o CNJ modificou essa realidade e passou a incluir a previsão de entrevista pessoal entre os atos processuais, após solicitação do Comitê[20] de Pessoas com Deficiência no âmbito judicial.

---

19. REQUIÃO, Maurício. **Estatuto da pessoa com deficiência, incapacidades e interdição**. 2. ed. Florianópolis: Tirant Lo Blanch, 2018, p. 200.

20. O Presidente do Conselho Nacional de Justiça, Ministro Luiz Fux, instituiu Comitê de Pessoas com Deficiência no âmbito judicial, pela Portaria n. 222, de 23 de junho de 2022, presidido pelo Ministro Reynaldo Soares da Fonseca (STJ), sob coordenação do então Conselheiro do CNJ, Sidney Pessoa Madruga (Procurador da República), incumbindo-me da coordenação executiva. Em sua primeira reunião, ocorrida no dia 16 de agosto de 2022, entre outras medidas, o Comitê deliberou no sentido de solicitar a imediata revisão/alteração das classes processuais referentes às ações de curatela, para adequar à CDPD: substituir interdição por curatela; incapacidade de pessoa, por capacidade de pessoa; incluir a entrevista no rol de audiências no processo eletrônico; proposta de recomendação aos tribunais para manutenção das audiências virtuais quando for melhor para o interesse da pessoa em situação de curatela, bem como para que as avaliações periciais sejam realizadas por equipe multidisciplinar para nas ações de curatela. Naquela ocasião, também se solicitou à ENFAM (Escola Nacional

O processo judicial eletrônico, agora, oferece as opções de "entrevista. Oitiva de interditando(a)", "entrevista ou interdição/curatela", "entrevista pessoal", consoante mostra a Figura 2, abaixo, com o *print* de tela do sistema. A Figura 3, em seguida, mostra como era antes.

**Figura 2 - Tela do Sistema com opções de entrevista**

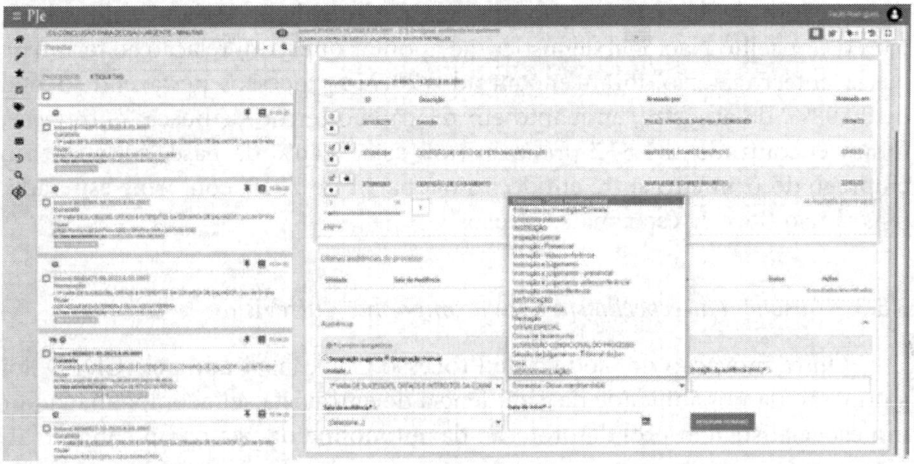


**Figura 3 - Tela do Sistema sem opções de entrevista**

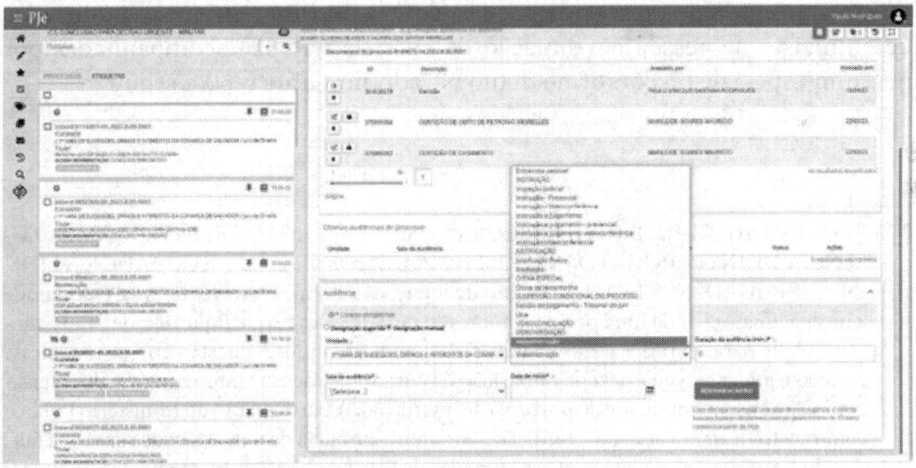


Muitas petições iniciais ainda requerem realização de audiência de interrogatório, e não é incomum encontrar essa referência em julgados, consoante será analisado em tópico mais adiante, até mesmo de tribunais superiores,

---

de Formação e Aperfeiçoamento de Magistrados) incluir disciplina referente ao Direito da Pessoa com Deficiência no módulo obrigatório do curso de formação de Magistrados.

a exemplo, para ilustrar, do acórdão do REsp 1686161/SP,[21] do ano de 2017, em que se encontram referências a "ação de interdição" e "interrogatório do interditando".

A prevalência da utilização de "interrogatório" em vez de "entrevista" também foi constatada pela pesquisa "Estudo empírico das demandas envolvendo pessoas com deficiência",[22] realizada pela Universidade de São Paulo – USP, para o Conselho Nacional de Justiça, ao apontar que, com relação ao termo de busca "interrogatório", foram encontrados **78.924** processos, perfazendo o total de 20,98%, da amostra, enquanto em relação ao termo de busca "entrevista", foram encontrados **31.817** processos, ou seja, 8,46% da base, conquanto o emprego do primeiro entre em declínio a partir de 2015, conforme esperado, mas já não deveria estar mais em uso.

### *3.5.3.2 Ausência de especialista para acompanhar entrevista*

Outra inovação do Código de Processo Civil, inspirado pela CDPD, foi a previsão da possibilidade de a audiência de entrevista ser acompanhada por um especialista, em prol da proteção da autonomia da pessoa humana.

Mercê disso, quando perguntados se as audiências de entrevistas são acompanhadas por algum especialista, conforme previsto no art. 751, § 2º, do CPC, a grande maioria dos respondentes (13 de 15) informaram que as audiências de entrevista de pessoa em situação de curatela não são acompanhadas por nenhum especialista, conforme demonstrado no Gráfico 60 a seguir.

---

21. PROCESSUAL CIVIL E CIVIL. RECURSO ESPECIAL. AÇÃO DE INTERDIÇÃO. AUSÊNCIA DE INTERROGATÓRIO. AUSÊNCIA DE NOMEAÇÃO DE CURADOR À LIDE. INVIABILIDADE. NULIDADE. A ação de interdição é o meio através do qual é declarada a incapacidade civil de uma pessoa e nomeado curador, desde que fique demonstrada a incapacidade para praticar os atos da vida civil do interditando. A questão que exsurge nesse recurso é julgar se a ausência de nomeação de curador à lide e de interrogatório do interditando dão ensejo à nulidade do processo de interdição. A participação do Ministério Público como custos legis em ação de interdição não supre a ausência de nomeação de curador à lide, devido à antinomia existente entre as funções de fiscal da lei e representante dos interesses do interditando. O interrogatório do interditando é medida que garante o contraditório e a ampla defesa de pessoa que se encontra em presumido estado de vulnerabilidade. São intangíveis as regras processuais que cuidam do direito de defesa do interditando, especialmente quando se trata de reconhecer a incapacidade e restringir direitos. Recurso especial provido para nulificar o processo. (REsp. 1686161/SP.)
22. BRASIL. Conselho Nacional de Justiça. **Estudo empírico das demandas envolvendo pessoas com deficiência**. Universidade de São Paulo. Brasília: CNJ, 2023, p. 175. Disponível em: https://www.cnj.jus.br/wp-content/uploads/2023/08/relatorio-pessoascomdeficiencia-23-10-08.pdf. Acesso em: 07 set. 2023.

**Gráfico 60 - Acompanhamento das entrevistas por especialista**

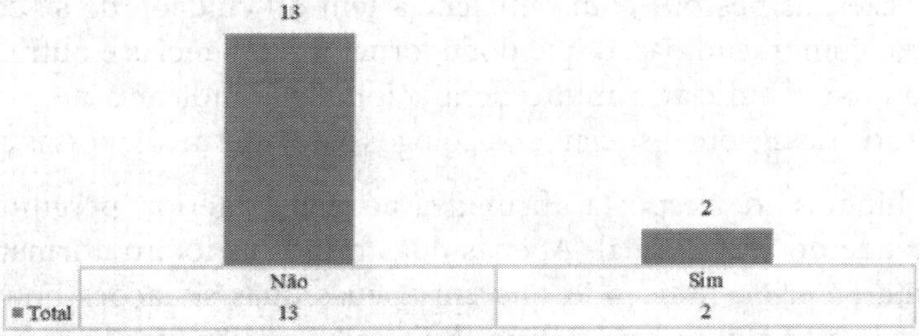


Fonte: elaboração própria.

Segundo relato de um magistrado estadual ouvido pelos pesquisadores da USP, com relação à entrevista realizada sem intermediação de um especialista, nem capacitação específica para lidar com pessoa com deficiência, na audiência são feitas perguntas triviais, com a expectativa de colher impressões sobre o estado da pessoa, sem maior aprofundamento dos elementos biopsicossociais específicos:

> É, normalmente não tem intermediação, é apenas nosso conhecimento cotidiano. então, a gente faz algumas perguntas para sentir se ela sabe se posicionar no mundo, se ela compreende o que é dinheiro, se ela compreende onde ela está, a data em que elas se apresentaram à justiça, quem são algumas personalidades conhecidas como Presidente da República. Esse tipo de pergunta. E a gente vai explicar pra ela que está respondendo ao processo. Que a ideia é que algum parente que vai estar na audiência pediu pra resolver tudo para ela e o que que ela acha disso. A gente vai sentindo o drama. (OD_MAGE_01). [23]

Do relato de um advogado ouvido sobre a entrevista, também percebe-se que o ato acabou se resumindo a um "encontro pessoal" com o magistrado:

> Na verdade, essa oitiva dela não seguiu nenhum rito, foi mais uma conversa. Foi na sala de audiência, mas não teve aquela divisão que naturalmente possui uma audiência, foi de certa forma acolhedora. Foi só pra ouvir, perguntou para a NOME o que ela achava, foi algo bem tranquilo. O juiz só marcou mesmo para que ela pudesse ter um encontro pessoal. (OD_ADV_02).[24]

---

23. BRASIL. Conselho Nacional de Justiça. **Estudo empírico das demandas envolvendo pessoas com deficiência.** Universidade de São Paulo. Brasília: CNJ, 2023, p. 179. Disponível em: https://www.cnj.jus.br/wp-content/uploads/2023/08/relatorio-pessoascomdeficiencia-23-10-08.pdf. Acesso em: 07 set. 2023.
24. BRASIL. Conselho Nacional de Justiça. **Estudo empírico das demandas envolvendo pessoas com deficiência.** Universidade de São Paulo. Brasília: CNJ, 2023, p. 179. Disponível

Os pesquisadores da Universidade de São Paulo concluíram, ainda, que "muitas vezes, as pessoas com deficiência têm dificuldade de se comunicar ou são mal compreendidas, o que pode tornar as audiências e outra forma de interação com o Judiciário muito desafiadoras",[25] a indicar a necessidade de intervenção de assistentes sociais e psicólogos para intermediar essas conversas.

Na hipótese de resposta afirmativa ao item anterior, perguntei qual a especialidade do profissional. Apenas duas respostas foram afirmativas para a pergunta anterior, indicando que em apenas duas situações houve acompanhamento por algum especialista durante as audiências de entrevistas de pessoas em situação de curatela. Uma resposta mencionou a especialidade de Médico Psiquiatra, enquanto a outra indicou que o especialista foi designado judicialmente, sem especificar sua formação profissional.

Com relação às audiências de entrevista, um magistrado que participou da pesquisa da USP, e disse que realiza a entrevista com a presença de um perito médico, sugeriu um protocolo de entrevista, para que houvesse um momento em que a pessoa em situação de curatela fosse ouvida sozinha, talvez no início da audiência, porque, realmente, ela poderia estar sob pressão naquela circunstância, embora a medida ainda não tenha sido implementada.

A questão número 10 pergunta se o especialista é indicado pela parte ou pelo. Conforme os dados do Gráfico 61 a seguir, a maioria das respostas indicou que o especialista que acompanha as audiências de entrevistas de pessoa em situação de curatela é indicado pelo Juízo, o que é coerente com a competência do juiz em gerenciar o processo judicial e tomar as decisões relacionadas às diligências necessárias para a instrução do processo. Somente uma resposta indicou que o especialista foi indicado pela parte, o que pode

---

em: https://www.cnj.jus.br/wp-content/uploads/2023/08/relatorio-pessoascomdeficiencia-23-10-08.pdf. Acesso em: 07 set. 2023.

25. BRASIL. Conselho Nacional de Justiça. **Estudo empírico das demandas envolvendo pessoas com deficiência**. Universidade de São Paulo. Brasília: CNJ, 2023, p. 179. Disponível em: https://www.cnj.jus.br/wp-content/uploads/2023/08/relatorio-pessoascomdeficiencia-23-10-08.pdf. Acesso em: 07 set. 2023. Um advogado ouvido disse que "Eles têm dificuldade na oitiva, quando vai fazer a escuta deles nas audiências, o(a) magistrado(a) tem muita dificuldade nessa abordagem, geralmente ele não consegue. Tem sido intermediado por assistentes sociais e psicólogos, essa conversa, porque realmente a gente percebe uma dificuldade muito grande e realmente é difícil". (OD_ADV_01). Para um representante de associação que atende pessoas com deficiência, "mesmo que comecem a ouvir, a gente vai ter uma dificuldade muito grande, porque é complexo quando a gente pensa na deficiência e nas suas nuances. O deficiente visual, ele vai ter que ter uma necessidade adaptativa que as próprias vertentes ainda (inaudível). Por exemplo, nas divulgações que eles (o Judiciário) fazem dos materiais que eles produzem, eles têm esse tipo de acessibilidade? Tem acesso a libras? Na hora que a gente está ali para ouvir a pessoa. Tá, mas eu tenho um tradutor intérprete que vai fazer essa informação chegar até o juiz de forma consistente? (ASS_07)".

ser uma exceção à regra geral, mas é importante destacar que a escolha do especialista deve levar em conta sua imparcialidade e a *expertise* na área em questão. Uma resposta deixou o campo em branco.

**Gráfico 61 - Origem da indicação do especialista**

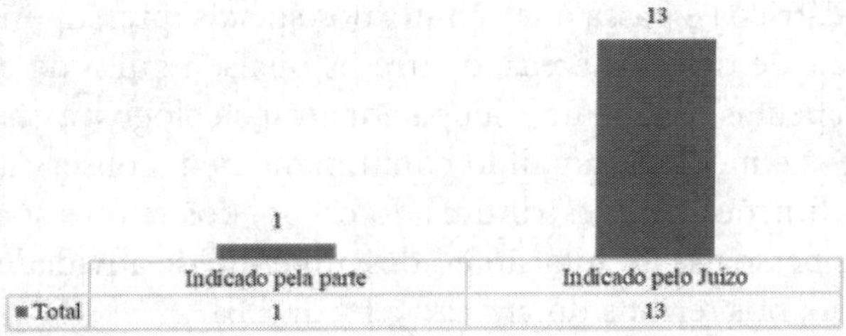


Fonte: elaboração própria.

### 3.5.4 A avaliação pericial: resistência ao novo

A avaliação pericial deve ser realizada por equipe com formação disciplinar, afinal a Lei n. 13.146, de 2015, prevê, em seu art. 2º, § 1º, que a avaliação da deficiência, quando necessária, será **biopsicossocial, realizada por equipe multiprofissional e interdisciplinar.**

Acompanhando a nova era **pós-CDPD**, o CPC também trouxe um dispositivo que estabelece que **a perícia pode ser realizada por equipe composta por expertos com formação multidisciplinar** (art. 753, § 1º, do CPC).

Os dois textos de lei acabam por reconhecer que são necessários múltiplos saberes para analisar o estado de pessoa humana, em tempos em que a curatela assume uma roupagem biopsicossocial, ou seja, não se esgota nas condições clínicas da pessoa, e passa a dialogar com caracteres sociais, psicológicos, atitudinais e até mesmo com o entorno do indivíduo.[26]

O levantamento feito pela Corregedoria-Geral de Justiça do Estado da Bahia procurou aferir se os tribunais são dotados dessas equipes e quem faz as perícias.

---

26. Luiz Alberto David Araújo e Carlos Eduardo Pianovski Ruzyk defendem que a avaliação por equipe multiprofissional não é uma faculdade do juiz, mas um direito da pessoa com deficiência, ao considerarem que, como decorrência do novo conceito de deficiência, há um direito à análise das potencialidades de cada indivíduo, diante de uma perícia completa, íntegra, sofisticada, devido ao enfoque funcional da curatela. ARAÚJO, Luiz Alberto David; PIANOVSKI RUZYK, Carlos Eduardo. A perícia interdisciplinar no processo de curatela e o aparente conflito o Estatuto da Pessoa com Deficiência e o Código de Processo Civil: reflexões metodológicas à luz da teoria geral do direito. **Revista de Direitos e Garantias Fudamentais**, Vitória, v.18, n.1, p. 227-256, jan./abr. 2017, p. 247.

### *3.5.4.1 As equipes multidisciplinares*

Um ponto destacado por toda a doutrina é a previsão de a avaliação pericial da deficiência ser realizada por uma equipe multidisciplinar, em alinhamento com a ideia de que a deficiência não pode ser aferida exclusivamente por padrões médico-psiquiátricos e passa a ter contornos sociais, pressupondo a presença de profissionais de diversas áreas, dentre os quais, à guisa de exemplo, pode haver fisioterapeutas, terapeutas ocupacionais, psicólogos, assistentes sociais, psicopedagogos e médicos, atuando conjuntamente na observação dos impedimentos nas funções e nas estruturas do corpo, dos fatores socioambientais, psicológicos e pessoais, a limitação no desempenho de atividades e a restrição de participação, nos termos do art. 2º, § 1º, da LBI.

Todavia, a despeito da previsão expressa encontrada no art. 753, § 1º, do CPC, as respostas dos tribunais revelaram ausência de equipes multidisciplinares nos juízos de curatela, por mais que possam ser equipes compartilhadas, conforme evidenciado na leitura do Gráfico 62 a seguir.

**Gráfico 62 - Quantidade de tribunais que dispõem de equipes integradas por expertos com formação multidisciplinar**

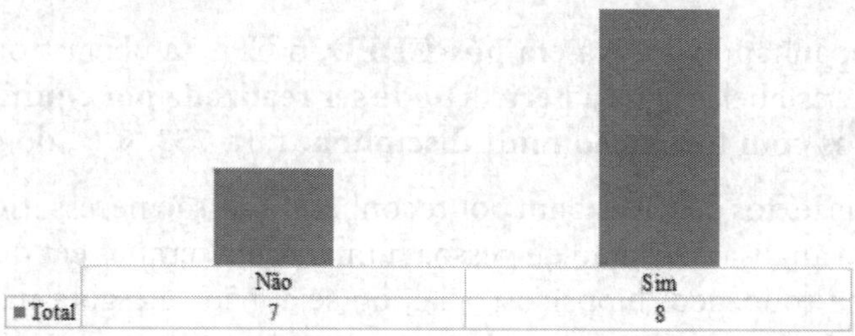


Fonte: elaboração própria.

Quando perguntados se há equipes integradas por expertos com formação multidisciplinar em atuação perante os Juízos de curatela/interdição para realização das avaliações periciais, a metade dos tribunais afirmou possuir equipes integradas por expertos com formação multidisciplinar em atuação, o que é um sinal positivo. No entanto, o fato de sete tribunais responderem negativamente a essa pergunta pode indicar uma falta de estrutura para garantir uma abordagem multidisciplinar nas avaliações.[27]

---

27. Os cinco maiores tribunais respondentes disseram não dispor de equipes multidisciplinares para avaliação pericial da deficiência. De observar-se que o TJPI e o TJAM tanto apresentaram respostas afirmativas quanto negativas, na proporção de 24 (não) para 5 (sim) no TJPI, e de 03 (sim) para 15 (não) no TJAM.

Nesse mesmo sentido, os dados encontrados na pesquisa "Estudo empírico das demandas envolvendo pessoas com deficiência" (USP/DPJ/CNJ) indicam que "os operadores do direito mencionam que a avaliação biopsicossocial não existe ainda na prática jurídica brasileira".[28]

Embora a estrutura da Justiça Federal não seja objeto do meu estudo, uma vez que as ações de curatela só tramitam na justiça estadual, é válido mencionar que a pesquisa "Estudo empírico das demandas envolvendo pessoas com deficiência" (USP/DPJ/CNJ) apontou que "a avaliação multidisciplinar também não tem sido realizada no âmbito da Justiça Federal".[29]

A maioria dos tribunais que responderam afirmativamente à existência de equipes integradas por expertos com formação multidisciplinar para realização das avaliações periciais em ações de interdição/curatela (Pergunta 5) também afirmou que essa atuação é compartilhada com ações de outra natureza (Pergunta 6). Dos oito tribunais que responderam positivamente à Pergunta 6, todos afirmaram que a atuação das equipes é compartilhada com outras competências. Isso indica que os tribunais que possuem equipes multidisciplinares para realização das avaliações periciais em ações de interdição/curatela também as utilizam para outras ações, conforme mostra a seguir o Gráfico 63.

---

28. BRASIL. Conselho Nacional de Justiça. **Estudo empírico das demandas envolvendo pessoas com deficiência**. Universidade de São Paulo. Brasília: CNJ, 2023, p. 185. Disponível em: https://www.cnj.jus.br/wp-content/uploads/2023/08/relatorio-pessoascomdeficiencia-23-10-08.pdf. Acesso em: 07 set. 2023.
29. Ibidem. p. 194. Depoimento de um magistrado federal: "A não se comentar a própria questão de uma equipe multidisciplinar, na minha realidade é inviável. Nós não temos à disposição, seja a equipe mesmo como a própria Justiça Federal não teria recursos para arcar com essa equipe se necessário fosse. Muitas vezes, por exemplo, a gente tem também um caso que é mais sensível ainda porque são casos de crianças. Então, piora um pouco a lógica, porque já nem entra mais nessa lógica de capacidade ou incapacidade para o trabalho. Isso não é uma questão com criança. E, às vezes, dependendo do caso da doença, por exemplo, o transtorno espectro autista alguma coisa assim, a parte quer que seja feita uma perícia um psicopedagogo, que faça conforme o protocolo x ou y. E isso realmente não existe na nossa dinâmica, não temos esse período disponível e é praticamente inviável de se conseguir. O tribunal agora criou uma central de perícias, para tentar unificar e disponibilizar peritos de forma mais genérica. Uma central de perícia para tentar atender todo o Estado". (OD_MAGF_02).

**Gráfico 63 - Natureza das outras ações com que a equipe multidisciplinar é compartilhada**

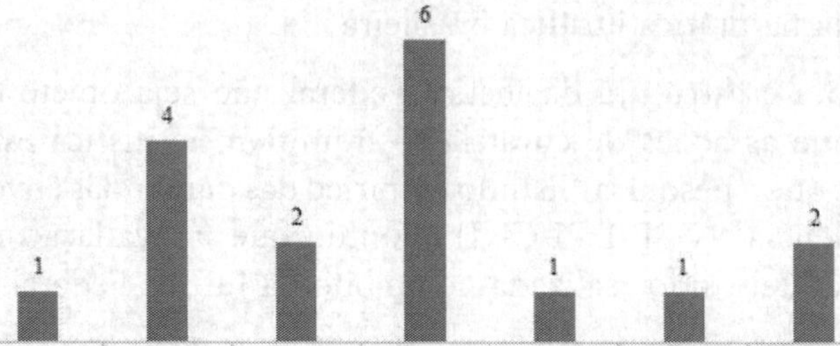

| | Criminal | Família | Idoso | Infância | Outro | Todas as áreas | Violência Doméstica |
|---|---|---|---|---|---|---|---|
| ■ Total | 1 | 4 | 2 | 6 | 1 | 1 | 2 |

Fonte: elaboração própria.

De acordo com as respostas recebidas, a atuação da equipe multidisciplinar compartilhada em Juízos de Curatela/Interdição ocorre, na maioria dos casos, com ações relacionadas à Infância (6 respostas) e Família (4 respostas). Também foram mencionadas outras naturezas de ações, como Pessoa Idosa (2 respostas), Violência Doméstica (2 respostas) e Outro (2 respostas), além de uma resposta referente a ações de natureza criminal. Essa diversidade de áreas de atuação sugere a importância de uma visão multidisciplinar e integrada na análise das questões relacionadas à curatela.

Dentre os tribunais que responderam afirmativamente à existência de equipes integradas por expertos com formação multidisciplinar para realização das avaliações, nota-se que, em metade deles, a avaliação ainda é realizada por médicos e não pela equipe multidisciplinar. O Gráfico 64 a seguir retrata a distribuição.

**Gráfico 64 - Profissional que faz a avaliação em tribunais onde há equipes integradas por expertos**

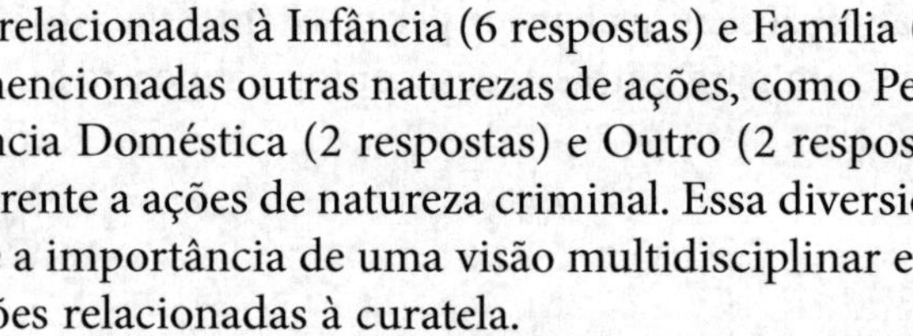

| | Assistente social | Equipe multidisciplinar | Médico (outro) | Médico psiquiatra, preferencialmente, admitindo-se outras especialidades da Medicina |
|---|---|---|---|---|
| ■ Sim | 1 | 3 | 2 | 2 |

Fonte: elaboração própria.

Os profissionais que trabalham com pessoa com deficiência no Judiciário têm demonstrado preocupação com a falta de recursos e equipes multidisciplinares, segundo levantamento da USP/DPJ/CNJ, no "Estudo empírico das demandas envolvendo pessoas com deficiência":

> A grande dificuldade nos processos de interdição na Justiça Estadual/ ESTADO DO NORDESTE é relativa à perícia, equipe multidisciplinar, uma vez que a grande maioria dos processos, as partes são beneficiárias da justiça, não havendo equipe multidisciplinar, bem como peritos capacitados ou mesmo o acompanhamento necessário da pessoa com deficiência, para estabelecer os limites da curatela, ou mesmo Tomada de Decisão Apoiada. (MAGISTRADO(A) – comentário ao questionário)
>
> Deficiente aparelhamento da equipe multidisciplinar, com grande dependência da rede de assistência do Município. (MAGISTRADO(A) – comentário ao questionário)
>
> Na comarca de X, as interdições estão espalhadas em varas cíveis e não contamos com nenhuma equipe de apoio, da assistência social ou psicólogas para suporte em decisões e processos que este suporte seria necessário. Já tentamos solicitação de auxílio da equipe que atua em varas de família e/ ou infância e sempre foi negado ou pelos juízos responsáveis pela gestão das equipes ou pela Presidência do TJ. O aparelhamento e atenção a esta questão segue tocada por desinteresse. (MAGISTRADO(A) – comentário ao questionário)
>
> Ao longo dos anos tivemos avanços importantes, com maior conscientização e também por conta da legislação. Porém, ao Poder Judiciário, dolorosamente, falta autonomia financeira. Na minha Comarca, no estado X, é preciso pedir ajuda ao Município. (MAGISTRADO(A) – comentário ao questionário)
>
> A dificuldade é que depois de tanta coisa que a gente já fez, agora tem poucas coisas, mas eu poderia lhe dizer que uma melhoria seria ter um quadro de peritos melhor. Porque quando as partes não podem pagar, não há perito que aceite. (OD_MP_O5)[30]

Os pesquisadores concluíram que "o maior empecilho apontado para a realização adequada da avaliação biopsicossocial por equipe multidisciplinar é a questão orçamentária",[31] afirmando que a falta de orçamento impede que haja peritos(as) contratados(as) que conheçam as peculiaridades processuais.

---

30. BRASIL. Conselho Nacional de Justiça. **Estudo empírico das demandas envolvendo pessoas com deficiência**. Universidade de São Paulo. Brasília: CNJ, 2023, p. 195. Disponível em: https://www.cnj.jus.br/wp-content/uploads/2023/08/relatorio-pessoascomdeficiencia-23-10-08.pdf. Acesso em: 07 set. 2023.
31. BRASIL. Conselho Nacional de Justiça. **Estudo empírico das demandas envolvendo pessoas com deficiência**. Universidade de São Paulo. Brasília: CNJ, 2023, p. 196. Disponível

### *3.5.4.2 Quem faz a avaliação pericial*

Na pergunta sobre a categoria profissional responsável pelas avaliações periciais nas ações de curatela/interdição, apenas 4 respostas indicaram que é uma equipe multidisciplinar. Das opções apresentadas, 7 se referem a médicos – sendo 2 a médico/outro –, 2 se referem a médicos psiquiatras, exclusivamente, e outras 3 mencionam médicos de outras especialidades, incluindo o psiquiatra preferencialmente. Apenas uma resposta indicou o assistente social como responsável pelas avaliações periciais, e outras quatro respostas indicaram outras categorias profissionais, como se observa no Gráfico 65 a seguir.

**Gráfico 65 - Contagem de categoria profissional que faz as avaliações periciais**

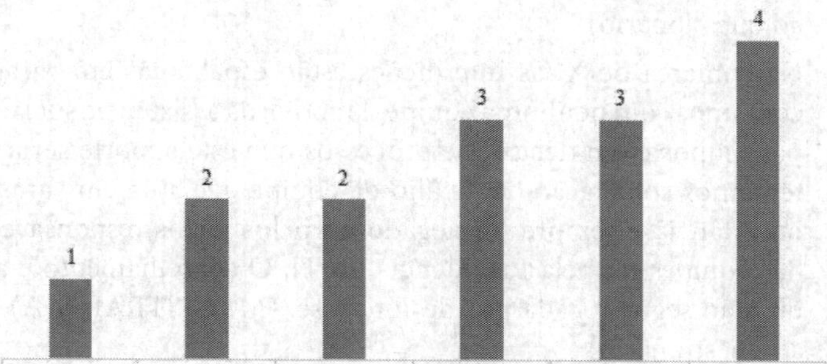


| | Assistente social | Médico psiquiatra, exclusivamente | Médico (outro) | Médico psiquiatra, preferencialmente, admitindo-se outras especialidades da Medicina | Outro | Equipe multidisciplinar |
|---|---|---|---|---|---|---|
| ■ Total | 1 | 2 | 2 | 3 | 3 | 4 |

Fonte: elaboração própria.

Observa-se que houve uma preponderância das avaliações médicas em relação às avaliações realizadas por uma equipe multidisciplinar, a maioria das respostas "outro" também incluía especialidades médicas. A predominância das avaliações médicas, em detrimento de outras áreas, pode indicar que a deficiência ainda é compreendida de forma reducionista, sob uma perspectiva meramente biomédica.

Vale ressaltar que as legislações mais recentes sobre o assunto preconizam que as pessoas com deficiência têm direito a uma avaliação baseada em uma

em: https://www.cnj.jus.br/wp-content/uploads/2023/08/relatorio-pessoascomdeficiencia-23-10-08.pdf. Acesso em: 07 set. 2023.

abordagem multidisciplinar,[32] que considere não apenas aspectos médicos, mas também sociais, culturais e ambientais.

### 3.5.5 Acompanhamento pós-curatela

Outra questão levantada aos tribunais foi se é feito algum tipo de acompanhamento da evolução da pessoa em situação de curatela após a sentença (na hipótese de procedência do pedido), para aferir seu desenvolvimento e inclusão social.

A inclusão dessa indagação decorreu de haver na doutrina críticas[33] ao silêncio do legislador infraconstitucional em não definir prazo para a reavaliação da curatela, nem impor um acompanhamento da medida, como forma de aferir a promoção ou o respeito à autonomia da pessoa vulnerável.

Não obstante o calor do debate sobre esse aspecto do instituto, a maioria das respostas indicou que não é feito nenhum tipo de acompanhamento da evolução da pessoa em situação de curatela após a sentença, com 13 respostas negativas. Somente 2 respostas afirmativas indicaram que há acompanhamento para aferir o desenvolvimento e a inclusão social, conforme Gráfico 66 a seguir.

---

32. Nesse particular, Nelson Rosenvald, partindo da premissa de que o ser humano é um valor unitário, insuscetível de fracionamento pelo ordenamento, considera que a isolada avaliação de um psiquiatra pode acusar a existência de um transtorno mental hábil a suprimir o discernimento da pessoa, mas jamais perceber o ser humano em sentido holístico, naquilo que concerne a suas vontades, habilidades e preferências. Então conclui que profissionais de outros segmentos científicos poderão fornecer subsídios globais para que o magistrado efetivamente conheça o ser humano subjacente à patologia. (ROSENVALD, Nelson. **Curatela**. Escritos gentilmente disponibilizados pelo autor.)

33. ALMEIDA, Vitor defende que, apesar do silêncio da legislação no tocante à necessidade de submissão da curatela a uma revisão regular, independente e imparcial, o magistrado, além de fixar prazo para a curatela, deve determinar a realização de uma nova avaliação multidisciplinar para aferição das condições do tratamento, reavaliação do comprometimento das funções cognitivas, revisão da extensão dos poderes do(a) curador(a), possibilidade de levantamento parcial da curatela ou a cessação da medida, tudo isso porque "o exercício da curatela se volta ao interesse exclusivo da pessoa curatelada, com o progressivo respeito da vontade da pessoa que a ele se sujeita", destacando o dever imposto de buscar tratamento adequado e a busca da conquista da autonomia. (ALMEIDA, Vitor. **A capacidade civil das pessoas com deficiência e os perfis da curatela.** Belo Horizonte: Fórum, 2019, p. 251)

**Gráfico 66 - Realização de acompanhamento da evolução da pessoa em situação de curatela após a sentença**

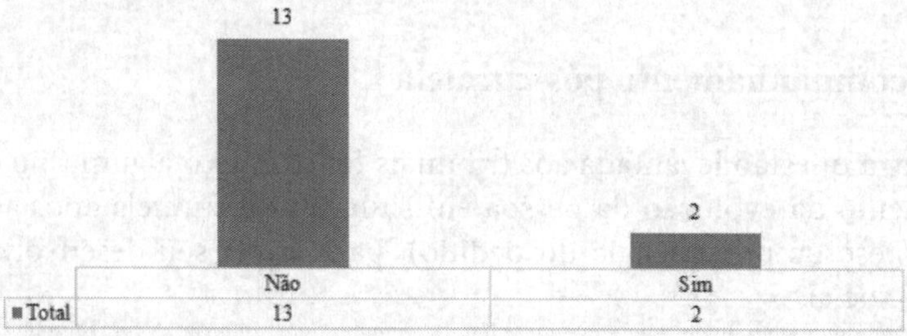


Fonte: elaboração própria.

Na hipótese de resposta afirmativa ao item anterior, questionou-se sobre quem faz o acompanhamento. A resposta anterior indicou que há apenas 2 casos afirmativos em relação à pergunta anterior, ou seja, em que é feito algum tipo de acompanhamento da evolução da pessoa em situação de curatela após a sentença. Contudo 5 tribunais responderam à questão sobre quem faz o acompanhamento. Destas, 3 respostas indicaram que o acompanhamento é feito por equipe multidisciplinar vinculada ao Poder Judiciário, enquanto outras 2 respostas indicaram "outro" sem especificar qual seria a instituição ou profissional responsável pelo acompanhamento, consoante revela o Gráfico 67 abaixo.

**Gráfico 67 - Profissional que faz o acompanhamento**

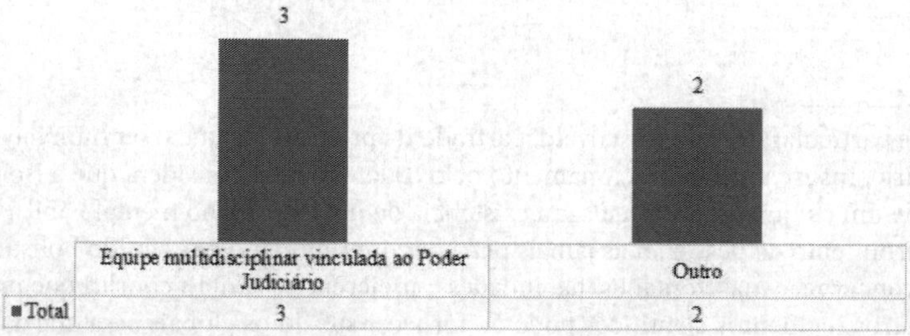


Fonte: elaboração própria.

A última pergunta questionou como é feito o acompanhamento. Houve também 5 respostas. As respostas indicam que o acompanhamento da evolução da pessoa em situação de curatela após a sentença é realizado por meio do comparecimento da pessoa curatelada (3), ou por outra forma não especificada nas respostas (2), consoante mostra o Gráfico 68 em seguida.

**Gráfico 68 - Como é feito o acompanhamento**

| | Comparecimento da pessoa curatelada | Outro |
|---|---|---|
| ■ Total | 3 | 2 |

Fonte: elaboração própria.

A questão pedia para deixarem comentários. A partir das respostas dos profissionais do Judiciário, destacou-se a dificuldade em conduzir os processos de curatela de forma adequada, especialmente em razão da falta de estrutura e da ausência de uma equipe multidisciplinar especializada. Houve referência à falta de pessoal nas comarcas e de recursos técnicos para realizar perícias e acompanhar a evolução das pessoas curateladas, bem como à ausência de peritos e médicos para confecção de laudos.

Alguns profissionais destacaram a necessidade de contar com uma equipe multidisciplinar própria, para atender a demanda de casos envolvendo pessoas idosas e outras pessoas vulneráveis. Também foi ressaltada a falta de peritos com especialidades específicas, o que foi apontado como fator que pode prejudicar o atendimento de partes carentes e beneficiárias da justiça gratuita.

Em geral, fica clara a importância de se investir em estrutura e recursos técnicos para garantir um acompanhamento adequado das pessoas em situação de curatela, com o objetivo de promover sua inclusão social e garantir o respeito aos seus direitos.

## 3.6 ANÁLISE DE DECISÕES JUDICIAIS PROFERIDAS EM AÇÕES DE CURATELA NO BRASIL

A fim de verificar como os tribunais estão tratando a matéria, foram selecionados dois julgados de cada um dos 26 Estados, além de dois do Distrito Federal, proferidos entre 2016 até 2022, após a mudança de paradigma no tratamento das (in)capacidades.

A análise considerou apenas sentenças de 1º Grau dos processos de curatela – desconsiderados dados de substituição ou remoção de curador(a) –, coletadas a partir de referências a curatela e interdição nos Diários de Justiça dos tribunais, procurando responder: se foi deferida assistência judiciária gratuita; se foi empregado o termo “interdição”; se houve menção à expressão “incapacidade absoluta”; se houve referência à existência de equipe multidisciplinar para avaliação pericial ou a como foi feita a prova.

Os julgados utilizados para análise estão relacionados no Apêndice II.

### 3.6.1 A gratuidade da justiça no conteúdo das sentenças

Começando pela assistência judiciária gratuita, o Gráfico 69 em seguida reforça o quadro já observado nos **2.021 processos** da 1ª Vara de Sucessões, Órfãos e Interditos de Salvador, em que a maior parte das ações recebe a sinalização de gratuidade, correspondendo a 65% do total, a evidenciar que, também no âmbito nacional, a maioria dos processos dessa natureza refere-se a pessoas em situação de hipossuficiência declarada, que autoriza o processamento do feito com isenção de despesas processuais.

**Gráfico 69 - Deferimento da gratuidade da justiça nas sentenças**

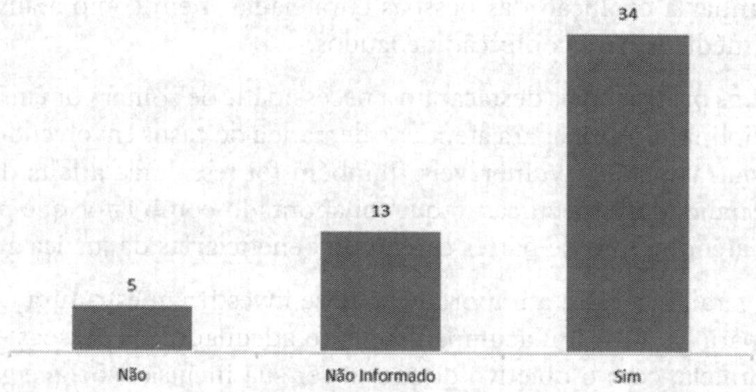


Fonte: elaboração própria.

Importante mencionar que, em tais condições, as despesas são suportadas pelo Estado, desde os custos com o processo até as avaliações periciais, em que os honorários dos peritos, ou melhor, das equipes multidisciplinares, deverão ser arcados pelo poder público, portanto é importante que os tribunais conheçam a demanda, a fim de que possam elaborar seus orçamentos de modo satisfatório à garantia de acesso à justiça.

É possível que resida aqui a justificativa para a ausência de equipes com formação em múltiplas competências para realização da avaliação pericial, previstas na LBI e no CPC.

Certo é que este debate carece de enfrentamento pelas cúpulas dos tribunais, sob pena de descumprimento de preceitos constitucionais fundamentais.

### 3.6.2 A utilização das expressões "interdição" e "incapacidade absoluta" nos julgados

A análise das sentenças revelou que prevalece o uso da palavra "interdição" nos julgados, a despeito de toda crítica existente, dado que o decreto de "interdição" aparece em **47 dos 52** julgados colhidos, perfazendo **87%** do total, conforme demonstra o Gráfico 70 a seguir.

**Gráfico 70 - Utilização do termo "interdição" nas sentenças de curatela**

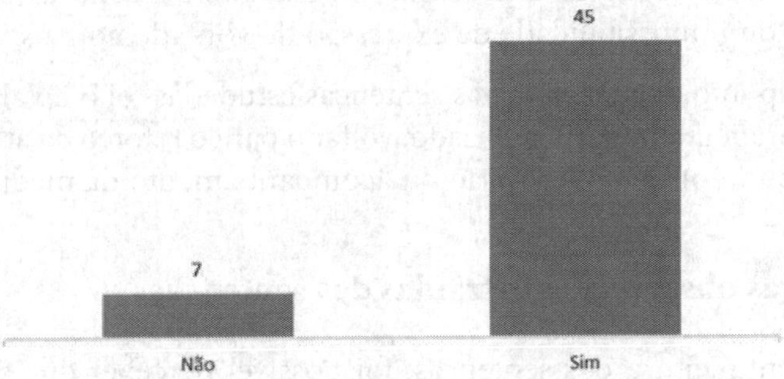


Fonte: elaboração própria.

Sem pretender repetir as críticas que pairam sobre o termo, nem reiterar o anacronismo com o regramento vigente, é evidente que o ordenamento jurídico brasileiro não convive com a ideia de interditar um sujeito, nem de o apartar da sociedade ou da vida civil tão somente por causa de sua deficiência.

Por fim, embora em menor escala, a expressão "incapacidade absoluta" apareceu em 04 sentenças coletadas, consoante demonstra o Gráfico 71 em seguida.

**Gráfico 71 - Utilização da expressão "incapacidade absoluta" nas sentenças de curatela**

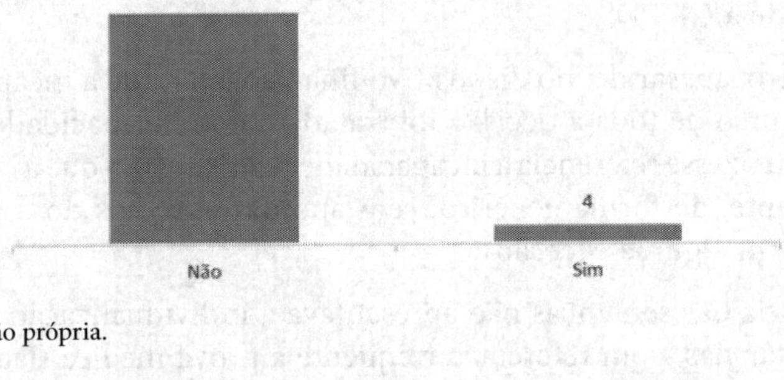


Fonte: elaboração própria.

Das sentenças que utilizaram a expressão "incapacidade absoluta", apenas uma delas fez menção direta às inovações legislativas, na tentativa de justificar a aplicação do termo dado ao grau de comprometimento da vontade em razão da vulnerabilidade acrescida observada na pessoa a que se referia o processo, tratando como medida excepcional.

Nos demais casos, nenhum embasamento foi apresentado para justificar, ou tentar justificar, a adoção da medida, em manifesta atecnia. A referência a "incapacidade absoluta", além do apego ao uso do vocábulo "interdição" reforçam a necessidade de atualização no tratamento dado às pessoas com dificuldade ou impossibilidade de expressão de vontade no país.

Outro ponto que fez falta nas sentenças estudadas foi o detalhamento de um plano terapêutico individualizado, voltado para o reforço da autonomia do sujeito, e de um projeto de revisão ou acompanhamento da medida.

### 3.6.3 Outras observações extraídas das sentenças

Da atenta leitura das sentenças, foi possível perceber que seguiam um modelo padrão, sem individualização, muitas vezes até sem fazer as devidas adequações ao gênero da pessoa em situação de curatela.

Encontrei referência a "prova pericial", sem apontar quem fez a perícia, logo não foi possível identificar se equipes multiprofissionais estiveram presente, ao menos nos 52 modelos colhidos dos *sites* dos Tribunais.

Algumas observações extraídas da leitura das sentenças merecem destaque, devido à relevância que possuem, por se tratar do último ato referente ao estado de pessoa que se discute no processo.

Em um dos julgados, foi empregada a observação "saúde mental prejudicada, apesar de estar mais estabilizada", que dá uma impressão de estigmatização ao se tratar da condição mental e, ainda, sinaliza uma submissão ultrapassada à ideia da deficiência ditada pela medicina, que resumia a pessoa à patologia, em evidente desacordo com os padrões de deficiência biopsicossocial inaugurados desde a CDPD.

Em outro, apesar de, no dispositivo final, constar que a incapacidade era parcial, no curso de toda a decisão foi tratada como incapacidade total e um deles, embora fizesse referência a incapacidade relativa, dizia que a incapacidade era permanente, de forma genérica, sem apontar aspectos do caso concreto que indicassem alguma exceção.

A maioria das sentenças não apresentava a individualização do sujeito e suas circunstâncias, com referência frequente à prova médica (laudo ou relatório médico) para fundamentar a decisão.

Nesse aspecto, a falta de individualização da medida, sem referências a características do caso concreto, foi sentida na quase totalidade dos escritos – à semelhança de sentença "modelo padrão", carente de personalização dos sujeitos – e, em algumas, sequer procedeu-se à adequada flexão de gênero.

Houve sentenças proferidas ainda na audiência de entrevista, sem mesmo garantir-se a defesa do sujeito, nem a intervenção da curadoria especial ou de advogado dativo para defender a pessoa em situação de vulnerabilidade, desrespeitando o devido processo legal e, em última análise, ofendendo direitos fundamentais caros à pessoa com deficiência na capacidade de autodeterminar-se e/ou expressar vontade.

Uma sentença abarcou aspectos da vida da pessoa, não se limitando ao cuidado patrimonial, e outra foi clara ao apontar a reversibilidade da medida, destacando seu caráter excepcional, sendo que em uma terceira, embora a magistrada se referisse à incapacidade absoluta, apresentou fundamentação para tanto, ainda que a ideia de incapacidade absoluta já não se alinhe à dogmática constitucional.

Uma das sentenças estava muito bem embasada, cuidadosa, justificando a necessidade da medida ao caso julgado.

## 3.7 A ATUAÇÃO DO CONSELHO NACIONAL DE JUSTIÇA

O Conselho Nacional de Justiça (CNJ) é um órgão do Poder Judiciário, a quem compete o controle da atuação administrativa e financeira do Poder Judiciário e do cumprimento dos deveres funcionais dos juízes, com atribuições previstas no art. 103-B, § 4º, da Constituição Federal.[34] Criado em 2004 pela Emenda Constitucional n. 45, o órgão despontou como resposta à necessidade

---

34. Art. 103-B. O Conselho Nacional de Justiça compõe-se de 15 (quinze) membros com mandato de 2 (dois) anos, admitida 1 (uma) recondução, sendo:

 (...)

 § 4º Compete ao Conselho o controle da atuação administrativa e financeira do Poder Judiciário e do cumprimento dos deveres funcionais dos juízes, cabendo-lhe, além de outras atribuições que lhe forem conferidas pelo Estatuto da Magistratura: (Incluído pela Emenda Constitucional n. 45, de 2004)

 I - zelar pela autonomia do Poder Judiciário e pelo cumprimento do Estatuto da Magistratura, podendo expedir atos regulamentares, no âmbito de sua competência, ou recomendar providências; (Incluído pela Emenda Constitucional n. 45, de 2004)

 II - zelar pela observância do art. 37 e apreciar, de ofício ou mediante provocação, a legalidade dos atos administrativos praticados por membros ou órgãos do Poder Judiciário, podendo desconstituí-los, revê-los ou fixar prazo para que se adotem as providências necessárias ao exato cumprimento da lei, sem prejuízo da competência do Tribunal de Contas da União; (Incluído pela Emenda Constitucional n. 45, de 2004)

de modernização e aprimoramento do Poder Judiciário brasileiro, além de seu papel fiscalizador da atividade do Judiciário.

Comentando a necessidade de repensar as instituições republicanas, a reforma do Poder Judiciário e a criação do Conselho Nacional de Justiça, Moraes[35] reconhecia que o "problema era estrutural e conjuntural e não somente do Judiciário que, por sua vez, deve, obrigatoriamente, modernizar a prestação da atividade jurisdicional, adaptando-se aos novos tempos sem perder sua autonomia".

Neste tópico, serão enumeradas algumas normas editadas pelo CNJ, a atuação do Comitê dos Direitos da Pessoa com Deficiência no âmbito judicial com vistas aos processos de curatela e a pesquisa recém-publicada acerca dos estudos empíricos sobre demandas envolvendo pessoas com deficiência.

### 3.7.1 Iniciativas normativas referentes aos direitos das pessoas com deficiência

No que concerne à produção normativa do CNJ, destacam-se resoluções e portarias que reforçam o comprometimento do órgão em enfrentar as bar-

---

III - receber e conhecer das reclamações contra membros ou órgãos do Poder Judiciário, inclusive contra seus serviços auxiliares, serventias e órgãos prestadores de serviços notariais e de registro que atuem por delegação do poder público ou oficializados, sem prejuízo da competência disciplinar e correicional dos tribunais, podendo avocar processos disciplinares em curso, determinar a remoção ou a disponibilidade e aplicar outras sanções administrativas, assegurada ampla defesa; (Redação dada pela Emenda Constitucional n. 103, de 2019)

IV - representar ao Ministério Público, no caso de crime contra a administração pública ou de abuso de autoridade; (Incluído pela Emenda Constitucional n. 45, de 2004)

V - rever, de ofício ou mediante provocação, os processos disciplinares de juízes e membros de tribunais julgados há menos de um ano; (Incluído pela Emenda Constitucional n. 45, de 2004)

VI - elaborar semestralmente relatório estatístico sobre processos e sentenças prolatadas, por unidade da Federação, nos diferentes órgãos do Poder Judiciário; (Incluído pela Emenda Constitucional n. 45, de 2004)

VII - elaborar relatório anual, propondo as providências que julgar necessárias, sobre a situação do Poder Judiciário no País e as atividades do Conselho, o qual deve integrar mensagem do Presidente do Supremo Tribunal Federal a ser remetida ao Congresso Nacional, por ocasião da abertura da sessão legislativa. (Incluído pela Emenda Constitucional n. 45, de 2004)

35. MORAES, Alexandre de. **Constituição do Brasil interpretada e legislação constitucional**. 9. ed. atual. até a EC 71/12. São Paulo: Atlas, 2013, p. 1494. Alexandre de Moraes afirmava, antes mesmo de tornar-se Ministro do STF, que a modernização não dependia apenas do Judiciário, porque era, também, legislativa e executiva, combatendo a continuidade de tecnicismos exagerados, processos protelatórios e procedimentos morosos, e ressaltando a necessidade de dotar o Poder Judiciário da infraestrutura adequada para o exercício de suas funções, no sentido da efetivação da justiça e da cidadania, garantindo a necessária independência e autonomia de seus membros, auxiliando sua modernização e informatização, possibilitando maior celeridade processual.

reiras e os desafios encontrados pelas pessoas com deficiência no sistema de justiça, podendo-se mencionar a Resolução n. 343,[36] de 09 de setembro de 2020, que instituiu condições especiais de trabalho para magistrados(as) com deficiência, necessidades especiais ou com doença grave ou que sejam pais ou responsáveis por dependentes nessa mesma condição. Foi alterada em 2023, após intervenção do Conselheiro Sidney Madruga,[37] na condição de Coordenador do Comitê dos Direitos da Pessoa com Deficiência no âmbito judicial, para incluir o acesso aos(às) servidores(as) com deficiência, ou nas mesmas condições, a equipamentos fornecidos pelo Judiciário, quando em teletrabalho.

A Portaria n. 222, datada de 23 de junho de 2022, que criou o Comitê dos Direitos de Pessoas com Deficiência no âmbito Judicial,[38] teve papel central na condução de discussões e ações relacionadas à inclusão e aos direitos das pessoas com deficiência, mostrando uma abordagem proativa por parte do CNJ.

Ainda no ano de 2022, foi criado um Grupo de Trabalho com foco na realização de estudos e na elaboração de material destinado à orientação e ao treinamento no atendimento e na atuação diante de pessoas com transtorno do espectro autista no âmbito do Poder Judiciário, pela Portaria n. 315, datada de 9 de setembro de 2022. Essa ação demonstra a preocupação do CNJ em entender as necessidades específicas das pessoas com autismo e capacitar os profissionais do sistema de justiça para melhor atendê-las, entendendo que cada condição clínica tem sua especificidade.[39]

Mais recentemente, a Resolução n. 487, de 15 de fevereiro de 2023, concebeu uma iniciativa importante para a implementação da Convenção Internacional dos Direitos das Pessoas com Deficiência e a Lei n. 10.216/2001 no âmbito do processo penal e das medidas de segurança, para instituir uma Política Anti-

---

36. BRASIL. Conselho Nacional de Justiça. **Resolução n. 343 de 09/09/2020**. Institui condições especiais de trabalho para magistrados(as) e servidores(as) com deficiência, necessidades especiais ou doença grave ou que sejam pais ou responsáveis por dependentes nessa mesma condição e dá outras providências. Disponível em: https://atos.cnj.jus.br/atos/detalhar/3459. Acesso em: 17 set. 2023.
37. BRASIL. Conselho Nacional de Justiça. Servidores com deficiência terão direito a teletrabalho assistido por equipamentos específicos. **Notícias CNJ**, 23 de maio de 2023. Disponível em: https://www.cnj.jus.br/servidores-com-deficiencia-terao-direito-a-teletrabalho-assistido-por-equipamentos-especificos/. Acesso em: 19 set. 2023.
38. BRASIL. Conselho Nacional de Justiça. **Portaria n. 222 de 23/06/2022.** Institui o Comitê dos Direitos de Pessoas com Deficiência no âmbito Judicial disponível em: https://atos.cnj.jus.br/atos/detalhar/4629/. Acesso em 23 de julho de 2023.
39. BRASIL. Conselho Nacional de Justiça. **Portaria n. 315 de 09/09/2022**. Institui Grupo de Trabalho para realização de estudos e elaboração de material destinado à orientação e treinamento no atendimento e atuação diante de pessoas com transtorno do espectro autista no Poder Judiciário. Disponível em: https://atos.cnj.jus.br/atos/detalhar/4736. Acesso em: 17 set. 2023.

manicomial do Poder Judiciário, estabelecendo procedimentos e diretrizes que visam garantir tratamento digno e respeitoso às pessoas com deficiência, em conformidade com padrões internacionais de direitos humanos.[40]

No passado, a Resolução n. 230/2016 do CNJ passou a incluir questões sobre os direitos de pessoas com deficiência em todo concurso público do Judiciário.

A Resolução n. 478, de 27/10/2022,[41] alterou a Resolução n. 81/2009, que dispõe sobre concursos públicos de provas e títulos para a outorga das Delegações de Notas e de Registros, a fim de incluir, dentre outros dispositivos, que as pessoas com deficiência poderão concorrer às serventias especialmente reservadas aos candidatos com deficiência, que totalizarão 5% das serventias oferecidas no Edital.

Em 2007, ao julgar o pedido de providências 1065, os Conselheiros determinaram que, para os próximos concursos, o Tribunal Regional Federal da 1ª Região deveria separar vagas para pessoa com deficiência, o que, após, veio a ser disciplinado por Resolução.

### 3.7.2 Ações do Comitê dos Direitos da Pessoa com Deficiência no Âmbito Judicial

Criado no ano de 2022, sob a presidência do Ministro Reynaldo Soares da Fonseca, e coordenado pelo então Conselheiro Sidney Madruga, o Comitê impulsionou iniciativas e fez propostas voltadas para a pessoa com deficiência, inclusive com foco nas ações de curatela, elencadas no Ofício n. 131/2023/GSM/CNJ, encaminhado à presidência do CNJ pelo gabinete do Conselheiro Coordenador da seguinte forma:

1. Edição da Resolução CNJ n. 503/2023, que alterou a Resolução CNJ n. 343/2020, para estender aos servidores do Poder Judiciário com deficiência, sob o regime de teletrabalho, o direito concedido aos Magistrados e Magistradas de utilizarem equipamentos próprios ou, em havendo possibilidade, mediante equipamentos fornecidos

40. BRASIL. Conselho Nacional de Justiça. **Resolução n. 487 de 15/02/2023**. Institui a Política Antimanicomial do Poder Judiciário e estabelece procedimentos e diretrizes para implementar a Convenção Internacional dos Direitos das Pessoas com Deficiência e a Lei n. 10.216/2001, no âmbito do processo penal e da execução das medidas de segurança. Disponível em: https://atos.cnj.jus.br/atos/detalhar/4960. Acesso em:18 set. 2023.

41. BRASIL. Conselho Nacional de Justiça. **Resolução n. 478 de 27/10/2022**. Altera a Resolução CNJ n. 81/2009, que dispõe sobre os concursos públicos de provas e títulos, para a outorga das Delegações de Notas e de Registros, e minuta de edital. Disponível em: https://atos.cnj.jus.br/atos/detalhar/4802. Acesso em: 18 set. 2023.

pela unidade jurisdicional em que atuam, inclusive com tecnologia assistiva compatível com as suas necessidades;

2. Proposta de inclusão de disciplina referente aos direitos da pessoa com deficiência no módulo obrigatório do Curso de Formação Inicial de Magistrados, com base nas previsões contidas no Artigo 13.2, da Convenção da ONU sobre os Direitos das Pessoas com Deficiência, encaminhada a pedido do Comitê, mediante o Ofício n. 210/2022/GSM/CNJ, dirigido ao Ministro Og Fernandes, então Diretor-Geral da Escola Nacional de Formação e Aperfeiçoamento de Magistrados (Enfam);
3. Elaboração do glossário de termos jurídicos na Língua Brasileira de Sinais (Libras), com vistas a promover o pleno acesso à justiça das pessoas com deficiência auditiva, na medida em que há apenas 100 sinais associados a termos jurídicos, mas, apesar dos avanços nesse sentido, há premente necessidade de incorporação de novas palavras e expressões para complementar as existentes;
4. Sugestão de revisão/alteração das nominatas de classes processuais ora utilizadas no Processo Judicial Eletrônico (PJe), bem como a inclusão de atos inerentes às ações relativas à curatela, com o desiderato de ajustar o sistema de justiça aos conceitos em voga na Convenção dos Direitos da Pessoa com Deficiência, na Lei n. 13.146/2015 e no Código Civil, a saber:
   I) a substituição da expressão “interdição” por “curatela”, no tocante à nomenclatura das ações judiciais dessa natureza;
   II) a inclusão da audiência de entrevista, em consonância com o disposto no artigo. 751 do CPC, no rol de audiências disponibilizadas no PJe, para auxílio das pessoas com deficiência visual;
5. Proposta de criação de um programa de leitura de tela compatível com o PJe, para o auxílio dos usuários com deficiência visual;
6. Edição de recomendação aos Tribunais, para que seja realizado levantamento sobre a acessibilidade digital nos órgãos do Poder Judiciário e seus serviços auxiliares, nos termos da Resolução CNJ n. 401/2021, em especial, no tocante ao item 4.2, do anexo (Informar se o órgão oferece ao público interno e/ou externo tecnologias assistivas, tais como programa de leitor de tela, para possibilitar a utilização de computadores);
7. Implementação de banco de dados que inclua sentenças e decisões que englobem as temáticas da Convenção Internacional sobre os Direitos das Pessoas com Deficiência (CDPD);

8. Recomendação para que todos os órgãos do Poder Judiciário observem os critérios de acessibilidade, na criação dos sistemas de informática, tanto para usuários internos como externos.

Assim, pelas medidas encontradas nos itens "2" e "4", mais precisamente neste último, o grupo impulsionou iniciativas do CNJ específicas para as ações de curatela, corrigindo a expressão "interdição" no Processo Judicial Eletrônico-PJE, incluindo a audiência de entrevista e propondo a revisão das classes processuais, nas quais ainda se vê o emprego da expressão "interdição" e a conjugação de interdição e curatela, como se fossem ações afins, o que, até o ano de 2022, ainda consistia em anomalias do sistema de justiça, recentemente corrigidas, em inegável progresso.

### 3.7.3 Série Justiça Pesquisa – Estudos empíricos das demandas envolvendo pessoas com deficiência – outras observações referentes às ações de curatela

O projeto de pesquisa inicial para este trabalho não contava com um estudo do CNJ voltado para as ações de curatela. Entretanto, no mês de agosto de 2023, foi publicado o relatório do estudo empírico realizado pela Universidade de São Paulo para o Departamento de Pesquisas Judiciais do órgão, conforme mencionado ao longo deste capítulo.

Consta do Contrato n. 19/2022, celebrado entre o Conselho Nacional de Justiça e a Universidade de São Paulo, o propósito de conduzir uma pesquisa intitulada "Estudo empírico das demandas envolvendo pessoas com deficiência: jurimetria para a proposição de ações eficientes", a revelar o compromisso do CNJ em tomar medidas concretas e embasadas em dados empíricos para abordar a temática da inclusão de pessoas com deficiência no sistema judiciário brasileiro, com destaque para ações de curatela e ações previdenciárias.

Alguns dados extraídos da pesquisa foram abordados ao longo dos itens anteriores, quanto a audiência de entrevista, atuação da defensoria pública, da advocacia e do Ministério Público, audiência de entrevista, equipes multidisciplinares, perícia, gratuidade e prioridade de tramitação das ações, mas existem outras observações importantes referentes às ações de curatela que merecem destaque devido à íntima relação que guardam com um dos problemas deste estudo, que é saber se o sistema de justiça se amoldou, se é que se amoldou, aos novos paradigmas constitucionais e infraconstitucionais referentes à pessoa com deficiência em situação de curatela.

### *3.7.3.1 Principal ponto crítico: capacitação*

O grande problema encontrado pelos pesquisadores é a falta de capacitação pessoal para lidar com as diversas situações que gravitam no trato de pessoas com deficiência no sistema de justiça, não se restringindo, aqui, ao conhecimento da LBI, mas também às formas de comunicação e de tratamento para com pessoas com deficiência.

Quando se indagou se os(as) servidores(as) e os(as) operadores(as) do Direito estão capacitados(as) para lidarem com pessoas com deficiência, tanto as pessoas com deficiência quanto os(as) representantes de associações que lidam com pessoas com deficiência, os(as) operadores(as) do direito e até mesmo os(as) magistrados(as) responderam, majoritariamente, de forma negativa, embora em diferentes proporções, consoante demonstram os gráficos abaixo, extraídos do relatório da pesquisa.[42]

Figura 54. Você acha que os(as) servidores(as) do fórum estão preparados(as) para atender PCD? (PCD)

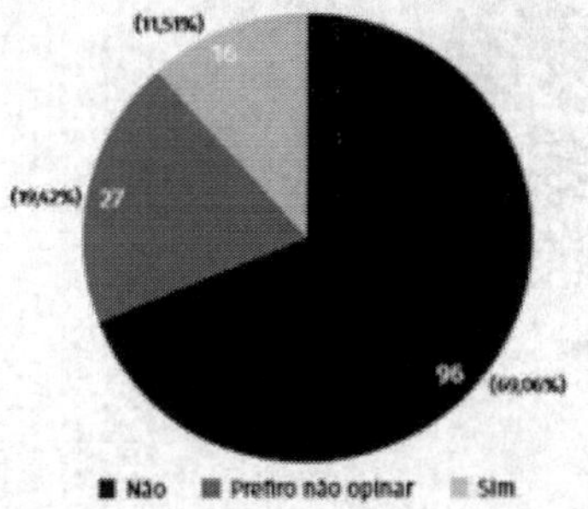


Figura 55. Você acha que os(as) juízes (ízas) estão preparados(as) para atender PCD? (PCD)

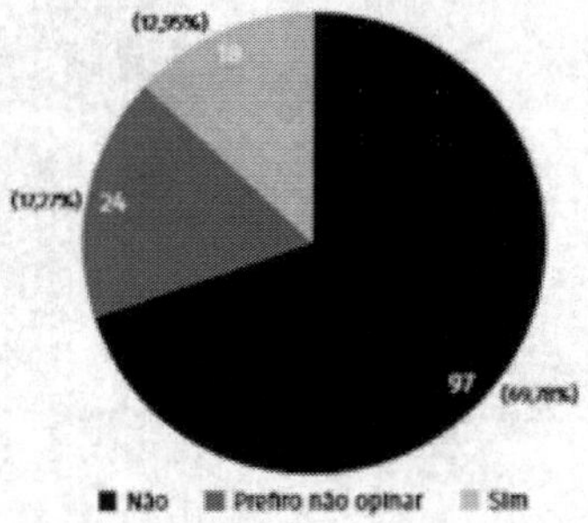


Fonte: Dados do Questionário Pessoas com Deficiência.

Os gráficos acima, extraídos do relatório da pesquisa USP/DPJ/CNJ, referem-se às respostas das pessoas com deficiência, com 69% de respostas negativas.

A gráfico a seguir, por sua vez, refere-se às respostas dos representantes de associações, que, em 40% também responderam negativamente.

42. BRASIL. Conselho Nacional de Justiça. **Estudo empírico das demandas envolvendo pessoas com deficiência.** Universidade de São Paulo. Brasília: CNJ, 2023, p. 108-110. Disponível em: https://www.cnj.jus.br/wp-content/uploads/2023/08/relatorio-pessoascomdeficiencia-23-10-08.pdf. Acesso em: 07 set. 2023.

Figura 56. Há servidores(as) capacitados(as) para lidar com Pessoas com Deficiência? – Representantes de Associações

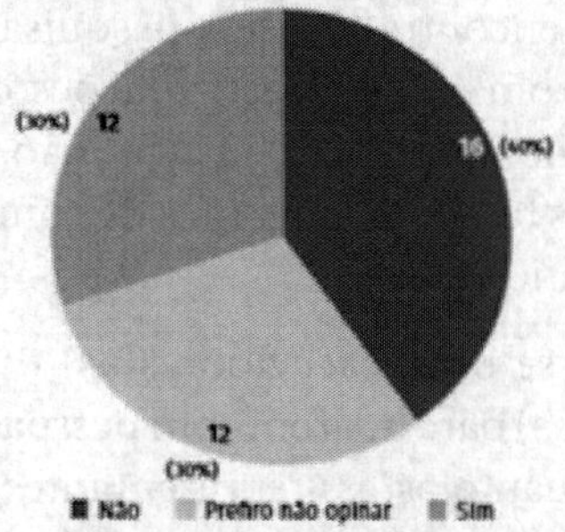


Fonte: Dados do Questionário Associações.

O resultado das respostas dos então chamados operadores do direito a respeito da capacitação de servidores contou com mais de 61% de respostas em sentido negativo, consoante o gráfico a seguir, extraído do relatório.

Figura 56. Há servidores(as) capacitados(as) para lidar com Pessoas com Deficiência? – Representantes de Associações

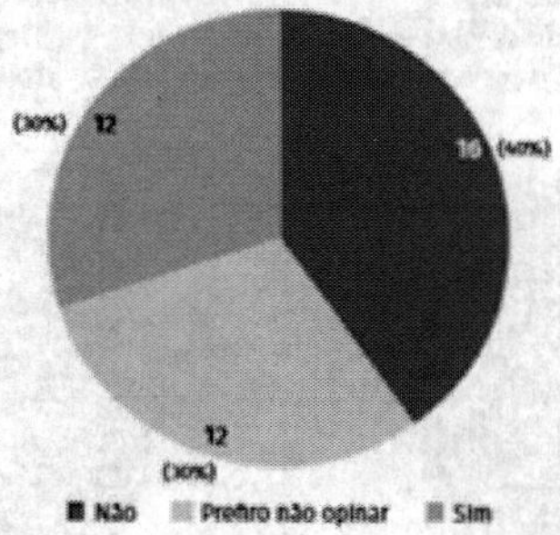


Fonte: Dados do Questionário Associações.

Segundo relatos das pessoas com deficiência ouvidas nas entrevistas, nem magistrados(as), nem servidores(as) estão capacitados para atendê-las:

> Não estão preparados socialmente, porque a sociedade não está preparada, não estão preparados profissionalmente porque não são oferecidos cursos, não estão preparados empaticamente, porque não conseguem se colocar no lugar do outro. É muito fácil eu falar para você, que sinto a sua dor, mas na verdade não sente coisa nenhuma. São meras e tolas palavras que aprofundadas em um discurso filosófico, teológico é vago, com fundamentos cristãos. Ninguém sabe o que eu passo, só eu. (PCD_11)

> Ninguém está preparado, não tem uma escola para dizer "é assim como trata uma demanda jurídica porque é PCD". Eu acho que isso é construído com uma vontade e com a disposição de olhar, de estudar a lei e o contexto

> que está inserido aqui aquela demanda, não tem uma receita de bolo nem pra família. (PCD_ASS_04) [43]

Embora não houvesse pergunta específica sobre o conhecimento dos(as) advogados(as) e defensores(as) públicos(as), em algumas entrevistas, a própria parte emitiu opinião e disse aos pesquisadores que, ciente de seus direitos, orientava seu representante processual, consoante relato a seguir:

> Para o advogado foi um desafio [...] Ele falou "Eu nunca trabalhei nessa área para deficiente, não sei, mas eu vou estudar." Ele ficou estudando umas três semanas até ele resolver pegar o caso. (PCD_07)[44]

O relato de um representante de associação também destaca a falta de capacitação, ressaltando a forma de abordagem, acolhimento e a humanização:

> Nós ainda temos a questão da barreira. Falta ainda uma política de formação ampla para todos os profissionais nesse quesito. É a forma de abordagem, o acolhimento, a questão humana que na minha linguagem é capenga. Eu brigo muito às vezes com a forma como eles fazem as abordagens aos alunos, aos pais [...] Veja a dificuldade que temos de acesso. Hoje o promotor que temos trabalhado pela região, ele até é legal e atende a gente bem, mas desde junho (07 meses) que eu tento falar com ele e não consigo. Tem essas barreiras atitudinais e da quantidade de pessoas para atender. Pode faltar profissionais ou boa vontade em atender, não vou julgar. (ASS_05)[45]

A percepção de magistrados(as), advogados(as) e membros do Ministério Público seguiu a mesma linha que as anteriores, customizada à situação de cada um:

> A capacitação de servidores para lidar com as PCD é ainda pouco desenvolvida. (REPRESENTANTE DO MINISTÉRIO PÚBLICO ESTADUAL

---

43. BRASIL. Conselho Nacional de Justiça. **Estudo empírico das demandas envolvendo pessoas com deficiência**. Universidade de São Paulo. Brasília: CNJ, 2023, p. 108. Disponível em: https://www.cnj.jus.br/wp-content/uploads/2023/08/relatorio-pessoascomdeficiencia-23-10-08.pdf. Acesso em: 07 set. 2023
44. BRASIL. Conselho Nacional de Justiça. **Estudo empírico das demandas envolvendo pessoas com deficiência**. Universidade de São Paulo. Brasília: CNJ, 2023, p. 108. Disponível em: https://www.cnj.jus.br/wp-content/uploads/2023/08/relatorio-pessoascomdeficiencia-23-10-08.pdf. Acesso em: 07 set. 2023
45. Ibidem, p. 109.

> – comentário ao questionário) A capacitação é rara. O olhar é de exceção. (ADVOGADO(A) – comentário ao questionário)
>
> A física, estrutural, eu sinto que eles evoluíram bastante, mas a parte do atendimento, não, porque ninguém aqui é preparado para isso. (Magistrado)
>
> Então, a gente tem muita dificuldade com a população, tem muita dificuldade com advogado, muita dificuldade com Defensoria Pública. Então, às vezes eu tenho que dar cursos aqui, às associações, aos pais, aos advogados, Defensoria Pública para entender ou tentar qualificar melhor esse pedido ou evitar esse pedido (Magistrado(a))
>
> Desde que eu ingressei na magistratura federal, há 8 anos, eu não me recordo francamente de ter participado de curso de atualização, formação, desses eventos que nós temos frequentemente de atualização de formação que são impostos CNJ. Enfim, diversos temas, mas esse não é um tema recorrente. Existem muitos cursos sobre direito previdenciário, mas esse tema não é o foco principal. Eu não percebo esse tratamento. A única vez que eu vi esse tema tratado mais a fundo foi um curso que eu fiz. Não era direcionado especificamente ao Judiciário, mas para aplicadores do direito em geral, inclusive membros da academia. (Magistrado(a))
>
> Recentemente a gente teve capacitação de atendimento relacionado ao gênero, mas em relação à pessoa com deficiência, é disso que nós estamos conversando, não teve nada mais específico. (Defensor(a) Público(a))
>
> Então, ainda é algo recente, mas a gente já percebe uma mudança de mentalidade, nesse sentido. Mas eu particularmente, não recebi nenhuma capacitação. (Defensor(a) Público(a))
>
> Não teve não. É por conta das demandas mesmo que a gente vai tendo no dia a dia, que a gente precisa tomar algumas decisões, mas aí como tudo é muito corrido, a gente tem uma sobrecarga muito grande, a gente estuda específico naquilo que precisa para esse caso, vai direto daquilo, então, a gente vê partezinhas da lei em determinados momentos. Mais no âmbito do serviço social mesmo que eu estudo um pouco mais. No âmbito do direito, eu vejo isso tudo como muito superficial. O que eu trago dos atendimentos, da deficiência, eu realmente trago dos conhecimentos que eu tive do serviço social, que eu tive que estudar a política do deficiente, as políticas de atendimento. No âmbito do direito, dessa aplicação, eu fiz pouquíssimos estudos. Advogado(a)[46]

Pelos relatos, evidencia-se que magistrados, advogados e defensores públicos não foram capacitados para lidar com pessoas com deficiência, nem participaram de atualização quanto aos seus direitos, embora lidem com essas pessoas.

---

46. Ibidem, p. 110.

### *3.7.3.2 Aplicação da Lei n. 13.146/2015 – Lei Brasileira de Inclusão*

O estudo do CNJ revelou que, no geral, os(as) operadores(as) do direito reconhecem a LBI como uma lei moderna, que trouxe mudanças fundamentais com o intuito de garantir direitos essenciais à pessoa com deficiência, mas "cuja aplicabilidade ainda não foi alcançada".[47]

Um dos principais fatores que impedem a aplicação da LBI em todas as suas dimensões no âmbito do Judiciário, segundo a maior parte dos operadores do direito ouvidos na pesquisa, é a inexistência de quadros profissionais para a realização da perícia biopsicossocial.

Também salientam a importância de ouvir a pessoa com deficiência, principalmente em ações de curatela, para que possam falar por si próprias e não por meio de seus curadores ou candidatos a curadores.

A demora na tramitação dos processos e a burocracia foram apontados como pontos negativos das ações de curatela, conquanto reconheçam que as audiências por videoconferência vieram a ajudar na redução do tempo de duração do processo, visto que os processos com audiência por videoconferência duram, em média, 1,8 anos, enquanto na amostra geral duram 2,5 anos.[48]

## 3.8 BOAS PRÁTICAS DE TRIBUNAIS BRASILEIROS

Na página do Conselho Nacional de Justiça encontram-se ações dos tribunais do país voltadas à inclusão de pessoas com deficiência.

Uma iniciativa que mereceu especial reconhecimento foi a criação e publicação da cartilha "Tribunal mais acessível" pelo Tribunal de Justiça do Espírito Santo (TJES) no ano de 2021.[49] Essa cartilha representa um passo significativo em direção à conscientização e educação sobre os direitos das pessoas com deficiência e mobilidade reduzida. Ela não apenas ressalta os principais direitos desses indivíduos, como também esclarece o papel vital do

---

47. BRASIL. Conselho Nacional de Justiça. **Estudo empírico das demandas envolvendo pessoas com deficiência.** Universidade de São Paulo. Brasília: CNJ, 2023, p. 208. Disponível em: https://www.cnj.jus.br/wp-content/uploads/2023/08/relatorio-pessoascomdeficiencia-23-10-08.pdf. Acesso em: 07 set. 2023

48. Ibidem, p. 132. A pesquisa conclui que as audiências por videoconferência, que foram impulsionadas pela pandemia de Covid-19, trouxeram alguns benefícios inegáveis às pessoas com deficiência, promovendo o acesso à justiça, na medida em que facilitam o acesso ao fórum e acabam reduzindo o tempo de duração do processo.

49. BRASIL. Conselho Nacional de Justiça. Tribunal capixaba lança cartilha com direitos de pessoas com deficiência. **Notícias do Judiciário**, 7 de dezembro de 2021 https://www.cnj.jus.br/tribunal-capixaba-lanca-cartilha-com-direitos-de-pessoas-com-deficiencia/. Acesso em: 07 set. 2023.

Judiciário em garantir soluções adequadas, acessíveis, rápidas e eficazes para os conflitos que os envolvem.

A cartilha "Tribunal mais acessível" oferece informações cruciais sobre os direitos das pessoas com deficiência, com objetivo de sensibilizar a comunidade judiciária e a sociedade em geral para a importância da inclusão. Ela atua como uma ferramenta de conscientização, incentivando uma mudança cultural ao ressaltar que a inclusão não é apenas uma questão de cumprimento de leis, mas uma medida essencial para garantir a justiça e a igualdade a todos os cidadãos.

O TJES, por meio dessa iniciativa, demonstra o comprometimento em ser um agente de transformação social. Ao divulgar informações claras e acessíveis sobre os direitos das pessoas com deficiência, contribui para a redução da desinformação e da discriminação, além de reforçar o papel do Judiciário como um defensor ativo da inclusão e dos direitos humanos.

O Tribunal de Justiça do Estado da Bahia (TJBA), por sua vez, permitiu a manutenção de audiência por videoconferência "a critério do magistrado", já na fase final da pandemia de Covid-19, o que foi bastante salutar para ações de curatela.

Ora, com a pandemia ocasionada pelo Novo Coronavírus (Covid-19), tornou-se inviável a manutenção das audiências de entrevista na modalidade presencial, tanto para comparecimento do curatelando em juízo quanto para deslocamento de magistrados, servidores, advogados, defensores e ministério público.

De outra banda, não seria possível paralisar a realização de audiências pendentes até o fim da pandemia, principalmente, no caso específico de ações de curatela, por serem processos que possuem pessoas em condições de vulnerabilidade extrema, que precisam da medida para situações básicas.

Buscando dar seguimento ao trabalho do Judiciário e amparado no regramento oriundo do CNJ, o Poder Judiciário do Estado da Bahia publicou, em 04/05/2020, o Decreto Judiciário n. 276,[50] documento que disciplina a realização de audiências por videoconferência durante o período pandêmico, utilizando como ferramenta o aplicativo *Lifesize*.

Finda a pandemia, por força de requerimento conjunto de juízes, advogados, promotores de justiça, defensores públicos, o Tribunal de Justiça da Bahia permitiu a continuidade de audiências por videoconferência em ações

---

50. BRASIL. Tribunal de Justiça do Estado da Bahia. **Decreto Judiciário n. 276, de 30 de abril de 2020**. Disciplina a realização de audiências, por videoconferência, no âmbito do Poder Judiciário do Estado Bahia, no período da pandemia do Covid-19. Disponível em: http://www5.tjba.jus.br/portal/wp-content/uploads/2020/05/Decreto-276-uso-videoconfer%C3%AAncia-para-audi%C3%AAncias.pdf. Acesso em: 23 ago. 2023.

de curatela, ao admitir que ficasse a critério do magistrado deliberar sobre o modo de realização do ato, conforme as necessidades do caso concreto.

Ações aparentemente simples como a criação da cartilha, ou um ajuste em um ato normativo, exemplificam como os tribunais têm o potencial de serem líderes na promoção da inclusão e igualdade. Ao investir em educação, conscientização e políticas que garantam a participação plena das pessoas com deficiência, o sistema de justiça brasileiro evolui para superar os estigmas e entreves ligados às pessoas com deficiências.

## ENCERRAMENTO DO CAPÍTULO

Este capítulo cuidou de examinar o sistema de justiça numa perspectiva de avaliar se a engrenagem judiciária se amoldou às normativas da CDPD, da LBI, do CC e do CPC.

Somando pesquisa cuidadosa nos 2021 processos da amostra colhida perante a 1ª Vara de Sucessões de Salvador, com respostas ao questionário encaminhado aos 27 tribunais estaduais brasileiros, mais a análise de sentenças e, por fim, dados de pesquisa da USP/DPJ/CNJ, foi possível, aqui, traçar um desenho do estado da arte no sistema brasileiro.

De saída, na amostra de processos analisados, foram encontradas informações importantes, como o protagonismo feminismo na propositura das ações, em íntimo diálogo com a ética do cuidado, que afirma que o cuidado é uma característica feminina.

Em seguida, perquiri acerca do patrocínio das causas, em que foi possível evidenciar que a assistência judiciária é prestada, prioritariamente, pela advocacia e, em seguida, pela defensoria pública. Todavia, mesmo nas ações patrocinadas por advogados, impera a gratuidade de justiça, o que também foi confirmado na análise das sentenças, diversamente do destaque de tramitação prioritária, que pouco aparece nos processos vistos, trazendo para o seio da discussão a necessidade de se debater a prioridade de tratamento assegurada constitucionalmente (afinal, a Convenção é Constituição), e acaba sendo violada, tanto mais quando as ações de curatela disputam atenção em unidades de múltiplas competências, devido à escassez de juízos privativos.

Sentenças colhidas em *sites* de todos os tribunais estaduais do país foram analisadas, além da estrutura propriamente dita do Poder Judiciário para o processo, instrução e julgamento de ações de curatela; também foram levadas em conta a atuação do CNJ e as iniciativas de alguns tribunais brasileiros voltadas para a inclusão da pessoa com deficiência.

Os resultados aqui obtidos serão confrontados, no próximo capítulo, com o recorte teórico que embasou o trabalho.

CAPÍTULO 4

# O QUE É E O QUE NÃO PODE SER

*Eu vejo o futuro repetir o passado*

*Eu vejo um museu de grandes novidades*

(Cazuza, O tempo não para)

Este estudo se propôs a analisar questões afetas a pessoas com deficiência em situação de vulnerabilidade agravada pelo comprometimento da capacidade de fazer escolhas e expressar vontade, portanto em situação de curatela, com base em uma densa pesquisa empírica, que englobou a investigação de dados extraídos de processos de curatela que tramitaram entre 2016 e 2021, perante o Juízo da 1ª Vara de Sucessões, Órfãos e Interditos de Salvador, de questionário aplicado aos tribunais do país, de recente pesquisa divulgada pelo Conselho Nacional de Justiça, além da análise de decisões judiciais, para, a partir da observação do cenário real, a que chamei inicialmente de "mundo do ser", comparar com o que está previsto no sistema normativo, a que chamei de "mundo do dever-ser".

Compreendendo que o grande desafio em relação aos direitos humanos na atualidade "não é tanto o de justificá-los, mas o de protegê-los"[1], tratando-se, pois, de um problema não de ordem filosófica, mas político, duas hipóteses foram levantadas, sendo a primeira, que o avanço normativo não foi suficiente para promover mudanças efetivas na garantia da dignidade da pessoa com deficiência em situação de curatela[2]; a segunda, que as instituições do sistema de justiça ainda não se adaptaram, ou pouco se adaptaram, aos avanços trazi-

1. BOBBIO, Norberto. **A era dos direitos.** Elsevier Brasil, 2004, p. 77.
2. Rosenvald considera que existe um descompasso entre o trato normativo e o sofrimento humano experimentado cotidianamente pelas pessoas com deficiência, o que se escancara quando se compara a positividade dos enunciados jurídicos dedicados às pessoas com deficiência em face da negatividade dos investimentos em políticas públicas adequadas à

dos pela Lei Brasileira de Inclusão, no sentido de garantir o acesso à justiça, a prioridade de tratamento e o pleno exercício de sua autonomia e capacidade.

Para testá-las, os capítulos anteriores foram destinados aos conceitos adotados, ao recorte teórico que fundamentou o trabalho e à análise de dados, num esforço para conhecer características dos sujeitos objeto de estudo e o funcionamento do sistema de justiça brasileiro.

Agora, este capítulo será destinado ao confronto das hipóteses de trabalho com os dados e as informações advindos da pesquisa empírica, com apresentação das evidências confirmatórias ou refutativas das hipóteses, enunciando as consequências desse resultado em termos de sugestões de alterações legislativas, de políticas judiciárias e de crítica acadêmica, visando contribuir para o aprimoramento do trato que vem sendo dado à matéria.

Num primeiro momento, o olhar será voltado às informações referentes às características da pessoa que apareceu nos processos de curatela, a fim de dialogar com a legislação vigente, para analisar se e as salvaguardas legais contribuem para sua efetiva inclusão e garantia de tratamento digno, diante de suas peculiaridades. No segundo, a atenção repousará sobre o funcionamento e estruturação do sistema de justiça, para saber se, diante das evidências, ele se adequou ao arcabouço normativo vigente, e observar se o acesso à justiça, a prioridade de tratamento, o pleno exercício da autonomia estão, realmente, acontecendo.

É o momento, pois, em que o árduo trabalho de investigação dialogará com os marcos teóricos escolhidos e, enfim, se descortinará a tese sustentada.

## 4.1 OS SUJEITOS EM SITUAÇÃO DE CURATELA E AS SALVAGUARDAS PREVISTAS NA LEI N.13.146/2015 – PANORAMA

### 4.1.1 A valorização da pessoa e as salvaguardas encontradas no art. 6º do EPD

Inicialmente, é preciso lembrar que a Lei n. 13.146/2015 (LBI) foi fruto de uma obrigação assumida pelo Brasil, enquanto signatário da CDPD,[3] no

---

conquista desses espaços com dignidade. (ROSENVALD, Nelson. **Curatela**. Escritos gentilmente disponibilizados pelo autor.)

3. A CDPD tem o claro propósito de "promover, proteger e assegurar o exercício pleno e equitativo de todos os direitos humanos e liberdades fundamentais por todas as pessoas com deficiência e promover o respeito pela sua dignidade inerente" (Artigo 1) e preocupou-se em consolidar instrumentos que permitam a concreta eficácia dos direitos assegurados. Um dos instrumentos foram as **obrigações gerais, além de outras específicas, impostas aos Estados partes já no Artigo 4.**

sentido de empreender todos os esforços, inclusive legislativos, para assegurar inclusão e combater violação de direitos das pessoas com deficiência, porque a Convenção reconhecia que, apesar dos instrumentos e compromissos já existentes, "os direitos das pessoas com deficiência têm sido sistematicamente desrespeitados, razão pela qual a eficácia de suas normas é sua preocupação central".[4]

Rompendo com aquele modelo médico de deficiência (vide Capítulo 1), a CDPD adotou, desde seu preâmbulo, o modelo social – fruto do ativismo das pessoas com deficiência àquela época –, concebendo que a deficiência não se restringia às contingências individuais, mas a "limitações e impedimentos impostos pela sociedade, que carece dos instrumentos adequados para que essas pessoas sejam efetivamente incluídas".[5]

A Convenção em si compreende 50 artigos[6] que abrangem uma gama de direitos substantivos, começando com uma cláusula antidiscriminação. O preâmbulo da CDPD reconhece a diversidade das pessoas com deficiência e a importância de promover e proteger os direitos humanos de todas elas, incluindo aquelas que necessitam de maior apoio. Os Estados Partes declaram sua convicção de que uma convenção internacional abrangente e geral para promover e proteger os direitos e a dignidade das pessoas com deficiência contribuiria significativamente para a redução das profundas desigualdades sociais enfrentadas por esse grupo e para a promoção de sua plena participação na vida econômica, social e cultural em igualdade de oportunidades, tanto em países em desenvolvimento quanto em países desenvolvidos.

Em seu Artigo 1, apresentou o propósito de "promover, proteger e assegurar o exercício pleno e equitativo de todos os direitos humanos e liberdades fundamentais por todas as pessoas com deficiência e promover o respeito pela sua dignidade inerente", de modo que é possível dizer que, ao menos formalmente, retirou a pessoa com deficiência daquela situação de pessoa condenada ao isolamento em que se encontrava até o início do século XXI ou, nas palavras de Goffman, "situação do indivíduo que está inabilitado para a aceitação social plena".[7]

---

4. ALMEIDA, Vitor. **A capacidade civil das pessoas com deficiência e os perfis da curatela.** Belo Horizonte: Fórum, 2019, p. 102.
5. Ibidem, p. 104.
6. BRASIL. **Decreto n. 6.949, de 25 de agosto de 2009**. Promulga a Convenção Internacional sobre os Direitos das Pessoas com Deficiência e seu Protocolo Facultativo, assinados em Nova York, em 30 de março de 2007. Disponível em: https://www.planalto.gov.br/ccivil_03/_ato2007-2010/2009/decreto/d6949.htm. Acesso em: 01 mar. 2023.
7. GOFFMAN, Erving. **Estigma**: notas sobre a manipulação da identidade deteriorada. Trad. Márcia Bandeira de Mello Leite Nunes. 4. ed. reimpr. Rio de Janeiro: LCT, 2021, p. 7.

A tutela da dignidade da pessoa humana se voltou para a tutela da pessoa humana, impondo sua proteção e promoção como objetivos máximos da ordem jurídica, ao consagrar a preeminência das situações existenciais sobre as patrimoniais, como já afirmado nos capítulos anteriores.

O respeito à dignidade inerente, à autonomia individual – inclusive à liberdade de fazer escolhas e à independência das pessoas –, à não discriminação, à plena e efetiva participação e inclusão na sociedade, o respeito pela diferença e pela aceitação das pessoas com deficiência como parte da diversidade humana e da própria humanidade, a igualdade de oportunidades, a acessibilidade, a igualdade entre o homem e a mulher, e o respeito pelo desenvolvimento das capacidades das crianças com deficiência e pelo direito das crianças com deficiência de preservar sua identidade foram consagrados como princípios da Convenção (Artigo 3).

Ao longo de todo o texto do diploma encontram-se referências à acessibilidade (Artigo 9), direito à vida (Artigo 10), acesso à justiça – inclusive mediante a provisão de adaptações processuais adequadas à idade, a fim de facilitar o efetivo papel das pessoas com deficiência como participantes diretos ou indiretos (Artigo 13) –, padrão de vida e proteção social adequados (Artigo 28), participação na vida pública e política (Artigo 29), recreação, lazer e esporte (Artigo 30), dentre tantos outros, prevendo obrigações para os Estados partes com intuito de garantir a concretização desses direitos.

Em homenagem ao enaltecimento da pessoa na área existencial pela CDPD, a LBI se preocupou com o livre desenvolvimento da sua personalidade, assegurando o respeito a sua dignidade e posicionando a pessoa com deficiência no núcleo da ordem jurídica, o que foi denominado como "personificação da pessoa", também já estudado anteriormente.

Rompendo com um passado de segregação e objetificação da pessoa, a LBI reafirma os enunciados da CDPD e promove, expressa ou tacitamente, profundas alterações no direito civil e no processo civil, como bem delineado no Capítulo 1.

Resgato esse contexto para reiterar a importância de um estudo voltado para a pessoa com deficiência em situação de curatela ter como ponto de partida da pesquisa empírica conhecer suas características existenciais, e também para reiterar que a LBI contemplou com especial destaque as potencialidades, a liberdade e a autonomia desses indivíduos, saltando do juízo médico para um juízo funcional, que extirpou do ordenamento jurídico brasileiro a incapacidade absoluta para todo indivíduo maior de 16 anos, e consagrou as chamadas salvaguardas legais, elencando competências que não são afetadas pela deficiência, em seu art. 6º: i) casar-se e constituir união estável; ii) exercer direitos sexuais e reprodutivos; iii) exercer o direito de decidir sobre o número de filhos e de ter acesso a informações adequadas sobre reprodução e planejamento familiar: iv) conservar sua fertilidade, sendo vedada a esterilização compulsória; v) exercer o direito à família e à convivência familiar e comunitária; e vi) exercer o direito à guarda, à tutela, à curatela e à adoção, como adotante ou adotando, em igualdade de oportunidades com as demais pessoas.

Mais adiante, ao conceber a curatela como medida excepcional, também ressalvou o direito ao próprio corpo, à sexualidade, ao matrimônio, à privacidade, à educação, à saúde, ao trabalho e ao voto, afetando a medida a atos de natureza patrimonial e negocial.

Ao olhar para as características dos sujeitos nos processos de curatela, algumas evidências ajudam a responder se as salvaguardas são suficientes para garantir dignidade, autonomia, respeito, inclusão e igualdade.

### 4.1.2 O debate sobre dignidade a partir das características existenciais das pessoas com deficiência nos processos de curatela da amostra de pesquisa

Para obtenção dos dados trabalhados na presente pesquisa, utilizei o acervo da 1ª Vara de Sucessões, Órfãos e Interditos de Salvador, reunindo dados de um total de 2.049 indivíduos acionados em 2.021 processos judiciais, conforme consta do Capítulo 2. A análise levou em consideração os dados existenciais e permitiu obter recortes principalmente de gênero, idade e causa do comprometimento da capacidade de expressar vontade.

Não foram considerados dados referentes a cor, raça, grau de escolaridade, porque esses dados não estão disponíveis no sistema de cadastramento das partes no sistema oficial de processo eletrônico do país, que é o PJE (Processo Judicial Eletrônico), segundo normativas do Conselho Nacional de Justiça, ficando aqui uma primeira crítica ao sistema de justiça, por desconsiderar essas informações.

A amostra apresentou um equilíbrio entre o número de mulheres e homens em situação de curatela, com 51% de mulheres (1.052) para 49% de homens (997), refletindo a proporção de gênero da população baiana, com 51,7% de pessoas do gênero feminino, e da população de Salvador, que tem 56,3% de pessoas do gênero feminino, segundo o IBGE,[8] entretanto, em 2020, o contingente foi 31% maior que o masculino nos processos.

Fica aqui uma primeira conclusão, no sentido de que a deficiência na expressão de vontade atinge homens e mulheres na mesma proporção.

8. Números atualizados, obtidos após prévia do Censo IBGE 2022, concluído em março de 2022.

O equilíbrio entre os gêneros conduz à necessidade de individualização da medida, para respeitar as características de cada um, reforçando a rejeição da curatela padronizada, sem especificação de aspectos inerentes a cada caso concreto, uma vez que cada um tem potencialidades diferentes.

No que concerne ao padrão etário, indivíduos adultos, assim considerados entre 18 e 59 anos, totalizaram 46% da amostra (937), ao lado de 24% na faixa entre 60 e 79 anos (487) e de 30% a partir de 80 anos (607 pessoas), de modo a concluir-se que 54% das pessoas têm mais de 60 anos.

Não é preciso muito esforço para saber que pessoas com 20, 30, 40, 50 anos de idade, olhando exclusivamente para esse fator, com raras exceções, têm potencialidades distintas, capacidade de resistir a situações adversas de formas diferentes, se comparadas a indivíduos maiores de 60 anos, como já foi visto quanto à abordagem da vulnerabilidade própria de pessoas idosas.

Assim também, indivíduos com mais de 80 anos encontram-se numa possibilidade muito maior de sofrer riscos, que já lhes concentra numa situação de trato superprioritário tão somente pelo fator etário. Se a tudo isso acrescenta-se a situação de curatela decorrente da impossibilidade total ou parcial de exprimir vontade, para esses sujeitos o grau de vulnerabilidade chega a níveis superlativos.

Aprofundando ainda mais a análise dos dados, é possível observar que, entre os 937 sujeitos para os quais a idade pode ser precisamente determinada e enquadrada na faixa de adultos, 60% são do gênero masculino, enquanto apenas 40% são do gênero feminino. Essa discrepância de gênero na faixa etária dos adultos aponta para dinâmicas e tendências importantes que merecem uma análise mais detalhada.

No entanto, essa lógica muda radicalmente quando consideramos a faixa etária acima dos 80 anos, na qual as mulheres representam impressionantes 70% do público-alvo da curatela. Isso destaca uma mudança significativa nas proporções de gênero em relação à idade, sugerindo que a necessidade da medida de curatela pode aparecer desproporcionalmente nas mulheres mais idosas do que em homens.

Essa análise mais detalhada dos dados destaca a complexidade das dinâmicas de gênero e idade na curatela, reforçando a importância de se considerar não apenas a demografia geral, mas também como diferentes grupos são impactados de maneira distinta pelo arcabouço normativo. Isso abre espaço para uma análise mais aprofundada das experiências das mulheres e dos homens em diferentes faixas etárias em relação à curatela e como essas experiências podem variar.

Uma mulher jovem não necessariamente compartilhará as mesmas necessidades que um homem jovem, ou uma mulher idosa, ou um homem idoso e vice-versa. A idade e o gênero são fatores que, inevitavelmente, impõem necessidades distintas, e isso se torna evidente em diversas esferas da vida.

Por isso, é importante olhar para as ressalvas encontradas na LBI, quando enumera capacidades que não são afetadas pela curatela, incluindo casamento, possibilidade de exercer direitos sexuais e reprodutivos, de decidir sobre o número de filhos, ter acesso a informações adequadas e ao planejamento familiar, conservar sua fertilidade, vedada a esterilização compulsória, direito à família e à convivência familiar e comunitária, à guarda, à tutela, à curatela e à adoção, direito de votar.

Essas garantias são muito importantes no processo de personificação da pessoa com deficiência e têm papel de relevo como garantidoras de sua dignidade, todavia questiona-se que, em relação a pessoas com mais de 60 anos, e quiçá com mais de 70 ou 80 anos, uma situação de supervulnerabilidade imponha um novo debate, porque o voto já não é obrigatório para cidadãos com mais de 70 anos, talvez já não lhes seja prioridade casar-se e ter filhos, até porque, por mais avançados que sejam os métodos atuais de reprodução, não aparecem como prioridade para indivíduos com 70 ou 80 anos, sobretudo quando em condições disfuncionais.

Essa reflexão ganha contornos ainda mais expressivos quando se inclui a observação quanto à causa do comprometimento da capacidade de expressar vontade, porque, entre elas, encontram-se Alzheimer, esquizofrenia, retardo mental grave e moderado, epilepsia, demência, paralisia cerebral, AVC, síndrome de Down, sendo campeão de ocorrências o Alzheimer, com total de 339 casos, que equivalem a 16,54% de 2.049 pessoas que compuseram a amostra, com 75% de ocorrências no gênero feminino, que equivalem a 12,5% da amostra total.

O Alzheimer, as demências, o Parkinson, sequelas de acidente vascular cerebral (a depender da gravidade) e as classificadas como "outras doenças degenerativas" podem ter longa duração e evoluir com a piora das condições da pessoa, impactando diretamente na sua vulnerabilidade diante das barreiras do ambiente.

Os dados demonstraram que 11,5% de todas as pessoas analisadas no recorte (2.049 pessoas) têm mais de 80 anos e apresentam doença de Alzheimer como causa principal da perda ou redução da capacidade de expressão de vontade.

Veja-se que, em adultos, assim consideradas as pessoas entre 18 e 59 anos, a principal ocorrência é de esquizofrenia, para a qual, recebendo tratamento adequado (com a ressalva de que este estudo não é médico, mas considerando o conhecimento médio), os indivíduos com esquizofrenia podem desenvolver atividades inclusive complexas, como foi o conhecido caso, retratado no filme

"Uma mente brilhante", do ganhador do prêmio Nobel de Ciências Econômicas, John Nash.[9]

Por outro lado, doenças degenerativas, demência, Alzheimer, em tempos atuais, têm despertado especial atenção da sociedade, tendo em vista o aumento das ocorrências e o gradativo comprometimento de funções vitais, a colocar as pessoas em extrema vulnerabilidade. Chegam a despertar grande interesse da indústria cinematográfica, a exemplo dos premiados "Para Sempre Alice",[10] e "The Father",[11] os quais retratam situações de pessoas que sofrem comprometimento não só da capacidade de expressar vontade, mas uma perda gradativa de funções vitais.

---

9. John Forbes Nash Jr. (Bluefield, 13 de junho de 1928 – Nova Jérsei, 23 de maio de 2015) foi um matemático norte-americano que trabalhou com teoria dos jogos, geometria diferencial e equações diferenciais parciais, servindo como Matemático Sénior de Investigação na Universidade de Princeton. Compartilhou o Prêmio de Ciências Econômicas em Memória de Alfred Nobel de 1994 com Reinhard Selten e John Harsanyi. Nash também foi conhecido por ter tido sua vida retratada no filme Uma Mente Brilhante, vencedor de quatro Óscars (indicado para oito), baseado no livro-biográfico homônimo, que apresentou seu gênio para a matemática e sua luta contra a esquizofrenia. Nash começou a mostrar sinais de esquizofrenia em 1958. Nash desenvolveu um comportamento errático de acordo com Alicia. Uma vez, entrando na sala comunal do MIT, chegou na frente de seus colegas e jogando o jornal na mesa, disse que num dos artigos, seres intergalácticos tinham deixado uma mensagem em código que apenas ele era capaz de ler. Devido a sua excentricidade habitual, muitos tomaram esses primeiros sinais como brincadeiras. Mas seu quadro se agravou: chegou a escrever cartas para embaixadas em Washington, se auto intitulou "imperador da Antártica" e começou a criar diversas teorias conspiratórias. Quando ameaçou retirar todo seu dinheiro do banco e se mudar para a Europa, Alicia buscou auxílio médico. E com o consenso do MIT, foi internado no Hospital McLean (que abrigava pacientes como professores de Harvard e pessoas famosas) em 1959, quando foi diagnosticado com esquizofrenia paranoide e depressão com baixa autoestima. Depois de uma problemática estadia em Paris e Genebra, Nash retornou a Princeton em 1960. Permaneceu dentro e fora de hospitais psiquiátricos até 1970, onde passou por tratamentos que utilizavam eletroconvulsoterapia e medicamentos antipsicóticos. Depois de 1970, à sua escolha, ele nunca mais tomou medicação antipsicótica novamente. Segundo Nasar, sua biógrafa, Nash começou a desenvolver uma recuperação gradativa com o passar do tempo. (Disponível em: https://pt.wikipedia.org/wiki/John_Forbes_Nash. Acesso em: 12 out. 2023).
10. Esse filme tem título original em inglês, "Still Alice", baseado no romance de Lisa Genova, e retrata a vida da Dra. Alice Howland – professora e pesquisadora bem-sucedida, que é diagnosticada, aos 50 anos, com a doença de Alzheimer de início precoce. A narrativa mostra os conflitos e os problemas sofridos por Howland ao enfrentar a doença que gradualmente a consumia. (Disponível em: https://pt.wikipedia.org/wiki/Still_Alice. Acesso em: 12 out. 2023).
11. O título original é "The Father", classificado como filme de drama psicológico que retrata a vida de um galês idoso vivendo com demência. (Disponível em: https://pt.wikipedia.org/wiki/The_Father. Acesso em: 12 out. 2023).

Em tempos em que a vida imita a arte, recorro a esses exemplos tão somente para ilustrar como a situação de vulnerabilidade pode demandar normativas diversas. Se para pessoas com maior preservação de autonomia, maiores potencialidades e menor vulnerabilidade, apesar da limitação na capacidade de autodeterminar-se, o direito de votar, casar-se, ter filhos, recorrer ou não a um planejamento familiar tem impacto na garantia de vida digna, para outras essa garantias já não significam tanto, porque precisam antes de uma política de cuidado e apoio pessoal e familiar, que compreenda benefícios previdenciários e/ou assistenciais, atendimento domiciliar, maior inclusão no sistema de saúde pública, para receberem acompanhamento multidisciplinar adequado às suas necessidades, como é o caso de pessoas idosas nos processos de curatela, muitas vezes tão disfuncionais que já não interagem ou sequer reconhecem os próprios filhos.

Tenho o cuidado de lembrar que não considero como negativos os aspectos referentes a pessoas idosas com redução da capacidade de exprimir vontade, a que chamo de pessoas em situação de curatela, relativos à redução da mobilidade, da visão, da compreensão, da audição. São aspectos intrínsecos à diversidade e à dignidade inerentes ao ser humano, que reclamam respostas sociais e jurídicas, implicando a "necessidade de políticas públicas adequadas e orientadas a assegurar os princípios máximos de justiça, seguridade, igualdade, dignidade deste grupo etário".[12]

Por isso, a pesquisa empírica evidencia que, para metade dos indivíduos em situação de curatela, as salvaguardas são satisfatórias à promoção de inclusão e garantia de tratamento digno e equitativo. Todavia, para a outra metade, ainda se faz necessário efetivar medidas de assistência social, apoio emocional e psicológico para a pessoa com deficiência e seus familiares, previdência, ampliação das políticas de saúde pública, de modo que o Sistema Único de Saúde possa fornecer atendimento multidisciplinar, inclusive domiciliar, a exemplo dos cuidadores de pessoas em situação de dependência e destinação de recursos para remunerar os familiares que deixam de trabalhar para cuidar desses familiares, o que acontece muito se considerarmos o dado (a ser analisado mais adiante) de que imensa maioria das pessoas nos processos de curatela são de baixa renda (o que restou comprovado no item referente à gratuidade da justiça).

Incluo, aqui, os familiares, porque a família se converte em um apoio vital na vida diária – com cuidados pessoais e o desenvolvimento de atividades que promovem maior autonomia possível –, o que acabou se verificando na

12. FERNANDÉZ, Silvia. **Situaciones de discapacidad y derechos humanos**. 1. ed. Buenos Aires: La Ley, 2020. p. 658. (Tradução livre).

análise das características de quem requer a curatela e dialoga diretamente com o direito à convivência familiar e comunitária, assegurada pela legislação.

### 4.1.3 O papel da família

A pesquisa revelou que, em 1.533 dos 2.021 processos analisados, a curatela era requerida por pessoa do gênero feminino, num percentual de 74% das ocorrências, enquanto pessoas do gênero masculino apareceram em 23,2% dos casos. Filha e mãe ocuparam as primeiras posições na relação de proponentes das ações, requerendo para si o papel de curadoras do indivíduo cuja capacidade de expressão de vontade estava reduzida ao ponto de necessitar da figura de um apoiador.

A proporção em questão não é mero acaso, é reflexo de uma organização social na qual o papel da mulher está muito mais atrelado às atividades de cuidar do que o do homem.

Em seus estudos e pesquisas na Argentina, Seda encontrou essa mesma realidade identificada nas ações analisadas na cidade de Salvador, e constata que as tarefas de cuidado dos mais vulneráveis tendem a recair sobre as mulheres do grupo.[13]

Em obra recentemente lançada,[14] o professor publicou histórias de vida de familiares de pessoas com deficiência intelectual, em cujos relatos é possível perceber o quanto a figura feminina, seja materna ou das irmãs, se sobressai no cuidado dessas pessoas, mesmo quando presentes pais e irmãos.

13. SEDA, Juan Antonio. Familia y apoyos para la persona con discapacidad. **Revista Jurídica de Buenos Aires**, Año 45, n. 101, p. 149-164, 2020-II, p. 156.

14. Juan Antonio Seda publicou um livro em formato digital, que recebi por *e-mail*, baseado em relatos familiares coletados ao longo de décadas, cujo título “Quando no estamos” refere-se a um dos temores que desafiam os familiares, quanto ao futuro de uma pessoa com deficiência intelectual, quando o(a) familiar encarregado dos cuidados não estiver mais presente. Ilustrando a presença feminina no desempenho dessas funções, Seda narra a história de Gabriela, que tinha um filho com Síndrome de Down. À página 19, ele relata que “a determinação inquebrantável da mãe contagiou o resto da família. As filhas maiores assumiram funções de cuidadoras também, com participação ativa nos cuidados com o irmão, tal como as avós. Nas palavras de Gabriela, as irmãs maiores se converteram em mini mamães, porque tinham paixão pelo irmão. Ela disse que eram três mulheres e ele havia se tornado o príncipe da família. Gabriela salientava o papel das filhas e das avós e era grata pelo apoio e presença delas”. (Tradução livre) Esse relato vem ilustrar uma dinâmica familiar em que o protagonismo feminino é evidente e acaba se repetindo conforme indica a pesquisa. (SEDA, Juan Antonio. **Cuando no estemos:** historias de vida de familiares de personas com discapacidad intelectual. Buenos Aires, 2023. Disponibilizado por *e-mail:* Cuandonoestemos@gmail.com, em 15 de março de 2023)

Assumir a curatela traz um plexo de responsabilidades para quem é nomeado curador, não sendo o impacto sentido somente pela pessoa em situação de curatela. Ao curador cabe o dever de cuidado para com o outro, dever que gera responsabilidade jurídica exigível. Ser curador é mais do que apenas assinar um termo de anuência, é entender a situação individual, o contexto no qual aquela pessoa está inserida, devendo protegê-la por causa de sua vulnerabilidade, mas, sobretudo, promover-lhe autonomia em respeito à dignidade da pessoa humana[15] e ao princípio constitucional da fraternidade, que fortalece os compromissos mútuos em sociedade.

Por isso, é possível concluir que as salvaguardas atendem satisfatoriamente a um grupo de pessoas em situação de curatela, mas, para outro grupo, é preciso efetivar as garantias à saúde, previdência, assistência também previstas na CDPD e na LBI.

#### *4.1.3.1 Pensando o cuidado*

Esse diagnóstico da supremacia feminina na órbita das ações de curatela provoca uma reflexão sobre o cuidado – a função do curador possui grande ligação com o cuidar, uma vez que se assume o dever de proteger e assistir alguém com comprovada limitação na capacidade de fazer escolhas, mas, ao mesmo tempo, deve-se zelar pela sua autonomia, pelo respeito aos seus direitos e quereres, investindo esforços para que o sujeito possa sair da situação de vulnerabilidade, naquela perspectiva de funcionalização da curatela à promoção da autonomia do sujeito, preconizada por Rosenvald.[16]

Cuidado, assim compreendido, é mais que um ato singular, acaba sendo um modo de ser, a forma como a pessoa que cuida se estrutura e se realiza no mundo em interação com outros.

Falando sobre a redescoberta da ética do cuidado, com foco e ênfase nas relações, Elma Pavone Zoboli[17] traz um quadro comparativo entre a ética do

15. O princípio da dignidade da pessoa humana "proíbe a utilização ou transformação do homem em objeto dos processos e ações estatais. Tomando-se o homem como um fim em si mesmo e não como objeto da satisfação de outras finalidades, ideia que em última análise remonta a Kant, observa-se que o Estado está vinculado ao dever de respeito e proteção do indivíduo contra a exposição a ofensas e humilhações" – dentro dessa perspectiva, reforça-se a noção de respeito e promoção da autonomia da pessoa com deficiência, ainda que esteja em condições de limitação da capacidade de expressão de vontade. Nessa linha de intelecção, os aspectos existenciais, as vontades e preferências da pessoa deverão ser consideradas e priorizadas. (MENDES, Gilmar Ferreira; BRANCO, Paulo Gustavo Gonet. **Curso de direito Constitucional**. 7. ed. rev. atual. São Paulo: Saraiva, 2012, p. 401-402).

16. ROSENVALD, Nelson. **Curatela.** Escritos gentilmente disponibilizados pelo autor.

17. ZOBOLI, Elma Lourdes Campos Pavone. A redescoberta da ética do cuidado: o foco e a ênfase nas relações. **Revista da Escola de Enfermagem da USP**, v. 38, n. 1, p. 21-7, mar.

cuidado e a ética da justiça, e identifica que a ética do cuidado é relativa ao gênero feminino, ao lado de outras características, como abordagem contextual, conexão humana, relacionamentos comunitários, âmbito privado, e reforça o papel das emoções (sentimentos).

A ética da justiça, por sua vez, reúne outras características, como abordagem abstrata, separação humana, direitos individuais, âmbito público, e reforça o papel da razão, sendo, portanto, considerada relativa ao gênero masculino.

Esse quadro de Zoboli foi inspirado na noção contemporânea de cuidado, encabeçada por Carol Gilligan, filósofa e psicóloga, que atuou como professora de Educação da Universidade de Harvard. Na obra "In a Different Voice: Psychological Theory and Women's Development", a autora aborda a diferença moral na criação primária de meninos e homens com a de meninas e mulheres, que produz respostas diferentes para as questões sociais,[18] e aponta que a obrigação de cuidar é associada a uma dimensão maior do feminino, gerando uma "ética do cuidado".

Esse paralelo entre o feminino e o cuidado pode explicar muito da segmentação social atual na qual ainda é a figura feminina, seja mãe, filha ou irmã, o primeiro ponto de apoio quando se pensa em amparo, conforme concluiu Seda, a partir da observação do cenário na Argentina.

---

2004, p. 22. Disponível em: https://www.scielo.br/j/reeusp/a/QxhC6TD3pJf8mSfdSmJwLBK/. Acesso em: 01 dez. 2021.

18. A ética do cuidado difere de teorias como a ética da justiça, trazendo uma maior importância para questões sociais. Cabe destacar um trecho da autora: "*To understand how the tension between responsibilities and rights sustains the dialectic of human development is to see the integrity of two disparate modes of experience that are in the end connected. While an ethic ofjustice proceeds from the premise of equality-that everyone should be treated the same-an ethic of care rests on the premise of nonviolence-that no one should be hurt. In the representation of maturity, both perspectives converge in the realization that just as inequality adversely affects both parties in an unequal relationship, so too violence is destructive for everyone involved. This dialogue between fairness and care not only provides a better understanding of relations between the sexes but also gives rise to a more comprehensive portrayal of adult work and family relationships*". A autora busca registrar os diferentes modos de pensar sobre os relacionamentos e sua associação com as vozes masculinas e femininas nos dados das pesquisas, nos textos psicológicos e literários. A disparidade entre as experiências dos homens e das mulheres, geralmente, é denotada como um problema de desenvolvimento moral destas. O imperativo moral para as mulheres configura-se na obrigação de cuidar, já para os homens, aparece como o dever de respeitar as pessoas, protegendo-as de qualquer interferência em sua autonomia ou nos direitos à vida e à autorrealização. A essa perspectiva, que define os problemas éticos com base em valores hierárquicos e nas disputas impessoais de direitos, Gilligan chama "ética da justiça", contrapondo-a à "ética do cuidado", prevalente na visão feminina. (GILLIGAN, Carol. **In a different voice**: psychological theory and women's development. Harvard: Harvard University Press, 2003, p. 174).

A integração das dimensões dos direitos e da responsabilidade, devido a sua complementaridade, proporciona para as mulheres o entendimento da lógica psicológica dos relacionamentos e, para os homens, corrige a indiferença potencial de uma ética de não interferência, chamando a atenção para as consequências das escolhas.

Um temor é que as éticas femininas acabem por minar, ainda que sem intenção, o feminismo, pois as qualidades que atribuem aos homens e às mulheres foram construídas no contexto de uma cultura sexista.[19] Enfatizar o cuidado como virtude feminina pode servir para manter as mulheres no lado mais vulnerável da relação de gêneros.

Considerando que a realidade argentina se assemelha à brasileira nesse tópico, Seda[20] chama atenção para a mudança dos papeis na sociedade atual – em que as mulheres assumem protagonismo em atividades laborais – e teme que, com a igualdade de gêneros, o cuidado com as pessoas vulneráveis corra o risco de ser delegado a instituições ou ao poder público – sobretudo em situações em que se sabe que não haverá melhora ou com perspectiva de piora – e salienta que essa realidade social ainda não foi normatizada a contento. Sua sugestão seria discutir assistência e apoios aos vulneráveis na legislação argentina, o que acaba soando como um alerta para o Brasil, mercê dos dados extraídos no recorte empírico escolhido.

De mais a mais, os dados objetivamente analisados indicam a existência de um contingente muito superior de mulheres no polo ativo das ações de curatela e reforçam essa ideia mais clássica da mulher como a figura elementar do cuidar. Parece claro que, no desenvolvimento da noção de cuidado, têm concorrido, ao longo da história, várias abordagens, como a mitológica, a religiosa, a filosófica, a psicológica e a teológica, que acabam por influir orientações éticas e comportamentos morais. Disto decorrem distintas estruturas explicativas para a ética do cuidado, incluindo sua compreensão como ética evolucionária, ética da virtude, ética do desenvolvimento, ética da responsabi-

---

19. Os esforços para caracterizar uma ética do cuidado chamando a atenção para as diferenças de raciocínio ético entre homens e mulheres ocorrem em meio a importantes avanços da ética feminista. Cabe, entretanto, distinguir a ética do cuidado, especialmente a descrita por Carol Gilligan, que tem sido chamada de "ética feminina" ou "ética do feminino" e a "ética feminista". O interesse primário das éticas femininas está em descrever as experiências morais e as intuições das mulheres, apontando como as abordagens éticas tradicionais têm negligenciado a inclusão desta perspectiva. Por outro lado, as éticas feministas têm como propósito principal repudiar e pôr fim à opressão sofrida pelas mulheres e outros grupos historicamente oprimidos, estando, portanto, muito mais preocupadas do que as primeiras em provocar transformações político-sociais.
20. SEDA, Juan Antonio. Familia y apoyos para la persona con discapacidad. **Revista Jurídica de Buenos Aires**, Año 45, n. 101, p. 149-164, 2020-II, p. 155 e 161.

lidade e ética do dever. Os aspectos históricos revelam que não há uma ideia única de cuidado, mas um conjunto de noções de cuidado que se unem por alguns sentimentos básicos, por algumas narrativas formativas, cuja influência perdura através dos tempos e por diversos temas recorrentes.

O exercício da curatela em si guarda relação com o princípio fundamental da dignidade, amparado pela Constituição Federal de 1988. Portanto, a função a ser exercida pelo(a) curador(a) não tem caráter meramente formal-burocrático e patrimonialista. Trata-se de uma prestação de cuidado, proteção e assistência da pessoa em situação de curatela que atenda às suas necessidades e viabilize acesso aos seus direitos fundamentais.

Para a escolha do curador, geralmente busca-se alguma pessoa das relações parentais e afetivas. No entanto, há um contingente populacional que carece de tais vínculos, o que representa um desafio para o Judiciário, na medida em que se torna necessário nomear um curador. Tal cenário parece vir motivando a nomeação de diferentes profissionais para exercer a curatela, no que se incluem os assistentes sociais, sobretudo para pessoas que se encontram em instituições de assistência, ainda que as competências que lhe são previstas em lei não se confundam com as competências esperadas de um(a) curador(a).

O limite entre a liberdade (autonomia) e a proteção da pessoa em situação de curatela é o equilíbrio. Como esses dois valores estão em uma relação inversamente proporcional, isto é, à medida que um aumenta o outro diminui, é imprescindível evitar os extremos, de modo que seja possível promover a autonomia sem desamparo. Para tanto, deve-se sempre ter em mente o grau de compreensão da realidade e, por essa razão, seria admissível um "pequeno" desequilíbrio na relação em que a capacidade de compreensão é extremamente reduzida, ensejando maior proteção, mas sem aniquilar a liberdade e a individualidade.

Por tudo isso, é possível concluir com segurança que, dentro dessa perspectiva, debater uma política do cuidado revela-se necessário e oportuno, para o que o ambiente acadêmico se apresenta como um terreno fértil para impulsioná-lo, sem embargo da atuação dos poderes Legislativo e Executivo.

#### *4.1.3.2 Uma política nacional do cuidado*

A partir das características da pessoa em situação de curatela, em que metade da amostra apresenta situação de supervulnerabilidade, e da supremacia da família, com destaque para pessoas do gênero feminino a assumirem o cuidado das pessoas em situação de curatela, conclui-se que, para efetivação dos direitos fundamentais assegurados na CDPD e na LBI, o Brasil ainda precisa pensar em uma política nacional do cuidado, que possa garantir o direito à vida, à saúde, à assistência social, à previdência, como exteriorização de uma vida digna, fraterna, solidária e justa.

Embora a Constituição Federal e a CDPD sejam pródigas ao elencarem direitos, não estão claros os limites entre a responsabilidade familiar e a responsabilidade estatal com respeito à assistência das pessoas com deficiência, incluídas as pessoas em situação de curatela, assim como não há regras claras quanto aos deveres dos parentes, nem clara disciplina, por exemplo, quanto ao dever alimentar com relação a pessoas adultas em situação de deficiência intelectual ou cognitiva, que lhe subtraia a capacidade de expressar-se, conquanto o Poder Judiciário disponha de mecanismos, para, na prática, decidir situações que cheguem ao seu controle, lastreado nos princípios da dignidade, da solidariedade e da fraternidade, todavia – como já dito tantas vezes – a positivação contribui para o começo da mudança.

Se, por um lado, pessoas com deficiência em situação de curatela possam trabalhar e produzir seu próprio sustento, também há que se reconhecer que podem ser mais difíceis para este grupo de indivíduos vulneráveis algumas ações de inclusão social, até porque "se trata do segmento com maior dificuldade para ser incorporado ao mercado de trabalho".[21]

O professor argentino Juan Antonio Seda sugere seja disciplinada pela legislação argentina a possibilidade de delegação dos cuidados dos parentes a outras pessoas que não familiares, quando houver situação de alta dependência, defendendo que o dever de assistência familiar não implica que alguém deve, por si mesmo, praticar as ações que demandem os cuidados pessoais de um parente que não tem autonomia, autodeterminação. Sinaliza que a obrigação alimentar, consubstanciada em uma cota em dinheiro, tal como os alimentos entre genitores e filhos menores, poderia ser uma opção e afirma que a falta de um conceito claro para o termo "apoio" pela legislação argentina contribui para causar perplexidade no seio das famílias quando surpreendidas pela presença de alguém com deficiência intelectual.[22]

A realidade do país vizinho assemelha-se à brasileira, que acaba por padecer da mesma crítica: não estão claros os contornos do que constitui o apoio a uma pessoa com deficiência em curatela, assim como não está claro o que é dever da família e o que é dever do Estado.

Inexistem dúvidas de que a Constituição prevê ao Estado o dever de assistência a todo cidadão, aqui incluídas tanto as pessoas em situação de

---

21. SEDA, Juan Antonio. Familia y apoyos para la persona con discapacidad. **Revista Jurídica de Buenos Aires**, Año 45, n. 101, p. 149-164, 2020-II, p. 158.

22. SEDA, Juan Antonio. Familia y apoyos para la persona con discapacidad. **Revista Jurídica de Buenos Aires**, Año 45, n. 101, p. 149-164, 2020-II, p. 158.

curatela quanto os familiares que lhes destinam o cuidado cotidiano e são dignos do maior respeito.

Nesse campo, é preciso classificar tarefas passíveis de delegação, que podem ser delegadas a profissionais e instituições, como terapias, reabilitação, manuseio de equipamentos hospitalares para quem tenha o tratamento domiciliar. O que não se pode delegar são as decisões, os aspectos afetivos que envolvem os familiares e algumas preocupações diárias, das quais não se pode evadir alguém que assume o cuidado e a responsabilidade para com outrem.[23]

Ainda há situações de pessoas que não contam com familiares próximos para assumir os cuidados, ou que não têm alternativa de habitação, de uma rede de atenção efetiva, e acabam abandonadas em instituições de alojamento residencial devido à omissão do Estado em garantir os apoios e serviços adequados.[24]

A prestação de serviços de apoios em domicílio, incluída a assistência pessoal e a ajuda para as tarefas domésticas, pode evitar a institucionalização e melhorar a qualidade de vida das pessoas maiores, permitindo-lhes permanecer em casa, respeitando-lhes, assim, a dignidade, a maior idade, a história de vida.

Encontram-se em tramitação no Senado Federal dois projetos de lei voltados para a instituição de uma Política Nacional do Cuidado: o PL n. 990, de 2022,[25] de autoria do Senador Renan Calheiros, e o PL n. 2797, de 2022,[26] de autoria dos Senadores Mara Gabrilli,[27] Eduardo Gomes e Flávio Arns.

Em linhas gerais, o PL n. 990, de 2022, propõe alteração à Lei n. 8.080, de 19 de setembro de 1990, que dispõe sobre o Sistema Único de Saúde (SUS, e a Lei n. 8.742, de 7 de dezembro de 1993 (Lei Orgânica da Assistência Social), para dispor sobre o atendimento domiciliar por cuidadores a pessoas idosas, bem como sobre a capacitação de cuidadores de pessoas idosas.

---

23. (SEDA, Juan Antonio. **Cuando no estemos:** historias de vida de familiares de personas com discapacidad intelectual. Buenos Aires, 2023, p. 122. Disponibilizado por *e-mail:* Cuandonoestemos@gmail.com, em 15 de março de 2023)
24. Silvia E. Fernandez e Maria Graciela Iglesias, discorrendo sobre a insuficiência de políticas públicas de cuidado alternativas à institucionalização afirmam que, ainda que as famílias sejam a fonte mais habitual de apoio para as pessoas maiores que requeiram cuidados, a falta de oferta de serviços de cuidado domiciliares tende a promover uma demanda crescente de atenção residencial, por parte dos familiares e de outras pessoas que assumam oficiosamente o cuidado, o que gera um maior risco de institucionalização. (FERNANDEZ, Silvia. **Situaciones de discapacidad y derechos humanos**. 1. ed. Buenos Aires: La Ley, 2020, p. 750).
25. Disponível em: https://www25.senado.leg.br/web/atividade/materias/-/materia/152801. Acesso em: 10 out. 2023.
26. Disponível em: https://www25.senado.leg.br/web/atividade/materias/-/materia/155126. Acesso em: 10 out. 2023.
27. A Senadora Mara Gabrilli foi relatora da LBI na Câmara dos Deputados à época.

A justificação do Projeto de Lei n. 990, de 2022, invoca o art. 230 da CF, que estabelece o dever conjunto da família, da sociedade e do Estado de amparar pessoas idosas, trazendo o dado de que, em 2020, 69% das pessoas idosas no Brasil viviam com renda pessoal mensal de até dois salários mínimos, segundo informação obtida no Ministério da Mulher, da Família e dos Direitos Humanos, para destacar a importância de se assegurar o direito da pessoa idosa carente ao tratamento domiciliar, de forma a dar eficácia ao mandamento constitucional, propondo a inclusão do atendimento domiciliar de cuidadores de pessoas idosas no âmbito do SUS, de maneira a contar com a devida oferta do serviço, bem como a reforçar a criação de empregos, e dispõe sobre a capacitação dos cuidadores de pessoas idosas, inclusive para lidar com famílias de baixa renda.

O projeto contou com a relatoria do Senador Romário – que também relatou a LBI –, foi aprovado e encaminhado para a Câmara dos Deputados no dia 24 de maio de 2023.

Chamou atenção o fato de que, a despeito do elevado percentual de pessoas idosas carentes, a consulta pública disponibilizada no *site* do Senado Federal contou com a participação de apenas nove pessoas, tendo recebido 7 votos a favor e 2 contra, o que significa pequeno envolvimento da população na discussão de um tema que interessa a grande parcela dos brasileiros.

O PL n. 2797, de 2022, por sua vez, voltado para a Seguridade e a Assistência Sociais, dispõe sobre a inclusão previdenciária e o trabalho dos cuidadores de crianças, pessoas idosas, pessoas com deficiência e pessoas com doenças raras ou incapacitantes.

Até o dia 15 de outubro de 2023, a consulta pública referente ao projeto contava com apenas dezenove respondentes, sendo 18-SIM x 1-NÃO, cabendo aqui observação semelhante à que foi feita em relação ao PL 990, de 2022, quanto à pouca participação da população na discussão do projeto.

Mais amplo que o PL 990, de 2022, o PL 2797, de 2002, institui a Política Nacional do Cuidado no âmbito da Seguridade Social, e dispõe sobre a inclusão previdenciária e o trabalho dos cuidadores de crianças, pessoas idosas, pessoas com deficiência e pessoas com doenças raras ou incapacitantes, conceituando "cuidado", em seu art. 1, § 1º, como "qualquer atividade, prestada pelo poder público ou por particulares, destinada a assegurar o bem-estar físico, psicológico e social de pessoas em situação de dependência".

Na sequência, traz a definição do que classifica como "em situação de dependência", diz como será prestado o cuidado e qual a finalidade da política, na redação proposta para o art. 1º, §§ 2º, 3º e 4º:

> Considera-se em situação de dependência a pessoa que, em razão de impedimentos nas funções e nas estruturas do corpo, do intelecto e da mente, em interação ou não com barreiras, tem limitações para exercer, de modo pleno, atividades básicas e instrumentais à vida diária, indispensáveis à vida, à saúde, ao bem-estar e à participação na sociedade.
>
> § 3º O cuidado será prestado, preferencialmente, pelo poder público e, em caráter subsidiário, poderá ser prestado por cuidadores com os quais as pessoas em situação de dependência mantenham relações de parentesco ou de amizade, bem como em razão de vínculos laborais ou comunitários.
>
> § 4º A política a que se refere o caput tem por **finalidades** a ampliação da autonomia e favorecer a inclusão social de pessoas em situação de dependência e a promoção do bem-estar, da saúde e da segurança de todas as pessoas que participem diretamente da relação de cuidado, sejam aquelas que demandam o cuidado, sejam os cuidadores.

Nota-se que a proposta se volta à ampliação da autonomia e ao favorecimento da inclusão social de pessoas em situação de dependência, a promoção do bem-estar, da saúde, da segurança tanto de quem recebe o cuidado quanto do cuidador, num salto em relação às salvaguardas, importantes, mas ainda insuficientes, à inclusão, à autonomia e, por fim, à dignidade de pessoas em situação de dependência, aqui incluídas as pessoas das ações de curatela analisadas.

Agora, sim, o Legislativo brasileiro começa a avançar quanto aos direitos fundamentais desse grupo de indivíduos supervulneráveis.

Propõe cinco modalidades de cuidadores: i) cuidador de pessoa idosa; ii) cuidador de pessoa com mobilidade reduzida; iii) cuidador infantil; iv) cuidador de pessoa com deficiência; v) cuidador de pessoa com doença rara ou incapacitante, dispondo sobre requisitos para exercício da atividade, jornada de trabalho, hipóteses de dispensa por justa causa, direitos e deveres do cuidador.

Dentre outras iniciativas, o PL 2797, de 2022, prevê a instituição do Serviço de Apoio Especializado para Atividades da Vida Diária (SAEAVD), no âmbito da Assistência Social, consistente na disponibilização de cuidador em tempo integral para pessoas com elevado grau de dependência –incluídas aquelas com deficiência severa, doenças raras, com restrição de movimentos ou incapacitantes –, com vistas à promoção da autonomia e independência pessoal.

Também propõe a criação do SAAVDD – Serviço e Apoio Especializado para Atividades da Vida Diária sob Demanda – consistente na disponibilização de cuidador sob demanda para pessoas com baixo ou moderado grau de dependência, com o objetivo de garantir sua autonomia e independência funcional, a ser prestado no domicílio, de acordo com o plano individualizado e humanizado de atendimento.

Aqui, destaca-se que a legislação proposta traz a positivação da necessidade de elaboração de um plano individualizado e humanizado, cuja ausência, até então, tem sido alvo de críticas, conforme mencionado ao longo deste trabalho.

O PL 2797, de 2022, propõe a criação de um auxílio-cuidado,[28] em um salário mínimo mensal, ao cuidador que comprove exercer, com dedicação exclusiva, atividades destinadas ao bem-estar físico e psicológico de uma pessoa em situação de dependência com quem mantenha vínculo de parentesco ou de amizade, muito importante dentro da realidade nacional, em que, majoritariamente, é a família quem presta o cuidado e alguém precisa deixar de trabalhar e exercer atividade remunerada para o sustento pessoal e familiar, para cuidar da pessoa em situação de dependência.

Dispõe, ainda, sobre o cuidado prestado em razão de vínculo laboral, de vínculo comunitário e as moradias para vida independente, disciplinadas pela Lei n. 13.146, 2015 (LBI), colocando requisitos para sua inscrição e funcionamento, que também sofria a crítica devido à ausência de regramento e consequente fiscalização eficaz.

Propõe, também, um auxílio-assistência de 25%, para trabalhadores e aposentados (segurados) que necessitarem da assistência permanente de outra pessoa, a fim de possam receber uma complementação que os auxilie na manutenção de condições dignas de vida, saúde e segurança.

A justificação do PL 2797, de 2022, reconhece que a mudança nos perfis etários da população e a presença maior do Estado no atendimento às demandas exigem novas políticas para ampliar o leque de opções e atender mazelas sociais que "pareciam estar esquecidas diante da ausência de políticas direcionadas a elas, com algumas exceções".

Nas palavras que encerram a mensagem ao Senado, um grito de socorro em prol dessa parcela da população supervulnerável e emudecida:

> A vida e a legislação são dinâmicas, mas o avanço do humanismo não permite mais o abandono puro e simples dos que necessitam de cuidados.

---

28. Na justificação do PJ, os Senadores proponentes reconhecem a necessidade de um **plano de inclusão previdenciária** das pessoas que ficam impossibilitadas de trabalhar em razão da presença de parentes ou amigos em condições de dependência, aos seus cuidados. Então, propõem que essas pessoas façam o recolhimento previdenciário com alíquota de 5% (cinco por cento). Logo, como poderão receber, nos termos da proposta, um auxílio-cuidado, poderão contar esse tempo para futuros benefícios previdenciários. (grifo meu). (Disponível em: https://www25.senado.leg.br/web/atividade/materias/-/materia/155126. Acesso em: 10 out. 2023).

> Pessoas cuidadas e pessoas que cuidam devem ser apoiadas, de todas as formas, pelo Estado e pela sociedade.[29]

Nesse particular, o Senado Federal, por iluminação dos Senadores autores,[30] reconhece a existência de uma nação invisível de crianças, adolescentes, adul-

---

29. Mensagem ao Senado Federal, dos Senadores Mara Gabrilli, Flávio Arns e Eduardo Gomes. Disponível em: https://www25.senado.leg.br/web/atividade/materias/-/materia/155126. Acesso em: 10 out. 2023.
30. A mensagem de justificação do projeto merece leitura atenta, por, realmente, reconhecer e priorizar a existência de grande parcela da população brasileira carente de uma política efetiva de inclusão e garantia de vida digna, quando, por exemplo, admitem, em mensagem oficial, que "os avanços da medicina proporcionaram maior longevidade às pessoas com deficiências severas e com doenças raras e os avanços sociais devem acompanhar esse movimento. **Essas pessoas, que podem ser crianças, jovens ou ainda pessoas idosas, para serem incluídas na sociedade precisam de apoios permanentes para as atividades da vida diária e, até o momento, o Estado brasileiro deixou essa tarefa somente ao cargo da própria pessoa ou de sua família. Não é mais possível que essas pessoas sejam escondidas nos fundos de casas miseráveis, enquanto os familiares (geralmente, mulheres) precisam parar de trabalhar para assumir essas responsabilidades desamparadas na ausência de uma política pública, sofrendo também do abandono e exclusão social**". (grifo meu). Prosseguem, afirmando: "Diversas evidências no mundo mostram que a deficiência tem relação bidirecional com a pobreza: a deficiência pode aumentar o risco de pobreza, e a pobreza pode aumentar o risco de deficiência por questões de falta de saneamento, desnutrição, violência urbana, falta de acesso a vacinas, pré-natal adequado, etc. O surgimento de uma deficiência pode levar à piora do bem-estar social e econômico de toda a família. No Brasil, o cenário mais comum é: geralmente a mãe para de trabalhar para cuidar de seu filho, desse modo a renda diminui, mas as despesas aumentam, já que os custos da deficiência são altos. Pesquisas apontam para a necessidade de uma Economia do Cuidado, em que se articulem políticas que repensem as questões de gênero e raça, com enfoque fundamental na educação, o que, em última instância trará vantagens econômicas individuais e coletivas. É preciso aliviar a carga de trabalho de mulheres, sobretudo negras, às quais geralmente cabe a responsabilidade pelo bem-estar de seus parentes em situação de vulnerabilidade. O Laboratório de Inovação Social Mulheres em tempo de Pandemia (lab.thinkolga.com ou www.thinkolga.com), por exemplo, traz propostas inovadoras, tanto para o setor privado como para o setor público. Ao setor privado caberia a modificação das culturas empresariais internas para encorajar a participação masculina nos cuidados de pessoas da família, a garantia de equiparação salarial entre gêneros e raças e a facilitação do trabalho remoto. Por sua vez, o setor público deve, nessa visão, oferecer uma renda básica para os responsáveis pelo cuidado, além de servir de exemplo para a sociedade, criar ações afirmativas na educação básica e no ensino superior, e instituir políticas públicas de cuidado. No Senado Federal, em Pesquisa DataSenado, concluída em dezembro de 2019, concluiu-se que: *Entre os familiares, um primeiro ponto preponderante é a urgência de um trabalho de base, de orientações e acolhimento, no período em que a patologia está sendo instalada ou diagnosticada, visando capacitar e acolher essa família para a condução adequada do caso. Orientações que vão além do cuidar em si, mas que também envolvam indicações de centros de apoio ou referenciais também são muito relevantes.* Ao final, o estudo aponta para o anseio de uma legislação que dê aos cuidadores familiares e profissionais apoio no desenvolvimento de seu trabalho, devolvendo-lhes sua identidade e lhes oferecendo uma rede de suporte. E eles têm razão: o número de idosos tende a dobrar nas próximas décadas e o

tos e pessoas idosas que dependem completamente de terceiros – geralmente familiares mulheres –,para um mínimo de vida digna por terem deficiências severas, com impedimentos de ordem física, sensorial, mental, intelectual ou psicossocial, ou, ainda, devido a doenças raras ou neurodegenerativas, o que vai ao encontro das necessidades daquelas pessoas que classifiquei como "pessoas supervulneráveis", disfuncionais, dependentes do apoio familiar e já quase sem interação ou sem qualquer possibilidade de comunicação, cuja exposição a riscos chega a graus superlativos.

## 4.2 DESAFIOS E POSSIBILIDADES DO SISTEMA DE JUSTIÇA

*O velho está morrendo e o novo não pode nascer.*

(Antônio Gramsci)

Conhecido o perfil – ou os perfis das pessoas que necessitam da medida excepcional da curatela –, procurei conhecer, também, a estrutura e o funcionamento do sistema de justiça, afinal, tanto o texto constitucional quanto a CDPD e a LBI fazem destaques quanto ao tratamento das pessoas com deficiência em processos e procedimentos judiciais, realçando o dever do Estado de assegurar prioridade, inclusão, dignidade, acessibilidade, assistência judiciária, informação e não discriminação.

Pensando o acesso à justiça como um direito fundamental, "cujo objeto se esgota na satisfação pelo Estado de uma prestação de natureza jurídica",[31] uma vez que a moderna dogmática dos direitos fundamentais admite a possibilidade de o Estado ser obrigado a criar os pressupostos fáticos necessários

---

número de Cuidadores pulou de 2004 a 2017, de 4.313, para 34.051. (http://www.senado.gov.br/institucional/datasenado/politica_nacional_cuidado/arquivos/relatorio_completo.pdf). Esses cuidadores devem ser apoiados em diversas instâncias e aspectos. Devem ter, sobretudo, seus direitos e deveres reconhecidos e transparentes. Com a ampliação do teletrabalho, do trabalho em domicílio, remoto ou à distância, nada mais razoável que eles terem preferência na utilização dessas modalidades de trabalho. Com essas novas oportunidades, ainda que suscitadas por uma nefasta pandemia, os cuidadores poderão compatibilizar os cuidados, que muitas vezes não são muito intensivos, com a realização do trabalho regular. Empresas com mais sensibilidade social podem adotar flexibilidade de jornadas para que os cuidadores possam atender aos seus dependentes em emergências ou necessidades". (Disponível em: https://www25.senado.leg.br/web/atividade/materias/-/materia/155126. Acesso em: 10 out. 2023).

31. MENDES, Gilmar Ferreira; BRANCO, Paulo Gustavo Gonet. **Curso de Direito Constitucional**. 18. ed. São Paulo: SaraivaJur, 2023, p. 126.

ao exercício efetivo dos direitos constitucionalmente assegurados, tal premissa faz surgir a possibilidade de o titular desses direitos dispor de uma pretensão a prestações por parte do Estado, razão pela qual fala-se em direito a uma prestação jurídica.[32]

Assim, o direito de acesso à justiça[33] pressupõe que o Estado assegure estrutura suficiente que atenda à pessoa com deficiência quando necessita da intervenção do Judiciário para resolver conflitos de interesse.

No particular das ações de curatela, como visto, a LBI, inspirada na Convenção Internacional dos Direitos da Pessoa com Deficiência, e o Código de Processo Civil asseguram, dentre outras medidas, o atendimento prioritário, a garantia de assistência jurídica (intervenção da curadoria especial quando ausente impugnação pelo(a) curatelando(a), no sentido de defender seus interesses), avaliação por equipe multidisciplinar, em respeito à pessoa humana em toda sua concretude e não apenas sob a ótica médica, fundamentação das decisões judiciais, e aqui especialmente a individualização, no sentido de recusar decisões genéricas e preservar as vontades do sujeito.

A segunda hipótese considera que as instituições do sistema de justiça ainda não se adaptaram, ou pouco se adaptaram, aos avanços normativos, no sentido de garantir o acesso à justiça, a prioridade de tratamento e o pleno exercício da autonomia e da capacidade.

Os dados empíricos referentes ao sistema de justiça acabam por confirmar a problematização proposta, revelando uma estrutura ainda carente em aspectos mínimos necessários à concretização daqueles direitos fundamentais

---

32. Nesse particular, o professor Gilmar Ferreira Mendes já associava a ideia de *direito à organização e ao procedimento* a todos aqueles direitos fundamentais que dependam, na sua realização, tanto de providências estatais com vistas à criação e conformação de órgãos, setores ou repartições (direito à organização), como de outras, de índole geralmente normativa, destinadas a ordenar a fruição de determinados direitos ou garantias, como é o caso das garantias processuais-constitucionais, e aqui reunia o direito de acesso à justiça; direito de proteção judiciária e o direito de defesa. (MENDES, Gilmar Ferreira. Os direitos fundamentais e seus múltiplos significados na ordem constitucional. **Revista Jurídica Virtual**. n. 14, jul. 2000, p. 4. Disponível em: http://www.gilmarmendes.com.br/wp-content/uploads/2018/09/OS-DIREITOS-FUNDAMENTAIS-E-SEUS-M%C3%9ALTIPLOS-SIGNIFICADOS-NA--ORDEM-CONSTITUCIONAL.pdf. Acesso em: 26 abr. 2023).
33. Nas palavras de Paulo Gonet, "o direito de acesso à justiça não dispensa legislação que fixe a estrutura dos órgãos prestadores desse serviço e estabeleça normas processuais que viabilizem o pedido de solução de conflitos pelo Estado", ao que é possível acrescentar, no caso das ações de curatela, normas que assegurem o respeito à dignidade da pessoa humana, na medida em que o respeito à pessoa humana passou a ser visto como um fim em si mesmo, e não mais se vê a pessoa humana como 'coisa'". (MENDES, Gilmar Ferreira; BRANCO, Paulo Gustavo Gonet. **Curso de Direito Constitucional**. 18. ed. São Paulo: SaraivaJur, 2023, p. 126).

aos indivíduos que recorrem ao Judiciário em busca da medida excepcional da curatela.

Estruturação deficiente das defensorias públicas, desajustes no sistema de processo eletrônico, ausência de capacitação dos atores do sistema de justiça que lidam com pessoas com deficiência, demora na tramitação processual, falta de equipes com formação multidisciplinar para avaliação pericial, apego a expressões já extirpadas do vocabulário jurídico atualizado, escassez de especialização são alguns dos fatores que permitem concluir com segurança que ainda há muito a ser feito a fim de que se alcance o aparato pretendido pelo legislador para a entrega da prestação jurídica ao tempo e modo garantidos às pessoas com deficiência em ações de curatela.

Passo, então, a analisar os resultados encontrados à luz do recorte teórico adotado.

### 4.2.1 Liderança da advocacia, estrutura deficiente das defensorias públicas, gratuidade de justiça

Inicialmente, constatou-se que 63% das ações de curatela da amostra de pesquisa foram patrocinadas por advogados, perfazendo um total de 1.266 processos, enquanto 36% contaram com a assistência da Defensoria P*ública, totalizando 728, tendo o Ministério Público figurado* como autor em 1% das ações, realidade também observada no "Estudo empírico das demandas envolvendo pessoas com deficiência",[34] da USP/DPJ/CNJ, que acrescentou, a partir das entrevistas, que, apesar de os custos não serem acessíveis, as pessoas acabam recorrendo a advogados em razão de as Defensorias Públicas ainda não estarem totalmente estruturadas e de poderem recorrer à gratuidade de justiça.

Ao lado disso, nos 2.021 processos da amostra colhida perante o Juízo da 1ª Vara de Sucessões de Salvador, 88% deles contaram com gratuidade da justiça, o que revela que até mesmo ações patrocinadas por advogados gozaram do benefício, reservado a pessoas em situação de hipossuficiência econômica, realidade que se agiganta quando considerada a amostra nacional da pesquisa realizada pela USP/DPJ/CNJ, em que a gratuidade apareceu em 1/3 dos processos, totalizando 107.050 ações da amostra de pesquisa da justiça estadual.[35]

---

34. BRASIL. Conselho Nacional de Justiça. **Estudo empírico das demandas envolvendo pessoas com deficiência.** Universidade de São Paulo. Brasília: CNJ, 2023, p. 121. Disponível em: https://www.cnj.jus.br/wp-content/uploads/2023/08/relatorio-pessoascomdeficiencia-23-10-08.pdf. Acesso em: 07 set. 2023.
35. Ibidem, p. 121.

O custo para contratação de um profissional da advocacia pode ser alto para algumas pessoas, sobretudo aquelas em situação de miserabilidade, razão pela qual a Constituição Federal garante a todos os brasileiros e estrangeiros aqui residentes amplo acesso à justiça. Para tanto, previu algumas formas de assegurar esse direito, por meio da advocacia pública, das defensorias e da isenção de taxas judiciais aos menos favorecidos.

Assim, verifiquei que maioria absoluta dos processos no Juízo local analisado referem-se a pessoas com vulnerabilidade também econômica, carentes de recursos financeiros para custear uma ação judicial, e tramitam sem pagamento de custas nem despesas processuais, o que engloba a avaliação pericial, ficando todo o custo suportado pelo próprio poder público, no seu dever de garantir o acesso à justiça e ao procedimento.

Ora, aqui uma primeira conclusão evidente de que a assistência judiciária, assegurada a todo cidadão, ainda encontra entraves para aqueles que necessitam recorrer a uma ação de curatela, trazendo à tona a necessidade de se debater a melhor estruturação das Defensorias P*úblicas como um dos pilares do sistema de justiça.*

Uma outra medida que pode ser uma solução de curto prazo é a parceria entre defensorias públicas e as Ordens dos Advogados do Brasil de cada Estado, para garantir atendimento mais acessível a pessoas que não possam pagar pelos honorários profissionais.

No que concerne aos custos do processo, esse elemento será importante na formulação de políticas públicas efetivas no âmbito dos tribunais estaduais, que deverão levar em conta as despesas com ações dessa natureza na elaboração de seus orçamentos, e aparelhar as unidades judiciais de acordo com as necessidades da demanda dos jurisdicionados, afinal o custo do processo deverá considerado no planejamento da administração.

A possibilidade de parcerias com o poder público ou a iniciativa privada (universidades, secretarias de ação social, secretarias de saúde etc.) pode ser uma alternativa para o que não estiver afeto à atividade-fim do Judiciário, mas até isso pressupõe melhor conhecimento das demandas, para que possam ser pensadas medidas eficientes em se tratando de ações de curatela, como é o caso do especialista para acompanhar as audiências e as equipes multidisciplinares, que serão vistas adiante.

### 4.2.2 Sistema de processo eletrônico – ausência de destaque ou marcação de tramitação prioritária, conservação de expressões como "interrogatório", "incapacidade", "tutela e curatela": o futuro que ainda não chegou

A garantia de prioridade na tramitação processual e procedimentos judiciais e administrativos em que for parte ou interessada pessoa com deficiência, em todos os atos e diligências, está prevista no art. 9º, inciso VII, da Lei n.13.146/2015 (LBI).[36]

O tratamento prioritário é corolário do princípio da igualdade, dentro da máxima que preconizava o Ministro Eros Grau:[37] "A igualdade, desde Platão e Aristóteles, consiste em tratar-se de modo desigual os desiguais", logo a pessoa com deficiência precisa ser tratada com prioridade a fim de retirar ou superar as barreiras decorrentes de sua condição de maior vulnerabilidade se comparada a outros sujeitos que não sejam vulnerados.

Entretanto, apenas 38% da amostra continham o destaque de tramitação prioritária no sistema de processo eletrônico, mas não apresentavam qualquer recurso que pudesse assegurar uma ordem de preferência em relação aos demais processos, ficando, portanto, submetidos **à ordem cronológica regular de movimentação.**

Fica patente que a prioridade de tratamento, determinada expressamente pela CDPD e pela LBI, é uma garantia cuja possibilidade de violação ainda é substancial.[38] Afinal, do universo destacado, há majoritária presença de pes-

---

36. Na doutrina argentina, a professora Silvia Eugenia Fernández defende, claramente, essa prioridade como necessária para que as pessoas com deficiência não sofram restrições no exercício de direitos: "*De este modo el acceso a la justicia se vincula con las obligaciones de respeto y garantia en materia de derechos humanos, a la luz del principio de no discriminación; el respeto a los derechos de la persona debe recibir una perspectiva diferenciada de protección em casos de personas en situación de vulnerabilidade por las limitaciones que enfrentan en el acceso y ejercicio de sus derechos. (...) El caminho para que una persona pueda ejercer activamente los derechos derivados de su calidad de parte en el proceso inicia con la garantia de su acceso al mismo. En el marco de la Convención de Naciones Unidas, la accesibilidad contemplada en el art.9º es traducida al plano jurisdicional en su art.13 (...)*". (FERNANDÉZ, Silvia. **Situaciones de discapacidad y derechos humanos**. 1. ed. Buenos Aires: La Ley, 2020, p. 362-363).
37. BRASIL. Supremo Tribunal Federal (Pleno). **MS26690/DF** Rel. Min. Eros Grau, DJe-241, 18 de dezembro de 2008.
38. Os pesquisadores da USP examinaram 368.503 processos de "interdição", dos quais 201.965 não estavam sentenciados, e constataram que o tempo médio de duração dos processos sentenciados é de cerca de 2,5 anos, sendo que mais da metade dos processos duram menos de 5 anos. Verificaram, ainda, que os processos parcialmente procedentes duram em média mais tempo que os demais e aqueles que terminam em desistência são os que duram menos tempo. Menos da metade dos processos tem duração de cerca de dois anos para todos os tipos de sentença. Ora, conceber que um procedimento de tramitação prioritária, de rito especial, envolvendo, muitas vezes, pessoas em condições de superprioridade, demore cerca de 2,5 anos para receber uma sentença de procedência ou de parcial procedência, afronta o Estado Democrático de Direito, fundamentado na dignidade da pessoa humana, e que objetiva a construção de uma sociedade livre, justa e solidária. BRASIL. Conselho Nacional de Justiça. **Estudo empírico das demandas envolvendo pessoas com deficiência**. Universidade de São Paulo. Brasília: CNJ, 2023, p. 51 e 57. Disponível em: https://www.cnj.jus.br/wp-content/uploads/2023/08/relatorio-pessoascomdeficiencia-23-10-08.pdf. Acesso em: 07 set. 2023.

soas idosas, sobretudo pertencentes à categoria legal da "superprioridade", isto é, das que possuem mais de 80 anos de idade, todas pessoas com deficiência em situação de curatela, grupos cuja inobservância da sinalização processual prioritária prejudica o acesso à justiça, porque os processos entram nas filas do sistema eletrônico na mesma ordem cronológica que outros feitos, de cunho eminentemente patrimonial.

Também observei que o sistema de processo eletrônico continha apenas a possibilidade de designação de audiência de interrogatório, o que só foi corrigido recentemente, com a inclusão da possibilidade de designação de audiência de entrevista, em desarmonia com toda a dogmática que concebe uma nova curatela biopsicossocial, respeita a dignidade da pessoa humana e inclui a pessoa com deficiência como sujeito de direitos, em igualdade de condições, respeitadas as suas peculiaridades.

O interrogatório remonta aos tempos do processo inquisitorial, excludente e estigmatizador que restou superado.

A pesquisa levada a efeito pela USP/DPJ/CNJ constatou decréscimo nas referências ao interrogatório nos processos, entretanto, tendo em vista que a CDPD debutou na ordem jurídica e a LBI já se aproxima de uma década de existência, nem deveria mais haver referência a tal expressão.

Outro aspecto incoerente do e-PJE (sistema de processo judicial eletrônico) é reunir tutela e curatela em uma mesma classe processual, com Código 61 (já descontinuado e agora aparece como 58 para alguns tribunais), o que foi notado pela pesquisa da USP/DPJ/CNJ.[39]

Tutela é medida prevista para os filhos menores de 18 anos, quando falecidos os pais, ou sendo estes julgados ausentes, ou em caso de os pais decaírem do poder familiar, à luz do art. 1.728 do Código Civil.

A curatela é medida prevista no art. 1.767 da mesma lei para aqueles que, por causa transitória ou permanente, não puderem exprimir sua vontade; para os ébrios habituais e os viciados em tóxicos; para os pródigos.

Vê-se, às escâncaras, que não guardam a menor semelhança, razão pela qual essa reunião das ações de tutela e de curatela em uma mesma classe processual traduz mais uma inconsistência do sistema processual, de rápida e fácil solução, porque independentemente de alteração legislativa, nem de uma nova política pública. Basta que a alteração seja feita no próprio sistema.

---

39. BRASIL. Conselho Nacional de Justiça. **Estudo empírico das demandas envolvendo pessoas com deficiência**. Universidade de São Paulo. Brasília: CNJ, 2023, p. 48. Disponível em: https://www.cnj.jus.br/wp-content/uploads/2023/08/relatorio-pessoascomdeficiencia-23-10-08.pdf. Acesso em: 07 set. 2023.

Tudo isso serve para confirmar a tese proposta no que concerne à incipiente, para não dizer precária, adaptação do sistema de justiça ao arcabouço normativo, em evidente violação a direitos fundamentais, e demonstra a necessidade de maior ampliação do debate, a fim de que a comunidade jurídica possa absorver os novos conteúdos e nomenclaturas e seja possível concretizar o tratamento digno, respeitoso, inclusivo, prioritário e fraterno às pessoas nas ações de curatela.

### 4.2.3 Elevado número de processos em que não se chega à decisão com exame do mérito: tempo de duração do processo

A extinção de processos sem julgamento de mérito, em decorrência do óbito da pessoa em situação de curatela, do abandono ou da desistência, foi constatada tanto na amostra dos 2021 processos selecionados quanto na pesquisa nacional feita pelo CNJ.[40]

No primeiro caso, foram 28% dos feitos, ou 569 ações extintas, em sua ampla maioria, em razão do óbito. No segundo, foram 23% da amostra nacional, da qual, embora não tenham encontrado o motivo da extinção, percebeu-se em algumas sentenças que o evento morte era mencionado. A pesquisa do CNJ, por sua vez, constatou que 10,54% dos 368.503 processos analisados no país são sentenciados sem resolução de mérito, totalizando 38.853 processos do recorte.

Esse dado revela, por um lado, que os pedidos já são judicializados em situação de extrema vulnerabilidade da pessoa, ao ponto de culminar com o falecimento antes mesmo de que se chegue ao julgamento de mérito, por outro, chama a atenção do Judiciário para a necessidade de respeitar a absoluta prioridade que é assegurada a ações dessa natureza, sob pena de frustração na entrega da prestação jurisdicional pretendida devido à demora do julgamento.

Ao lado disso, o tempo de tramitação de uma ação de curatela é, em média, de 2,5 anos, reduzido para 1,8 anos nos processos cujas audiências foram feitas por videoconferência.

Ora, esse tempo é considerado longo para um procedimento especial, relativamente simples, com uma curta sequência de atos processuais, que envolve pessoas cuja situação de vulnerabilidade superlativa pressupõe a entrega da prestação de forma célere, o que fere, ainda, o princípio da duração razoável do processo.

O abandono das partes também há de ser considerado um indicativo de ineficiência do sistema de justiça, que gera descrença naqueles que dele necessitam, ao ponto de abdicarem de dar continuidade aos feitos.

40. Ibidem, p. 141.

### 4.2.4 Ausência de especialização: concorrência das ações de curatela com ações de naturezas diversas

No Brasil, foi encontrado apenas um com competência para processar e julgar exclusivamente ações de curatela, situado no Rio Grande do Sul.

O impacto de existir apenas um Estado que trabalhe ações de curatela como matéria exclusiva é enorme, levando-se em consideração que o Brasil é um país de grande extensão, com mais de duzentos milhões de habitantes, dos quais 23,9%,[41] ou seja, cerca de 45 milhões, têm algum tipo de deficiência, e a curatela é uma medida que só pode ser obtida pela via judicial aos que dela necessitam.

A combinação desses fatores permite concluir que as ações de curatela acabam disputando a atenção de magistrados e servidores com outras ações, conforme mencionado pelos respondentes, muitas delas de relevo patrimonial, a exemplo das ações de sucessão e cíveis, correndo o risco de ficarem em segundo plano e acabar comprometendo a prioridade e a essencialidade do direito tutelado.

A falta de juízos especializados e o excesso de judicialização de demandas diversas podem ajudar a explicar o descompasso de algumas decisões com as novas determinações legais da matéria.

Por outro lado, até mesmo em sentenças proferidas pelo especializado, datadas de 2019, ainda foi possível observar referências à "interdição", seguindo um modelo genérico, sem a individualização esperada para as características específicas de cada caso.

Compreende-se que a padronização é uma forma de parametrizar os processos, em busca de maior celeridade e produtividade, mas, em se tratando de curatela e de pessoas em situação de vulnerabilidade acrescida, espera-se maior adequação caso a caso e atenção para as características individuais de cada ser humano.

A CDPD e a LBI inauguraram a transformação necessária para ruptura do paradigma clássico de incapacidade como "loucura" ou invalidez, mas efetivar a mudança exige um esforço conjunto da sociedade e do Judiciário, tendo em vista que "a mera enunciação legal dos direitos humanos não implica necessariamente que não há obstáculos à sua efetivação", como já preconizava Bobbio.[42]

---

41. BRASIL. Instituto Brasileiro de Geografia e Estatística (IBGE). **Censo Demográfico de 2000**: características gerais da população. Resultados da amostra. IBGE, 2010. Disponível em: https://www.ibge.gov.br/estatisticas/sociais/populacao/9662-censo-demografico-2010.html?=&t=downloads. Acesso em: 29 set. 2020.

42. BOBBIO, Norberto. **Da estrutura à função**: novos estudos da teoria do direito. Trad. Daniela Beccaria Versiani. Barueri: Manole, 2007. p. 77.

O primeiro passo para ampliar a visibilidade das ações de curatela é dar maior foco a demandas dessa natureza, o que ainda não acontece no Judiciário brasileiro.

### 4.2.5 A prova nos processos de curatela: laudo médico, predominante referência à CID, baixa referência ao CIF, ausência de especialistas nas audiências, escassez de equipes multidisciplinares, acompanhamento posterior à medida

Em profunda análise do arcabouço normativo realizada no Capítulo 1, viu-se que a já não tão nova legislação processual concebe seja a prova nas ações de curatela realizada com o laudo médico, que deve acompanhar a petição inicial (art. 750, CPC), a audiência de entrevista (art. 751, CPC), a prova pericial (art. 753), sem prejuízo da produção de outras provas documentais ou testemunhais.

Entretanto, também aqui a pesquisa comprova que há um evidente e largo descompasso entre o ser e o dever-ser.

Ora, quanto à exigência de laudo médico para iniciar uma ação dessa natureza, já se viu que a iniciativa do legislador, em que pese ter sido bem intencionada e tenha imposto no mínimo uma trava para evitar a banalização de uma medida que tem na excepcionalidade uma de suas primeiras características, guardou incoerência com toda a sistemática inaugurada desde a Convenção, por remontar aos tempos da curatela médica, cuja deficiência era ditada pela medicina, desalinhada dos novos contornos biopsicossociais, o que foi alvo de críticas severas.

Nesse aspecto, deveria ter sido exigido que o requerente juntasse qualquer documento idôneo para fazer prova de suas alegações ou informar a impossibilidade de fazê-lo, o que se conseguiria com um pequeno ajuste na redação do art. 750 do CPC. Por outro lado, nada impede que os juízes, no exercício da atividade diária, admitam seja a petição inicial instruída de outra forma que não o laudo médico, embora a positivação de tal premissa seja muito útil para incentivar a mudança da postura judicial.

Ao lado da instrução das petições iniciais com o laudo médico, veio a completa ausência de referência à CIF (Classificação Internacional de Funcionalidades) nos 2021 processos analisados junto à 1 ª Vara de Sucessões, Órfãos e Interditos de Salvador, nos quais a referência é sempre feita à CID (Classificação Internacional de Doenças e Problemas Relacionados com a Saúde, mantida pela OMS e usada para fins epidemiológicos, estatísticos e de pesquisa médica). O estudo da USP/DPJ/CNJ também demonstrou a prevalência de utilização da CID, porque, em toda a base, foram encontrados apenas 25 processos com referência à CIF ao longo dos 10 anos,[43] o que reforça o apego ao modelo médico, então superado, até mesmo pelos advogados em suas peças iniciais.

Quanto à audiência de entrevista e a avaliação pericial, os dados também revelaram que ainda falta muito para se alcançar o ideal traçado há mais de 15 anos.

Dos 15 Estados respondentes ao questionário de pesquisa encaminhado pela CGJ-BA para os tribunais estaduais, apenas dois disseram que as entrevistas são acompanhadas por especialistas, sendo que um deles disse que o especialista era um médico, dado que comprova que, nesse aspecto, o sistema de justiça ainda carece de aperfeiçoamento e confirma a suspeita de descompasso entre o mundo real e o ideal normativo.

No que concerne à avaliação pericial, dos 15 tribunais, 8 disseram dispor de equipes multidisciplinares, enquanto 7 mencionaram não dispor, aqui concentrados os 5 maiores tribunais do país.

Embora haja um equilíbrio entre tribunais com e sem equipes multidisciplinares, nesses 8 tribunais que têm as equipes, 4 afirmaram que as avaliações são feitas preferencialmente por profissional da medicina, evidenciando a prevalência da perícia médica, em detrimento de uma avaliação por profissionais de outras áreas.

Mesmo os tribunais que disseram dispor de equipes com formação multidisciplinar também apontaram que as equipes são compartilhadas com outras unidades competentes para ações da infância, família, violência doméstica, e até criminal.

---

43. BRASIL. Conselho Nacional de Justiça. **Estudo empírico das demandas envolvendo pessoas com deficiência**. Universidade de São Paulo. Brasília: CNJ, 2023, p. 188. Disponível em: https://www.cnj.jus.br/wp-content/uploads/2023/08/relatorio-pessoascomdeficiencia-23-10-08.pdf. Acesso em: 07 set. 2023. O estudo apresenta uma diferenciação muito clara entre as Classificações Internacionais, que permite a qualquer pessoa compreender a diferença entre CID e CIF, já estudada no Capítulo 1, que aqui transcrevo para facilitar o entendimento, ainda que corra o risco de parecer repetição de conceito: "No lugar da utilização da CID, ou eventualmente de maneira complementar, a CIF descreve a saúde em termos de três componentes: função corporal, atividade e participação. A função corporal refere-se às funções fisiológicas do corpo, como a capacidade de mover as articulações ou respirar. A atividade é a execução de tarefas ou ações em situações de vida cotidiana, como caminhar ou cozinhar uma refeição. A participação é a interação da pessoa em atividades sociais, como trabalho ou lazer. A CIF também inclui fatores ambientais que podem influenciar a saúde e a funcionalidade de uma pessoa, como o acesso a serviços de saúde, a disponibilidade de tecnologia assistiva e as atitudes da sociedade em relação às Pessoas com Deficiência. Desse modo, enquanto a CID é uma classificação de doenças e problemas de saúde, a CIF é uma ferramenta mais ampla para descrever a saúde e a funcionalidade de uma pessoa, levando em consideração não apenas as condições médicas, mas também a capacidade de realizar atividades diárias e participar da sociedade".

De igual modo, os chamados operadores do direito afirmaram que a avaliação biopsicossocial ainda não existe na prática, consoante dados da pesquisa USP/DPJ/CNJ, realidade que se repete no âmbito da Justiça Federal, para as ações de sua competência.

O "Estudo empírico das demandas envolvendo pessoas com deficiência" feito pela USP/DPJ/CNJ constatou grande preocupação dos profissionais que trabalham com pessoas com deficiência com a falta de recursos e de equipes multidisciplinares, atribuindo o problema à falta de orçamento.

Nem mesmo na Justiça Federal tem sido realizada avaliação de deficiência por equipe multidisciplinar.[44]

Reunindo a exigência de laudo médico com a petição inicial, entrevista sem profissionais de outras áreas que não o direito e a medicina, e avaliação pericial predominantemente realizada por médico, é possível concluir com segurança que existe um abismo a ser ultrapassado para se alcançar o ideal de dignidade da pessoa com deficiência em situação de curatela.

Desde o início, a LBI adota a concepção social de deficiência, conforme estipulado em seu art. 2º, e prevê a avaliação biopsicossocial, conduzida por uma equipe multiprofissional e interdisciplinar. Essa avaliação deve considerar: *i*) as limitações nas funções e estruturas do corpo; *ii*) os fatores socioambientais, psicológicos e pessoais; *iii*) a restrição no desempenho das atividades; e *iv*) a limitação na participação.

Já não é novidade que a concepção de deficiência na LBI, inspirada na Convenção de Nova York, afasta-se do paradigma médico anterior, que considerava a deficiência, especialmente a mental ou intelectual, como uma condição patológica, cujas causas eram naturais, biológicas e individuais, e na qual a intervenção médica era vista como meio de "reparação" para alcançar a "normalidade".

---

44. Ibidem. p. 194. Depoimento de um magistrado federal: A não se comentar a própria questão de uma equipe multidisciplinar, na minha realidade é inviável. Nós não temos à disposição, seja a equipe mesmo como a própria Justiça Federal não teria recursos para arcar com essa equipe se necessário fosse. Muitas vezes, por exemplo, a gente tem também um caso que é mais sensível ainda porque são casos de crianças. Então, piora um pouco a lógica, porque já nem entra mais nessa lógica de capacidade ou incapacidade para o trabalho. Isso não é uma questão com criança. E, às vezes, dependendo do caso da doença, por exemplo, o transtorno espectro autista alguma coisa assim, a parte quer que seja feita uma perícia um psicopedagogo, que faça conforme o protocolo x ou y. E isso realmente não existe na nossa dinâmica, não temos esse período disponível e é praticamente inviável de se conseguir. O tribunal agora criou uma central de perícias, para tentar unificar e disponibilizar peritos de forma mais genérica. Uma central de perícia para tentar atender todo o Estado. (OD_MAGF_02).

Após o advento da LBI, estende-se a concepção da deficiência a psicólogos, assistentes sociais, terapeutas ocupacionais, enfermeiros, fonoaudiólogos, de modo que a situação clínica da pessoa não conduza ao seu "porvir jurídico".[45]

Desde que o critério subjetivo do déficit cognitivo embasado em padrões puramente médicos foi substituído pelo critério objetivo e social, como medida de incapacidade pela Lei n. 13.146/2015, "ao invés de um diagnóstico técnico que aponte um desvio, qualifica-se a situação de uma pessoa e as suas circunstâncias: a absoluta impossibilidade de interação e comunicação por qualquer modo, meio ou formato adequado".[46]

Nessa perspectiva, a legislação infraconstitucional vivifica a CDPD, ao postular a revogação de leis, regulamentos, costumes e práticas que constituam discriminação contra pessoas com deficiência, aqui concentrando-se a rejeição de diagnósticos exclusivamente médicos, em evidente rompimento com o critério oitocentista.

A curatela é uma medida excepcional que não deverá afetar aspectos existenciais do sujeito ou, como bem afirma Requião, "não se pode realizar restrição da autonomia existencial do sujeito em prol da proteção de interesses patrimoniais, muitas vezes de terceiros",[47] de modo que a presença de alguém com *expertise* em comportamento humano, cognição, psicologia, neuropsiquiatria, serviço social, ou outras ciências que pressuponham conhecimento da pessoa humana em especificidades que não são do ramo jurídico, potencializaria muito a eficácia da entrevista.

A multidisciplinariedade foi trazida com extrema força para o âmbito do processo de curatela, que terá como ator principal a pessoa humana em relação a quem alega-se a necessidade da medida, devendo, por isso, levar em conta as características próprias da pessoa humana em sua concretude, pressupondo uma análise detalhada e individualizada do indivíduo, com vistas à prolação de uma sentença personalizada, razão pela qual a presença de um especialista na hora da audiência de entrevista será de grande valia para auxiliar o ma-

45. ROSENVALD, Nelson. **Curatela**. Escritos gentilmente disponibilizados pelo autor. Acrescenta o jurista mineiro que "a saúde mental é um processo determinado por componentes históricos, socioeconômicos, culturais, biológicos e psicológicos. O efeito disso resulta na inadmissibilidade da produção de sentenças atributivas de incapacidade, fundadas exclusivamente na condição de saúde mental da pessoa deficiente".
46. ROSENVALD, Nelson. **Curatela**. Escritos gentilmente disponibilizados pelo autor. Em suas reflexões, Rosenvald afirma que a avaliação da situação concreta é merecedora de uma visão holística da pessoa, isto é, biológica, psicológica e social. O olhar sobre a pessoa com deficiência não se restringe ao indivíduo e suas características pessoais no clássico critério da "normalidade", porém direcionado a um ser humano inserido no contexto social.
47. REQUIÃO, Maurício. **Estatuto da pessoa com deficiência, incapacidades e interdição.** 2. ed. Florianópolis: Tirant Lo Blanch, 2018, p. 201.

gistrado e todos quantos acompanharem o processo, e mais adiante, outras áreas do saber humano também deverão atuar na avaliação biopsicossocial daquele ser humano.

Por tudo isso, tanto na audiência de entrevista quanto na avaliação pericial, pressupõe-se a participação de especialistas. Afinal, aquela é o primeiro contato entre a pessoa que passa por um processo de curatela e o juiz, que analisará as potencialidades do caso. A sugestão da presença do experto, encontrada no art. 751, § 2º, do CPC, tem a função de humanizar o procedimento e facilitar o trabalho do julgador, "repartindo as responsabilidades que, diante do texto da Convenção, são inúmeras para o magistrado".[48]

Por mais sensibilidade que um(a) magistrado(a) tenha, certamente não reunirá os amplos saberes que contribuem para a compreensão da inteireza de uma pessoa, o que reforça a necessidade de profissionais especializados para subsidiar sua atuação, tanto na audiência quanto nas avaliações periciais.

Nessa perspectiva, o especialista atuaria como auxiliar do, contribuindo para uma decisão mais técnica, mais segura e, consequentemente, mais bem fundamentada.

É importante ressaltar que a presença de especialistas em audiências de entrevistas com pessoas em situação de curatela é fundamental para garantir uma avaliação mais precisa e completa da situação da pessoa em questão, especialmente no que se refere à sua capacidade de expressar sua vontade e de compreender as consequências de suas decisões. A ausência de especialistas pode comprometer a funcionalidade da medida de curatela/interdição, bem como a proteção dos direitos das pessoas em situação de vulnerabilidade.[49]

A presença exclusiva de médicos na audiência de entrevista e nas perícias ainda não garantirá a percepção da magnitude da pessoa em suas diversas expressões.

---

48. ARAÚJO, Luiz Alberto David; PIANOVSKI RUZYK, Carlos Eduardo. A perícia interdisciplinar no processo de curatela e o aparente conflito o Estatuto da Pessoa com Deficiência e o Código de Processo Civil: reflexões metodológicas à luz da teoria geral do direito. **Revista de Direitos e Garantias Fudamentais**, Vitória, v.18, n.1, p. 227-256, jan./abr. 2017. p. 241.

49. O auxílio de um especialista, que não da área jurídica, dialoga com a importância da multidisciplinariedade no direito aplicado a respeito dessa matéria, diante do novo paradigma instituído pela Convenção da ONU sobre os Direitos da Pessoa com Deficiência, na proteção da dignidade da pessoa com deficiência em se tratando de processos de curatela, nas bem ditas palavras de Luiz Alberto Araújo e Carlos Eduardo Pianovski. (ARAÚJO, Luiz Alberto David; PIANOVSKI RUZYK, Carlos Eduardo. A perícia interdisciplinar no processo de curatela e o aparente conflito o Estatuto da Pessoa com Deficiência e o Código de Processo Civil: reflexões metodológicas à luz da teoria geral do direito. **Revista de Direitos e Garantias Fudamentais**, Vitória, v.18, n.1, p. 227-256, jan./abr. 2017, p. 230).

Diante da personificação da curatela e da garantia da dignidade da pessoa com deficiência, a ideia de um protocolo para a realização das entrevistas, conforme sugerido por um magistrado entrevistado pelos pesquisadores da USP/DPJ/CNJ, seguido de capacitação dos profissionais do direito, pode servir para auxiliar os(as) magistrados(as) a conversarem diretamente com as pessoas com deficiência em situação de curatela e permitir que elas verdadeiramente se expressem, revelem suas preferências, hábitos, e sejam compreendidas em sua complexidade particular.

A avaliação por equipe multiprofissional, por sua vez, não é uma faculdade do juiz, mas um direito da pessoa com deficiência, porque, como decorrência do novo conceito de deficiência, há um direito à análise das potencialidades de cada indivíduo, diante de uma perícia completa, íntegra, sofisticada, devido ao enfoque funcional da curatela, como defendem Luiz Alberto David Araújo e Carlos Eduardo Pianovski Ruzyk.[50]

Nesse cenário deverá ser realizado o exame biopsicossocial para avaliação da deficiência, por equipe multiprofissional e interdisciplinar, consoante previsto no art. 2º, § 1º, incisos I a IV, da LBI, previsão que se repete no art. 753, § 1º, do CPC, que reflete o reconhecimento da necessidade de diferentes áreas de conhecimento para uma análise abrangente das condições da pessoa com dificuldades na expressão de sua vontade. Isso se torna especialmente relevante devido à variedade de causas que podem levar a essa limitação, considerando a nova abordagem social em relação à deficiência, em estreito diálogo com a multidisciplinariedade.

A complexidade das causas subjacentes à incapacidade de exprimir vontade requer uma abordagem com caráter holístico que leve em consideração diversos aspectos, sendo uma das principais vantagens dessa abordagem a personalização das medidas de apoio. Em vez de categorizar as pessoas com base em suas deficiências, a avaliação se concentra em suas potencialidades e na expressão da pessoa humana em toda sua magnitude, evitando, assim, julgamentos precipitados ou preconceituosos.

Conclui-se, portanto, que o sistema de justiça brasileiro carece da estrutura mínima para realização da prova nos processos de curatela, caminhando, lamentavelmente, na contramão da dogmática jurídica, por não figurarem entre as prioridades dos tribunais.

50. ARAÚJO, Luiz Alberto David; PIANOVSKI RUZYK, Carlos Eduardo. A perícia interdisciplinar no processo de curatela e o aparente conflito o Estatuto da Pessoa com Deficiência e o Código de Processo Civil: reflexões metodológicas à luz da teoria geral do direito. **Revista de Direitos e Garantias Fudamentais**, Vitória, v.18, n.1, p. 227-256, jan./abr. 2017, p. 247.

### 4.2.6 Sentenças-padrão: pouca individualização, "incapacidade absoluta"

A Lei n. 13.146/2015 está em vigor e produz efeitos desde o ano de 2016, provocando uma profunda mudança no trato da matéria e, por conseguinte, a necessidade de adequação do sistema de justiça ao novo paradigma. A incapacidade absoluta não é mais aplicável a nenhum cidadão com idade superior a 16 anos, não cabendo sua decretação em uma sentença de curatela. De igual sorte, o termo "incapacidade absoluta" foi superado, porque a capacidade passou a ser reconhecida como um direito fundamental de todas as pessoas com mais de 16 anos, ainda que relativa nas situações previstas em lei.

Em busca das potencialidades de cada indivíduo, cada decisão judicial que acolhe o pedido de alguém para adotar a medida da curatela em relação a outra pessoa deve conter as razões e motivações que fundamentaram o convencimento do julgador pelo recurso a uma medida excepcionalíssima. Fundamentações genéricas são repelidas, meras referências a dispositivos legais são recusadas, pena de nulidade, tendo a euforia doutrinária considerado "o fim das sentenças padrão",[51] devendo cada decisão conter clara alusão às impressões colhidas na entrevista pelo magistrado, as observações dos profissionais que acompanharam a entrevista e a avaliação pericial, com reflexão quanto à condição concreta e específica do(a) curatelando(a) e suas circunstâncias.

A análise das 54 sentenças colhidas perante os 27 tribunais estaduais brasileiros permitiu ricas observações quanto ao modo como essas ações estão sendo conduzidas e decididas, para, mais uma vez, confirmar que esse desejo de fundamentação personalizada ainda não foi concretizado na prática.

Em 87% dos julgados encontrei referência à expressão "interdição"; em 04 (de 54) encontrei decreto de incapacidade absoluta[52] como medida padrão, sem justificar qualquer situação casuística que tivesse levado o(a) magistrado(a)

---

51. ALMEIDA, Vitor. **A capacidade civil das pessoas com deficiência e os perfis da curatela.** Belo Horizonte: Fórum, 2019, p. 240. Almeida classifica como "definitivamente nula" a decisão judicial de curatela baseada em formulários padronizados, com mero preenchimento de campos. Impõe uma fundamentação clara e precisa do caso concreto, com a exposição da situação que justifica a curatela e limita a atuação do curador, como forma de defesa da pessoa que necessita de apoio.

52. Conforme mencionei na parte introdutória deste trabalho, o Superior Tribunal de Justiça já criticou essa prática em decisão de 2021, da Terceira Turma, sob relatoria do ministro Marco Aurélio Bellizze de Oliveira, destacando a necessidade de adequação dos processos de curatela no país, eliminando referências à incapacidade absoluta. Disponível em: https://www.stj.jus.br/sites/portalp/Paginas/Comunicacao/Noticias/02072021-Apos-Estatuto-da-Pessoa-com-Deficiencia--incapacidade-absoluta-so-se-aplica-a-menores-de-16-anos.aspx. Acesso em: 9 abr. 2023.

a decidir daquela forma, à exceção de uma delas, além da inexistência de detalhamento de um projeto terapêutico individualizado com vistas ao fortalecimento da autonomia da pessoa, ou de um projeto de acompanhamento mínimo da execução da medida.

Na prática, ainda imperam sentenças padronizadas, sem a individuação do caso concreto, sem considerar a pessoa na sua inteireza, suas preferências, potencialidades, sua singularidade. Percebe-se algum ranço da estigmatização em expressões como "saúde mental prejudicada", em evidente sinal de retrocesso aos tempos em que a loucura resumia a pessoa a uma patologia.

Ainda que excepcional ou justificadamente, pelo que já foi visto, a expressão "incapacidade absoluta", foi abolida do direito brasileiro para indivíduos maiores, reservando-se aos menores de 16 anos, com já diziam as reflexões de Rosenvald:

> A expressão "absolutamente incapaz" é tecnicamente e eticamente inadmissível. Ela parte da premissa de que existe uma classificação abstrata capaz de albergar seres humanos despersonalizados, inaptos a cumprir o seu destino e substituídos em todo e qualquer ato da vida civil. Isso é moralmente aceitável? É evidente que é "da natureza das coisas" que existam pessoas completamente impossibilitadas de exercer o autogoverno, seja por um AVC, estado comatoso, doenças crônicas degenerativas em estágio avançado. Porém, será que é necessário ressuscitar a anacrônica incapacidade absoluta apenas para justificar essas situações extremadas da vida, renunciando a outras alternativas legislativas e interpretativas que ao invés de "interditar" o ser humano possam conciliar tais casos excepcionalíssimos com a esmagadora maioria de hipóteses de curatela em que o curatelado remanesce com residuais ou parciais espaços de autodeterminação? [53]

Essa prática também precisa ser debatida, pois a autonomia e os direitos existenciais continuam preservados, como corolário da dignidade da pessoa humana, ainda que se trate de supervulnerável, não podendo mais o curador substituir o assistido, que deve ser respeitado enquanto pessoa humana e, por isso, em vez de excluir-se e estigmatizar a pessoa do processo de curatela, adentrar-se-ia aqui na hipótese de uma incapacidade relativa, com poderes mais amplos ao curador, devidamente especificados e justificados na sentença.

Os dados sinalizam que a estruturação do sistema de justiça para adaptá-lo ao modelo biopsicossocial de curatela, em respeito à autonomia e à dignidade da pessoa com deficiência, é medida que se impõe, mas ainda não está sendo

53. ROSENVALD, Nelson. **Curatela.** Escritos gentilmente disponibilizados pelo autor.

encontrada. Em outras palavras, como afirmei no início deste trabalho: ainda há muito a fazer.

Por mais que a legislação tenha preservado a autonomia e a singularidade do indivíduo como pessoa humana, e tenha admitido a figura do curador para fins de atuação patrimonial, ou negocial, vê-se que ainda são atribuídos poderes ao curador que ultrapassam os limites normativos e invadem aspectos que estariam blindados pela legislação.

Portanto, além da atualização nas decisões ser necessária, pelo respeito à técnica jurídica, ela é primordial para o respeito à dignidade da pessoa humana em situação de vulnerabilidade qualificada ou em vulnerabilidade superlativa, que, por mais disfuncional que seja, precisa ser vista e respeitada em toda sua concretude.

### 4.2.7 Acompanhamento posterior à sentença que julga procedente pedido de curatela: inexistência

Considerando que a curatela é uma medida que só deve ser adotada excepcionalmente e pelo tempo mais curto possível, com vistas à proteção e ao estímulo da autonomia da pessoa, a doutrina começou a debater a necessidade de um acompanhamento posterior à sentença que julga procedente o pedido e nomeia um curador para assistir alguém em situação de vulnerabilidade qualificada, a fim de auxiliar a prática de atos negociais, patrimoniais.

De um lado, critica-se o silêncio do legislador por não ter positivado essa segunda fase do procedimento. De outro, também se reconhece que eventual omissão legislativa não impediria, nem impedirá, boas práticas que venham a suprir a lacuna existente.

Ocorre que as respostas obtidas perante os tribunais estaduais revelaram que não é feito nenhum tipo de acompanhamento (13 tribunais responderam negativamente; dois, positivamente. Três tribunais, contudo, afirmaram que o acompanhamento é feito por equipe multidisciplinar vinculada ao Poder Judiciário, o que conta com uma resposta a mais do que as respostas positivas). Assim, a omissão legislativa também não está sendo compensada com qualquer tipo de iniciativa do sistema, ao menos no âmbito da amostra em análise.

Ao prever que as medidas relativas ao exercício da capacidade legal da pessoa com deficiência devem ser aplicadas pelo tempo mais curto possível, a CDPD trouxe consigo a necessidade de restringir o decreto de (in)capacidade relativa ao menor período, de modo que "a curatela sem prazo subverte essa dinâmica, institucionalizando a incapacidade, sem que os sujeitos do processo terapêutico percebam a premência da função de *libertação* da pessoa humana submetida ao *status* de incapaz", segundo Rosenvald.[54]

Por razões afins, destaca-se a omissão legal em relação à efetiva fiscalização da conduta do curador, tendo em vista que "a funcionalização do instituto pressupõe o dever de o curador comprometer-se a apoiar diuturnamente o curatelado, tendo em vista que o interesse digno de proteção da pessoa submetida à curatela se vincula à diuturna humanização do tratamento".[55]

Com tais razões, inicia-se um movimento no sentido da necessidade de submissão da curatela a uma revisão regular, em que o magistrado, além de fixar um prazo, determine a realização de um novo exame multidisciplinar para reavaliação do comprometimento de vontade, da extensão dos poderes do(a) curador(a), ou até mesmo a cessação da limitação à capacidade de autodeterminar-se.

É importante destacar que a inclusão social da pessoa em situação de curatela é fundamental para garantir seus direitos e promover a igualdade de oportunidades, portanto seria importante que houvesse um acompanhamento mais sistemático e frequente para verificar a evolução e as necessidades daquele sujeito.

Dessa forma, é possível afirmar que acaba sendo prejudicada a noção de funcionalização da curatela como medida emancipatória, então prevista com a finalidade dúplice de proteger e propiciar uma vida digna e a inclusão social do sujeito assistido, seja pela deficiência estrutural do sistema, seja pela ausência de qualquer programa de acompanhamento e apoio às famílias e aos sujeitos em tal condição.

### 4.2.8 Falta de capacitação dos atores do sistema de justiça: o esquecido Artigo 13.2 da CDPD

O principal ponto crítico do sistema de justiça apontado pelo "Estudo empírico das demandas envolvendo pessoas com deficiência" foi a falta de capacitação de magistrados, servidores, advogados, defensores públicos, membros do Ministério Público, atores do sistema de justiça em geral.

Imperou a opinião referente à falta de capacitação de juízes e servidores, encontrando-se 69% de respostas negativas nas perguntas feitas a pessoas com deficiência; 40% de respostas negativas para as perguntas feitas aos representantes de associações (30% preferiram não opinar / 30% responderam

54. ROSENVALD, Nelson. **Curatela.** Escritos gentilmente disponibilizados pelo autor.
55. ROSENVALD, Nelson. **Curatela.** Escritos gentilmente disponibilizados pelo autor.

afirmativamente); entre os operadores do direito, 61% também responderam em sentido negativo.

Os relatos obtidos nas entrevistas traduzem como essa situação repercute no dia a dia.

A CDPD, ao enumerar as obrigações gerais dos Estados Partes, incluiu a capacitação em relação aos direitos reconhecidos pela Convenção "dos profissionais e equipes que trabalham com pessoas com deficiência, de forma a melhorar a prestação de assistência e serviços garantidos". Mais adiante, em seu Artigo 13.2, prevê, expressamente, que os "Estados Partes promoverão a capacitação apropriada daqueles que trabalham na área de administração da justiça, inclusive a polícia e os funcionários do sistema penitenciário".

O descumprimento desse dever viola preceitos constitucionais, dado o *status* constitucional de que goza a Convenção, por força do art. 5º, § 3º, da Constituição Federal, logo é mais uma afronta aos direitos assegurados às pessoas com deficiência.

A capacitação, o conhecimento do arcabouço normativo, a reflexão quanto aos aspectos existenciais da pessoa com deficiência, aqui especificamente aquela que tem comprometimento na expressão de vontade, e seus reflexos nos diversos ramos do direito, assim como o aprofundamento em outros temas como humanização, acolhimento, a promoção da autonomia, enfim, são indispensáveis à efetividade de todo um arranjo jurídico que se propõe a promover inclusão calcada nos preceitos de uma sociedade justa, solidária e fraterna, reservando-se ao intérprete e ao sistema de justiça a tarefa de enfrentar os desafios que ameaçam a efetividade da LBI, com vistas a "implementar o modelo social, para que não se pervertam seus altos propósitos e não se venham a perder a grande contribuição que as pessoas com deficiência podem dar para o desenvolvimento da sociedade".[56]

### 4.2.9 O Conselho Nacional de Justiça: necessidade de normatização e de políticas voltadas para ações de curatela

A atuação do CNJ na promoção dos direitos das pessoas com deficiência no sistema judiciário brasileiro é inegável e ultrapassa a simples fiscalização e o controle das atividades dos tribunais e juízes, tendo impacto direto na assistência às pessoas com deficiência, na luta pelo cumprimento da legislação, de modo a efetivar igualdade e inclusão, quando necessitam do Judiciário.

---

56. BARBOZA, Heloísa Helena. Desafios para a efetividade da lei brasileira de inclusão. *In*: SALLES, Raquel Bellini, Aline Araújo Pasoss, Juliana Gomes Lage. **Direito, vulnerabilidade e pessoa com deficiência**. Rio de Janeiro: Processo, 2019, p. 51-72.

A partir de suas diretrizes, portarias, metas e políticas, o Conselho abraçou a temática da inclusão e acessibilidade nas discussões sobre justiça e igualdade, adotando várias iniciativas e medidas que demonstram seu compromisso para com as pessoas com deficiência.

Embora as Resoluções editadas reflitam um esforço contínuo do CNJ em promover uma justiça inclusiva e acessível para todos os cidadãos, independentemente de suas capacidades físicas, sensoriais ou cognitivas, nota-se, contudo, que não se mergulhou, ainda, no trato de pessoas com deficiência na expressão de vontade e autodeterminação dos processos de curatela. Nenhum dos atos normativos então elencados tratou das audiências por videoconferência, nem das equipes multidisciplinares, ou do aparelhamento dos juízos competentes para tais ações, tampouco da capacitação continuada do quadro de pessoal.

A falta de políticas eficazes para audiências por videoconferência foi apontada pela pesquisa contratada pelo próprio Conselho e realizada pela USP/DPJ/CNJ.[57]

Com a pandemia de Covid-19, houve uma rápida transição para audiências virtuais em todo o sistema judiciário. Entretanto, não houve uma política efetiva para assegurar que as pessoas com deficiência em situação de curatela tenham acesso equitativo a essas audiências e, com a edição da Resolução n. 481, de 22/11/2022, que revogou as disposições vigentes à época da pandemia, determinando o retorno às atividades presenciais, silenciou-se quanto à possibilidade de manutenção de audiências por videoconferência nas demandas envolvendo pessoa com deficiência, nem especificamente nas ações de curatela, o que, como visto, atenderia ao melhor interesse e respeitaria a dignidade da pessoa em vulnerabilidade qualificada.

Por outro lado, ultrapassando o terreno normativo, o CNJ avançou no último biênio em relação a ações e pesquisas referentes à pessoa com deficiência em ações de curatela, também previstas na CDPD, podendo-se mencionar as iniciativas do Comitê dos Direitos da Pessoa com Deficiência no âmbito judicial: proposta à Escola Nacional de Formação e Aperfeiçoamento de Magistrados, com base no Artigo 13.2 da Convenção da ONU, para incluir a disciplina referente aos direitos da pessoa com deficiência no módulo obrigatório do

57. O relatório da pesquisa aponta o seguinte: "O que se verifica especialmente no caso das Pessoas com Deficiência é que a audiência por videoconferência pode ser uma ferramenta de inclusão principalmente por dois motivos, conforme apurado nas entrevistas: para alcançar as pessoas que têm dificuldade de locomoção (estão acamadas, por exemplo) ou de estar em um ambiente desconhecido e aquelas que moram muito longe do fórum ou do local onde acontece a perícia". (BRASIL. Conselho Nacional de Justiça. **Estudo empírico das demandas envolvendo pessoas com deficiência**. Universidade de São Paulo. Brasília: CNJ, 2023, p. 129. Disponível em: https://www.cnj.jus.br/wp-content/uploads/2023/08/relatorio-pessoascomdeficiencia-23-10-08.pdf. Acesso em: 07 set. 2023)

curso de formação de novos juízes; sugeriu a revisão/alteração das nominatas de classes processuais do e-PJE; substituição da expressão "interdição" por "curatela"; inclusão da audiência de entrevista.

O envolvimento ativo do CNJ nessa questão é fundamental para garantir que as pessoas com deficiência tenham seus direitos respeitados dentro do sistema de justiça brasileiro.

No entanto, é pertinente observar que, apesar desses esforços em prol da justiça e igualdade, existe uma preocupante omissão do CNJ quando se trata de abordar as necessidades das pessoas com deficiência que se encontram em situação de curatela.

O "Estudo empírico das demandas envolvendo pessoas com deficiência" é um exemplo de iniciativa positiva do Conselho, que, pela primeira vez, voltou o olhar para esse tipo de demanda e debruçou-se a compreender de maneira aprofundada e empírica as demandas que envolvem pessoas com deficiência, com aplicação de jurimetria – a análise de dados e estatísticas no contexto jurídico – para embasar suas ações futuras em evidências concretas. Esse enfoque pode permitir uma compreensão mais abrangente dos desafios, necessidades e tendências relacionados aos processos judiciais envolvendo pessoas com deficiência.

O uso da jurimetria pelo Conselho Nacional de Justiça representa um avanço significativo na modernização e no aprimoramento do sistema jurídico do Brasil, porque a jurimetria envolve a aplicação de métodos quantitativos e de análises estatísticas para compreender padrões, tendências e comportamentos nos processos judiciais. Isso inclui compreender os tipos de casos mais comuns, como são tratados e quais os resultados mais frequentes.

A partir do levantamento de dados e da análise estatística deles, o CNJ pode tomar decisões embasadas em dados concretos, em vez de trabalhar com suposições. Isso é crucial para entender a realidade do sistema judiciário no trato das pessoas com deficiência, seu perfil, as desigualdades a que estão sujeitas e as áreas de melhoria que podem passar despercebidas. Essa compreensão aprofundada orienta a alocação de recursos de forma mais eficaz.

Além disso, a jurimetria possibilita o monitoramento e a avaliação contínua das políticas implementadas pelo CNJ, sendo vital para verificar se as ações estão alcançando os resultados desejados e promovendo a inclusão efetiva das pessoas com deficiência no sistema de justiça. Também permite a elaboração de um planejamento estratégico, identificando áreas que necessitam de intervenção imediata e prevendo tendências futuras para uma abordagem mais proativa e eficaz.

Os dados podem ser compartilhados com o público, instituições acadêmicas e outros interessados, promovendo uma compreensão mais profunda da situação das pessoas com deficiência no sistema judiciário. Com base nos dados, o CNJ pode personalizar suas intervenções e políticas para atender às necessidades específicas das pessoas com deficiência, contribuindo para uma resposta mais precisa e eficaz às demandas dessa população.

A decisão de investir em uma pesquisa dessa natureza demonstra a busca por eficiência e eficácia no enfrentamento das questões relacionadas à inclusão e aos direitos das pessoas com deficiência dentro de um contexto nacional, mormente aquelas envolvidas em demandas judiciais.

Espera-se que, a partir das conclusões, o órgão possa estimular os tribunais brasileiros a adotarem medidas efetivas para a correção dos desajustes encontrados e estruturar o sistema de justiça de acordo com as obrigações assumidas pelo Brasil enquanto Estado parte da CDPD, sem o que não será possível falar-se em inclusão, dignidade e respeito; sem o que a população brasileira ainda estará distante do objetivo de construção de uma sociedade livre, justa, fraterna e solidária.

## 4.3 SUGESTÕES: AÇÕES DOS TRIBUNAIS – ESTRATÉGIAS PARA ASSEGURAR A DIGNIDADE DA PESSOA EM SITUAÇÃ DE CURATELA

Algumas contribuições podem ser extraídas deste estudo:

1) Necessidade de destinação de orçamento ao aprimoramento do sistema de justiça, para capacitação de pessoal, estruturação de equipes multidisciplinares à realização das avaliações periciais e de profissionais que possam acompanhar as audiências de entrevista, de área diferente da medicina;

2) Implementação de um projeto de capacitação continuada de magistrados, servidores, defensores públicos, promotores de justiça, advogados, voltado ao conhecimento e à discussão dos direitos das pessoas com deficiência;

3) Incorporação das audiências por videoconferência, sem embargo do emprego de outros recursos tecnológicos capazes de permitir ou de auxiliar o "interditando" a expressar suas vontades e preferências e responder às perguntas formuladas (art. 751, CPC), uma vez que a própria legislação processual prevê que os atos e termos processuais independem de forma determinada (art. 188, CPC), podem ser total ou parcialmente digitais, de forma a permitir que sejam produzidos, comunicados, armazenados e validados por meio eletrônico (art. 193, CPC), além de admitir a oitiva por videoconferência ou outro recurso tecnológico de transmissão e recepção de sons e imagens em tempo

real, de testemunhas que residam em comarca, seção ou subseção judiciária diversa daquela onde tramita o processo (art. 453, § 1º, CPC)

4) Alteração e ajustes no sistema de processo judicial eletrônico, para criação de uma ferramenta de prioridade para processos referentes a pessoas com deficiência, aqui incluídas as ações de curatela, que sempre coloquem as ações dessa natureza em ordem cronológica de preferência;

5) Alteração e ajustes no sistema de processo eletrônico para suprimir qualquer alusão a interdição ou incapacidade absoluta;

6) Revisão das classes processuais, para que tutela e curatela possam receber códigos distintos, uma vez que têm naturezas diversas;

7) Inclusão de dados sobre idade, cor, gênero, escolaridade na identificação do sujeito, ao se distribuir a ação;

8) Adoção de critérios (que podem ser proporcionais à população da comarca) para instalação de juízos exclusivos para ações de curatela, em respeito à pessoa que se apresenta em uma condição de vulnerabilidade qualificada, de modo a combater a demora e a especializar equipes para o trato diferenciado que é assegurado a esses sujeitos. A existência de juízos especializados privativos, à semelhança do que ocorre com as varas de violência doméstica, juízos da infância e do consumidor, permite a criação de redes de apoio à pessoa mais vulnerável, com comunicação entre o Judiciário e outros importantes agentes do sistema de justiça, como advogados, defensores públicos, peritos, intérpretes, e até mesmo o órgão de assistência e previdência social, nesse particular porque a pesquisa do CNJ revelou que o principal motivo da ação de curatela é a necessidade de receber o benefício previdenciário.

9) Correção dos nomes das unidades com competência para ações de curatela, substituindo "interditos" ou "interdição", por "curatela";

10) Admissão de outros documentos que atestem as limitações sensoriais, funcionais, intelectuais e/ou cognitivas comprometedoras da capacidade de expressão de vontade, para instruírem a petição inicial em ações de curatela;

11) Recomendação do uso de linguagem simples e clara nos quesitos para avaliação pericial de deficiência;

12) Maior divulgação do CIF;

13) Fortalecimento e melhor estruturação das Defensorias Públicas, para atendimento às pessoas que recorrem às ações de curatela.

Para o Poder Legislativo e o Poder Executivo, urge:

1) Revisar a legislação civil para supressão da expressão "interdição" em todos os trechos em que o vocábulo estiver sendo empregado para referir-se a pessoa humana;
2) Debater a possibilidade de adoção de regime especial de bens, quando um dos nubentes estiver em situação de curatela, que venha a prevenir direitos e amparo ao contraente mais vulnerável, ou exigir seja o regime de bens definido em pacto antenupcial, celebrado com a presença/assistência do curador (sob pena de nulidade);
3) Revisar a legislação civil no tocante às regras sucessórias e de direito família, no sentido de promover a defesa dos interesses das pessoas em situação de curatela, a exemplo da inclusão do(a) cônjuge ou companheiro(a) que estiver sob curatela como herdeiro necessário, independentemente do regime de bens;
4) Incluir a autocuratela, com adição da própria pessoa entre os legitimados a propor a ação;
5) Não atrelar a legitimação ativa do Ministério Público a casos de "doença mental grave";
6) Reconhecer, sempre, o direito real de habitação a(o) cônjuge ou companheiro(a) em situação de curatela, independentemente do regime de bens;
7) Maior controle para inscrição e funcionamento das instituições que recebem pessoas com deficiência em geral;
8) Implementação de uma Política Nacional do Cuidado, que venha a garantir cuidado e assistência domiciliar à saúde, à família da pessoa em situação de dependência, ou melhor, de curatela, com previsão de auxílios previdenciários e/ou assistenciais tanto ao cuidador quanto à pessoa cuidada.

## ENCERRAMENTO DO CAPÍTULO

No primeiro passo deste último capítulo, iniciei por recordar que a Convenção dos Direitos da Pessoa com Deficiência (CDPD) rompeu com o modelo médico de deficiência, adotando o conceito biopsicossocial, reconhecendo a diversidade das pessoas com deficiência e a importância de promover e proteger seus direitos, inclusive, e sobretudo, daquelas que precisam de maior apoio.

A tutela da dignidade da pessoa humana voltou-se para a pessoa humana, impondo a promoção de sua autonomia e sua proteção como objetivos máximos da ordem jurídica, em evidente consagração das situações existenciais sobre as patrimoniais, assegurando o respeito à dignidade inerente, à autonomia individual, à liberdade de fazer escolhas e à independência, à não discriminação, à plena e efetiva participação e inclusão na sociedade, o respeito pela diferença e a aceitação das pessoas com deficiência como parte da diversidade humana e da própria humanidade.

Na sequência, também recordei que a Lei Brasileira de Inclusão (LBI) contemplou com destaque as potencialidades, a liberdade e a autonomia desses indivíduos, consagrando-lhes capacidade para casar-se, constituir união estável, exercer direitos sexuais e reprodutivos, decidir sobre o número de filhos, ter acesso à informação adequada sobre reprodução e planejamento familiar, conservar a fertilidade, vedando a esterilização compulsória, exercer o direito à família e à convivência familiar e comunitária, o direito à guarda, à tutela, à curatela e à adoção, em igualdade de oportunidade com as demais pessoas.

Em seguida, analisando as características dos sujeitos catalogadas ao longo de 2.2021 processos judiciais, foi possível concluir que a deficiência na expressão de vontade atinge homens e mulheres na mesma proporção, o que reforça a necessidade de individualização da medida de curatela, quando adotada judicialmente, para adaptá-la às características de cada um.

Outra observação relevante foi a presença de 46% de pessoas até os 59 anos, entre as quais 60% são do gênero masculino e 40% do gênero feminino, e 54% com mais de 60 anos, das quais 30% tinham mais de 80 anos, sendo que nesta última faixa predomina o gênero feminino.

Esse dado é precioso porque, somando-se o contexto etário à vulnerabilidade acrescida pelo comprometimento da capacidade de expressar vontade, de fazer escolhas, nota-se que pessoas em situação de curatela demandam maior cuidado e ações mais efetivas no sentido de resguardar sua dignidade, saúde, liberdade, segurança, autonomia e prioridade, ao passo que muitas daquelas garantias existenciais consagradas na LBI atenderiam satisfatoriamente uma parcela de indivíduos em situação de curatela, enquanto outra numerosa fração ainda carece de políticas públicas eficazes para a tutela de sua dignidade, sobretudo quando em condições disfuncionais em decorrência do grau de comprometimento das funções vitais.

Destaco, ainda, a presença do Alzheimer como principal causa da redução ou perda da capacidade de autodeterminar-se, presente em 16,54% de toda a amostra, com 75% de ocorrências no gênero feminino, que equivalem a 12,5% do total. As pessoas com Alzheimer com mais de 80 anos perfazem 11,5% de toda a amostra analisada.

Doenças degenerativas como Alzheimer, Parkinson, e as sequelas de acidente vascular cerebral podem ter longa duração e evoluir com piora das condições da pessoa, o que impacta diretamente em sua vulnerabilidade, reforçando a necessidade de trato prioritário, apoio e assistência, em respeito à sua dignidade.

Por outro lado, entre adultos, a principal causa que aparece é a esquizofrenia, para o que há exemplos de pessoas públicas que conseguem realizar atividades complexas, desde que recebam tratamento adequado. Para adultos, em idade fértil, a capacidade reprodutiva e o número de filhos podem ser mais importantes do que para uma pessoa idosa em situação de demência avançada, para quem, por razões semelhantes, talvez também não seja relevante poder votar.

Outro dado relevante foi a majoritária presença de familiares do gênero feminino entre as pessoas que requerem a curatela, a comprovar o protagonismo feminino no exercício do cuidado, tema tão debatido por outras áreas do saber.

A primeira conclusão a que se chega aqui é que a situação de vulnerabilidade pode demandar normativas diversas, a depender da situação de cada pessoa, de modo que, sendo necessário pensar em medidas de assistência social, apoio emocional e psicológico para a pessoa com deficiência e seus familiares, previdência, ampliação das políticas de saúde pública de modo que o Sistema Único de Saúde possa fornecer atendimento multidisciplinar, inclusive domiciliar, a exemplo dos cuidadores de pessoas em situação de dependência e da destinação de recursos para remunerar os familiares que deixam de trabalhar para cuidar desses familiares e acabam se convertendo em um apoio vital para as atividades da vida diária, como os cuidados pessoais e o desenvolvimento de atividades que promovam maior autonomia possível.

A experiência indica que um ponto de partida fundamental para imaginar os próximos passos para o tratamento digno da pessoa com deficiência, a partir das características daquelas em situação de curatela analisadas neste trabalho, é pensar uma política nacional do cuidado, que possa garantir o direito à vida, à saúde, à assistência social, à previdência e à própria convivência familiar e comunitária.

De igual modo, o sistema de justiça também apresenta características incongruentes com os princípios e garantias constitucionais multimencionados ao longo de todo trabalho, quando a pesquisa aponta desajustes no processo eletrônico, ausência de destaque ou ferramenta que garanta a tramitação prioritária dos processos de curatela, conservação de expressões como "interdição" e "incapacidade absoluta" e o agrupamento das tutelas e curatelas em uma mesma classe processual como se fossem sinônimas, demora na tramitação processual, ausência de especialização das unidades judiciais, fazendo com que as ações de curatela concorram com outras de natureza patrimonial, prova baseada em perícia médica, referência ainda muito reduzida à CIF, ausência de especialistas nas audiências de entrevista, escassez de equipes multidisciplinares e de acompanhamento posterior à medida.

Nas sentenças judiciais, viu-se predominância de padronização, com pouca ou nenhuma alusão a características do caso concreto.

A atuação do Conselho Nacional de Justiça e dos tribunais revela preocupação e cuidado com a inclusão, mas carece de medidas efetivas voltadas para pessoa com deficiência em demandas judiciais propriamente ditas, a sinalizar que é preciso intensificar o debate nas cúpulas de poder.

A partir do aprendizado obtido com as experiências acima mencionadas, apresentei propostas para os poderes Judiciário, Executivo e Legislativo, que contribuam para a reforma estrutural do sistema de justiça e para a adoção de políticas públicas que promovam a garantia da dignidade da pessoa com deficiência, o direito à saúde, ao tratamento prioritário, à inclusão, à promoção de sua autonomia, à convivência familiar e comunitária, ao acesso à justiça, à liberdade e à construção de uma sociedade fraterna e justa.

# CONCLUSÃO

Ao analisar a pessoa com deficiência em situação de curatela e o sistema de justiça, trabalhei com duas hipóteses: a primeira considera que as mudanças normativas não foram suficientes para garantir dignidade, autonomia, respeito, prioridade, inclusão e igualdade à pessoa em situação de curatela; a segunda, que o sistema de justiça não se amoldou, ou pouco se amoldou, à legislação vigente para assegurar os direitos consagrados a esse grupo de pessoas.

Apresento doravante a conclusão da presente tese. Farei um resumo da pesquisa e apresentarei as considerações finais que contêm uma reflexão acerca dos dados analisados e do conjunto de argumentos lançados ao longo dos quatro capítulos.

O primeiro capítulo da tese abordou os principais conceitos de pessoa com deficiência, pessoa com deficiência em situação de curatela, vulnerabilidade, vulnerabilidade acrescida ou qualificada pela curatela, que foram considerados ao longo da escrita, com foco na pessoa humana.

Passo seguinte, trouxe o recorte normativo que seria testado pelo método empírico. Na exposição, destaquei que a Constituição Federal tem princípios supremos, assentados na dignidade da pessoa humana, e o objetivo de construir uma sociedade livre, justa e solidária, cujos cidadãos devem ter um compromisso fraterno de respeitar, compreender e importar-se com o outro. Avancei para o debate em torno de direitos e garantias fundamentais, reconhecidos a todos os brasileiros e aos estrangeiros residentes no país, para demonstrar que também são aplicados à pessoa com deficiência, até chegar à Convenção dos Direitos da Pessoa com Deficiência, que ingressou na seara constitucional sob o rito previsto no art. 5º, § 3º, da CF, portanto com *status* de emenda constitucional, concluindo que falar da Convenção é falar da Constituição.

Naquele primeiro momento, ainda trazendo o marco legal, analisei a legislação infraconstitucional consubstanciada na Lei n.13.146/2015 (Lei Brasileira de Inclusão), no Código Civil e no Código de Processo Civil, dentre outros diplomas legais que passaram a conceber a pessoa humana em sua concretude e a respeitar a pessoa com deficiência em situação de curatela como sujeito de direitos, capaz de viver livremente e de exercer os atos inerentes à sua existência.

Assentei, a partir do arcabouço normativo, que houve uma profunda modificação no instituto da curatela, para que a realidade civil se moldasse melhor aos preceitos estabelecidos pelo constituinte, em respeito à dignidade da pessoa humana e ao estabelecimento da solidariedade social, consubstanciada no princípio constitucional da fraternidade, a partir dos quais impõe-se o reconhecimento da autonomia dos indivíduos para gerirem suas vidas e seus destinos, porque até a CDPD e a Lei Brasileira de Inclusão da Pessoa com Deficiência, o Código Civil Brasileiro regia soberano as relações privadas e validava uma série de distorções, esquecia a pessoa por trás de qualquer vínculo patrimonial, em especial a que possuía alguma deficiência. Na realidade pré-Estatuto, o antigo processo de curatela, ainda chamado de interdição, trazia uma sentença com amplos efeitos, capaz de retirar do sujeito todos os seus atributos existenciais jurídicos sem remorso, as vontades eram anuladas e a figura do curador assumia controle absoluto sobre o sujeito curatelado, privando-lhe as faculdades que conferiam a humanidade típica do indivíduo. Desse modo, entrelaçam-se os reclames personalistas em todo ramo cível do Direito à mudança de um esquema de intervenções jurídicas cujos assentamentos patrimoniais datam de um passado valorativo, o qual se busca suplantar.

Todavia, com o giro imposto pelos direitos humanos e fundamentais dos novos tempos, a vida humana passou a ter uma finalidade em si mesma, não podendo ser relevante apenas quando geram impactos econômicos para terceiros, de modo que a vida, a liberdade e a intimidade passam a ser tão ou mais importantes para o legislador quanto o patrimônio.

Por versar sobre elemento tão singular da existência, a curatela precisa, então, se centrar em seu elemento mais importante: o ser humano. O Estatuto da Pessoa com Deficiência, conseguinte à CDPD, restou por personalizar a personalidade, por alinhar o Brasil ao novo paradigma internacional, dando o primeiro passo para superar o protecionismo exacerbado, a infantilização do curatelado e a supressão de sua identidade, pelo menos em teoria.

Nesse contexto, considerei a existência de um descompasso entre os discursos político, institucional, midiático e acadêmico e a realidade enfrentada nos processos judiciais de curatela, porque aqueles comemoraram a emancipação das pessoas com deficiência, como se a alteração do padrão normativo fosse suficiente para libertá-las das amarras que outrora segregavam a pessoa à ala dos marginalizadas apenas por serem diferentes, e afirmavam uma profunda mudança no sistema de justiça a fim de atender à garantia de dignidade humana, mas a estrutura judiciária ainda carecia de ajustes para alcançar o devido respeito à prioridade de tratamento, ao acesso à justiça em sentido amplo, à individualização das medidas, à avaliação por uma equipe multidisciplinar e, em última análise, ainda carecia de políticas públicas voltadas para a pessoa com deficiência em situação de curatela.

No segundo capítulo, analisei as características da pessoa com deficiência em situação de curatela, a partir da parcela da população da cidade de Salvador que aparecia nas ações de "interdição" que passaram pela 1ª Vara de Sucessões, Órfãos e Interditos e Ausentes da Capital baiana, entre 2016 e 2021, com o intuito de avaliar se as salvaguardas legais de autonomia são satisfatórias para garantir-lhes existência digna, respeitosa, fraterna, justa, diante de suas características e necessidades específicas.

Ao me debruçar sobre 2.021 processos, que reuniram 2.049 pessoas, todas em situação de curatela, ou seja, em situação na qual alega-se perda ou redução da capacidade de expressão de vontade, por causa permanente ou transitória, na forma do art. 4º, III, combinado com o art. 1.767, I, ambos do CC, de logo identifiquei uma *primeira crítica* no trato do sujeito, devido à falta de referência a grau de escolaridade, cor, raça, renda, nos dados de identificação do sistema de distribuição do processo eletrônico, uma vez que trazem características fundamentais à sua identificação. Seria importante reunir informações dessa natureza, porque relevantes para identificação da população e, mais precisamente, de cada indivíduo, que poderiam ser exigidas no ato da distribuição do processo, de modo que o próprio sistema do Judiciário serviria como banco de dados para consulta e poderia subsidiar políticas públicas específicas para a população em geral, visto que alcançariam todos os processos em trâmite no Judiciário brasileiro.

*Segunda crítica* observada naquele momento inicial da pesquisa quanto ao processo eletrônico refere-se às classes processuais, que ainda não estão ajustadas à nova sistemática constitucional e internacional, uma vez que preservam expressões como "interdição" e engloba "tutela e curatela" em uma mesma classe processual, a despeito da absoluta diferença entre os institutos.

Percebe-se que as ações de "interdição", afetas, pois, à (in)capacidade de pessoas, aparecem com regularidade no acervo judicial, até porque é um tipo de medida que pressupõe a intervenção do Estado-juiz, já que não pode ser estabelecida por outra via que não a processual.

Outra observação, que já dialoga mais intimamente com o sistema de justiça, mas foi apontada no capítulo segundo, porque percebida ao analisar as ações de curatela em trâmite perante a 1ª Vara de Sucessões, Órfãos, Interditos e Ausentes de Salvador foi o apego ao padrão médico, com ações propostas exclusivamente com base no quadro clínico da pessoa, com referência à CID-10, sem qualquer referência à CIF nos processos vistos até então, identificando a pessoa a partir da patologia, a reforçar a ideia de que as mudanças mais necessárias não são da lei, mas do modo de pensar da sociedade e do jurista.

A pesquisa "Estudo empírico das demandas envolvendo pessoa com deficiência", feita pela USP para o DPJ/CNJ, chegou a conclusão idêntica, num universo de quase 400.000 ações em todo país.

Associei o fato acima à exigência de laudo médico com a petição inicial, pelo art. 750 do CPC, ainda que o legislador não tenha vedado a referência a outros documentos. Outrossim, o art. 749 do mesmo Código exige a especificação de fatos que demonstrem a incapacidade do interditando para administrar seus bens e, se for o caso, praticar atos da vida civil, bem como o momento em que a incapacidade se revelou, o que pode ser feito com referência ao CIF, ou a outros elementos de corroboração que precisam e deveriam ser explorados, mas a classificação internacional ainda é pouco conhecida, o que também foi observado no estudo desenvolvido pela USP para o CNJ.

Conclui-se, portanto, que, desde o acesso inicial, quando o indivíduo ainda é visto a partir de sua patologia, existe um tratamento ainda dissociado das pretensões do legislador e da comunidade que tanto lutou pela Convenção.

Feitas tais considerações, o fato é que as dez principais causas do comprometimento da capacidade de expressão de vontade foram doença de Alzheimer (CID-10 G30), esquizofrenia (CID-10, F-20), retardo mental moderado (F-71), retardo mental grave (F-72), epilepsia (G-40), demência não especificada (F03), acidente vascular cerebral (I64), demência vascular (F01) e demência na doença de Alzheimer (F00). Em menor escala, também houve referências a paralisia cerebral, retardo mental leve, demência em outras doenças classificadas em outra parte, síndrome de Down, doença de Parkinson, transtorno depressivo recorrente, dentre outras.

Esquizofrenia, retardo mental moderado, retardo mental grave e epilepsia apareceram em maior número de ocorrências em pessoas entre 18 e 59 anos de idade, enquanto nos processos com referência a doença de Alzheimer, demência não especificada, acidente vascular cerebral, sequelas de doenças cerebrovasculares, demência vascular e demência na doença de Alzheimer, a maioria das pessoas tem mais de 60 anos de idade.

Por sua vez, nas ocorrências de Alzheimer, 75% eram mulheres (253 eventos), que representam 12,5% da amostra total dos seis anos estudados, sendo que pessoas com Alzheimer com mais de 80 anos englobam 11,5% da amostra total, ou 237 em números absolutos.

A amostra revelou equilíbrio entre gêneros feminino e masculino no recorte de pesquisa, também encontrado na pesquisa USP/DPJ/CNJ, a indicar que o comprometimento da capacidade de exprimir vontade aparece na população como um todo, independentemente de gênero, com um número de mulheres um pouco maior que o de homens, sendo que, das 2.049 pessoas nos processos da 1ª Vara de Sucessões de Salvador, 937 (46%) tinham entre 18 e 59 anos de idade, assim classificadas como indivíduos na fase adulta; 487 (24%) estão entre 60 e 79 anos de idade (pessoas idosas) e 607 (30%) têm mais de 80 anos, perfazendo um total de 1.094 pessoas com mais de 60 anos, a evidenciar que a maioria dos casos se referia a pessoas idosas, sem olvidar que 30% estão na faixa da superprioridade, porque têm mais de 80 anos, merecendo destacar que, embora a idade não seja fator determinante de capacidade, a idade é, por si, um fator de atenção que tende a ocasionar maior vulnerabilidade em razão do declínio cognitivo natural a que todos os seres humanos estão suscetíveis, e outras variáveis associadas podem intensificar essa vulnerabilidade, sobretudo se não houver medidas capazes de eliminar as barreiras para superação dessa limitação.

Assim, havendo mais da metade de pessoas com mais de 60 anos nas ações de curatela examinadas, das quais sobressaem indivíduos com mais de 80 anos, todos com dificuldade de expressar-se, muitas vezes com situação de Alzheimer ou demência avançados, chega-se a mais uma conclusão importante, que confirma a primeira hipótese levantada, pois, sem maiores discussões, percebe-se que o debate de dignidade, prioridade e igualdade para esses sujeitos extrapola os limites (que já são amplos) do direito ao voto, ao casamento, à reprodução e escolha do número de filhos, e até mesmo se podem exercer o direito à guarda de filhos, quiçá de netos.

Os sujeitos que aparecem nas ações de curatela são, geralmente, pessoas com um *plus* de vulnerabilidade, porque submetidos a um quadro que impede a manifestação livre e desembaraçada da vontade, então sofrem limitação na capacidade decisória ou de autodeterminação.

Ocorre que, ainda dentro desse recorte, podem surgir situações a que chamei de hipervulnerabilidade ou supervulnerabilidade, assim consideradas exatamente aquelas pessoas absolutamente disfuncionais, ou com maior dependência de terceiros, ou até mesmo de aparelhos, para as funções vitais.

Os arts. 5º e 6º da Lei n. 13.146/2015 elencam diversos direitos que deverão ser preservados, mesmo na hipótese de deficiência e/ou limitação da capacidade civil, a exemplo da liberdade reprodutiva, do direito ao planejamento familiar ou de exercer guarda sobre terceiros. De modo geral, é papel do instrumento normativo ampliar direitos na tentativa de preservar o cidadão, mas a considerar o grau de vulnerabilidade da pessoa, alguns direitos serão muito mais de exercício simbólico que fático.

Conclui-se, portanto, que as salvaguardas previstas em lei são muito importantes no processo de inclusão e emancipação da pessoa em situação de curatela, e das pessoas com deficiência em geral, entretanto é necessário discutir providências de natureza assistencial, previdenciária, além de apoio emocional e psicológico, ampliação de políticas públicas de saúde, inclusive com atendimento domiciliar, com cuidadores para pessoa em situação de dependência.

Assim, uma outra conclusão evidente é a necessidade de se debater políticas públicas eficazes para a garantia da inclusão e da dignidade de pessoas em uma situação de supervulnerabilidade, porque, embora as garantias legais tenham chegado em boa hora para a grande maioria das pessoas com deficiência, o espectro encontrado nesta pesquisa provoca discussões de outras medidas para garantir dignidade de forma eficiente.

A realidade impõe aos diferentes destinatários da curatela tratamentos diversos, o que perpassa por, necessariamente, entender gradações no conceito de vulnerabilidade acrescida.

No capítulo três, voltei a atenção para o sistema de justiça. O primeiro passo foi examinar o sistema de justiça a partir daquela perspectiva de avaliar se a engrenagem judiciária se amoldou às normativas da CDPD, da LBI, do CC e do CPC.

Tomando por base os 2021 processos da amostra colhida perante a 1ª Vara de Sucessões de Salvador ao longo de seis anos, as respostas ao questionário encaminhado aos 27 tribunais estaduais brasileiros pela CGJ-BA, mais a análise de sentenças de magistrados de todos os tribunais brasileiros e, por fim, dados de pesquisa da USP/DPJ/CNJ, foi possível, aqui, traçar um desenho do estado da arte no sistema brasileiro.

De saída, a primeira observação foi o protagonismo feminino na propositura das ações, em íntimo diálogo com a ética do cuidado, que considera o cuidado uma característica feminina. Ao lado disso, na maioria absoluta dos casos, era um familiar que se apresentava para prestar cuidado, assistência e apoio à pessoa mais vulnerável, o que destaca atenção também para a família de uma pessoa nessa condição de curatela.

Em seguida, constatei que a assistência judiciária é prestada, prioritariamente, pela advocacia e, em seguida, pela Defensoria Pública, mas, mesmo nas ações patrocinadas por advogados, impera a gratuidade de justiça, o que também foi confirmado na análise das sentenças, diversamente do destaque de tramitação prioritária, que pouco aparece nos processos vistos, trazendo para o seio da discussão a necessidade de se debater a prioridade de tratamento assegurada constitucionalmente (afinal, a Convenção é Constituição), e acaba sendo violada, tanto mais quando as ações de curatela disputam atenção em unidades de múltiplas competências, devido à escassez de juízos privativos.

Verifiquei, também, que a Defensoria Pública não está estruturada satisfatoriamente para atender à população mais carente que demanda providências judiciais, como é o caso das ações de curatela, o que ficou bastante evidenciado na parte qualitativa do "Estudo empírico das demandas envolvendo pessoas com deficiência".

Outra distorção encontrada foi a carência de equipes multidisciplinares para fazer as avaliações periciais de deficiência, bem como de especialistas em outras áreas que não o Direito para acompanharem as entrevistas, a despeito da previsão contida na legislação processual civil, fazendo predominar as avaliações conduzidas por médicos, como se ainda se estivesse no início do século, ou no século passado, em que a deficiência era ditada pela medicina, sem atentar para os contornos biopsicossociais definidos desde a Convenção de Nova York.

Nas sentenças judiciais, viu-se predominância de padronização, com pouca ou nenhuma alusão a características do caso concreto.

A atuação do Conselho Nacional de Justiça e dos tribunais revela preocupação e cuidado com a inclusão, mas carece de medidas efetivas voltadas para pessoa com deficiência em demandas judiciais propriamente ditas, a sinalizar que é preciso intensificar o debate nas cúpulas de poder, com vistas à adoção de medidas voltadas para a modernização do sistema de justiça no sentido de ajustá-lo a uma legislação arrojada no trato da pessoa dos processos de curatela.

Com todas essas constatações, é possível concluir com segurança que restou comprovada a segunda hipótese desta tese, tendo em vista que o sistema de justiça como um todo ainda não se ajustou aos princípios e normativas encontrados na CDPD, na Lei n.13.146/2015, no Código Civil vigente e no Código de Processo Civil, razão pela qual a dignidade da pessoa em situação de curatela acaba sendo violada diariamente, seja pelo tratamento sem a devida prioridade, pela falta de humanização, seja por ainda ser identificada a partir dos transtornos, doenças ou dificuldades que apresenta, ou por continuar sendo avaliada sem se levar em consideração caracteres psicológicos e sociais que individualizam cada ser humano, ou por não receber a escuta devida, atenta, customizada às suas necessidades, e, por fim, obter um decreto de interdição absoluta, que representa tudo o que a construção de uma sociedade livre, justa, solidária e fraterna procura combater.

Por fim, no capítulo quatro, voltei a atenção ao diálogo entre os dados e o recorte teórico, para construção de propostas voltadas à efetividade dos direitos assegurados à pessoa com deficiência em situação de curatela, passando por sua condição de pessoa e pela correção das distorções encontradas ao longo da pesquisa.

Para tanto, iniciei revisitando os capítulos anteriores, para, então, prosseguir com o mapeamento de arranjos institucionais, legislativos e até de políticas públicas que cumpram essa função de garantir acesso à justiça, inclusão, respeito, assistência, apoio, qualidade de vida digna e boa às pessoas em situação de supervulnerabilidade aqui consideradas.

Sugeri a adoção de uma política nacional do cuidado, adentrando nas propostas legislativas que tramitam no Congresso Nacional; uma atuação do Conselho Nacional de Justiça mais eficiente, que considerasse a pessoa com deficiência envolvida em demandas judiciais, para guardar lealdade com o título da pesquisa realizada pela USP para aquele órgão; e pontuei algumas iniciativas de sucesso tanto do Conselho quanto de alguns tribunais brasileiros, sem deixar, contudo, de salientar que muitas medidas, embora valiosas e de impacto significativo na luta pela inclusão e pelo combate à discriminação e ao preconceito, ainda não dizem respeito intimamente à estruturação dos tribunais e até mesmo do sistema de justiça como um todo.

A partir da análise dessas experiências e de tudo quanto foi levantado ao longo de anos de pesquisa e dos milhares de documentos levantados, formulei propostas para que o sistema de justiça e até mesmo os demais poderes possam fomentar a ampliação e o respeito ao acesso à justiça, à dignidade, à saúde, à vida, à convivência familiar e comunitária, à assistência, à prioridade de tratamento, enfim à personificação da pessoa em situação de deficiência, com foco naquelas que têm comprometimento da capacidade de fazer suas próprias escolhas, dizer suas preferências e manifestar-se, no sentido amplo da palavra.

## CONSIDERAÇÕES FINAIS

Ao longo da presente tese, resumidamente exposta acima, busquei conhecer a pessoa que aparece em ações de curatela, com o destinatário de uma medida excepcional, devido à perda ou redução da capacidade de fazer suas próprias escolhas e fazer uma narrativa detalhada acerca dos principais aspectos processuais referentes às demandas de curatela, da estrutura do Judiciário para receber e conduzir essas demandas, e da atuação dos atores do sistema de justiça em tais processos.

As pessoas com deficiência formam a maior minoria do mundo. No Brasil, estima-se que 23,9% da população, aproximadamente 45 milhões de pessoas, apresentem alguma dificuldade funcional, aqui incluídos todos os tipos e graus de deficiência, de acordo com o desempenho nas atividades rotineiras: alguma dificuldade, grande dificuldade ou incapacidade para caminhar, para subir escadas, para ouvir ou que apresente deficiência mental/intelectual.

Observei, ao longo da pesquisa, a condição de maior vulnerabilidade dos sujeitos em situação de curatela, pela conjugação de diversos fatores que impactam em suas vidas, aumentando sobremaneira a possibilidade de exposição a riscos, tamanha a fragilidade de seus corpos, o nível de dependência de terceiros ou até mesmo de equipamentos para manterem-se vivos e, pior, a supressão de condições mínimas de expressar-se. Aqui, não me refiro a manifestações exaltadas, nem à capacidade de tomar decisões complexas. Refiro-me a pessoas que, muitas vezes, não conseguem demonstrar dor, fome, ou ir a uma padaria, nem mesmo reconhecer os próprios familiares.

São essas pessoas que recorrem ao Judiciário, ou melhor, cujos familiares, na absoluta maioria dos casos, recorrem ao Judiciário para demandar a medida chamada de curatela.

A lei prevê o direito de igualdade, porém, atualmente, o maior desafio é seu cumprimento. São necessárias políticas de Estado com ações concretas e permanentes, com provisões de acessibilidade em todas as áreas, com fiscalização e responsabilização dos agentes públicos e da também da sociedade pelos atos de discriminação do cotidiano, que vão desde dificuldades arquitetônicas a recusa de matrícula nas escolas e a resistência à contratação para o trabalho.

Os obstáculos de acesso à justiça, na concepção ampla de um direito fundamental que impõe ao Estado garantir estrutura para entrega da prestação jurisdicional pretendida, são proporcionais ao grau de vulnerabilidade dos cidadãos, ou, em outras palavras, quanto maior a exclusão social, maiores os obstáculos encontrados.

A situação de vulnerabilidade é muito peculiar a cada pessoa, razão pela qual pode demandar normativas diversas, e uma atuação específica do sistema de justiça e do poder público, a depender da situação de cada pessoa, sendo necessário pensar em assistência e previdência sociais, apoio emocional e psicológico para a pessoa com deficiência e seus familiares, políticas de saúde pública de modo que o sistema único de saúde possa fornecer atendimento multidisciplinar, inclusive domiciliar, previsão de recursos para remunerar os familiares que deixam de trabalhar para cuidar de pessoas vulneráveis, e acabam se convertendo em um apoio vital para as atividades da vida diária, como os cuidados pessoais e o desenvolvimento de atividades que promovam maior autonomia possível.

Nesse contexto, o debate acerca da inclusão de pessoas com deficiência ficou muito concentrado na acessibilidade arquitetônica, e na adoção de recursos para permitir leitura e audição no processo eletrônico e nos *sites* dos órgãos do Poder Judiciário. Campanhas voltadas para conscientização de direitos e combate ao preconceito também se multiplicam e são um elemento importante na afirmação da cidadania, com grande impacto na compreensão de que a deficiência faz parte da diversidade humana. Todavia, nem de longe impactam na forma como o sistema de justiça recebe, acolhe, trata essas pessoas, conduz seus processos, ouve suas vozes (quando têm voz), decide questões caras e personalíssimas como é o caso da medida de curatela.

Encontrei um sistema de justiça anacrônico, mas com vontade de acertar. Espero que esse estudo possa servir como norte para que se saiba onde se quer chegar, sem o que não será possível sequer traçar o melhor caminho a seguir. É preciso chegar ao sistema que foi desenhado pelo legislador constituinte e infraconstitucional para as pessoas com deficiência.

A percepção dos reais problemas que afetam a ampla maioria das pessoas com deficiência envolvidas em demandas judiciais, mais precisamente em ações de curatela, permite afirmar que o olhar sobre o assunto está desfocado e, portanto, os esforços institucionais não seguem o melhor rumo. É necessário, portanto, reorientar o debate institucional e acadêmico à tarefa de imaginar como o sistema de justiça pode contribuir para o acesso efetivo, inclusão ampla, respeito às diferenças.

Com o intuito de contribuir para esse esforço, passei a imaginar quais alternativas podem ser construídas para transformar a injusta realidade vivida pelos jurisdicionas desse grupo e seus familiares.

O ponto de partida fundamental para os próximos passos para o tratamento digno da pessoa com deficiência passar por pensar uma política nacional do cuidado, que possa garantir o direito à vida, à saúde, à assistência social, à previdência e à própria convivência familiar e comunitária à pessoa em situação de dependência, ou melhor, de curatela, e aos seus familiares, com previsão de auxílios previdenciários e/ou assistenciais tanto ao cuidador quanto à pessoa cuidada.

É preciso, ainda, ajustar o processo eletrônico, para incluir ferramenta que garanta a tramitação prioritária dos processos de curatela e das demandas em geral que envolvam pessoa com deficiência, de forma que estejam sempre em ordem cronológica preferencial, suprimir expressões como “interdição” e “incapacidade absoluta”, separar tutela e curatela em classes processuais distintas, adotar unidades especializadas privativas para as ações de curatela, em busca de maior celeridade e customização, garantir a presença de especialistas nas audiências de entrevista e de equipes multidisciplinares para fazer as avaliações periciais, bem como o acompanhamento posterior à medida.

Urge implementar um projeto de capacitação continuada de magistrados, servidores, defensores públicos, promotores de justiça, advogados, voltado ao conhecimento e discussão dos direitos das pessoas com deficiência, uma vez que a falta de capacitação aparece como primeiro ponto crítico do sistema.

Aliás, os direitos das pessoas com deficiência deveriam ser tema obrigatório desde as faculdades de direito, além de figurarem como cobrança obrigatória nos conteúdos programáticos dos concursos de ingresso nas carreiras jurídica, e, após essa fase, deveria aparecer como tema de constante atualização profissional, perpassando pela comunicação com a pessoa com deficiência e por um modelo atitudinal, ao lado do próprio regramento normativo.

Medida de fácil adoção e que representaria um salto para redução do tempo do processo e para maior conforto seria a incorporação das audiências por videoconferência, sem prejuízo do emprego de outros recursos tecnológicos capazes de permitir ou de auxiliar a pessoa com deficiência a expressar suas vontades e preferências e respondem às perguntas formuladas (artigo 751 do CPC), uma vez que a própria legislação processual prevê que os atos e termos processuais independem de forma determinada (art. 188, CPC), podem ser total ou parcialmente digitais, de forma a permitir que sejam produzidos, comunicados, armazenados e validados por meio eletrônico (art. 193, CPC), além de admitir que a oitiva por videoconferência ou outro recurso tecnológico de transmissão e recepção de sons e imagens em tempo real, de testemunhas que residam em comarca, seção ou subseção judiciária diversa daquela onde tramita o processo (art. 453, º1º, CPC).

Seria muito importante admitir outros documentos que atestem as limitações sensoriais, funcionais, intelectuais e/ou cognitivas comprometedoras da capacidade de expressão de vontade, para instruírem a petição inicial em ações de curatela, não ficando restrito ao laudo médico, o que poderia ser aliado a uma maior divulgação do CIF.

O aprimoramento do sistema de justiça passa, ainda, pelo fortalecimento e melhor estruturação das Defensorias Públicas, para atendimento às pessoas que recorrem às ações de curatela e por uma maior interlocução do Judiciário com serviços burocráticos como bancos, Instituto Nacional da Seguridade Social (INSS), cartórios, secretarias municipais, estaduais e até dos Ministérios cujas ações afetem interesses de pessoas com deficiência, até mesmo pensar em juízos privativos para as ações de curatela, que propiciem um ambiente integrado com presença do Judiciário, da Defensoria Pública, OAB, MP, com equipes multidisciplinares na área desses juízos privativos, para proporcionar rede de atendimento à pessoa em situação de vulnerabilidade qualificada pela deficiência que compromete capacidade de autodeterminação e manifestação de vontade, à semelhança dos Juízos de Infância e Juventude, Violência doméstica

Diante de tantas medidas, é forçoso concluir que, para tanto, faz-se necessário vontade política dos órgãos de direção dos tribunais, que necessitaria destinar recursos para implementação de algumas medidas e colocá-las no rol de diretrizes prioritárias, cumprindo, de tal forma, as obrigações assumidas pelo Brasil, quando aderiu à CDPD como Estado-parte, e, em seguida, acolheu-a como emenda constitucional.

Nesse cenário, o Conselho Nacional de Justiça desponta como agente propulsor da mudança de primeira hora, devido à sua atribuição constitucional de pensar e ditar políticas para o aperfeiçoamento do Poder Judiciário brasileiro e seus atos normativos vinculam os tribunais do país.

A rica pesquisa realizada pelo CNJ apontou elementos que lançam luzes para a correção dos desajustes encontrados e estruturar o sistema de justiça de acordo com as obrigações assumidas pelo Brasil enquanto Estado-parte da CDPD, sem o que não será possível falar-se em inclusão, dignidade e respeito;

sem o que a população brasileira ainda estará distante do objetivo de construção de uma sociedade livre, justa, fraterna e solidária.

Sugiro, ainda, a revisão da legislação civil para supressão da expressão "interdição" em todos os trechos em que o vocábulo estiver sendo empregado para referir-se a pessoa humana, bem como quanto às regras de direito sucessório e de família, no sentido de promover a defesa dos interesses das pessoas em situação de curatela, a exemplo da inclusão do(a) cônjuge ou companheiro(a) que estiver sob curatela como herdeiro necessário, independentemente do regime de bens, e, ainda, para reconhecer, sempre, o direito real de habitação a(o) cônjuge ou companheiro(a) em situação de curatela, independentemente do regime de bens.

É necessário que nesse momento de reforma do Código de Civil, seja debatida com atenção a possibilidade de adoção de regime especial de bens, quando um dos nubentes estiver em situação de curatela, que venha a prevenir direitos e amparo ao contraente mais vulnerável.

Concluo minha tese com a mais absoluta confiança na capacidade de o sistema de justiça e os poderes públicos contribuírem de modo efetivo para a construção do novo tempo de vida boa e digna para essa enorme fatia da população brasileira que se encontra no grupo de sujeitos super vulneráveis.

É hora de deixar nascer o velho novo do início do século, para o que é necessário abandonar antigos hábitos e práticas em busca de um futuro em que nossos filhos, amigos, familiares e jurisdicionados (ou cada um de nós mesmos) que já não conseguirem expressar-se, ou que estejam acometidos de algum mal que lhes (ou nos) subtraia o discernimento, a capacidade de fazer escolhas, ou em que demência, Alzheimer, Parkinson, autismo, paralisia cerebral, sequelas de acidentes automobilísticos, ou de um AVC (n)os coloque em uma situação tal de dependência de terceiros, de máquinas ou dos avanços tecnológicos para vivermos, sejam(os) efetivamente respeitados em nossos dignidade, porque, eu acredito, que só assim poderemos falar numa nação livre, justa, solidária, fraterna. É o caminho para a conquista do penhor da igualdade com braço forte.

# REFERÊNCIAS


ALEXY, Robert. **Teoria dos direitos fundamentais.** Trad. Virgílio Afonso da Silva da 5. ed. alemã. São Paulo: Malheiros, 2008.

ALMEIDA, Vitor. **A capacidade civil das pessoas com deficiência e os perfis da curatela.** Belo Horizonte: Fórum, 2019.

ARAÚJO, Luiz Alberto David; PIANOVSKI RUZYK, Carlos Eduardo. A perícia interdisciplinar no processo de curatela e o aparente conflito o Estatuto da Pessoa com Deficiência e o Código de Processo Civil: reflexões metodológicas à luz da teoria geral do direito. **Revista de Direitos e Garantias Fudamentais**, Vitória, v.18, n.1, p. 227-256, jan./abr. 2017.

ARBEX, Daniela. **Holocausto brasileiro**. Prefácio de Eliane Brum. 1. ed. Rio de Janeiro: Intrínseca, 2019.

BARBOZA, Heloisa Helena. Desafios para a efetividade da lei brasileira de inclusão. *In*: SALLES, Raquel Bellini; PASSOS, Aline Araújo; LAGE, Juliana Gomes. **Direito, vulnerabilidade e pessoa com deficiência.** Rio de Janeiro: Processo, 2019. p. 51-72.

BARISON, Mônica Santos; GONÇALVES, Rafael Soares. Judicialização da questão social e a banalização da interdição de pessoas com transtornos mentais. **Serviço Social e Sociedade**, n. 125, p. 41-63, jan./abr. 2016.

BARROSO, Luís Roberto. Contramajoritário, representativo e iluminista: os papéis dos tribunais constitucionais nas democracias contemporâneas. **Revista Direito e Práxis**, Rio de Janeiro, v. 9, n. 4, 2018, p. 2171-2228. Disponível em: https://www.e-publicacoes.uerj.br/index.php/revistaceaju/article/view/30806/21752. Acesso em: 09 maio 2023.

BEDFORD, Daniel; HERRING, Jonathan. **Embracing vulnerability**: the challenges and implications for law. Routledge, 2020.

BOBBIO, Norberto. **A era dos direitos**. Elsevier Brasil, 2004.

BOBBIO, Norberto. **Da estrutura à função**: novos estudos da teoria do direito. Trad. Daniela Beccaria Versiani. Barueri: Manole, 2007.

BRANCO, Paulo Gustavo Gonet. Aspectos de teoria geral dos direitos fundamentais. *In*: **Hermenêutica constitucional e direitos fundamentais.**

2. parte. 1. ed. 2. tir. Brasília: Brasília Jurídica/Instituto Brasiliense de Direito Público, 2002. [Material da 2ª aula da Disciplina Direito Constitucional, ministrada no Curso de Especialização TeleVirtual em Direito Público. UNISUL – REDE LFG]. Disponível em: http://ww3.lfg.com.br/material/pos/DPUB_DConst_Aula2_2008_05_16_LeituraObrigatoria.pdf. Acesso em: 26 abr. 2023.

BRANCO, Paulo Gustavo Gonet. Ativismo judicial na concretização de direitos fundamentais. **Revista de Direito e Atualidades**, v. 2, n. 4, 2022. Disponível em: https://www.portaldeperiodicos.idp.edu.br/rda/article/view/6658/2683. Acesso em: 26 abr. 2023.

BRASIL. Conselho Nacional de Justiça. **Resolução n. 478 de 27/10/2022**. Altera a Resolução CNJ n. 81/2009, que dispõe sobre os concursos públicos de provas e títulos, para a outorga das Delegações de Notas e de Registros, e minuta de edital. Disponível em: https://atos.cnj.jus.br/atos/detalhar/4802. Acesso em: 18 set. 2023.

BRASIL. Conselho Nacional de Justiça. **Estudo empírico das demandas envolvendo pessoas com deficiência**. Universidade de São Paulo. Brasília: CNJ, 2023. Disponível em: https://www.cnj.jus.br/wp-content/uploads/2023/08/relatorio-pessoascomdeficiencia-23-10-08.pdf. Acesso em: 07 set. 2023.

BRASIL. Conselho Nacional de Justiça. **Portaria n. 222 de 23/06/2022**. Institui o Comitê dos Direitos de Pessoas com Deficiência no âmbito Judicial disponível em: https://atos.cnj.jus.br/atos/detalhar/4629/. Acesso em 23 de julho de 2023.

BRASIL. Conselho Nacional de Justiça. **Portaria n. 315 de 09/09/2022**. Institui Grupo de Trabalho para realização de estudos e elaboração de material destinado à orientação e treinamento no atendimento e atuação diante de pessoas com transtorno do espectro autista no Poder Judiciário. Disponível em: https://atos.cnj.jus.br/atos/detalhar/4736. Acesso em: 17 set. 2023.

BRASIL. Conselho Nacional de Justiça. **Resolução n. 343 de 09/09/2020**. Institui condições especiais de trabalho para magistrados(as) e servidores(as) com deficiência, necessidades especiais ou doença grave ou que sejam pais ou responsáveis por dependentes nessa mesma condição e dá outras providências. Disponível em: https://atos.cnj.jus.br/atos/detalhar/3459. Acesso em: 17 set. 2023.

BRASIL. Conselho Nacional de Justiça. **Resolução n. 487 de 15/02/2023**. Institui a Política Antimanicomial do Poder Judiciário e estabelece procedimentos e diretrizes para implementar a Convenção Internacional dos Direitos das Pessoas com Deficiência e a Lei n. 10.216/2001, no âmbito do processo penal e da execução das medidas de segurança. Disponível em: https://atos.cnj.jus.br/atos/detalhar/4960. Acesso em:18 set. 2023.

BRASIL. Conselho Nacional de Justiça. Servidores com deficiência terão direito a teletrabalho assistido por equipamentos específicos. **Notícias CNJ**, 23 de maio de 2023. Disponível em: https://www.cnj.jus.br/servidores-com-deficiencia-terao-direito-a-teletrabalho-assistido-por-equipamentos-especificos/. Acesso em: 19 set. 2023.

BRASIL. Conselho Nacional de Justiça. Tribunal capixaba lança cartilha com direitos de pessoas com deficiência. **Notícias do Judiciário**, 7 de dezembro de 2021 https://www.cnj.jus.br/tribunal-capixaba-lanca-cartilha-com-direitos-de-pessoas-com-deficiencia/. Acesso em: 07 set. 2023.

BRASIL. **Decreto n. 6.949, de 25 de agosto de 2009**. Promulga a Convenção Internacional sobre os Direitos das Pessoas com Deficiência e seu Protocolo Facultativo. Nova York, 30 de março de 2007. Disponível em: https://www.planalto.gov.br/ccivil_03/_ato2007-2010/2009/decreto/d6949.htm. Acesso em: 03 jun. 2022.

BRASIL. Instituto Brasileiro de Geografia e Estatística (IBGE). **Censo Demográfico de 2010**. Rio de Janeiro: IBGE, 2012.

BRASIL. **Lei n. 10.406, de 10 de janeiro de 2002**. Institui o Código Civil. Disponível em: https://www2.camara.leg.br/legin/fed/lei/2002/lei-10406-10-janeiro-2002-432893-publicacaooriginal-1-pl.html. Acesso em: 15 jun. 2022.

BRASIL. Senado Federal. **Projeto de Lei n. 2797, de 2022**. Institui a Política Nacional do Cuidado, dispõe sobre os serviços socioassistenciais e modifica a Lei n. 8.212, de 21 julho de 1991, e a Lei n. 8.213, de 24 de julho de 1991. Disponível em: https://www25.senado.leg.br/web/atividade/materias/-/materia/155126. Acesso em: 15 out. 2023.

BRASIL. Senado Federal. **Projeto de Lei n. 990, de 2022**. Altera a Lei n. 8.080, de 19 de setembro de 1990 e a Lei n. 8.742, de 7 de dezembro de 1993, para dispor sobre o atendimento domiciliar por cuidadores a idosos, bem como sobre a capacitação de cuidadores de idosos. Disponível em: https://www25.senado.leg.br/web/atividade/materias/-/materia/152801. Acesso em: 10 out. 2023.

BRASIL. Tribunal de Justiça do Estado da Bahia. **Decreto Judiciário n. 276, de 30 de abril de 2020**. Disciplina a realização de audiências, por videoconferência, no âmbito do Poder Judiciário do Estado Bahia, no período da pandemia do COVID-19. Disponível em: http://www5.tjba.jus.br/portal/wp-content/uploads/2020/05/Decreto-276-uso-videoconfer%C3%AAncia-para-audi%C3%AAncias.pdf. Acesso em: 23 ago. 2023.

CALDAS, A. de A.; NOBRE, J.C. de A. Saúde mental e reforma psiquiátrica brasileira: reflexões acerca da cidadania de portadores de transtornos mentais. **Cadernos UNIFOA**, Rio de Janeiro, ed. n. 20, p. 71-83, dez. 2012.

CANOTILHO, J. J. G. **Direito constitucional e teoria da constituição.** 7. ed. 7. reimp. Coimbra: Almedina, 1941. (Manuais universitários).

CARRARA, Sérgio. **Crime e loucura**: o aparecimento do manicômio judiciário na passagem do século. Rio de Janeiro: EDUERJ. São Paulo: EDUSP, 1998.

CARVALHO, Felipe Quintella Machado de. A teoria das capacidades no direito brasileiro: de Teixeira de Freitas e Clovis Bevilaqua ao Estatuto da Pessoa com Deficiência. *In*: PEREIRA, Fabio Queiroz; MORAIS, Luísa Cristina de Carvalho; LARA, Mariana Alves (org.). **A teoria das incapacidades e o estatuto da pessoa com deficiência**. Belo Horizonte: D'Plácido, 2016, p. 13-33.

CENTRO COLABORADOR DA OMS PARA A FAMÍLIA DE CLASSIFICAÇÕES INTERNACIONAIS EM PORTUGUÊS (org.) **Classificação Internacional de Funcionalidade, Incapacidade e Saúde**. Coordenação da tradução Cássia Maria Buchalla. 1. ed. 1. reimp. São Paulo: Edusp, 2008. Disponível em: https://apps.who.int/iris/bitstream/handle/10665/42407/9788531407840_por.pdf?sequence=111&isAllowed=y. Acesso em: 30 mar. 2023.

COMPARATO, Fábio Konder. **A afirmação histórica dos direitos humanos**. 2. ed. São Paulo: Saraiva, 2002.

CRESWELL, John W; CRESWELL, J. David. **Projeto de pesquisa**: métodos qualitativo, quantitativo e misto. Trad. Sandra Maria Malllmann da Rosa. 5. ed. Porto Alegre: Penso, 2021.

DE GIORGI, Raffaele. Por uma ecologia dos direitos humanos. **Revista Opinião Jurídica**, Fortaleza, ano 15, n. 20, p. 324-340, jan/jun. 2017. Disponível em: https://www.researchgate.net/publication/322217926_Por_uma_Ecologia_dos_Direitos_Humanos. Acesso em: 05 set. 2021.

DISABILITY FUNDERS NETWORK. **Disability Stats and Facts**, c2022. Disponível em: https://www.disabilityfunders.org/disability-stats-and-facts. Acesso em: 02 set. 2022.

ECO, Umberto. **Como se faz uma tese**. Trad. Gilson Cesar de Souza. 27. ed. rev. atual. São Paulo: Perspectiva, 2019.

ENGEL, Magali Gouveia. **Os delírios da razão**: médico, loucos e hospícios. (Rio de Janeiro, 1830-1930). Rio de Janeiro: Fiocruz, 2001.

FARIA, Thaís Dumet. **História de um silêncio eloquente**: construção do esteorótipo feminino e criminalização das mulheres no Brasil. 2. ed. 1. reimp. Belo Horizonte: D´Plácido, 2021.

FARIAS, Cristiano Chaves de; CUNHA, Rogério Sanches; PINTO, Ronaldo Batista. **Estatuto da pessoa com deficiência comentado artigo por artigo**. 3. ed. rev. ampl. atual. Salvador: Juspodivm, 2018.

FERNANDÉZ, Silvia. **Situaciones de discapacidad y derechos humanos**. 1. ed. Buenos Aires: La Ley, 2020.

FINEMAN, Martha Albertson. The vulnerable subject and the responsive state. **Emory Law Journal**, v. 60, n. 2, p. 251-275, 2010. Disponível em: https://scholarlycommons.law.emory.edu/cgi/viewcontent.cgi?article=1333&context=elj. Acesso em: 08 set. 2021.

FIUZA, Cesar; OLIVEIRA, Wanderson Marquiori Gomes de. **A necessária revisão prática da teoria das incapacidades**. Disponível em: http://www.publicadireito.com.br/artigos/?cod=aca49daec57b423d. Acesso em: 08 set. 2021.

FONSECA, Reynaldo Soares da. **O princípio constitucional da fraternidade**: seu resgate no sistema de justiça. Belo Horizonte: D´Plácido, 2019.

FOUCAULT, Michel. **História da loucura.** Trad. José Teixeira Coelho Netto. São Paulo, Perspectiva, 1978.

FOUCAULT, Michel. **Vigiar e punir**: nascimento da prisão. Trad. Raquel Ramalhete. Petrópolis: Vozes, 1987.

FRANÇA, Greyce Kelly Cruz de Sousa; FRANÇA, Helysson Assunção. A estigmatização da loucura e a exclusão social. **Revista Interdisciplinar em Cultura e Sociedade**, São Luís, v. 2, n. 1, p. 65-81, jan./jun. 2016.

GAGLIANO, Pablo Stolze. **É o fim da interdição?**. Disponível em: https://flaviotartuce.jusbrasil.com.br/artigos/304255875/e-o-fim-da-interdicao-artigo-de-pablo-stolze-gagliano. Acesso em: 13 set. 2021.

GILLIGAN, Carol. **In a different voice**: psychological theory and women's development. Harvard: Harvard University Press, 2003.

GOFFMAN, Erving. **Estigma**: notas sobre a manipulação da identidade deteriorada. Trad. Márcia Bandeira de Mello Leite Nunes. 4. ed. reimpr. Rio de Janeiro: LCT, 2021.

GOMES, Orlando. **Introdução ao direito civil.** 10. ed. 2. tir. Rio de Janeiro, Forense, 1993.

GOMES, Orlando. **Introdução ao direito civil**. 3. ed. Rio de Janeiro: Forense, 1971.

HERRING, Jonathan. **Caring and the law**. Bloomsbury Publishing, 2013.

HERRING, Jonathan. **Vulnerable adults and the law**. Oxford: Oxford University Press, 2016.

BRASIL. Instituto Brasileiro de Geografia e Estatística (IBGE). **Censo Demográfico de 2000**: características gerais da população. Resultados da amostra. IBGE, 2010. Disponível em: https://www.ibge.gov.br/estatisticas/sociais/populacao/9662-censo-demografico-2010.html?=&t=downloads. Acesso em: 29 set. 2020.

KEYES, Daniel. **Flores para Algernon**. Trad. por Luisa Geisler. São Paulo: Aleph, 2018.

MACHADO, Isis Laynne de Oliveira; ALBUQUERQUE, Aline. Papel do Estado quanto à vulnerabilidade e proteção de adultos com deficiência intelectual. **Cadernos Ibero-Americanos de Direito Sanitário**, v. 8, n. 1, p. 65-79, jan./mar. 2019. Disponível em: https://www.cadernos.prodisa.fiocruz.br/index.php/cadernos/article/view/510/572. Acesso em: 20 set. 2021.

MADRUGA, Sidney. **Pessoas com deficiência e direitos humanos**: ótica da diferença e ações afirmativas. 4. ed. São Paulo: Saraiva Educação, 2021.

MAFEI, Rafael; FEFERBAUM, Marina (coord.). **Metodologia jurídica**: um roteiro prático para trabalhos de conclusão de curso. 2. ed. São Paulo: Saraiva, 2019.

MEIRA, Sílvio A.B. **A Lei das XII Tábuas**: fonte do direito público e privado. Rio de Janeiro, Forense, 1972.

MENDES, Gilmar Ferreira. Os direitos fundamentais e seus múltiplos significados na ordem constitucional. **Revista Jurídica Virtual**. n. 14, jul. 2000. Disponível em: http://www.gilmarmendes.com.br/wp-content/uploads/2018/09/OS-DIREITOS-FUNDAMENTAIS-E-SEUS-M%C3%9ALTIPLOS-SIGNIFICADOS-NA-ORDEM-CONSTITUCIONAL.pdf. Acesso em: 26 abr. 2023.

MENDES, Gilmar Ferreira; BRANCO, Paulo Gustavo Gonet. **Curso de direito Constitucional**. 7. ed. rev. atual. São Paulo: Saraiva, 2012.

MENDES, Gilmar Ferreira; BRANCO, Paulo Gustavo Gonet. **Curso de direito Constitucional**. 18. ed. São Paulo: SaraivaJur, 2023.

MORAES, Alexandre de. **Constituição do Brasil interpretada e legislação constitucional**. 9. ed. atual. até a EC 71/12. São Paulo: Atlas, 2013.

PEREIRA, Rodrigo da Cunha. **Loucura e deficiência mental**: uma questão de capacidade. Disponível em: https://www.mpam.mp.br/centros-de-apoio-sp-947110907/civel/artigos/ausentes-e-incapazes/3343-loucura-e-deficiencia-mental-uma-questao-de-capacidade. Acesso em: 05 set. 2021.

PESSOA, Laura Scalldaferri. **Pensar o final e honrar a vida**: direito à morte digna. São Paulo: Saraiva, 2013.

RAMOS, André de Carvalho. **Curso de direitos humanos**. 5. ed. São Paulo: Saraiva Educação, 2018.

REQUIÃO, Maurício. **Estatuto da pessoa com deficiência, incapacidades e interdição**. 2. ed. Florianópolis: Tirant Lo Blanch, 2018.

ROSENVALD, Nelson. A curatela como terceira margem do rio. **Revista Brasileira de Direito Civil**, Belo Horizonte, v. 16, p. 105-123, abr./jun. 2018. Disponível em: https://rbdcivil.ibdcivil.org.br/rbdc/article/view/233. Acesso em: 20 ago. 2022.

ROSENVALD, Nelson. **A necessária revisão da teoria das incapacidades**. Disponível em: https://ibdfam.org.br/assets/upload/anais/279.pdf. Acesso em: 09 set. 2021.

ROSENVALD, Nelson. **Curatela**. Escritos gentilmente disponibilizados pelo autor.

ROSENVALD, Nelson; NETTO, Felipe Braga. **Leis civis comentadas**. São Paulo: Juspodivm, 2022.

SALLES, Raquel Bellini; PASSOS, Aline Araújo; LAGE, Juliana Gomes. **Direito, vulnerabilidade e pessoa com deficiência**. Rio de Janeiro: Processo, 2019.

SANT´ANNA, Ramiro Nóbrega. **A judicialização como instrumento de acesso à saúde: propostas de enfrentamento da injustiça na saúde pública**. 2017. Tese (doutorado) – UniCeub, Brasília, 2017. Disponível em: https://repositorio.uniceub.br/jspui/handle/235/12414. Acesso em: 10 set. 2022.

SCHREBER, Daniel Paul. **Memórias de um doente de nervos**. Trad. Marilene Carone. Rio de Janeiro: Graal, 1984.

SEDA, Juan Antonio. **Cuando no estemos:** historias de vida de familiares de personas com discapacidad intelectual. Buenos Aires, 2023. Disponibilizado por *e-mail:* Cuandonoestemos@gmail.com, em 15 de março de 2023.

SEDA, Juan Antonio. Determinación de la capacidad, deterioro cognitivo y discapacidad intelectual. **Revista Jurídica Argentina La Ley**. Ano 2018-D. Edição de 10 de agosto de 2018. p. 5-6. Cita on line: AR/DOC/1470/2018. Disponível em: https://juanseda.files.wordpress.com/2020/04/determinacic3b3n-de-la-capacidad-deterioro-cognitivo.pdf. Acesso em: 26 set. 2022.

SEDA, Juan Antonio. **Discapacidad y derechos**: impacto de la Convención sobre los Derechos de las Personas com Discapacidad. 1. ed. Buenos Aires: Jusbaires, 2017.

SEDA, Juan Antonio. **Discapacidad y universidad**. 1. ed. 1. reimp. Buenos Aires: Eudeba, 2018.

SEDA, Juan Antonio. Familia y apoyos para la persona con discapacidad. **Revista Jurídica de Buenos Aires**, Año 45, n. 101, p. 149-164, 2020-II.

SEDA, Juan Antonio. **Familia y apoyos**: perspectivas antropológicas y jurídicas sobre los apoyos a las personas com discapacidad intelectual. 1.ed. Buenos Aires: Eudeba, 2021.

WORLD HEALTH ORGANIZATION; THE WORLD BANK. **Relatório mundial sobre a deficiência**. Tradução Lexicus Serviços Linguisticos. São Paulo: SEDPcD, 2012. Disponível em: https://apps.who.int/iris/bitstream/handle/10665/44575/9788564047020_por.pdf. Acesso em: 02 mar. 2023.

YIN, Robert K. **Estudo de caso**: planejamento e métodos. Porto Alegre: Bookman, 2005.

ZOBOLI, Elma Lourdes Campos Pavone. A redescoberta da ética do cuidado: o foco e a ênfase nas relações. **Revista da Escola de Enfermagem da USP**, v. 38, n. 1, p. 21-7, mar. 2004. Disponível em: https://www.scielo.br/j/reeusp/a/QxhC6TD3pJf8mSfdSmJwLBK/. Acesso em: 01 dez. 2021.

# APÊNDICE 1 – QUESTIONÁRIO DE PESQUISA

**Questionário de pesquisa sobre o Sistema de Justiça e as ações de curatela – pessoas com deficiência qualificada pela curatela ou vulnerabilidade acrescida**

1. Se há juízos privativos para ações de interdição/curatela.

1.1 Em caso positivo, quantos?

1.2. Em caso negativo, em que juízos tramitam as referidas ações:

( ) Cível

( ) Família

( ) Sucessões

( ) Criminal

( ) Outros

2. Por qual categoria profissional são realizadas as avaliações periciais nas ações de curatela/interdição?

( ) Médico psiquiatra, exclusivamente

( ) Médico psiquiatra, preferencialmente, admitindo-se outras especialidades da Medicina

( ) Equipe multidisciplinar

( ) Psicólogo

( ) Assistente social

( ) Outros

3. Há equipes integradas por expertos com formação multidisciplinar em atuação perante os Juízos de Curatela/interdição para realização das avaliações periciais (art. 753, §1º, do CPC)?

( ) Sim

( ) Não

3.1. Em caso positivo, a atuação é exclusiva ou compartilhada com outros Juízos de outras competências?

( ) Exclusiva para ações de interdição/curatela

( ) Compartilhada com ações de outra natureza

3.2. Na hipótese de atuação da equipe multidisciplinar compartilhada, qual a natureza das ações:

( ) Família

( ) Sucessões

( ) Idoso

( ) Infância

( ) Violência doméstica

( ) Criminal

( ) Outros

4. As audiências de entrevistas de pessoa em situação de curatela são acompanhadas por algum especialista (art. 751, § 2º, do CPC)?

( ) Sim

( ) Não

4.1. Na hipótese de resposta afirmativa ao item "4", qual a especialidade do profissional?

4.2. Esse especialista é:

( ) indicado pelo Juízo

( ) indicado pela parte

5. É feito algum tipo de acompanhamento da evolução do(a) pessoa em situação de curatela após a sentença (na hipótese de procedência do pedido), para aferir seu desenvolvimento e inclusão social?

( ) Sim

( ) Não

5.1. Na hipótese de resposta afirmativa ao item "5", quem faz o acompanhamento?

( ) equipe multidisciplinar vinculada ao Poder Judiciário

( ) profissional indicado pela parte

( ) profissional indicado pelo Ministério Público

( ) outro

5.2. Como é feito o acompanhamento?

( ) visitas da equipe

( ) comparecimento da pessoa curatelada

( ) outro

6. Comentários

# APÊNDICE 2 - JULGADOS ANALISADOS, POR ESTADO E ANO

| ESTADO | JULGADO | TIPO DE JULGADO | ANO |
|---|---|---|---|
| Acre | 0700464-20.2021.8.01.0009 | Sentença 1º Grau | 2022 |
| Acre | 0701443-38.2019.8.01.0013 | Sentença 1º Grau | 2022 |
| Amapá | 0036876-97.2017.8.03.0001 | Sentença 1º Grau | 2021 |
| Amapá | 0031231-52.2021.8.03.0001 | Sentença 1º Grau | 2022 |
| Amazonas | 0667802-14.2019.8.04.0001 | Sentença 1º Grau | 2020 |
| Amazonas | 0734293-66.2020.8.04.0001 | Sentença 1º Grau | 2021 |
| Pará | 0800662-11.2021.8.14.0201 | Sentença 1º Grau | 2021 |
| Pará | 0806596-84.2020.8.14.0006 | Sentença 1º Grau | 2021 |
| Rondônia | 7000178-78.2018.8.22.0010 | Sentença 1º Grau | 2020 |
| Rondônia | 7003355-97.2020.8.22.0004 | Sentença 1º Grau | 2021 |
| Roraima | 0817946-08.2020.8.23.0010 | Sentença 1º Grau | 2021 |
| Roraima | 0816718-03.2017.8.23.0010 | Sentença 1º Grau | 2018 |
| Tocantins | 0013805-66.2019.8.27.2737 | Sentença 1º Grau | 2020 |
| Tocantins | 0002928-45.2020.8.27.2733 | Sentença 1º Grau | 2022 |
| Alagoas | 0701211-64.2021.8.02.0001 | Sentença 1º Grau | 2021 |
| Alagoas | 0721009-45.2020.8.02.0001 | Sentença 1º Grau | 2022 |
| Bahia | 8000022-84.2017.8.05.0009 | Sentença 1º Grau | 2022 |
| Bahia | 0000698-05.2014.8.05.0065 | Sentença 1º Grau | 2022 |
| Ceará | 0001613-87.2019.8.06.0053 | Sentença 1º Grau | 2022 |
| Ceará | 0004964-02.2016.8.06.0109 | Sentença 1º Grau | 2019 |
| Maranhão | 72-74.2018.8.10.0107 | Sentença 1º Grau | 2021 |
| Maranhão | 889-95.2016.8.10.0144 | Sentença 1º Grau | 2020 |

| ESTADO | JULGADO | TIPO DE JULGADO | ANO |
|---|---|---|---|
| Paraíba | 0810004-79.2020.8.15.2003 | Sentença 1º Grau | 2021 |
| Paraíba | 0800454-17.2018.8.15.0391 | Sentença 1º Grau | 2021 |
| Pernambuco | 0003785-63.2017.8.17.2640 | Sentença 1º Grau | 2020 |
| Pernambuco | 0018377-18.2020.8.17.3090 | Sentença 1º Grau | 2021 |
| Piauí | 0803908-34.2018.8.18.0031 | Sentença 1º Grau | 2021 |
| Piauí | 0802754-75.2018.8.18.0032 | Sentença 1º Grau | 2020 |
| Rio Grande do Norte | 0801476-77.2019.8.20.5131 | Sentença 1º Grau | 2020 |
| Rio Grande do Norte | 0800989-13.2019.8.20.5130 | Sentença 1º Grau | 2022 |
| Sergipe | 0003185-23.2020.8.25.0083 | Sentença 1º Grau | 2021 |
| Sergipe | 0000394-47.2018.8.25.0020 | Sentença 1º Grau | 2019 |
| Distrito Federal | 0717775-69.2020.8.07.0016 | Sentença 1º Grau | 2020 |
| Distrito Federal | 0734011-04.2021.8.07.0003 | Sentença 1º Grau | 2022 |
| Goiás | 5538131-32.2018.8.09.0134 | Sentença 1º Grau | 2022 |
| Goiás | 5257481-41.2019.8.09.0006 | Sentença 1º Grau | 2021 |
| Mato Grosso | 1001126-52.2019.8.11.0024 | Sentença 1º Grau | 2021 |
| Mato Grosso | 1001185-28.2018.8.11.0007 | Sentença 1º Grau | 2020 |
| Mato Grosso do Sul | 0800991-58.2022.8.12.0002 | Sentença 1º Grau | 2022 |
| Mato Grosso do Sul | 0823194-85.2020.8.12.0001 | Sentença 1º Grau | 2021 |
| Espírito Santo | 5000323-18.2021.8.08.0055 | Sentença 1º Grau | 2017 |
| Espírito Santo | 0022577-33.2017.8.08.0048 | Sentença 1º Grau | 2018 |
| Minas Gerais | 5005449-13.2021.8.13.0313 | Sentença 1º Grau | 2021 |

| ESTADO | JULGADO | TIPO DE JULGADO | ANO |
|---|---|---|---|
| Rio de Janeiro | 0096110-29.2018.8.19.0001 | Sentença 1º Grau | 2019 |
| Rio de Janeiro | 0021462-18.2020.8.19.0063 | Sentença 1º Grau | 2021 |
| São Paulo | 1012094-25.2021.8.26.0002 | Sentença 1º Grau | 2022 |
| Paraná | 0002558-79.2021.8.16.0068 | Sentença 1º Grau | 2022 |
| Paraná | 0034935-76.2018.8.16.0014 | Sentença 1º Grau | 2019 |
| Santa Catarina | 0312483-67.2015.8.24.0018 | Sentença 1º Grau | 2016 |
| Santa Catarina | 0300666-90.2018.8.24.0053 | Sentença 1º Grau | 2019 |
| Rio Grande do Sul | 0075389-02.2018.8.21.0001 | Sentença 1º Grau | 2019 |
| Rio Grande do Sul | 0025432-32.2018.8.21.0001 | Sentença 1º Grau | 2019 |

# ANEXO I - OFÍCIO DA CORREGEDORIA-GERAL DE JUSTIÇA DO ESTADO DA BAHIA, ENCAMINHANDO QUESTIONÁRIO DE PESQUISA ÀS DEMAIS CORREGEDORIAS DE JUSTIÇA ESTADUAIS

Corregedoria
Geral da Justiça

**Ofício Circular nº CGJ 16/2022-GABCGJ**

Salvador, 10 de junho de 2022.

**A Sua Excelência o(a) Senhor(a)**

**Corregedor(a)-Geral de Justiça**

**Ref. Estrutura unidades judiciais ações de curatela/interdição.**

**Senhor(a) Corregedor(a)**

A disciplina das incapacidades sofreu relevantes mudanças no Direito Civil brasileiro, decorrentes da Convenção dos Direitos da Pessoa com Deficiência, aprovada pelo Congresso Nacional, por meio do Decreto Legislativo n.186, de 09 de julho de 2008, conforme o procedimento previsto no §3º do art.5º da Constituição Federal, e promulgada pelo Decreto n. 6.949, de 25 de agosto de 2009, com *status* de Emenda Constitucional.

Da mesma forma, alterações ocorreram no procedimento da interdição[1], previsto no Código de Processo Civil, que passou a prever a possibilidade de que as entrevistas

1 A expressão interdição foi mantida para guardar coerência com o Código de Processo Civil, conquanto haja forte crítica na doutrina, tendo em vista que remonta ao passado em que a *interdição* era vista como medida segregacionista, que retirava do sujeito toda e qualquer possibilidade de gerir sua vida, fazer escolhas, autodeterminar-se, incompatíveis com a dignidade da pessoa humana.

**Gabinete da Corregedoria Geral da Justiça da Bahia**
5ª Avenida do Centro Administrativo da Bahia- CAB
Sala 312 do Anexo I, Tel. (71) 3372-5088 / 5095
E-mail: corregedoriageral@tjba.jus.br

Corregedoria
Geral da Justiça

dos sujeitos em situação de vulnerabilidade qualificada pela curatela sejam acompanhadas por especialistas, bem como assegurou o emprego de recursos tecnológicos capazes de permitir ou de auxiliar o interditando a expressar suas vontades e preferências e a responder às perguntas formuladas (art. 751, §§2º e 3º, CPC), além da avaliação pericial da capacidade por equipe composta por expertos com formação multidisciplinar, dispondo, ainda, que o laudo pericial indicará, especificamente, se for o caso, os atos para os quais haverá necessidade de curatela (art. 753, §§1º e 2º do CPC).

Seguindo os novos ares, o Conselho Nacional de Justiça, no exercício de suas competências constitucionais, editou a Resolução n.401, de 16 de junho de 2021, em que reforça a prioridade na tramitação dos processos e procedimentos judiciais e administrativos em que for parte ou interessada pessoa com deficiência[2].

Assim, considerando a necessidade de adequar o sistema de justiça às premissas de prioridade e verdadeira inclusão dos sujeitos em situação de curatela, e melhor estruturar as unidades judiciárias com competência para ações de tal natureza, valho-me do presente para solicitar especial atenção dessa colenda Corregedoria Geral de Justiça, no sentido de responder, se possível, no prazo de 30 (trinta) dias, às breves questões constantes do formulário anexo, que servirão para balizar futuras ações a partir das práticas já existentes.

São apenas poucas informações que podem ser obtidas a partir do preenchimento do formulário eletrônico que está no link a seguir: https://forms.gle/jHa7zu5mBmdBq58L8

2 Art. 12. A pessoa com deficiência tem direito a receber atendimento prioritário, sobretudo, com a finalidade de: I –(...); II(...); III(...); IV – tramitação processual e procedimentos judiciais e administrativos em que for parte ou interessada, em todos os atos e diligências. Parágrafo único. Os direitos previstos neste artigo são extensivos a acompanhante da pessoa com deficiência ou a seu(sua) atendente pessoal, exceto quanto ao disposto no inciso IV deste artigo. (Resolução CNJ n. 401, de 16 de junho de 2021)

**Gabinete da Corregedoria Geral da Justiça da Bahia**
5ª Avenida do Centro Administrativo da Bahia- CAB
Sala 312 do Anexo I, Tel. (71) 3372-5088 / 5095
E-mail: corregedoriageral@tjba.jus.br

Corregedoria
Geral da Justiça

Existindo qualquer dúvida, disponibilizo o e-mail corregedoriageral@tjba.jus.br e o telefone 3372-5181.

Na expectativa de contar com a colaboração de Vossa Excelência, desde já, deposito mais sinceros agradecimentos pelo empenho em prol dessa que é uma das maiores minorias do Brasil.

Respeitosamente,

**Desembargador JOSÉ EDIVALDO ROCHA ROTONDANO**
**Corregedoria-Geral de Justiça do Estado da Bahia**

**Gabinete da Corregedoria Geral da Justiça da Bahia**
5ª Avenida do Centro Administrativo da Bahia- CAB
Sala 312 do Anexo I, Tel. (71) 3372-5088 / 5095
E-mail: corregedoriageral@tjba.jus.br

# ANEXO II - REQUERIMENTO DE AUTORIZAÇÃO AO TRIBUNAL DE JUSTIÇA DA BAHIA, PARA ACESSAR DADOS E PROCESSOS, PARA FINS DE PESQUISA

**PODER JUDICIÁRIO**
**TRIBUNAL DE JUSTIÇA DO ESTADO DA BAHIA**
**Juízo da 1ª Vara de Sucessões, Órfãos e Interditos de Salvador**

Salvador, 07 de janeiro de 2022.

**A Sua Excelência Senhor**
**Desembargador NILSON SOARES CASTELO BRANCO**
**Presidente do Tribunal de Justiça do Estado da Bahia**
**Nesta**

Excelentíssimo Senhor Desembargador Presidente,

Reporto-me a Vossa Excelência, respeitosamente, para expor e requerer o que segue:

1) A requerente está cursando **Doutorado Acadêmico em Direito**, no **Instituto Brasileiro de Ensino, Desenvolvimento e Pesquisa (IDP).** O IDP é um centro de excelência no ensino, pesquisa e extensão com sedes em Brasília e São Paulo. Criado há mais de 20 anos, é uma das instituições de ensino superior mais respeitadas do Brasil, contribuindo diretamente para as transformações sociais, políticas e econômicas do nosso país.

2) Admitida após criteriosa seleção entre candidatos do Brasil inteiro, comunicou, imediatamente, a essa respeitada Presidência o ingresso no curso, cujas aulas têm sido na modalidade à distância, por expressa autorização do MEC, diante da pandemia da COVID-19.

3) O projeto de pesquisa da Doutoranda, ora requerente, propõe-se a estudar e analisar a realidade das pessoas com deficiência em situação de Curatela, na cidade de Salvador, entre 2016 até 2021, a fim de levantar dados acerca da idade, causa da deficiência, perfil social e econômico dos curatelandos, dados de quem requer a curatela, existência ou não de programas sociais de amparo e acolhimento à pessoa em situação de curatela e familiares, aspectos legais e do sistema de processo eletrônico, a fim de realizar um profundo estudo empírico sobre questões inerentes a esses sujeitos vulneráveis.

Em outras palavras, essa iniciativa procura preencher uma lacuna de que se ressente a literatura, devido à falta de dados empíricos sobre esses indivíduos, devido mesmo à dificuldade de acesso aos processos. Por isso, conquanto a legislação brasileira festeje o primeiro quinquênio da Lei Brasileira de Inclusão, ainda não há produção robusta acerca das evidências fáticas sobre a pessoa com deficiência em situação de curatela.

4) O **orientador** da pesquisa da requerente é o Professor **Paulo Gustavo Gonet Branco**[1], conceituado professor, Doutor em Direito, Estado e Constituição pela Universidade de Brasília (2008), Mestre em Direitos Humanos - University of Essex (1990) e Graduado em Direito pela Universidade de Brasília (1982). Professor do Corpo Permanente do Programa de Pós-Graduação Stricto Sensu (Mestrado e Doutorado Acadêmico em Direito Constitucional); e do curso de Graduação em Direito do Instituto Brasiliense de Direito Público - IDP. Professor da Escola Superior do Ministério Público do DF e Territórios. Tem experiência na área de Direito, com ênfase em Direito Constitucional, atuando principalmente nos seguintes temas: direitos fundamentais, jurisprudência do STF, controle de constitucionalidade, inconstitucionalidade lei efeitos e problemas constitucionais em geral. Membro do Ministério Público Federal desde 1987, é subprocurador-geral da República e o atual vice-procurador-geral eleitoral.

5) Para tanto, a requerente apresentou como cenário de pesquisa as ações de curatela que tramitaram perante o Juízo da 1ª Vara de Sucessões, Órfãos, Interditos e Ausentes de Salvador entre os anos de 2016 a 2021.

Delimitado o lapso temporal e objeto, a ideia é buscar nos dados constantes do EXAUDI as informações necessárias e examiná-los com o rigor metodológico e o respeito à legislação que ampara o sigilo de dados.

Em um segundo momento, será feita pesquisa de campo, com entrevistas, mas os detalhes dessa segunda fase ainda serão definidos com o Orientador, após conhecer a realidade quantitativa e qualitativa que os processos apresentarão.

6) Não seria demasiado consignar que a produção acadêmica ainda não dispõe de pesquisas que permitam traçar um perfil dos demandantes, suas famílias, contexto social, econômico, em ações que versam sobre a capacidade civil. Na qualidade de magistrada nesta Capital, pude observar semelhanças entre os casos de curatela que me foram apresentados ao longo dos anos, gerando uma inquietação científica e um desejo de entender melhor nossos jurisdicionados

Assim, enquanto aluna do programa de doutorado do Doutorado Acadêmico em Direito, no Instituto Brasileiro de Ensino, Desenvolvimento e Pesquisa (IDP), decidi alinhar minha tese à atuação prática como magistrada, utilizando para tal os casos em que atuei.

Em linhas gerais, o que será necessário levantar:

---

[1] CV: http://lattes.cnpq.br/5853033275390155 . ID Lattes: 5853033275390155

- 1- Faixa etária dos vulneráveis em situação de curatela nos processos dessa natureza;
- 2- Sexo dos(as) mesmos(as);
- 3- Causa da deficiência/incapacidade e CID;
- 4- Relação de parentesco entre requerentes e curatelandos;
- 5- Quantidade de ações de curatela patrocinadas pela Defensoria Pública do Estado da Bahia e daquelas patrocinadas por advogados constituídos.
- 6- Se as ações têm marcador de prioridade.
- 7- Número de ações com assistência judiciária gratuita.

7) Ao longo da pesquisa, novos elementos poderão ser importantes e poderão ser acrescidos ao levantamento.

8) Cumpre salientar que o sigilo das partes será plenamente respeitado, não havendo individualização dos processos durante o estudo, apenas a coleta de dados para fins estatísticos.

9) O Conselho Nacional de Justiça, em precedente histórico, admitiu o acesso aos dados de processos judiciais, ainda que tramitem em segredo de justiça, consoante CONSULTA, Processo número 0005282-19.2018.2.00.0000, sob Relatoria do Conselheiro HENRIQUE DE ALMEIDA ÁVILA, a seguir transcrito:

> Sessão - 47ª Sessão Virtual
>
> Data de Julgamento31.05.2019
>
> EmentaCONSULTA. ACESSO À INFORMAÇÃO. LEI N. 12.527, DE 2011, E RES. CNJ N. 215, DE 2015. PESQUISA CIENTÍFICA. PROCESSOS EM CURSO EM VARA DE FAMÍLIA. SEGREDO DE JUSTIÇA. APRECIAÇÃO DO PEDIDO PELO MAGISTRADO. DISPENSA DO CONSENTIMENTO DAS PARTES. CERTIFICAÇÃO DA PROVIDÊNCIA NOS AUTOS. CONSULTA RESPONDIDA POSITIVAMENTE.
>
> 1. **O acesso a processos sobre estado e filiação das pessoas, que, nos termos do art. 189, II, do Código de Processo Civil, tramitam em segredo de justiça, pode ser conferido para a realização de pesquisas científicas de evidente interesse público ou geral.**
>
> 2. É vedada a identificação ou a publicação de elementos que permitam identificar a pessoa a que a informação se referir, nos termos do art. 34, I, da Res. CNJ n. 215, de 2015, garantindo o anonimato das partes envolvidas.
>
> 3. Compete ao magistrado, após assinatura de termo de responsabilidade pelo requerente, autorizar o acesso aos autos de processos sigilosos para as estritas finalidades e destinações apresentadas no pedido. O ato de

> autorização deve examinar, de modo fundamentado, a evidência do interesse público ou geral veiculado na pesquisa e a garantia de anonimização dos dados compulsados.
>
> 3. O exame dos autos para a realização de pesquisa científica será certificado em todos os processos acessados para ciência das partes e de seus procuradores.
>
> 4. Res. CNJ n. 215, de 2015. Erro material. Correção. Republicação.
>
> 5. Consulta respondida. Diligências.

10) O interesse público é evidente, por se tratar de pesquisa científica, sobre vulneráveis, com vistas a conhecer a realidade jurídica, social e econômica em que estão inseridos e, a depender das evidências, até propor alterações legislativas, tecnológicas, ou de cunho social, em defesa do direito fundamental de dignidade desses sujeitos cuja prioridade de tratamento vem sendo realçada há muitos anos, tomando-se por marco a Convenção de Nova York, que impactou na edição da Lei nº 13.146, de 06 de julho de 2015, que institui a Lei Brasileira de Inclusão da Pessoa com Deficiência (Estatuto da Pessoa com Deficiência).

11) Destaco, por fim, que a pesquisa guarda em si uma oportunidade para o Tribunal de Justiça do Estado da Bahia aprimorar o conhecimento e a relação com o jurisdicionado com deficiência, identificando pontos fortes e vulnerabilidades do processo de curatela como é atualmente feito, efetivando na prática um tratamento mais humano e igualitário para todos, tal qual preconizado pela legislação pátria.

Por tudo quanto foi exposto, é o presente para requerer a Vossa Excelência autorização para acessar e utilizar os dados do EXAUDI, referentes aos processos acima mencionados, entre 2016 e 2021, e, ainda, e caso necessário, acessar aos autos dos processos para levantamento das informações relevantes para a pesquisa, salientando que todo sigilo quanto à identidade das partes será garantido, em obediência à vedação da identificação ou a publicação de elementos que permitam identificar a pessoa a que a informação se referir, nos termos do art. 34, I, da Res. CNJ n. 215, de 2015, garantindo o anonimato das partes envolvidas.

Pede deferimento.

**PATRÍCIA CERQUEIRA KERTZMAN SZPORER**
**Juíza de Direito**
**Doutoranda em Direito**

EDITORA JusPODIVM
www.editorajuspodivm.com.br

RENOVA GRAF
www.renovagraf.com.br

JUS3644

autorização deve examinar, de modo fundamentado, a evidência do interesse público ou geral veiculado na pesquisa e a garantia de anonimização dos dados compulsados.

3. O exame dos autos para a realização de pesquisa científica será certificado em todos os processos acessados para ciência das partes e de seus procuradores.

4. Res. CNJ n. 215, de 2015. Erro material. Correção. Republicação.

5. Consulta respondida. Diligências.

10) O interesse público é evidente, por se tratar de pesquisa científica, sobre vulneráveis, com vistas a conhecer a realidade jurídica, social e econômica em que estão inseridos e, a depender das evidências, até propor alterações legislativas, tecnológicas, ou de cunho social, em defesa do direito fundamental de dignidade desses sujeitos cuja prioridade de tratamento vem sendo realçada há muitos anos, tomando-se por marco a Convenção de Nova York, que impactou na edição da Lei nº 13.146, de 06 de julho de 2015, que institui a Lei Brasileira de Inclusão da Pessoa com Deficiência (Estatuto da Pessoa com Deficiência).

11) Destaco, por fim, que a pesquisa guarda em si uma oportunidade para o Tribunal de Justiça do Estado da Bahia aprimorar o conhecimento e a relação com o jurisdicionado com deficiência, identificando pontos fortes e vulnerabilidades do processo de curatela como é atualmente feito, efetivando na prática um tratamento mais humano e igualitário para todos, tal qual preconizado pela legislação pátria.

Por tudo quanto foi exposto, é o presente para requerer a Vossa Excelência autorização para acessar e utilizar os dados do EXAUDI, referentes aos processos acima mencionados, entre 2016 e 2021, e, ainda, e caso necessário, acessar aos autos dos processos para levantamento das informações relevantes para a pesquisa, salientando que todo sigilo quanto à identidade das partes será garantido, em obediência à vedação da identificação ou a publicação de elementos que permitam identificar a pessoa a que a informação se referir, nos termos do art. 34, I, da Res. CNJ n. 215, de 2015, garantindo o anonimato das partes envolvidas.

Pede deferimento.

**PATRÍCIA CERQUEIRA KERTZMAN SZPORER**
**Juíza de Direito**
**Doutoranda em Direito**

EDITORA *Jus*PODIVM
www.editorajuspodivm.com.br

RENOVA GRAF
www.renovagraf.com.br

JUS3644